ERP综合实验教程

（第二版）

林翊 主编
陈妮 罗小凤 林杨 谢飞 副主编

中国财经出版传媒集团
经济科学出版社
Economic Science Press

图书在版编目（CIP）数据

ERP综合实验教程／林翊主编．—2版．—北京：
经济科学出版社，2018.8
ISBN 978－7－5141－9543－9

Ⅰ．①E…　Ⅱ．①林…　Ⅲ．①企业管理－计算机
管理系统－高等学校－教材　Ⅳ．①F270.7

中国版本图书馆CIP数据核字（2018）第161664号

责任编辑：侯晓霞　侯加恒
责任校对：王肖楠
责任印制：李　鹏

ERP综合实验教程
（第二版）
林　翊　主　编
陈　妮　罗小凤　林　杨　谢　飞　副主编
经济科学出版社出版、发行　新华书店经销
社址：北京市海淀区阜成路甲28号　邮编：100142
教材分社电话：010－88191345　发行部电话：010－88191522
网址：www.esp.com.cn
电子邮件：houxiaoxia@esp.com.cn
天猫网店：经济科学出版社旗舰店
网址：http://jjkxcbs.tmall.com
北京密兴印刷有限公司印装
787×1092　16开　22.25印张　520000字
2018年8月第2版　2018年8月第1次印刷
ISBN 978－7－5141－9543－9　定价：52.00元
（图书出现印装问题，本社负责调换。电话：010－88191510）

第二版前言

企业资源计划（ERP）代表了当代先进的企业管理技术与模式，近年来在世界各地的企业中得到了最广泛的推广应用。ERP 在受到广泛认可的同时，也开始面临领域内专业人才匮乏的挑战，人才匮乏已经成为制约企业 ERP 应用的主要“瓶颈”。中国企业在经历了“发挥劳动力成本优势”和“装备现代化”两个发展阶段后，现在正步入以应用 ERP 为代表的“企业信息化”发展阶段，ERP 在我国企业已从“贵族”转向“大众”。ERP 持续、快速地发展，对我国 ERP 专业人才在质量与数量上提出了更高的要求。

ERP 系统的核心在于“人”，而“人”的关键在于思想和能力。中国企业的 ERP 之路刚开始，要想让 ERP 系统在我国企业能更好地发挥作用，就必须加大对 ERP 专业人才的培养力度。目前各高校经管类专业均开设 ERP 课程，但大多却在 ERP 教学中局限于将 ERP 视为一种技术，这样在操作培训和教育上往往难以与企业的实际结合。ERP 技术和管理思想的发展以及 ERP 人才培养注重实践的要求，对现行的教学方法和教学内容提出了挑战。只有将实验教学与理论教学相结合，才能真正提高学生的专业能力，这一点对于经管类专业教育尤为重要。本教程融入编者多年的 ERP 教学与科研经验，结合行业应用实践要求，根据高校培养应用型人才的特点，构建了以 ERP 沙盘模拟经营决策演练和 ERP 管理软件实操为主要内容的课程体系框架。

本书的编写和修订遵循“以 ERP 为平台整合教学资源”的原则，以制造企业为原型，进行本实验指导教材的编写和教学环节的设计。本书以用友 ERP 沙盘和 U8 软件系统为实验环境，重点介绍 ERP 基础理论以及软件系统功能实现。本书分为三篇，共 18 章。第一篇为 ERP 理论，学生通过本篇的学习可以较好地了解 ERP 基础知识，为后面的实验打下理论基础；第二篇为 ERP 沙盘模拟实验，本篇将企业的经营流程与管理决策巧妙地融入沙盘模拟经营中，学生通过本篇实验能大幅提高专业素养与管理能力；第三篇为 ERP 系统软件实验，本篇以用友 ERP - U872 为软件平台，重点在财务管理、供应链管理和生产制造三大系统模块上设计实验，学生通过实验来熟悉软件操作并从中领会 ERP 的真谛。

本教程所有编者都是长期讲授 ERP 综合实验课程的教师，多次指导学生参加各类 ERP 创业大赛并取得好成绩，主编林翊副教授更是荣获 2012 年度“全国高校十大沙盘名师”称号。编者们对 ERP 实验教学都有着丰富的经验。希望本书可以为广大经济管理专业的院校师生带来启发和帮助，为企业经营管理实践教学贡献一分力量。

本书既可以作为高等院校经济管理、信息管理等专业学生学习 ERP 的实验教材，也可供企事业单位信息管理部门的相关人员作为参考书使用。本书第二篇的 ERP 沙盘模拟实验附有实验教学过程中使用的各种应用表单。第三篇的 ERP 系统软件实验配套了账套数据，便于教师讲授和学生学习使用，点击链接 http：//url. cn/5rj4IeW 加入讨论组“ERP 综合实验教程”或加入“ERP综合实验教程”QQ群（413042902）即可获取账套数据。

本书第二版主要是根据ERP沙盘模拟经营实验软件的更新对第6章进行了修改，同时对第一版使用中发现的问题进行了修改。第二版的修订还有一项重要工作，增加了附录，增强了本课程的实践性。此次教程的修订与出版得到了用友新道科技有限公司和经济科学出版社的大力支持。ERP综合实验课程体系庞大，涉及内容较多，由于我们水平有限，因此书中难免有所疏漏。对本书存在欠妥与不足之处，敬请广大读者批评指正。

编者

2018年6月于福州

前　言

企业资源计划（ERP）代表了当代先进的企业管理技术与模式，近年来在世界各地的企业中得到了最广泛的推广应用。ERP 在受到广泛认可的同时，也开始面临领域内专业人才匮乏的挑战，人才的匮乏已经成为制约企业 ERP 应用的主要“瓶颈”。中国企业在经历了“发挥劳动力成本优势”、“装备现代化”两个发展阶段后，现在正步入以应用 ERP 为代表的“企业信息化”发展阶段，ERP 在我国开始从“贵族消费”转向“大众消费”。ERP 持续、快速地发展，对我国 ERP 专业人才在质量与数量上提出了更高的要求。

ERP 系统的核心在于“人”，而“人”的关键在于思想和能力。中国企业的 ERP 之路目前才刚刚开始，要想让 ERP 系统在我国企业更好地发挥作用，就必须加大对 ERP 专业人才的培养力度。目前各高校经管类专业均开设 ERP 课程，但大多却在 ERP 教学中局限于将 ERP 视为一种技术，这样在操作培训和教育上往往难以与企业的实际结合。ERP 技术和管理思想的发展与 ERP 人才培养注重实践的要求，对现行的教学方法和教学内容提出了挑战。只有将实验教学与理论教学相结合，才能真正提高学生的专业能力，这一点对于经管类专业教育尤为重要。本教材融入编者多年的 ERP 教学与科研经验，结合行业应用实践，根据高校培养应用型人才的特点，构建了 ERP 沙盘模拟为基础的经营决策演练与 ERP 管理软件实际操作相结合的课程体系框架。

本书遵循“以 ERP 为平台整合教学资源”的原则，以制造企业为原型，进行本实验指导教材的编写和教学环节的设计。本书以用友 ERP 电子沙盘和 U8 软件系统为实验环境，重点介绍 ERP 环境运用与软件系统功能实现。全书分为三篇，共 18 章。第一篇 ERP 理论篇，学生通过本篇的学习可以较好地了解 ERP 基础知识，为后面的实验打下理论基础；第二篇 ERP 沙盘模拟实验篇。本篇将企业的经营流程与管理决策巧妙地融入沙盘模拟经营中，学生通过本篇实验能大幅提高专业素养与管理能力；第三篇 ERP 系统软件实验篇。本篇以用友 ERP－U872 为软件平台，重点在财务管理、供应链管理和生产制造三大系统模块上设计实验，学生通过实验来熟悉软件操作并从中领会 ERP 的真谛。

本书所有编者都是长期讲授 ERP 综合实验课程的教师，多次指导学生参加各类 ERP 创业大赛并取得好成绩，本书主编林翊副教授更是获得 2012 年度“全国高校十大沙盘名师”称号。编者们对 ERP 实验教学都有着丰富的经验。希望本书可以为广大经济管理专业的院校师生带来启发和帮助，为企业经营管理实践教学贡献一分力量。

本书既可以作为高等院校经济管理、信息管理等专业学生学习 ERP 的实验教材，也可供企事业单位信息管理部门的相关人员作为参考书使用。本书第二篇的 ERP 沙盘模拟实验附有实验教学过程中使用的各种应用表单，第三篇的 ERP 系统软件实验配套了账套数据光盘，便于教师讲授和学生学习使用。

本书的顺利完成要感谢福建师范大学经济学院副院长黄茂兴教授的大力支持，感谢用友软件股份有限公司有关部门以及马德富、朱春燕、王新玲、柯明、张莉莉、杨笑等老师给予的支持和无私援助，感谢用友新道科技有限公司福建分公司郑旺泉总经理对书稿写作的支持与帮助！用友新道科技有限公司福建分公司谢飞培训讲师参与了本书第二篇的写作，在此一并表示感谢。此外，还要特别感谢经济科学出版社吕萍总编辑、教材分社社长刁其武先生等同志为本书的顺利出版付出的辛劳！

ERP综合实验课程的设计尚属新事物，课程体系庞大，涉及内容较多，因此书中难免有所疏漏，不妥之处恳请广大读者批评指正，以便臻于完善。

编者

2012年10月于福州

目　　录

第一篇　ERP 理论

第二篇　ERP 沙盘模拟实验

第三篇　ERP 系统软件实验

第一篇

ERP理论

第 1 章

初识 ERP

1.1 ERP 产生的背景

ERP 是 Enterprise Resource Planning（企业资源计划）的简称。ERP 并非源于理论家的灵感迸发，而是源于市场竞争的要求和实践经验的总结，并随着制造业的发展而逐步形成的。ERP 是从 MRP（物料需求计划）发展而来的新一代集成化管理信息系统，它扩展了 MRP 的功能，其核心思想是供应链管理。ERP 跳出了传统企业边界，从供应链上优化企业的资源。

在世界经济一体化浪潮的冲击下，企业面临更为严峻的竞争态势，只有及时更新经营理念和经营方式才能在竞争中立足取胜。新的经营理念要求企业具备动态、弹性的组织结构，能够对客户的多元需求作出快速反应，即在短时间内向客户递交高质量、低成本的产品。这就要求企业具备业务重组能力，消除无效业务并实现作业的并行处理。因此，高度集成、优化流程的管理信息系统对于企业的发展十分必要。ERP 正是在企业以客户为中心、基于时间、面向整个供应链管理的新形势下应运而生的。

ERP 系统集信息技术与先进管理思想于一身，是信息技术与管理思想的融合体。先进的管理思想和信息技术是助推 ERP 发展的基石。ERP 的基本思想是将企业的业务流程看作是一个紧密联系的供应链，把客户需求和企业内部的经营活动以及供应商的资源融合到一起，体现以客户需求为中心的经营思想。企业借助于现代信息技术手段，依靠强大的管理信息系统，通过业务流程的优化，得以实现供应链一体化管理。信息技术和管理思想的交互发展不仅为供应链管理的产生、发展创造了不可或缺的条件，同时也为 ERP 的推行与发展奠定了基础。

1.2 ERP 的基本概念

ERP 代表着迄今为止全球范围内应用最广泛、最有效的一种企业管理方法，这种管理方法已经由计算机软件得以实现，故 ERP 也是一类企业管理信息系统。20 世纪 90 年代初，美国 Gartner Group 咨询公司首次提出了 ERP 的概念，之后在一篇名为《ERP：定量化的设想》的会议报告中，详尽阐述了 ERP 的理念、实质和定义，从而奠定了 ERP 的理论基础，这也是 ERP 发展史上举足轻重的一步。

要理解 ERP，就不得不提及 ERP 的前身——MRPⅡ（制造资源计划，Manufacturing Resource Planning）。MRPⅡ是一种制造业的管理信息系统，ERP 则被认为是 MRPⅡ的下一代，仍以 MRPⅡ为核心。Gartner Group 公司用一系列功能标准来界定 ERP：超越了 MRPⅡ的范围和集成功能；支持混合方式的制造环境；具有动态的监控能力；支持开放的客户机/服务器计算环境。Gartner Group 公司是从系统功能、系统应用环境、系统功能增强和系统技术支持等方面对 ERP 进行定义的，这些方面都反映了新时期对管理信息系统在功能和技术上的客观需求。

企业资源计划最初是被定义为应用软件，但迅速为全世界商业企业所接受，现在已经发展成为一门重要的现代企业管理理论。ERP 概念比较典型的描述是：ERP 是一种以网络和信息技术为平台，围绕市场导向开展业务活动，通过业务流程重组，集成了制造、财务和分销等职能，对企业所拥有的人、财、物、信息、时间和空间等各种资源进行综合平衡和优化管理，为企业管理层及员工提供有效决策支持的管理平台。ERP 是一个面向供应链的管理信息系统，是一个建立在资讯技术基础上的系统化管理思想。ERP 是软件，同时也是管理工具，是借助计算机手段实现企业管理目标的先进管理思想。

1.3　ERP 系统功能构架

ERP 系统通过需求链管理和供应链管理，将企业的基础资源（资金、资产、人力资源）综合调配，建立起业务管理系统，并以具体业务应用为基础，组成决策应用模式，从而构建成金字塔形的总体系统架构（见图 1－1）。

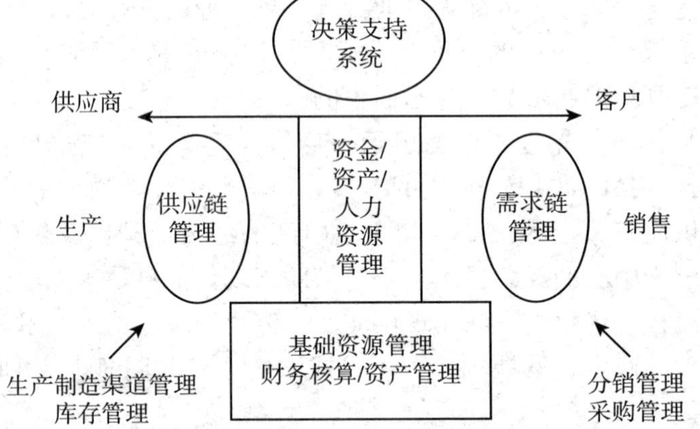

图 1－1　ERP 总体架构

ERP 是面向企业的整体解决方案，它将企业内部划分成若干个协同作业的支持子系统，如生产制造、工程技术、财务、市场营销等，通过这些子系统对企业内部供应链上的所有环节如订单、采购、库存、生产制造、运输、分销、财务、成本控制、人力资源、决策支持等进行有效的管理。ERP 系统从管理的广度和深度上为企业经营提供更丰富的管理功能和管理工具。

1.3.1 生产控制管理模块

生产控制管理模块是ERP系统的核心之一。该模块将企业的整个生产过程以最优方式进行安排，使原本分散的生产流程连接起来，有效地避免了各生产环节中的脱节以及延误交货等现象，从而提高生产效率并大幅降低库存。生产控制管理原则上应先确定一个总生产计划，再经过系统层层细分，下达到各部门去执行。其中，计划的制订离不开制造标准，计划的具体执行更是离不开车间作业管理。

1. 主生产计划（Master Production Schedule）。

ERP系统从主生产计划开始运行，物料需求计划、车间作业管理、采购计划等均来源于主生产计划。主生产计划（MPS）是确定每一具体的产成品在每一具体时间段内的生产数量的计划。MPS是ERP系统的一个重要层次，它根据客户合同和预测结果，将生产计划转换为产品计划，在ERP系统中起到从宏观到微观、承上启下的作用，是联系市场、销售网点与制造单位的桥梁。因此，主生产计划应具有相对的稳定性。

2. 制造标准（Manufacture Standards）。

编制计划时离不开制造标准的基本信息，其中主要涉及工作中心、物料清单以及工序等各个方面。工作中心是直接改变物料形态或性质的生产作业单元。在ERP系统中，工作中心的数据是工艺路线的核心组成部分，是运算物料需求计划、能力需求计划的基础数据之一；物料清单（Bill of Materials，BOM）是描述企业产品组成的技术文件，主要用数据表格形式表示；工序主要描述加工步骤及制造、装配产品的操作顺序。

3. 车间作业管理（Workshop Operations Management）。

车间作业管理是通过对车间生产过程的精细化管理，将生产进度、资源消耗、生产质量透明化，强化企业生产过程控制和异常情况追溯能力，从而有效地保障产品交货期，降低不良品率，减少车间在制品积压。车间作业管理系统通常结合生产任务管理系统，为车间现场生产管理提供全面支持。

1.3.2 供应链管理模块

供应链是产品生产和流通过程所涉及的原材料供应商、生产商、批发商、零售商以及最终消费者，通过与上下游成员的连接组成的一个链状网络。供应链具有复杂性、动态性、交叉性、面向用户需求等特征。

供应链管理，顾名思义就是对整个供应链运作过程的管理。即用系统的观点对供应链中的物流、信息流、资金流等进行设计、规划、控制与优化，寻求建立供、产、销企业和客户间的战略合作伙伴关系，最大限度地减少内耗与浪费，保证供应链中的成员获得最大效益。高效的供应链管理能够大幅优化企业运作，提升企业竞争力。

供应链管理模块是ERP系统的关键部分，它以客户需求为驱动，以同步化、集成化生产计划为指导，以信息技术为基础，涉及客户需求、生产计划、供应、物流四大日常活动领域。ERP的供应链管理模块功能强大，不仅能体现物料实体在链上的流动，还具体包含以下几大方面的功能：供应商和用户合作关系管理；供应链的设计及基于供应链的用户服务、物流设计；企业之间和企业内部间的物料流、资金流的管理设计；基于供应链的产品设计制造、生产计划和控制；基于信息技术的供应链信息管理。

1.3.3 财务管理模块

财务管理对任何企业都是至关重要的，ERP 的财务管理模块能大幅提高企业资金的利用效率。该模块的主要功能是会计核算和财务管理。会计核算主要是记录、核算和分析资金在企业经济活动中的变动过程及其结果，由总账、应收账、应付账、现金、固定资产等部分构成；财务管理主要是在会计核算的数据基础上加以分析，进行有关资金的预测、管理和控制活动。

财务管理模块和 ERP 的其他模块应有相应的接口以便于信息集成。如生产、采购的信息可以自动计入财务管理模块并生成报表，这也是资金流与物料流相一致所要求的。财务管理模块是由若干个子部分构成的（见图 1－2），其中包括账务管理、固定资产管理、现金管理、成本核算等。

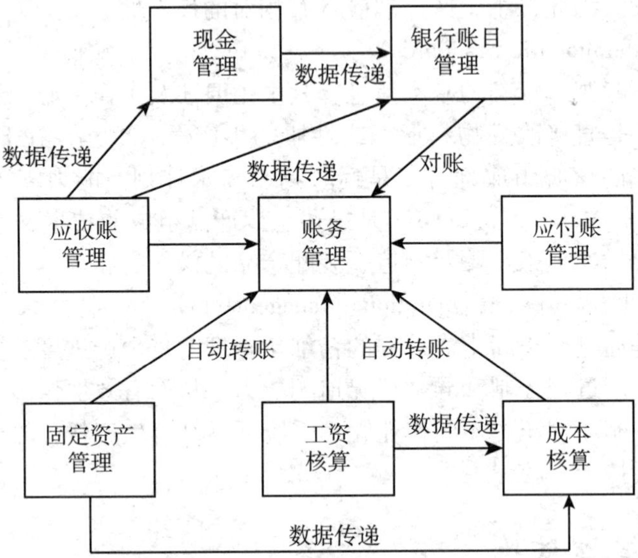

图 1－2 财务管理模块间关系

1. 账务管理（Accounts Management）。

账务管理是对财务数据进行加工和处理的过程。数据以原始凭证的形式进入 ERP，经过编制、汇总记账凭证，以总账、应收应付账、报表等形式完成账务处理。其中，总账是账务管理的基础，它不仅可为企业提供财务报表，还可用于其他财务领域。

2. 固定资产管理（Fixed Assets Management）。

固定资产管理模块具备管理固定资产增减变动、计提折旧等功能，并进行有关基金计提和分配方面的工作。

3. 现金管理（Cash Management）。

现金管理是指对企业的现金、银行存款、票据结算等方面进行管理，根据出纳、收支信息自动生成凭证并传至总账。该模块能够帮助企业及时监控资金周转及余缺情况，随时把握公司的财务脉搏。现金管理模块既可独立运行，又可与总账、应收应付账集成，为企业提供完整、全面的资金管理解决方案。

4. 成本核算（Cost Accounting）。

成本核算是依据产品结构、工作中心、工序、采购等信息进行产品的各种成本的计算，以便进行成本分析和规划。

1.3.4　人力资源管理模块

人力资源管理模块的主要功能有人事组织、员工招聘、薪酬计算等。该模块不仅使企业人力资源信息的统计与提取变得快捷，而且也为管理者提供了更全面、更详尽的企业信息。人力资源管理模块的基本内容主要包括：

1. 人事管理（Personnel Management）。

人事管理是人力资源管理的基础工作。人事管理主要包括工种、职位管理、招聘、离职、考勤以及人事档案管理等。人事管理能生成人事统计报表，为企业的人才培养政策的制定提供依据。

2. 组织管理（Organizational Management）。

组织管理是人力资源管理模块的重点。组织管理主要是确定企业的组织结构，明确组织与组织之间、组织与岗位之间的隶属关系，并设定人员与岗位之间的配对关系，做到按需设岗。

3. 时间管理（Time Management）。

时间管理用于指派员工在某段时间内需要完成的工作，同时也可为评估员工的工作时间和薪资水平提供参考信息。

4. 薪酬管理（Compensation Administration）。

薪酬管理用于记录员工的基本工资、津贴、奖金、扣缴的项目及金额等信息，并生成详细的薪酬信息供个人查询。

1.4　ERP 系统的演变

自20世纪50年代以来，信息技术在企业管理中的应用面不断扩展，水平不断提高，从简单的数据单项处理到数据综合业务处理，信息技术的商业应用开辟了企业信息管理的新纪元。一个标志性事件是，1965年美国IBM管理学专家奥列基博士（DR. Joseph Orlicky）首次提出了一种新的库存与计划控制方案——物料需求计划（Material Requirement Planning, MRP）。

在MRP提出之前，人们采用订货点法（Order Point Method）来解决企业物料需求与库存水平问题，力图做到既为企业正常生产提供足够的原料，又尽量避免库存积压现象。订货点法始于20世纪30年代，是一种根据过去的经验预测未来物料需求的方法，其原则是“库存补充”，即保证仓库任何时候都有一定可随时取用的库存量。库存量不得低于事先设定的安全库存量，当物料逐渐消耗降到某个时刻订货点量，就要下达订单以补充库存。用公式表示为：

$$y = a \times n + b$$

式中，y 表示订货点，a 为单位时段需求量，n 为订货提前期，b 为安全库存量。例如，某项物料的需求量为每周 50 件，提前期为 4 周，并要求保持 2 周的安全库存量，那么该物料的订货点为 $50\times4+2\times50=300$（件）。订货点法有一定的局限性：一方面由于忽略了物料间的组成关系，孤立地计算每项物料的需求量，因此当涉及零部件众多、产品结构复杂的离散型制造业时，订货点法往往会过多订货导致库存积压；另一方面，由于订货点法的实际运用需要满足较多条件，比如原料的消耗要相对稳定等，因此订货点法不适用于所有企业。那么如何才能在规定的时间、地点里，比较准确地预订物料量呢？MRP 系统设计正是解决这一问题的。

MRP 把企业生产中涉及的所有产品、零部件、原材料、中间件等，在逻辑上统一视为物料，再把企业生产中所需物料分为独立需求和相关需求，并按时间段确定不同时期的物料需求。独立需求是指其需求量和需求时间由企业外部的需求（如客户订单、市场预测、促销展示等）决定的那部分物料需求；而相关需求是指根据物料之间的结构组成关系，由独立需求的物料产生的需求，如半成品、零部件、原材料等的需求。MRP 通过产品结构把所有物料的需求联系起来，并审查物料需求之间的相互匹配关系，故能使得物料的库存在时间上和数量上趋于合理，有助于实现准时生产。MRP 是被设计并用于制造业库存管理信息处理的系统，它解决了如何实现制造业库存管理目标——在正确的时间按正确的数量得到所需的物料这一难题，被人们视为 ERP 的雏形。

MRP 系统的建立是在假定已有主生产计划并且主生产计划可行的前提下，来对主生产计划所引发的物料需求进行有效管理（见图 1－3）。因此，对于已定的主生产计划应该生产些什么，这属于 MRP 系统功能的管理范围，而工厂生产能力有多大，能生产些什么，则属于制订主生产计划时所考虑的范围。对此，MRP 系统就显得无能为力了。物料需求计划并不完美，例如，因为缺乏对企业能力的必要校检与控制，物料需求计划只说明物料需求的优先顺序，却不能保证这个需求是否可行。为了解决以上问题，MRP 系统在 20 世纪 70 年代从上述基本的“时段式 MRP”发展为“闭环 MRP 系统”。闭环 MRP 系统除了物料需求计划外，还将生产能力需求计划、车间作业计划和采购作业计划也全部纳入 MRP，形成一个封闭的系统。闭环 MRP 强调在物料需求计划执行之前，要由能力需求计划核算企业的工作中心的生产能力和需求负荷之间的平衡情况。

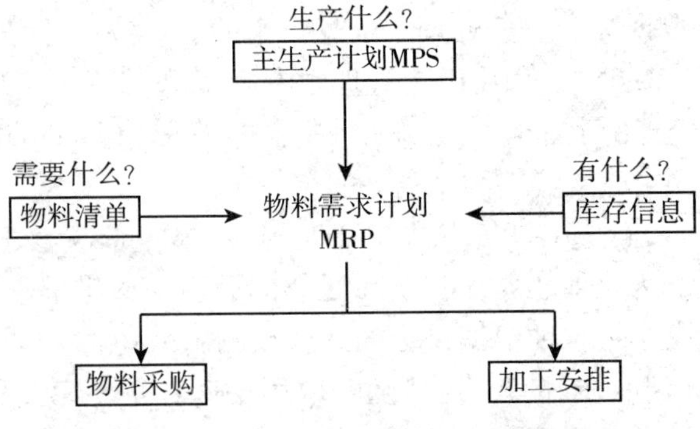

图 1－3　MRP 输入/输出示意

MRP 被视为生产计划与控制的一场革命，特别是闭环 MRP 使得生产计划方面的各子系统得到统一。但在实际生产管理中还涉及资金、人力等其他资源，闭环MRP无法反映执行计划后给企业带来哪些效益。1977年9月，美国管理专家奥列弗·怀特在《Modern Materials Handling》中提出，给资金集成了资金信息的MRP系统一个新的称谓——制造资源计划。MRPⅡ是闭环MRP的直接延伸和扩充，它基本覆盖了企业生产活动所有领域。MRPⅡ的基本思想是把企业视为一个有机整体，从整体最优的角度出发，运用科学的方法，对企业的各种制造资源和企业生产经营各环节实行合理、有效的计划、组织、控制和协调，达到既能连续均衡生产，又能最大限度地降低各种物品的库存量，进而提高企业经济效益的管理方法。到20世纪80年代中叶，MRPⅡ被西方制造业公认为世界级的企业领导方法。随着管理需求和科学技术的进步，MRPⅡ也表现出一些不足，如集中式管理模式和烦冗的体系结构难以适应企业改革和发展的需要、面对复杂多变的市场缺乏灵活性等。

到20世纪90年代初，企业计划控制在理论和实践上都有了长足发展。在此期间出现了许多新的管理理论，如精益生产、全面质量管理等。随着信息技术的迅猛发展以及管理思想的日趋成熟，各软件制造商为迎合新形势下企业管理创新的需求，不断对MRPⅡ进行功能性完善。美国Gartner公司总结了MRPⅡ在应用环境和功能方面的主要发展趋势，提出了**企业资源规划（ERP）**的概念。

ERP是针对物资资源管理（物流）、人力资源管理（人流）、财务资源管理（财流）、信息资源管理（信息流）集成一体化的企业管理软件。ERP较MRPⅡ有较大的改进，它融入了现代管理思想与技术、扩大了系统应用范围、扩展了管理功能范围、提升了事务处理能力、增加了外部接口，系统功能更为强大。

从早期的订货点法到MRP和MRPⅡ，再到目前的ERP，ERP的发展历程大致经历了四个发展阶段。在这些发展阶段中，并非后者取代前者，而是后者对前者进行了发展和扩充。ERP的发展历程，可以看作是由市场竞争程度、市场竞争范围、客户需求变化这三者不断变化而推动的。ERP自身也处在不断变化发展之中，基于“协同商务”业务模式的新一代ERP——ERPⅡ也已经登上了历史舞台。

第2章

为什么需要 ERP

“工欲善其事，必先利其器”——《论语·卫灵公》

做事情要想事半功倍，首先要有好的工具。在企业管理领域，如果我们把 ERP 看作“器”，管理企业看作“事”，那么 ERP 正是帮助企业优化管理流程、增加企业效益的一把利器。据不完全统计，全球500强企业中，约有 80% 的企业都在使用 ERP。

2.1 ERP 管理思想

说到 ERP 的管理思想，就一定要讲到企业供应链。ERP 管理思想的核心是对供应链进行管理，更准确地说，是以规范化、数字化、集成化管理为基础，实现对企业供应链的有效管理。ERP 的基本管理思想可概括为以下几点：

第一，对企业供应链上的资源进行整合。这是 ERP 系统的思想基础，也是传统管理与 ERP 管理的主要区别。ERP 实现对整个企业供应链的管理，这本身是适应信息时代下市场竞争的需求。如今，企业竞争已不再仅仅表现为企业与企业间的直接竞争，而更多地表现为一个企业供应链和另一个企业供应链间的竞争。面对竞争，ERP 将企业链上各环节的资源进行整合，合理有效地安排企业的产、销、供活动，这样能大幅提高企业整体竞争力。

第二，对企业生产经营进行规范化、集成化管理。规范化是实现集成化管理的基础，同时也是实现业务可重复性的前提条件。只有规范化的数据信息处理，才能集成供应链上所有环节的信息，才能建立统一业务处理规则，从而形成集成化管理。ERP 规范化、集成化的管理能促使企业的各项管理落到实处，使一些基础性的管理工作有章可循。在 ERP 系统中，固化的业务处理规则为企业实现规范化、集成化管理提供了重要的模板。

第三，强调精益生产与敏捷制造。ERP 系统支持对混合型生产方式的管理，表现在两个方面：一是“精益生产”。精益生产认为过早生产、过量生产均是浪费，应以需求拉动原则准时生产。需求拉动就是按顾客的需求投入和产出，使顾客及时得到所需要的产品。精益生产是目前全球公认的以最低成本生产出最高品质产品的管理运营方式。ERP 系统将精益生产的管理理念融入其中。二是“敏捷制造”。敏捷制造强调对需求波动的适应。其目标是企业间形成供应链共同体，使之可以快速重构供应链，通过有竞争的合作形成可以快速反应的虚拟组织来适应市场的波动，来满足客户需求。ERP 信息化是打造敏捷制造的柔性企业的重要手段。

第四，注重全面质量管理与协同商务的思想。ERP系统中质量控制是通过全面质量管理来实现的，即系统每个环节都严把质量关，绝不把不合格的中间产品带到下一环节。此外，供应链的基础赋予了ERP协同商务的功能。通过信息流的传递，突破企业内外部不同组织的边界，协同供应链上各环节对变化的市场做出快速反应。

第五，事先计划与事中控制相结合。上面提到ERP系统模块包含有主生产计划、物料需求计划、能力计划、采购计划等各部分内容，这些计划功能与价值控制功能已完全通过ERP系统集成到整个企业供应链系统中了。此外，ERP系统通过定义**事务（Transaction）**，来处理相关的会计核算科目，在事务发生的同时自动生成会计核算分录，保证资金流与物流的同步记录和数据一致性。这有利于实现事中控制和实时做出决策。

总之，ERP蕴涵着丰富的管理思想，是一套集众多管理思想于一身的“复杂体”，其核心思想是现代供应链管理，同时也汲取了精益生产、敏捷制造、并行工程等诸多先进管理思想。

2.2 ERP适用范围与实施效益

2.2.1 ERP的适用范围

ERP是一套全面整合的系统，因此有人认为企业只要实施了ERP，企业管理问题就不成问题了。其实不然，ERP只是一个企业业务信息流动和集中的基础信息系统，它有一定的适用范围和局限性，综述如下：

（1）企业的ERP与供应链结合不紧密。ERP虽然是面向供应链管理，但其重心仍在企业内部。在激烈的买方市场竞争中，客户已经成为企业兴衰的关键。如何以客户为中心，提高客户的满意度和忠诚度是ERP系统要改善的一个重要环节。

（2）要使ERP系统先进性发挥作用、产生效益，企业就必须先进行业务流程重组，这给企业实施ERP带来较大阻力。目前ERP还不能动态地满足企业流程变化的需要，必须经过艰难的二次开发和实施才能实现。虽然一些ERP公司（如BAAN公司）正在进行动态企业建模（DEM）的探索，但都还处于初级阶段。

（3）ERP与电子商务（EC）的集成程度低。基于Internet/Intranet、B/S体系结构的ERP软件系统还处于初始阶段，对电子商务的支持目前仍尚未成熟。由于EC系统与ERP系统没有很好的集成，使得从EC平台上获得的销售订单、市场信息不能及时传递到后台ERP系统中。前台EC系统与ERP系统不能共享信息，造成前后台信息脱节，这就容易导致客户满意度下降，甚至失去客户。

（4）ERP服务人员业务素质较低，服务质量不高。虽然这与ERP系统本身无关，但人才的匮乏制约了ERP的应用范围。合格的ERP人才必须是懂得信息技术和企业管理的复合型人才，还须具备团队管理能力、项目计划控制与协调能力，因此ERP对人才素质要求极高，而合格的ERP人才却严重匮乏。

2.2.2 实施ERP带来的效益

美国生产与库存控制学会的统计数据表明，一套成熟的ERP系统软件的运用会给企业带来诸多好处，其效益主要可归纳为以下几点：

（1）库存大幅下降。这是人们说得最多的效益，因为它可使一般用户的库存投资减少1.4~1.5倍，库存周转率提高50%左右。

（2）减少延期交货。实施ERP的企业的库存量可有效降低且处于稳定状态，同时用户服务水平将得到显著提升，这样企业的准时交货率会因此提高，从而使销售部门的信誉大大提高。

（3）缩短了采购提前期。采购人员有了及时、准确的生产计划信息，就能集中精力进行价值分析，选择货源，研究谈判策略，了解生产问题，缩短采购时间和节省采购费用。

（4）有效减少停工待料。由于零件需求的透明度提高，计划也做了改进，能够做到及时与准确，零件也能以更合理的速度准时到达。因此，生产线上的停工待料现象将会大大减少。

（5）制造成本得以降低。由于库存费用下降，劳力节约，采购费用节省等一系列人、财、物的效应，必然会引起生产成本的降低。

（6）提高管理水平。企业管理人员减少，但管理水平却提高，生产能力也因此提升。

本篇一开始，我们引用柳传志先生的话引出ERP。到底ERP的实施给联想集团带来哪些效益呢？下面我们用联想集团的实例来探讨这个问题。

联想集团是我国优秀的民族企业和最大的电脑制造商，2005年联想集团的销售额将近100亿美元。联想集团从1998年开始实施“ERP工程”，历经近10年，终于在2000年1月ERP系统正式上线。实施历程虽然坎坷，但联想管理者们都认为ERP的实施给联想集团带来了新的契机和效益：

一是为联想培养了一批复合型人才。这些人不仅具有典型的联想精神，而且精通管理、熟悉业务，为联想的高速发展奠定了人才基础。

二是对市场的反应更加灵敏。ERP的实施提高了联想产品的开发效率，提高了联想的市场灵敏度，订单周期由原来的75小时减少到58小时。

三是加强对风险的控制能力。ERP的上线使联想整体资源得到优化，决策更加科学，抗风险能力大为提升。

四是降低了企业的运营成本。由于整个供应链上的业务流程高度集成优化，这节约了联想集团资金流、时间的使用，成本自然得以降低。

2.3 ERP与现代企业管理

现代企业管理经历了从工业经济到知识经济的发展历程，依次为粗放型管理、泰勒的科学管理和以信息为主的管理阶段。其中，以信息为主的管理起源于20世纪50年代。管理信息化的“信息集成”方法能够解决企业在产、供、销等各环节可能面临的诸多问题。ERP作为企业经营管理的整体解决方案，很好地满足了企业对信息的发展需求。对一般企业而言，使用ERP会给企业在管理模式上带来一些转变：

首先，管理观念的转变。ERP系统不仅是一套软件，更是一整套先进的管理思想。只有深刻理解、全面消化吸收ERP崭新的管理思想，并结合企业实际情况加以运用，才能充分发挥ERP的作用。这个管理思想的转变过程，对管理者和业务人员而言是一个必不可少的痛苦过程，从某种意义上来说，也是 ERP 成功实施的关键。

其次，组织架构的调整。为适应 ERP 给企业带来的变化，企业必须在组织架构和部门职责上做相应的调整。实施 ERP 往往需要同时进行企业流程重组（BPR），而流程的重组会涉及部门职能的重新划分、岗位职责的调整、业务流程的改变、权力利益的重新分配等各种复杂问题，如果企业不能妥当地处理这些问题，将会给企业带来负面作用。

最后，业绩考评体系的转变。企业对业务流程进行调整，必须对业绩体系进行相应的调整，以适应新的岗位职责和业务要求。将原有的业绩考评体系转变为适应系统的业绩考评体系，是对企业的一个考验。

ERP 将企业供应链上的各种资源集成一体，把企业从内部分散、孤立的状态通过因特网和企业内部网连接起来。这样企业从相对封闭走向开放，信息处理从事后走向适时，管理方式也从传统走向现代。

第 3 章

充分利用 ERP

2003 年，IBM 公司对来自世界 500 强企业的 450 位财务总监进行调查，该调查报告显示只有 19% 的受访者认为他们充分利用了公司的 ERP 系统。同时，IBM 报告还指出，超过 70% 的受访者认为信息是企业的宝贵资产，需要对其进行更有效的管理。

那么，ERP 作为管理企业信息的整体解决方案，该如何充分利用好呢？本章将围绕这个问题，以 ERP 的实施应用为主线展开讨论。

3.1 ERP 实施前的思考

3.1.1 企业是否需要 ERP

近年来，中国企业无论在内部管理还是外部环境上都有了巨大变化，已跨入全面市场经济下的“新管理”时代。在此背景下，要提高企业的竞争力就必须全面整合企业资源，强化企业经营管理，保证企业的“可持续发展”。新形势下新的企业经营管理要求使得 ERP 在我国能迅速得到推广应用。对于中国企业而言，ERP 算是“舶来品”，那么是不是所有中国企业都适合这个“舶来品”呢？

其实，并非所有企业都适用 ERP 系统，因为实施 ERP 至少需要具备两大基础条件。一是管理基础。对于一个没有科学管理基础的企业来说，实施 ERP 一定会面临诸多不可预知的因素从而导致失败。二是技术基础。企业的各个业务单元人员不仅要熟悉计算机操作，而且他们还必须熟悉企业的业务流程。此外，ERP 的实施还受其他一些因素的影响，例如项目经理的管理经验与技能等。对于已具备 ERP 实施基础条件的企业来说，可以进一步从以下几方面来考虑企业是否真正需要 ERP。

1. 企业的规模。

随着企业的发展，企业的规模化和专业化的程度越高，企业经营管理的难度就越大。规模化和专业化的提升会直接给企业带来一个负面影响，即管理分散。特别是在非信息化管理状态下，无论如何专业化，遇到的数据始终分散在数千种单据中，很少企业能每天都对这些单据进行汇总统计。实施 ERP，其中的一个意义就在于使企业在规模化和专业化之后，借助软件回归到集中管理状态。因此，是否实施 ERP，企业的规模如何，不可不查。

2. 企业竞争者。

企业的竞争不仅仅只是产品优劣上的竞争，更是企业内部管理手段、供应链有效控制上的竞争。生产技术的快速发展与普及，使得同行企业间的产品技术差异日益缩小，一种产品很可能短时期内就被其他竞争者剖析复制，这样企业间的差异就更多地体现在运作模式上。一套好的企业管理解决方案能够帮助企业缩短资源的占有时间，提高生产制造能力和市场反应能力。

3. 海量数据管理。

经营一家企业难免要处理大量业务数据，特别是对于大型企业，每天要处理数以万计的海量数据，管理数据的工作量十分大。ERP 系统通过实时管理、业务数据同步等方式实现企业经营过程中产生的海量数据的管控与分析。因此，如果企业要准确、及时地处理海量的经营业务数据，那就很需要借助 ERP 信息管理系统来完成。

4. 决策是否困惑。

在企业管理中，管理者常常是通过听取汇报来了解企业情况，这种方式有个缺点，就是管理者很难精确地掌握企业的运营情况。例如，当企业生产的品种成规模时，手工管理很难将成本精确地核算到每一种产品，甚至每一批产品上。在算粗账的情况下，最好的手段就是将各种不明确的费用进行分摊，这种分摊的办法抹杀了各产品对企业的贡献，很容易出现管理者认为应该盈利的产品却在报表上显示亏损的情况。如果管理者在企业经营中时常出现类似的决策困惑，那么可以利用 ERP 的精细化管理来排忧解难。

5. 企业进一步扩展。

在企业管理中，中小型企业往往比大型企业运作得更为自如，这正是所谓的“船小好掉头”。但企业管理者也都会意识到，在波涛汹涌的商海中，“大船”一定比“小船”更经得起风浪，也更容易获得更多的利润。因此，尽快扩展企业规模，这是企业生存的不二法则。然而，在企业慢慢成长的过程中，会面临一道特殊的门槛，这个门槛就是一次系统的管理变革，即企业由原先创业者管理转变为规范化的部门管理。因此企业需要更加规范的管理结构与程序以及更加专业的技能，而这往往成为企业成长中必然会遇到的管理“瓶颈”。ERP 正是突破这一“瓶颈”的利器。

3.1.2 如何选择 ERP 系统

当企业确定要上 ERP 项目，接下来的一个问题就是如何选择合适的 ERP 管理系统。国内外企业管理软件市场上有多种 ERP 产品，大致可以归为通用套装 ERP 和专业套装 ERP 两大类。通用套装 ERP，是以各个行业的标准流程为基础，理论上客户群体可以覆盖所有行业，而不同行业的管理差异是通过系统参数的设置或是二次开发来调整的。专业套装 ERP，是根据特定行业的企业管理要求及具体情况“量身定制”的一整套覆盖企业人、财、物、产、供、销等各环节的企业资源管理系统。面对众多的 ERP 产品，如何正确选择适合自己企业的 ERP 系统，这是企业信息化管理的关键。

每个企业都有自己的实际情况和经营特点，不同的 ERP 产品也有其特点和适用环境。因此企业进行 ERP 系统选择时，要重点分析自身行业特点、生产类型和主要需求，将企业的经营战略、业务流程、生产过程、组织结构与 ERP 系统的建设统一起来考虑，并调研不同 ERP 产品在本行业的适用情况以及产品的特点。ERP 系统的应用意味着企业管理模式的创新。在选择之前，企业应该首先确认要解决哪些问题和达到什么目标，系统可能会对企业哪些方面造成冲击，企业自身的信息化基础如何，员工素质如何等。

ERP 系统的选择是一项长期的工作，需要专门人员跟踪并处理大量繁杂的事情。企业可以成立 ERP 项目筹备小组，其主要职责是确定 ERP 的实施范围和关键需求，考察和评估不同的 ERP 产品，并在企业内进行初期的 ERP 宣传和培训。对不同 ERP 产品的评估，企业可以着重从产品功能适应性、模块集成性、产品开放性、行业实施经验、售后服务和上线成功率等几个方面来考虑。

3. 2 ERP 系统的实施

企业采购了 ERP 管理系统软件后，接下来就是如何有效利用的问题了，这也就是 ERP 系统的实施。ERP 系统实施是指将 ERP 系统合理地应用到客户的实际业务环境中，建立起 ERP 运行系统的过程。ERP 系统实施的输入是 ERP 功能系统，输出则是 ERP 运行系统。ERP 系统实施过程中需要解决的问题很多，它涉及企业运营的方方面面并涵盖企业所有部门和员工，是一项复杂的系统工程。因此需要管理者精心组织，员工积极参与。

3. 2. 1 实施前的必要准备工作

为了能更好地实施 ERP，先要做好以下几点准备工作：

1. 员工的动员。

ERP 是管理技术与信息技术相结合的产物，是关系到企业各个层面的一套整体解决方案，涉及每个员工；其中所涉及的信息技术以及所蕴含的管理思想都要求管理者和基层员工充分掌握和深刻领会。特别强调的是，企业管理层的亲自参与，是保证 ERP 在企业中发挥应有效益所必不可少的关键因素。

2. 数据的规范。

实施 ERP 要进行大量的数据处理，这首先要求数据必须准确。规范化是准确性的前提，没有规范就谈不上准确，同时数据的规范也是信息集成的首要条件，而信息集成是 ERP 系统运行的关键。因此，在推行 ERP 之前，企业要确保数据规范，以严肃、认真的态度对数据进行校对，保证各项数据的准确与完整。

3. 机构的重组。

ERP 强调事前控制能力，把设计、生产、制造、销售、仓储和人力资源等方面的业务看作是一个动态的、可事前控制的业务工作流。ERP 是以面向工作流的方式运行的，要让 ERP 系统发挥作用，就先要对业务流程和组织机构进行重组，使之符合 ERP 的实施要求。

4. 风险的控制。

ERP 项目的实施涉及面广、难度大、周期长，因此实施 ERP 项目具有一定的风险。据统计，从 20 世纪 80 年代开始，国内有数家企业上了 ERP 项目，投资超过百亿元人民币，但实施成功率却不到 50%。其中风险源于三个方面：ERP 项目本身的风险；ERP 外部风险；ERP 内部风险。在 3. 2. 3 小节中我们将详细讨论这些风险。

3.2.2 实施遵循的基本原则

ERP 系统实施历时长、涉及面广，是企业管理上的一次重大革新。实施 ERP 需要遵循一定的原则，这样才能提高实施成功率，且能最大限度地降低应用成本。ERP 的实施原则包括时效原则、关键因素原则、分段实施原则、最小化定制原则、防范风险原则等。这些原则贯穿于整个 ERP 实施过程，成为实施过程中应严格遵守的操作规范。

1. 时效原则。

ERP 系统的实施应该在预定时期内完成，项目延期严格上说就等于项目失败。实施时间必须根据项目预定的效率和效益目标，以及企业原有的基础条件来确定。需要注意的是，项目的目标、效率和效益在实施规划里已经确定，不能随意更改，但可以根据具体进度适当微调。

2. 关键因素原则。

关键因素原则是指实施过程中的每个阶段都要知道关键因素有哪些。一般而言，主要是人、财、物三个因素。“人”是 ERP 系统实施过程中最重要的因素。ERP 系统的服务对象是人，系统的运行管理需要人来控制。高层管理者的参与程度、中层管理者的积极配合都是保证项目成功的前提；“财”是 ERP 系统实施的保障，在系统规划阶段就需考虑，在项目实施过程中，同样要加强资金管理；“物”是 ERP 系统实施的基础，物不仅包括有形物质，还包括无形物质如软件、数据等，它们都是 ERP 系统成功实施不可或缺的条件。

3. 分段实施原则。

ERP 系统的实施是一个庞大的复杂工程，需要经历较长的一段时期。分段实施原则既能保证稳步实现系统总体目标，又能明确现阶段的工作重点，从而降低系统实施的复杂性。因此，要针对企业的基础条件、实施目标、发展动态需求，制订分阶段实施计划并有效地贯彻执行。

4. 最小化定制原则。

在 ERP 实施过程中，系统的定制是不宜随意修改的。修改定制不仅可能导致前期的工作半途而废，而且后期运行中容易出现意想不到的问题，但如果发现关键业务与 ERP 系统不符，则需考虑修改定制。这就是最小化定制原则。换句话说，只有在特定条件下才能对 ERP 系统的定制进行修改。

5. 防范风险原则。

ERP 系统的实施过程中风险无处不在，实施的各阶段都可能存在诸多风险，所以有必要对风险采取严格的防范。防范风险原则包括风险因素的识别、评估与排除等。管理者要充分认识到风险管理在实施过程中的必要性和重要性。

3.2.3 实施风险的进一步分析

目前在业界流行这么一句话：“不上 ERP 是等死，上 ERP 是找死”，这句话实际上揭示出实施 ERP 具有高风险性。研究 ERP 实施风险问题，从而建立一套完善且行之有效的风险管理机制，这对 ERP 在我国企业中的应用发展具有极为重要的现实意义。企业实施 ERP 系统可能遇到的风险，大体可以归为外部风险和内部风险两大类。

1. 企业外部风险。

外部风险指企业所处的社会经济环境、行业环境以及所需的外部资源所引起的风险。例如，在实施过程中出现资金周转不灵，或是遇到经济危机使得企业不景气，从而导致项目难以继续开展。

外部风险具体有三种表现形式：ERP 的实施需要企业主体、软件供应商和咨询服务商三方参与，任何合作都存在风险，因为保证长期合作的共同利益基础是不易建立的，这是外部风险的第一种表现形式；第二种表现形式是选择 ERP 软件的风险，如果企业没有针对自身情况认真、全面地进行需求分析，而是照搬模仿其他企业的选择方案，那么有可能导致选中的 ERP 软件与企业实际情况不符；第三种表现形式是选择咨询公司的风险，这是因为负责实施的咨询公司或顾问的经验与水平会对 ERP 实施成功率产生重大影响。

2. 企业内部风险。

内部风险是指由于企业的内部因素而导致的风险，表现为营运风险、技术风险、授权风险和财务风险等。与外部风险相比，内部风险发生的概率更大，因为实施过程中的每一环节，由于企业自身问题而造成项目流产的情况更常见。ERP 的实施不是企业软件的简单升级更新，而是对企业的重新定位和业务重组。ERP 系统实施经验揭示，高层管理者参与项目实施可以增大项目成功率。由于企业高层的参与指导，企业可以及时对重大的流程改变和业务处理的规范进行评估和决策，而如果仅把 ERP 交给技术部门负责实施，会给项目实施带来较大风险。

3.3　实施 ERP，人才是关键

谈到 ERP，大多都是探讨 ERP 的管理、技术、实施运行等问题。但通过几十年的经验积累，人们发现仅仅依靠技术解决不了 ERP 的所有问题，企业实施 ERP 的关键不在于技术，而在于人才。

据初步统计，国内已经上线 ERP 的企业超过百万家，而目前市场上合格的 ERP 实施顾问却不到4 万人。ERP 人才的严重匮乏已经成为制约中国企业信息化进程的主要因素。根据实施过程我们可将 ERP 人才大致分为三种类型，即 ERP 系统开发人才、ERP 实施人才和 ERP 应用人才（见表 3 -1）。其中，企业最需要的是 ERP 应用人才，因为这种人才熟悉企业业务运作流程，对 ERP 思想以及具体应用也有所了解，只是对 ERP 产品不熟悉，所以只要通过 ERP 产品的短期培训就可以参与 ERP 应用实施及负责 ERP 的日常运转。

表 3 -1　　ERP 人才类型

人才类型	任职类型	技能要求						
		软件设计	软硬件维护	ERP 软件产品	业务流程知识	ERP 实践知识	经营管理知识	沟通协调能力
ERP 开发人才	ERP 软件企业	精通	一般	精通	熟悉	一般	一般	一般
ERP 实施人才	软件实施部门或咨询公司	一般	熟悉	熟悉	熟悉	熟悉	熟悉	精通
ERP 应用人才	ERP 应用企业	一般	熟悉	一般	精通	熟悉	熟悉	熟悉

ERP 人才为什么如此缺乏呢？究其原因，一是 ERP 人才是典型的复合型人才。ERP 对人才的综合素质要求较高。ERP 人才不仅要具备信息技术和企业管理方面的专业知识，还必须熟悉各具体行业下的企业运营流程，具有较好的沟通能力。这样的复合型人才可谓凤毛麟角。二是 ERP 人才需要丰富的实践经验。单靠学习理论知识是不够的，没有长时间的 ERP 现场实施经验，很难成为合格的 ERP 人才。

ERP 人才短缺的有效解决主要靠培养。ERP 人才的培养主要有两个途径：一是高校培养，二是其他人才培训转行。当前高校培养是 ERP 人才培养的主要途径。

第二篇

ERP沙盘模拟实验

第 4 章

ERP 沙盘模拟简介

4.1 何谓 ERP 沙盘模拟

提到“沙盘”，很容易使人联想到战争年代的军事作战指挥沙盘或房地产开发商销售楼盘时的小区规划布局沙盘，它们都能清晰地模拟真实的地形地貌，不必让其所为之服务的对象亲临现场，也能对所关注的位置了然于胸，从而运筹帷幄，正确决策。

ERP 沙盘模拟对抗是在 1978 年由瑞典皇家工学院的 Klas Mellan 开发形成的，之后迅速风靡全球，包括哈佛商学院在内的许多知名高校以及众多的管理咨询机构，都在运用 ERP 沙盘模拟演练对经管专业学生或职业经理人开展教学或培训，以培养或提高他们在企业实际经营管理中的决策和运作能力。2006 年，中央电视台第一届《赢在中国》栏目正是运用 ERP 沙盘模拟对抗来选拔创业人才的。

4.2 ERP 沙盘模拟的价值

ERP 沙盘模拟是一种全新的体验式教学手段和方法，融角色扮演、案例分析和专家诊断于一体，让学生们各自身处不同的高管职位来分析、处理企业所面临的各种挑战，包括战略制定、组织生产、产品营销、财务结算等。这既能让学生全面学习掌握经济管理知识，又可以充分调动学生学习的主动性与参与性，让学生身临其境，真正感受一个企业经营者直面市场竞争的精彩与残酷，领会到企业经营的风险与责任，并由此综合提升学生经营管理的素质与能力。

4.3 ERP 沙盘模拟课程目标

4.3.1 全面阐述一个制造型企业的概貌

包括：制造型企业经营所涉及的因素；企业生产、采购、销售和库存管理的规则；企业物流运作的规则；企业财务管理、资金流控制的规则；企业组织结构和岗位职责的确定；企业面临的市场竞争以及未来发展趋势分析等。

4.3.2 了解企业经营的本质

包括：熟悉企业资产与负债和权益的结构；分析影响企业利润的因素——成本控制需要考虑的因素、扩大销售需要考虑的因素；探究企业经营的本质——利润和成本的关系、增加企业利润的关键因素；进行脑力激荡——思考如何增加企业的利润。

4.3.3 确定产品定位与市场竞争策略

包括：分析市场开拓与品牌建设对企业经营的影响；对产品需求量趋势进行分析；对产品的市场销售价格、销售毛利润进行分析；进行市场投入的效益分析；对产品盈亏平衡点进行预测分析；对竞争对手的市场战略进行预测；进行脑力激荡——思考如何在竞争中取得理想的市场份额。

4.3.4 学会生产管理与成本控制

包括：掌握控制采购订单的方法——基于以销定产、以产定购的管理思想；掌握库存控制的基本方法；领会准时生产方式（JIT）的管理思想；领会生产线改造和建设的意义，掌握生产成本控制的基本方法；掌握产销排程的业务流程——根据销售订单的生产计划与采购计划；进行脑力激荡——思考如何合理地安排采购和生产。

4.3.5 学会全面计划预算管理

包括：学会制定财务预算——现金流控制策略；懂得科学地制订销售计划和估算市场投入；根据市场分析和销售计划，制订安排生产计划和采购计划；掌握高效益的融资管理方法；进行脑力激荡——思考如何理解“预则立，不预则废”的管理思想。

4.3.6 科学统筹人力资源管理

包括：正确安排各个管理岗位的职能；掌握对各个岗位进行业绩衡量及评估的方法；理解“岗位胜任符合度”的度量思想；进行脑力激荡——思考如何更有效地监控各个岗位的绩效。

4.3.7 获得学习点评

包括：企业经营数据分析能力的掌握；综合理解局部管理与整体效益的关系；点评优胜企业与失败企业的关键差异。

第 5 章

模拟企业的基本概况

5.1　企业背景简介

这是一家新兴的企业，只拥有部分启动资金及一定额度的银行贷款资格，经过权威机构的市场调研后决定生产 P 系列产品。公司董事会把企业交给一批优秀的新人去发展，希望他们能投资 P 系列产品的开发、开拓销售市场、进行 ISO 资质认证、采用现代化生产手段扩大生产规模等。总之，一切都是为了获取最大的利润。

5.2　企业组织结构及职责

这家年轻的公司的高层组织结构如图 5－1 所示。

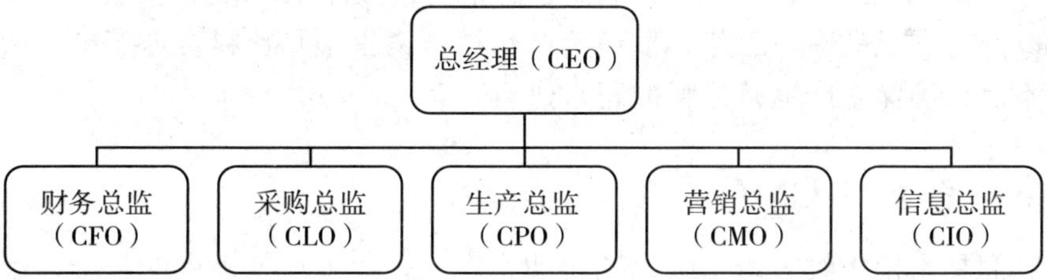

图 5－1　企业组织结构

5.2.1　总经理（CEO）

作为一家企业的领航者，总经理要负责制订和实施公司的总体战略与年度经营计划，建立和健全公司的管理体系与组织结构，主持公司的日常经营管理工作，努力实现公司经营管理目标和发展目标。

在 ERP 沙盘模拟课程中，企业所有的重要决策均由总经理带领团队成员共同讨论共同决定，如果大家意见相左，由总经理拍板决定，总经理所做的最终决策对企业的生存和发展起着决定性的作用。

5.2.2　财务总监（CFO）

在企业中，财务总监的主要职责是管好、用好资金。其主要任务是进行现金流管理，做好现金预算，采用经济有效的方式筹集资金，按需支付各项费用，核算成本并做好财务分析。

如果说资金是企业的血液，财务部门就是企业的心脏。财务总监要参与企业重大决策方案的讨论，如设备投资、产品研发、市场开拓、ISO 资格认证等。公司进出的任何一笔资金，都要经过财务部门。

5.2.3　采购总监（CLO）

采购是企业生产的首要环节。采购总监主要负责各种原料的及时采购与库存管理，确保企业生产的正常进行。具体任务包括：编制并实施采购供应计划，分析各种物资供应渠道及市场供求变化情况，从价格上、质量上为采购把好关，确保在合适的时间点，采购适量的所需物料，同时做好原材料库存的统计与分析，监控采购过程，按要求向供应商支付货款。

5.2.4　生产总监（CPO）

生产总监是企业生产部门的核心人物，对企业的一切生产活动进行管理，并对企业的一切生产活动及产品负最终的责任。生产总监既是计划的制定者和决策者，又是生产过程的监控者，对企业目标的实现影响重大。他的工作是通过计划、组织、指挥和控制等手段实现企业资源的优化配置，创造最大的经济效益。

在 ERP 沙盘模拟经营中，生产总监参与企业经营战略的制定，负责生产设备的选购、安装、维护以及管理成品库等工作，以销定产，根据销售预测资料合理安排生产，避免产品积压或产能不足，确保生产运营过程的正常进行。

5.2.5　营销总监（CMO）

企业的利润是由销售收入带来的，销售的实现是企业生存与发展的关键，因此营销总监在企业中的重要地位不言自明。营销总监所担负的基本职责是开拓市场、实现销售，主要涉及以下几方面的工作：进行市场需求分析与销售预测，选择进入的目标市场；制订销售计划，进行销售预算；调控产品应收款账期，维系企业现金流的稳定；分析市场信息，为企业产能与产品研发决策提供依据；科学、合理地投放广告，有效控制营销成本；进行销售业绩分析与评估等。

5.2.6　信息总监（CIO）

信息流与资金流和物流并称为企业经营的三大流。在 ERP 沙盘模拟经营中，掌握必要的竞争对手的企业经营信息十分重要。信息总监应该主要掌握以下重要信息：竞争对手正在开拓哪些市场、哪些市场是目前的空白市场、竞争对手在销售上取得了怎样的成效、竞争对手拥有的生产线类型有哪些、竞争对手的产能状况如何等。商业间谍的角色与任务一般是由信息总监来承担的。

组建企业管理团队后，企业管理团队将领导公司的未来发展，在千变万化的市场中开拓前进。企业能否顺利运营下去取决于管理团队正确的决策力。每个团队成员在决策时应尽可能利用所掌握的专业知识进行全面思考，不要匆忙行动而陷入混乱。

【提示】

如果教学班级人数较多，在指定了上述几个常用角色之后，还可以考虑分配出纳、生产助理、营销助理等角色。

对于有实践经验的受训者来说，可以选择与实际生活任职不同的职位，以体验换位思考。另外，在课程进行的不同阶段，也可以互换角色，以熟悉不同职位的工作任务与流程。

5.3　ERP 沙盘盘面图

ERP 沙盘盘面图如图 5－2 所示。

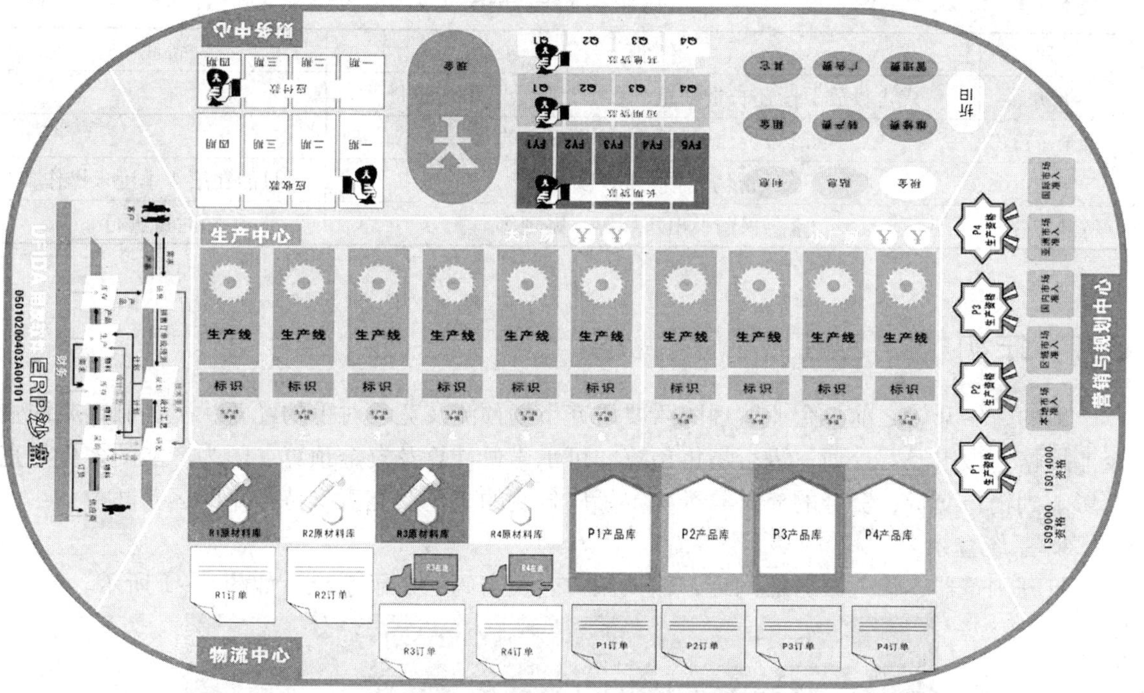

图 5－2　ERP 沙盘盘面

第 6 章

ERP 沙盘模拟运营规则及操作（新商战版）

ERP 沙盘模拟经营将每年分成年初、年内各个季度、年末三个时间段，各阶段任务如表6－1 所示。

表 6－1　　每年各阶段任务

阶段	任务	备注
年初	广告投放、偿还长贷利息、参加订货会、申请长贷	
每个季度	申请短贷、更新生产、原料采购等	
年末	市场开拓、ISO 认证	只能在第 4 季度末操作
特殊工作	紧急采购、出售库存、贴现等	随时可进行

6.1　年初

新的一年开始之前，企业管理团队要研究市场预测及竞争对手的经营状况，制定或调整企业战略，做出经营计划，进行销售预算、可承诺量计算及资金预算，因为产能的多少将直接影响到销售交货，资金的充足与否决定了广告费的多少及能否支持当年的运营。

1. 系统登录。

打开浏览器，输入服务器网址，输入用户名及密码，登录系统，如图 6－1 所示。

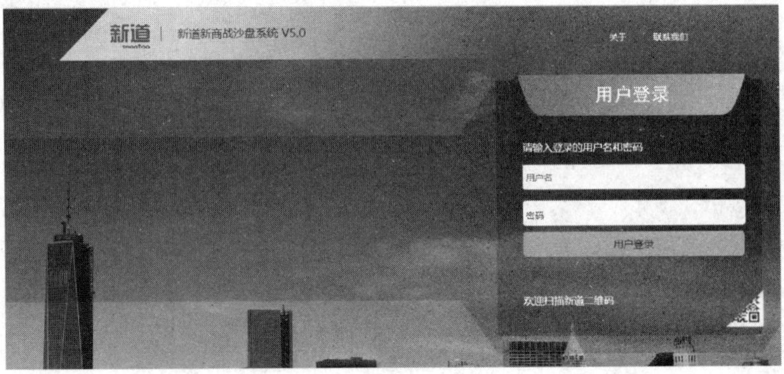

图 6－1　系统登录首页界面

注：用户名由教师公布，初始密码均为 1。

用户注册页面如图 6－2，填写相关资料，重设密码不能为 1。填写完相关资料，点击“确认注册”，进入操作界面。

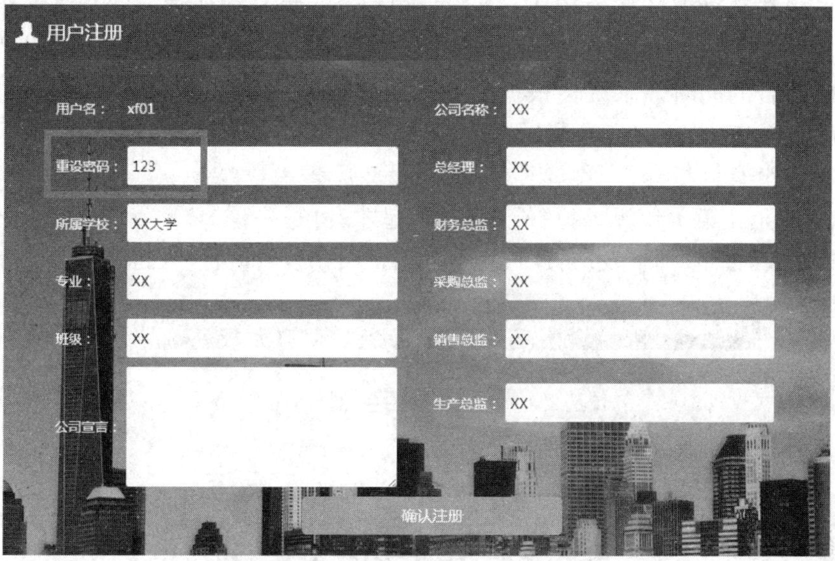

图 6－2　用户注册界面

2. 投放广告（第 1 年无该操作，第 2 年起才有!）。

该操作在每年年初进行，点击主页面下方操作区中菜单“投放广告”，弹出“投放广告”对话框，如图 6－3 所示，录入各市场广告费，点击确认即可。

投放广告

产品市场	本地	区域	国内	亚洲	国际
P1	10 W	23 W	0 W	0 W	0 W
P2	0 W	0 W	0 W	0 W	0 W
P3	0 W	0 W	0 W	0 W	0 W
P4	0 W	0 W	0 W	0 W	0 W
P5	0 W	0 W	0 W	0 W	0 W

确认　取消

图 6－3　投放广告

【提示】

- 投放广告时，系统会自动扣除广告费、长贷利息、税金。
- 市场开拓完成，相应的市场显示为黑色字体，则可在该市场投放广告费。若市场显示为红色字体，则表示该市场尚未开拓完成，不可在该市场投放广告费。

【规则】

（1）广告投放的金额必须是零或正整数。

（2）未研发或未研发完成的产品，可以投放广告并选单。

（3）未开拓或未开拓完成的市场，不能投放广告。

（4）选一张订单至少要投放 1M 的广告，不投广告不能接订单。

（5）如果想在某个市场某种产品有多次选单机会，则广告需要多投放，每多投放 2M 则可以在理论上多获得一次选单机会。

（6）投放广告的同时，系统会根据之前的贷款自动扣除长期贷款的利息、到期所需要偿还的本金及所要交纳的税金，所以投放广告时要确认现金足够充裕。

（7）第一年没有订货会，所以第一年无须投放广告。

3. 参加订货会（第 1 年无该操作，第 2 年起才有!）。

投放广告完成后，教师下发广告后，学生查看广告完毕即可进入订货会，如图 6－4 所示。

图 6－4　订货会首页界面

教师开启订货会，学生进入选单界面，如图 6－5 所示。

图 6－5　选单

【提示】

● 到当前用户选单时，最后一列“操作”会出现“选中”按钮。

● 当某个市场选单结束后，需点击屏幕上其他市场才可进入相应市场选单。

● 选单有时间限制，请注意屏幕上“剩余选单时间”，不要在最后 5 秒才选单，否则有可能出现选单失败的情况。

- 如果该市场的某种产品不需要再选单了，可点击屏幕上“放弃选单”。
- 选单过程如需查看已选到的订单，可关闭订货会界面，在主页面上的“订单信息”里查询。

【规则】

（1）上一年该市场所有产品销售总额最大的组（在该市场没有违约的情况下）称为“市场老大”，市场老大本年在该市场中所有产品只要分别投放 1M 的广告，则 P1、P2、P3、P4 四种产品均可优先选单。

（2）市场老大选单后，则其余各组按该市场该产品的广告金额决定该产品选单顺序，广告投入多者优先选单，如本地市场 P1 产品选单，除了市场老大，其余各组看哪组当年本地市场 P1 产品广告投放金额多，多者优先选单。

（3）如果出现 2 个或 2 个以上的组在某市场某种产品广告金额相等，则由当年该市场所有产品广告总额决定该产品选单顺序，广告投入多者优先选单，如 U01 组本地 P1 广告为 2M，本地市场广告总额为 6M，U02 组本地 P1 广告也为 2M，本地市场广告总额为 3M，则在选本地市场 P1 产品时，U01 排名在 U02 之前。

（4）如果出现 2 个或 2 个以上的组在某市场某种产品广告金额、市场广告总额均相等，则比较上一年该市场的销售总额，总额高者优先选单。

（5）如果上一年该市场的销售总额仍相等，则先提交当年广告的组优先选单。

（6）选单时有投放广告的组按上述规则排出先后顺序进行第一轮选单，选完后有订单剩余的情况下，可进行第二轮选单（前提是该市场该产品所投放广告必须大于等于 3M），第二轮选单顺序和第一轮相同。

（7）上一年的市场老大在该市场有优先选单权，但也必须投广告，每种产品分别投放 1M 即可优先选单。

（8）ISO9000、ISO14000 研发完成后，方可接选择相应的 ISO 订单。

（9）被选掉的订单直接从屏幕中消失；选单过程中，如果某组不符合 ISO 资格条件，则具有 ISO 要求的订单将呈红色无法被选；选单过程中，如果订单全部呈红色，则说明还没到该组选单。

4. 申请长贷。

该操作在每年年初进行，点击主页面下方操作区中菜单“申请长贷”，如图 6－6 所示，输入长期贷款的金额并选择年限。

图 6－6　申请长期贷款

【提示】

- 系统会自动提示当前可贷款的最大额度。
- 长期贷款必须是大于等于10W的整数，例如：200。
- 长期贷款最大年限由教师设定，如果设定的最大年限为5年，则在申请长期贷款时可选择的贷款年限为1~5年。
- 申请长期贷款可重复操作，例如：可同时申请一笔5年期的长期贷款和一笔4年期的长期贷款，但贷款总额不能超过系统提示的当前可贷款的最大额度。

【规则】

（1）长期贷款在每年年初申请，每年初支付长期贷款利息，到期偿还本金。

（2）最大贷款额度 = 上一年所有者权益 ×3 – 尚未偿还的贷款（长贷 + 短贷）额度，例：上一年所有者权益为56，尚未偿还的长期贷款为100M，尚未偿还的短期贷款为20M，则可申请的最大贷款额度 =56 ×3 –100 –20 =48M，但因为长期贷款是10M的整数倍，所以最多只能申请40M长贷。

（3）未到期的长期贷款不需偿还本金，贷款不能提前偿还本金和利息。

（4）只允许向银行申请长期贷款。

6.2 每个季度

ERP沙盘模拟经营把每一年的运营分为四个季度，每个季度操作的内容一致。每一季度分别以“当季开始”和“当季结束”作为开始和结束的标志。

1. 当季开始。

该操作在每季度初，点击“当季开始”按钮，系统会弹出“当季开始”对话框，如图6 –7所示，该操作完成后才能进入季度内的各项操作。

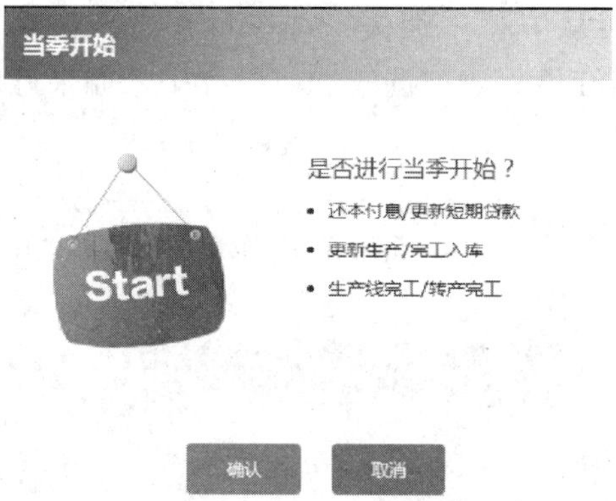

图6 –7　当季开始

【提示】

- 当季开始时，系统会更新短期贷款，自动扣除到期的短期贷款的本金和利息。如果当前现金不足以支付到期短期贷款的本金和利息，系统会提示，如图6 –8所示。

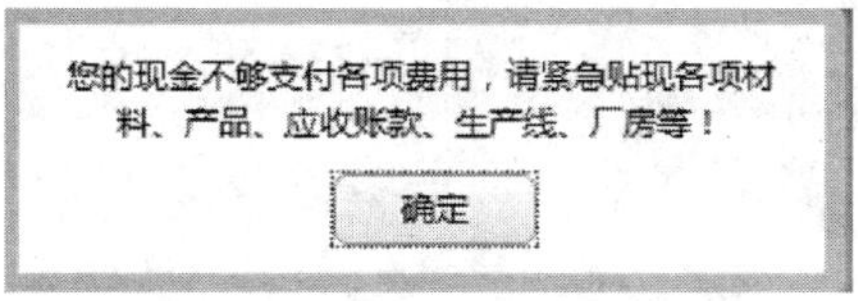

图6-8　现金不足提示

- 当季开始时，系统会自动更新生产/完工入库，完工产品会自动进入产品库。
- 当季开始时，系统会自动检测生产线完工/转产完工情况。

2. 申请短贷。

该操作在每季度初进行，点击主页面下方操作区中菜单“申请短贷”，输入短期贷款的金额（见图6-9）。

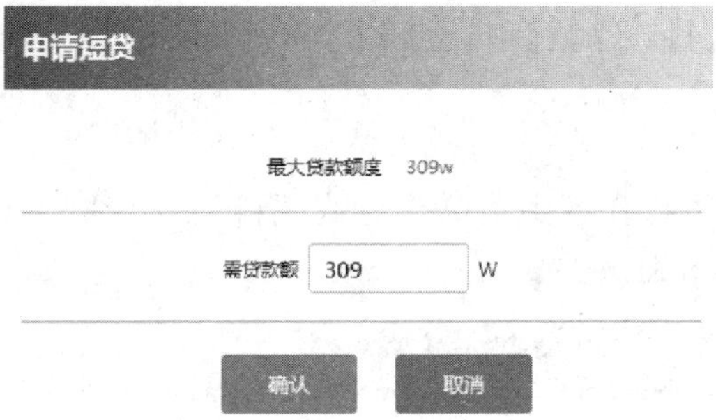

图6-9　申请短期贷款

【提示】

- 系统会自动提示当前可贷款的最大额度。
- 短期贷款必须是大于等于10W的整数，例如：19、200、394。
- 短期贷款年限为1年，一年后到期还本付息。
- 申请短期贷款不可重复操作，输入贷款金额，点击“确认”键后即完成当季度短贷的申请。

【规则】

（1）最大贷款额度＝上一年所有者权益×3－尚未偿还的贷款（长贷＋短贷）额度，例：上一年所有者权益为47，尚未偿还的长期贷款为70M，尚未偿还的短期贷款为40M，则可申请的最大贷款额度＝47×3－70－40＝31M，但因为短期贷款是10M的整数倍，所以最多只能申请30M的短贷。

（2）未到期的短期贷款不需偿还本金和利息。

（3）只允许向银行申请短期贷款。

3. 更新原料库。

操作时点击主页面下方操作区中菜单“更新原料库”，如图6-10所示，系统会显示当前应入库原料需支付的现金，点击确认，系统扣除现金并实现原材料入库。

图 6-10　更新原材料

【提示】

● 系统显示的“现付金额”是根据之前预订的原料订单的数量计算得出的，不能修改！

● 即使本期没有原材料入库（现付金额为 0M），也要点击该按钮，点击“确认更新”，方能进入下一个节点。

4. 订购原料。

操作时点击主页面下方操作区中菜单“订购原料”，如图 6-11 所示，填入当季度所需要订购的原料的数量，点击确认。

图 6-11　下原料订单

【提示】

● 该操作是不可逆的操作，填写时需细致。

● 每季度都可以预订原材料。

【规则】

（1）R1、R2 原料预订提前期为 1 个季度，R3、R4 原料预订提前期为 2 个季度；

（2）R1、R2、R3、R4 四种原料正常采购的价格均为 1M/个；

（3）原料订购量必须为零或正整数；

（4）所有预订的原料到期必须以现金的形式全额购买。

5. 购置/租赁厂房。

操作时点击主页面下方操作区中菜单“购（租）厂房”，如图 6-12 所示，选择所需的厂房类型及订购方式，点击确认。

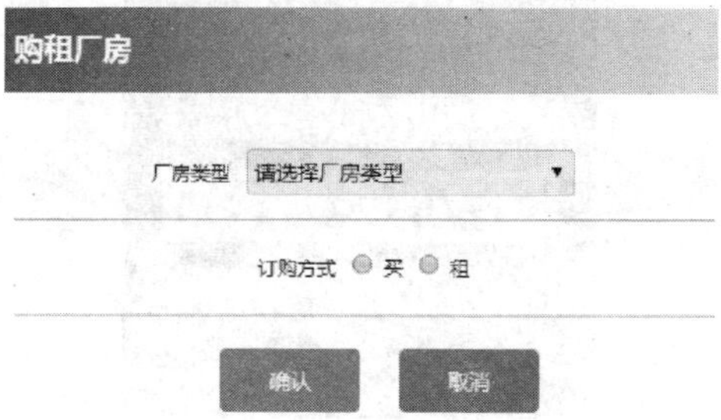

图 6 – 12　购租厂房

【提示】

● 厂房类型选定后不可更改，厂房也不能升级，只能出售重新买新的厂房。

● 此处的购/租厂房指的是新购买/租赁厂房，如果是已经购买的厂房需要卖掉，或是已经租赁的厂房需要买回，均在“厂房处理”环节进行。

【规则】

（1）租金满一年后，在季度末的“厂房处理”可选择厂房租转买或退租（退租时厂房里必须没有生产线），如果没有买回，系统默认为“续租”（例如：第 1 年第 1 季度租厂房，则可购买厂房的时间为第 2 年起的每年第一季度末“厂房处理”）。

（2）厂房卖出时，不是获得现金，而是账期为 4 季度的应收款。

6. 新建生产线。

操作时点击主页面下方操作区中菜单“新建生产线”，如图 6 – 13 所示，选择所属的厂房、所要新建的生产线类型及生产产品的种类，点击确认键。

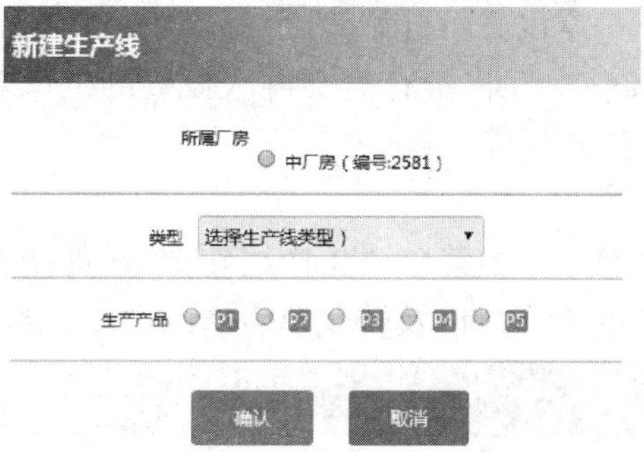

图 6 – 13　新建生产线

【提示】

● 生产线新建的时候必须选择所生产的产品种类，如需更改，可待生产线建成后选择转产。

● 生产线开始安装后，柔性线和自动线是分期投资的，超级手工线是当季建设，当季建成立刻可投入生产，系统会显示如下，如图 6 – 14 所示。

图 6－14　生产线建设状况

7. 在建生产线。

操作时点击主页面下方操作区中菜单“在建生产线”，如图 6－15 所示，在弹出的“在建生产线”对话框勾选决定继续投资的生产线，点击确认即可。

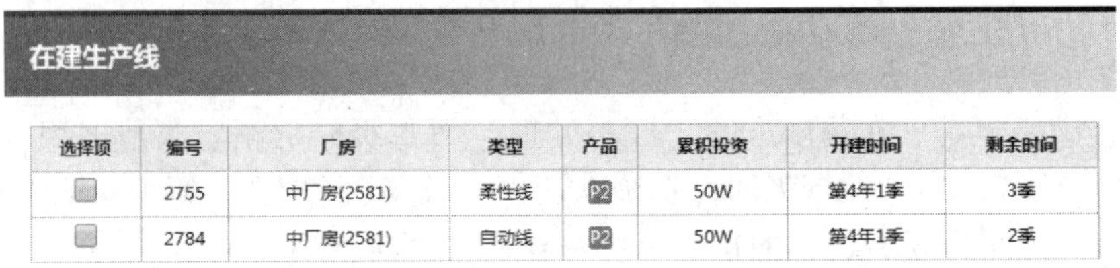

在建生产线

选择项	编号	厂房	类型	产品	累积投资	开建时间	剩余时间
☐	2755	中厂房(2581)	柔性线	P2	50W	第4年1季	3季
☐	2784	中厂房(2581)	自动线	P2	50W	第4年1季	2季

图 6－15　在建生产线投资

【提示】

● 生产线的第二、三、四期投资为“在建生产线”；有安装周期的生产线（如自动线和柔性线）投资完成后的下一季度方可开始生产。

● 选择生产线时，必须一次性将所有需要再次投资的生产勾选；如果资金流紧张，可以选择将部分生产线的安装投资暂停。

8. 生产线转产。

操作时点击主页面下方操作区中菜单“生产线转产”，如图 6－16 所示，在弹出的“生产线转产”对话框勾选转产的生产线以及转线要生产的产品，点击确认转产即可。

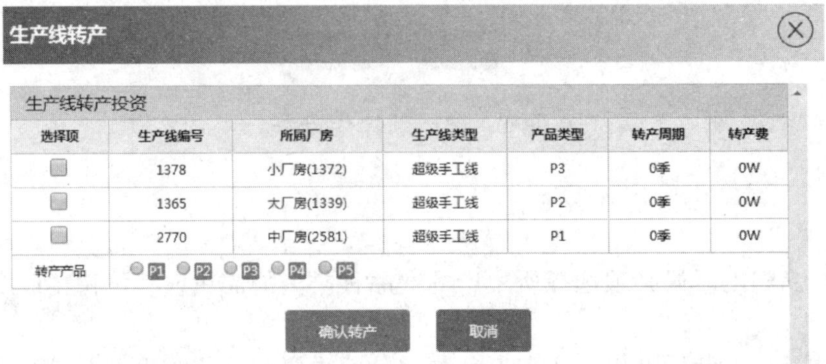

生产线转产

生产线转产投资

选择项	生产线编号	所属厂房	生产线类型	产品类型	转产周期	转产费
☐	1378	小厂房(1372)	超级手工线	P3	0季	0W
☐	1365	大厂房(1339)	超级手工线	P2	0季	0W
☐	2770	中厂房(2581)	超级手工线	P1	0季	0W
转产产品	○P1 ○P2 ○P3 ○P4 ○P5					

确认转产　取消

图 6－16　生产线转产

【提示】

● 生产线转产界面中的“继续转产”（见图 6－17）仅用于规则设置转产周期为 2Q 的情况，如果课程规则没有此情况，则无须使用。

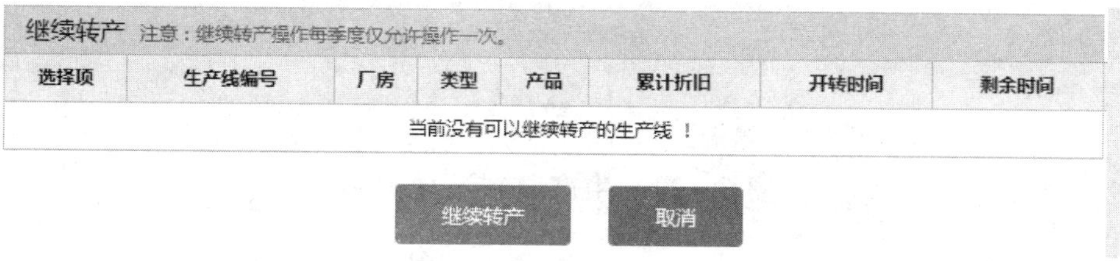
继续转产　注意：继续转产操作每季度仅允许操作一次。

选择项	生产线编号	厂房	类型	产品	累计折旧	开转时间	剩余时间
当前没有可以继续转产的生产线！							

图 6－17　继续转产

● 如果转产的生产线需要转产费用，则系统在转产时自动扣除转产费。

9. 出售生产线。

操作时点击主页面下方操作区中菜单“出售生产线”，如图 6－18 所示，在弹出的“出售生产线”对话框勾选所要出售的生产线，点击确认即可。

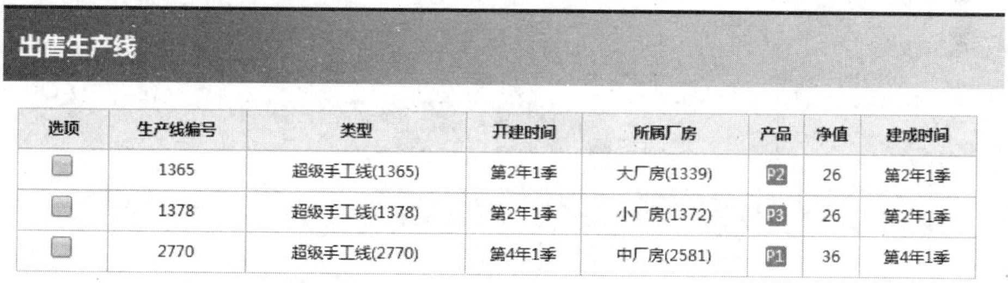
出售生产线

选项	生产线编号	类型	开建时间	所属厂房	产品	净值	建成时间
☐	1365	超级手工线(1365)	第2年1季	大厂房(1339)	P2	26	第2年1季
☐	1378	超级手工线(1378)	第2年1季	小厂房(1372)	P3	26	第2年1季
☐	2770	超级手工线(2770)	第4年1季	中厂房(2581)	P1	36	第4年1季

图 6－18　出售生产线

【提示】

● 出售生产线只可获得等于生产线残值的金额，其余金额记入“损失”。

● 生产线出售的前提是该生产线是空置的，即没有在生产产品。

10. 开始生产。

操作时点击主页面下方操作区中菜单“开始生产”，如图 6－19 所示，在弹出的“开始下一批生产”对话框勾选所要开始生产的生产线，点击确认即可。

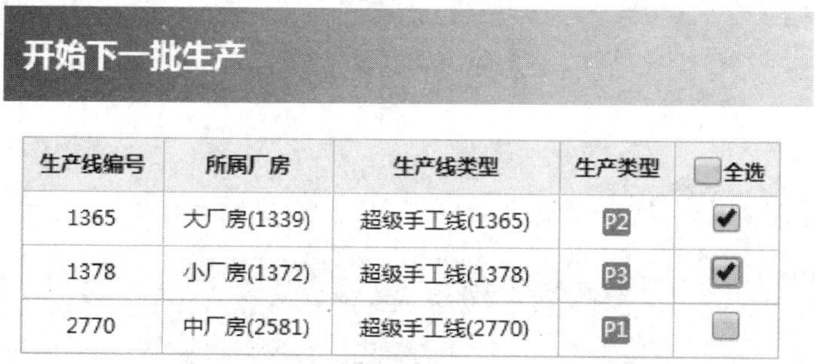
开始下一批生产

生产线编号	所属厂房	生产线类型	生产类型	☐全选
1365	大厂房(1339)	超级手工线(1365)	P2	☑
1378	小厂房(1372)	超级手工线(1378)	P3	☑
2770	中厂房(2581)	超级手工线(2770)	P1	☐

图 6－19　开始下一批生产

【提示】

- 可勾选“全选”，则系统将选中所有的生产线。
- 如果原料不足，生产时系统会提示，如图 6 – 20 所示。

图 6 – 20　生产原料不足提示

11. 应收款更新。

操作时点击主页面下方操作区中菜单“应收款更新”，如图 6 – 21 所示，系统直接显示当季到期的应收款金额，点击确认即可。

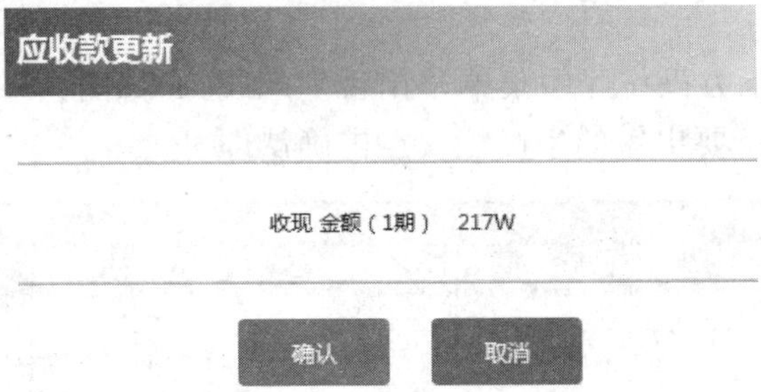

图 6 – 21　应收款更新

12. 按订单交货。

操作时点击主页面下方操作区中菜单“按订单交货”，如图 6 – 22 所示，系统将显示当年当季度可交货的订单，选择所要交货的订单，点击确认交货即可。

图 6 – 22　按订单交货

【提示】

- 若库存不足时点击交货，系统会提示，如图 6 – 23 所示。

图 6 – 23　交货库存不足提示

● 如果到期未能交货，则系统默认为该订单违约，违约的订单在“按订单交货”处不再显示，但可以在“订单信息”中查询到，如图 6－24 所示。

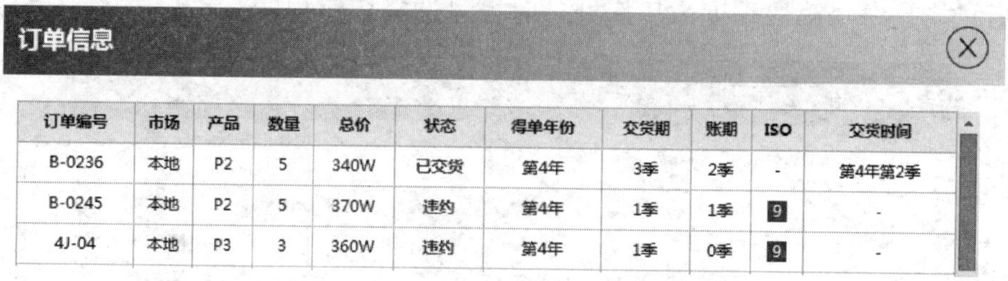

订单编号	市场	产品	数量	总价	状态	得单年份	交货期	账期	ISO	交货时间
B-0236	本地	P2	5	340W	已交货	第4年	3季	2季	-	第4年第2季
B-0245	本地	P2	5	370W	违约	第4年	1季	1季	9	-
4J-04	本地	P3	3	360W	违约	第4年	1季	0季	9	-

图 6－24　订单完成情况显示

13. 厂房处理。

操作时点击主页面下方操作区中菜单“厂房处理”，弹出“厂房处理”对话框。选择厂房的处理方式，系统会自动显示出符合处理条件的厂房以供选择。勾选对应的厂房，点击确认。

【提示】

● 选择“卖出”，如图 6－25 所示，代表将之前购买的厂房卖掉，如果厂房里还有生产线，需要立刻支付厂房租金，厂房的价值直接转换为 4Q 的应收账款；如果厂房里没有生产线，则不用支付厂房租金，厂房的价值直接转换为 4Q 的应收账款。

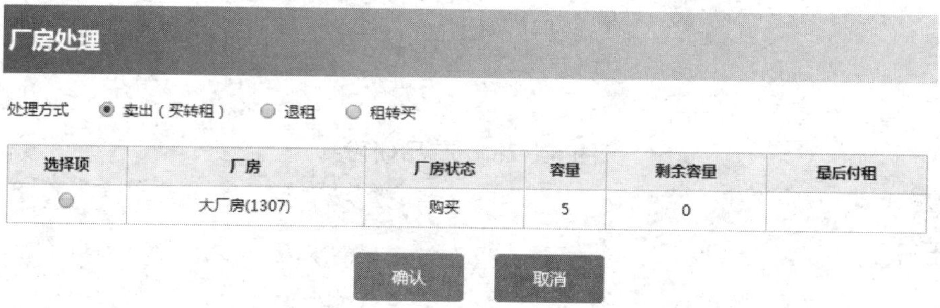

选择项	厂房	厂房状态	容量	剩余容量	最后付租
○	大厂房(1307)	购买	5	0	

图 6－25　厂房处理（卖出）

● 选择“退租”，如图 6－26 所示，则代表将之前租赁的厂房退掉，不用再支付租金。厂房退租的前提条件是该厂房里必须没有生产线了。

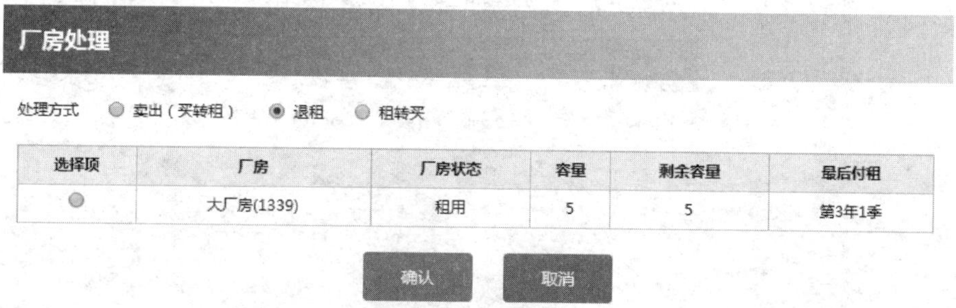

选择项	厂房	厂房状态	容量	剩余容量	最后付租
○	大厂房(1339)	租用	5	5	第3年1季

图 6－26　厂房处理（退租）

● 选择“租转买”，如图 6 – 27 所示，则代表将之前租赁的厂房买回，不用再支付租金。厂房租转买的时间必须是和最后付租时间对应的季度。例：第一年第二季度租一个大厂房，则以后只能是每年第二季度末厂房处理时方可选择厂房租转买。

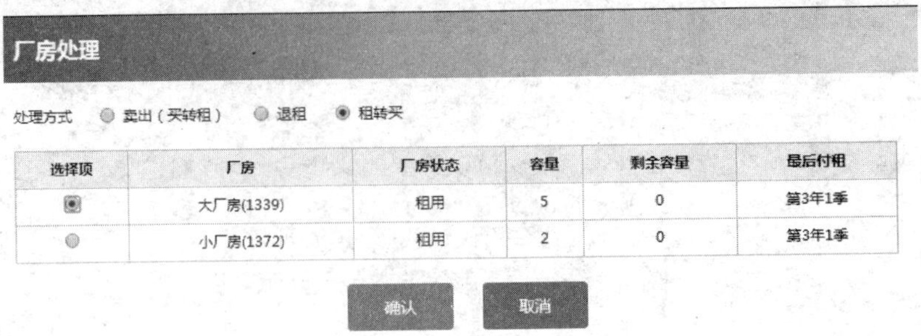

图 6 – 27　厂房处理（租转买）

14. 产品研发。

操作时点击主页面下方操作区中的菜单“产品研发”，如图 6 – 28 所示，系统将显示当年当季度可研发的产品。选择所要研发的产品，点击确认即可。

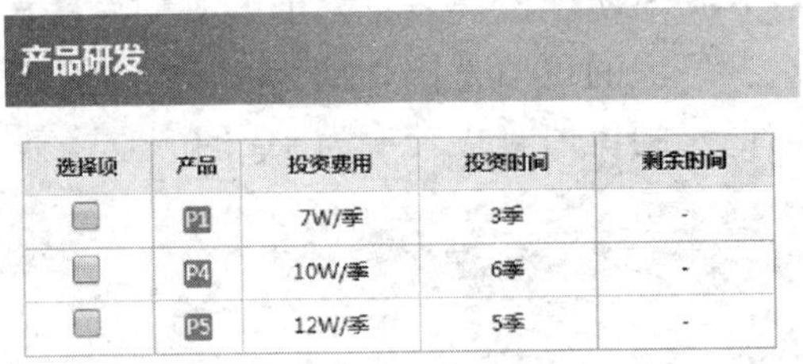

图 6 – 28　产品研发

6. 3　年末

当系统时间来到第 4 季度末的时候，在完成“厂房处理”后可进行“市场开拓”和“ISO 认证”两项操作。

1. 市场开拓。

该操作只有每年第 4 季度才出现。点击主页面下方操作区中菜单“市场开拓”，弹出“市场开拓”对话框，如图 6 – 29 所示。勾选需要开拓的市场，点击确认即可。

图 6 – 29　市场开拓

【提示】

企业经营沙盘中市场包括：本地市场、区域市场、国内市场、亚洲市场和国际市场。市场开拓是企业进入相应市场进行广告投放、产品订单选取的前提。市场开拓相关规则详见规则说明。市场开拓每年第四季度末可操作一次，中间可中断投资。

举例：

假定规则规定本地市场、区域市场、国内市场、亚洲市场和国际市场的开拓期分别为 0、1、2、3、4 年，开拓费用均为每年 1W。若企业从第 1 年年末开始开拓所有市场，且中间不中断投资，则：

第 1 年需支付 5W（各类市场各 1W）市场开拓费用，且当即完成本地市场的开拓，即在第 2 年初的订货会上可在本地市场投放广告、选取订单；

第 2 年年末需支付 3W（国内、亚洲、国际各 1W）市场开拓费用，且完成区域市场和国内市场的开拓，即在第 3 年初的订货会上可在本地市场、区域市场和国内市场投放广告、选取订单；

第 3 年年末需支付 2W（亚洲、国际各 1W）市场开拓费用，且完成亚洲市场的开拓，即在第 4 年年初的订货会上可在本地、区域、国内和亚洲市场投放广告、选取订单；

第 4 年年末需支付 1W（国际市场 1W）市场开拓费用，且完成国际市场的开拓，即在第 5 年初的订货会上可在所有市场投放广告、选取订单。

2. ISO 投资。

该操作只有每年第四季度才出现。点击主页面下方操作区中菜单“ISO 投资”，弹出“ISO 投资”对话框，如图 6－30 所示。勾选需要投资的 ISO 资质，点击确认即可。

图 6－30　ISO 投资

【提示】

ISO 投资包括产品质量（ISO9000）认证投资和产品环保（ISO14000）认证投资。企业若想在订货会上选取带有 ISO 认证的订单，必须取得相应的 ISO 认证资格，否则不能选取该订单。ISO 投资每年进行一次，可中断投资，直至 ISO 投资完成。

举例：

若企业在订单市场中想选择带有 ISO9000 的产品订单，则该企业必须已经完成 ISO9000 的投资，否则不能选择该订单。

假定 ISO 投资规则如图 6－30 所示，企业若在第 1 年同时开始投资 ISO9000 和 ISO14000，中间不中断投资，则第 1 年该企业需支付 ISO 投资额 3W（ISO9000 投资费用 1W＋ISO14000 投资费用 2W），第 2 年该企业还需支付 ISO 投资额 3W，此时完成 ISO 投资，该企业方可在第三年的年度订货会中选取带有 ISO 资格要求的订单。

3. 当季（年）结束。

操作时点击主页面下方操作区中菜单“当季结束”，弹出“当季结束”对话框，如图 6－31 所示，点击确认即可。

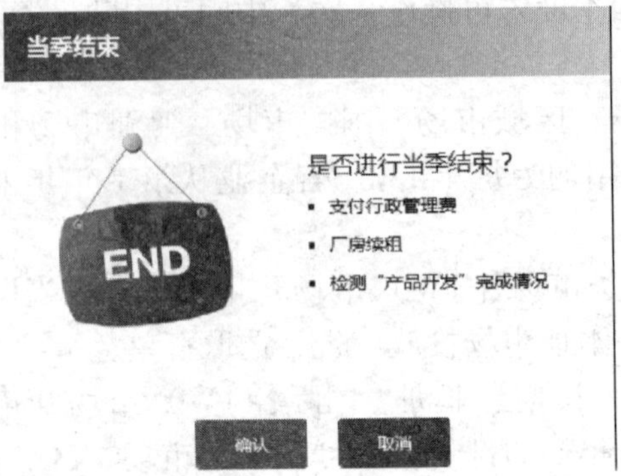

图 6－31　当季结束

【提示】

● 当季结束时，系统会自动支付行政管理费、厂房续租租金，检查产品开发完成情况。

● 如果是在第 4 季度点当季结束，就相当于当年结束，如图 6－32 所示，系统会自动支付行政管理费、厂房续租租金，检测产品开发、ISO 投资、市场开拓情况，自动支付设备维修费、计提当年折旧、扣除产品违约订单的罚款。

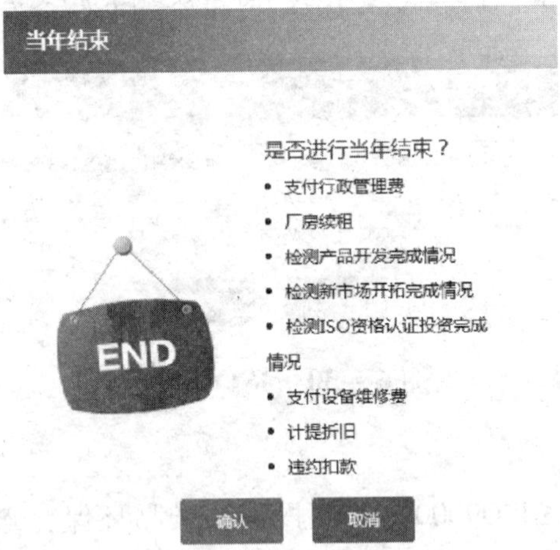

图 6－32　当年结束

4. 填写报表。

操作时点击主页面下方操作区中菜单“填写报表”，弹出“填写报表”对话框，如图 6－33 所示。依次在综合费用表、利润表、资产负债表的编辑框内输入相应数值，三张表填写过程中都可点击保存，暂时保存数据。点击提交，即提交结果，系统计算数值是否正确并在教师端公告信息中显示判断结果。

图 6－33　填写财务报表

6.4　特殊操作

1. 贴现（可随时进行）。

操作时点击主页面下方操作区中菜单“贴现”，弹出“贴现”对话框，如图 6－34 所示。弹出框中显示可以贴现的应收款金额，选好贴现期，在贴现额一列输入要贴现的金额。点击确定，系统根据不同贴现期扣除不同贴息后将贴现金额加入现金。

图 6－34　贴现

【提示】

- 应收款贴现是随时可以操作的，只要该用户有应收账款。

● 应收款贴现是分账期计算贴息的，通常应收款 1 季和 2 季的贴息率是 10%，应收款 3 季和 4 季的贴息率是 12.5%，贴息向上取整。

● 例：某组应收账款金额及账期如上图，现在进行应收款贴现，则贴息 $=120\times10\%+100\times10\%+80\times12.5\%=32W$。

2. 紧急采购（可随时进行）。

操作时点击主页面下方操作区中菜单“紧急采购”，弹出“紧急采购”对话框，如图 6－35 所示，显示当前企业的原料、产品的库存数量以及紧急采购价格。在订购量一列输入数值，点击确认采购即可。

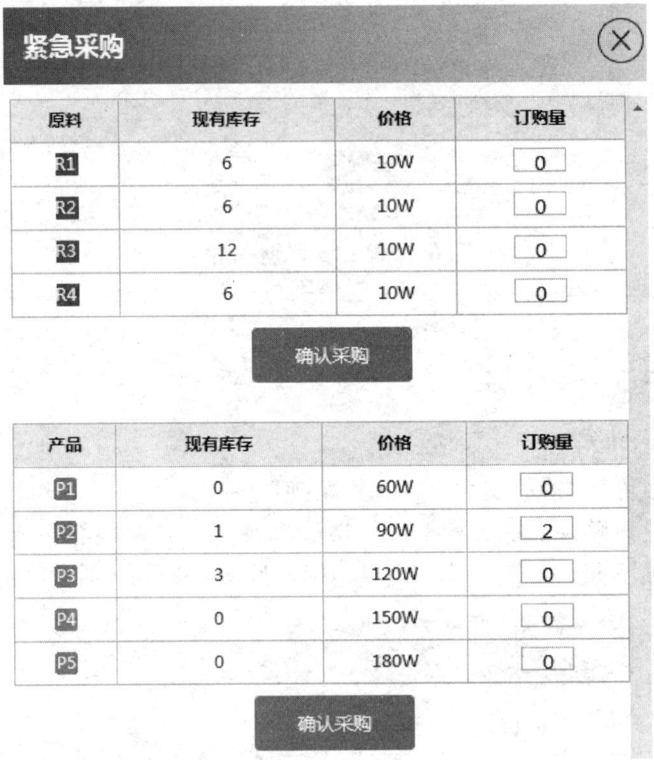

图 6－35　紧急采购

【提示】

● 紧急采购的原料和产品可以立刻投入生产或用于交货。

● 通常情况下，紧急采购原料的价格是成本价的 2 倍，紧急采购产品的价格是成本价的 3 倍。

● 紧急采购超出成本的部分记入综合费用表中的“损失”。

3. 出售库存（可随时进行）。

操作时点击主页面下方操作区中菜单“出售库存”，弹出“出售库存”对话框，如图 6－36 所示，显示当前企业的原料、产品的库存数量以及出售库存价格。在出售数量一列输入数值，点击“出售产品”或“出售原料”即可。

出售库存

产品	库存数量	销售价格	出售数量
P1	0	20.0W/个	0
P2	1	30.0W/个	1
P3	3	40.0W/个	0
P4	0	50.0W/个	0
P5	0	60.0W/个	0

出售产品

原料	库存数量	销售价格	出售数量
R1	6	8.0W/个	0
R2	6	8.0W/个	0
R3	12	8.0W/个	0
R4	6	8.0W/个	0

出售原料

图 6－36 出售库存

【提示】

- 出售库存获得对应金额的现金。
- 通常情况下，出售原料的价格是成本价的 80%（每种原料分别计算，向下取整），出售产品的价格是产品的成本价。

4. 厂房贴现（可随时进行）。

操作时点击主页面下方操作区中菜单“厂房贴现”，弹出“厂房贴现”对话框，如图 6－37 所示，显示可以贴现的厂房信息，选择某一厂房，点击确定贴现。系统根据各类厂房出售价格贴现，如果厂房里仍有生产线则将自动扣除该厂房的租金，保证厂房能继续被使用。

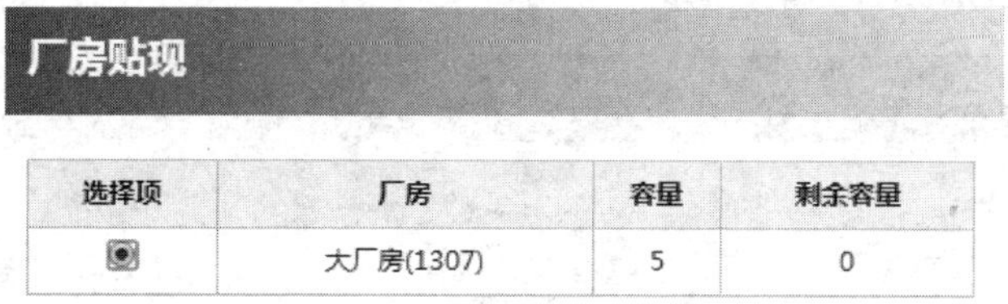

厂房贴现

选择项	厂房	容量	剩余容量
◉	大厂房(1307)	5	0

图 6－37 厂房贴现

5. 订单信息查询（可随时查看）。

操作时点击主页面下方操作区中菜单“订单信息”，弹出“订单信息”对话框，如图 6－38 所示。弹出框中显示当前企业所有年份获得的订单，可以查询每条订单的完成时间、状态等信息。

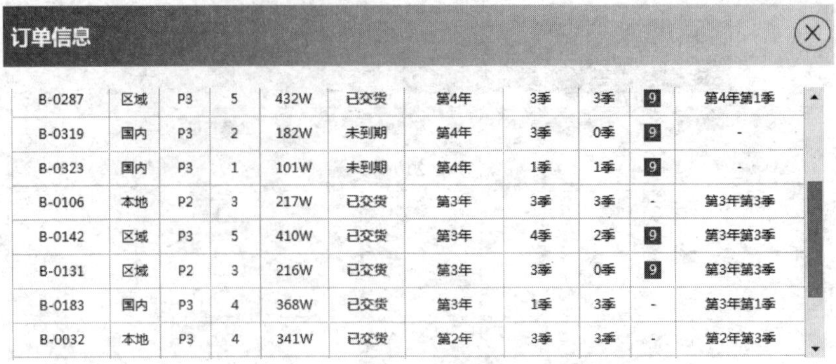

订单信息

B-0287	区域	P3	5	432W	已交货	第4年	3季	3季	9	第4年第1季
B-0319	国内	P3	2	182W	未到期	第4年	3季	0季	9	-
B-0323	国内	P3	1	101W	未到期	第4年	1季	1季	9	-
B-0106	本地	P2	3	217W	已交货	第3年	3季	3季	-	第3年第3季
B-0142	区域	P3	5	410W	已交货	第3年	4季	2季	9	第3年第3季
B-0131	区域	P2	3	216W	已交货	第3年	3季	0季	9	第3年第3季
B-0183	国内	P3	4	368W	已交货	第3年	1季	3季	-	第3年第1季
B-0032	本地	P3	4	341W	已交货	第2年	3季	3季	-	第2年第3季

图 6－38　订单信息查询

6. 间谍（可随时查看）。

操作时点击主页面下方操作区中菜单“间谍”，弹出“间谍”对话框，如图 6－39 所示，确认下载即可。

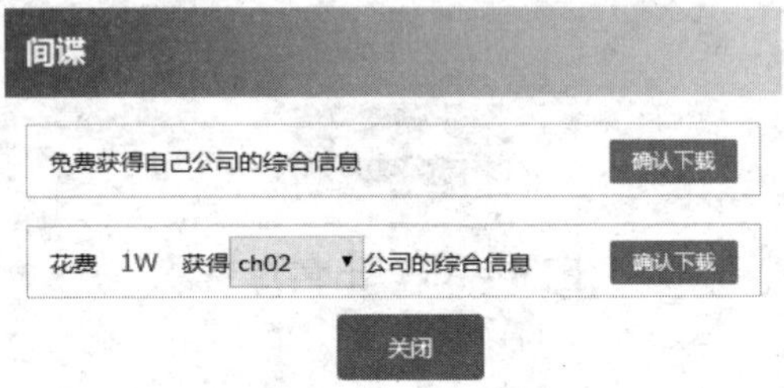

图 6－39　间谍

【提示】

● 间谍中可显示获得自己公司信息和其他组信息两种，可免费获取自己公司信息，以 Excel 形式查阅或保存企业经营数据。若要查看其他公司的信息，则需支付教师/裁判在参数设置中设定的间谍费，才能以 Excel 形式查询其他企业任一组的数据。

7. 规则说明（可随时查看）。

可查看本次课程的规则，如图 6－40 所示。

经营规则说明

一、生产线

名称	投资总额	每季投资额	安装周期	生产周期	总转产费用	转产周期	维修费	残值	折旧费	折旧时间	分值
超级手工线	36W	36W	0季	2季	0W	0季	6W/年	6W	10W	4年	4
自动线	150W	50W	3季	1季	20W	1季	20W/年	30W	30W	5年	8
柔性线	200W	50W	4季	1季	0W	0季	20W/年	40W	40W	5年	10
租赁线（柔性）	0W	0W	0季	1季	0W	0季	85W/年	-100W	0W	5年	0

*安装周期为0,表示即买即用
*计算投资总额时,若安装周期为0,则按1算
*不论何时出售生产线,价格为残值,净值与残值之差计入损失
*只有空闲的生产线方可转产
*当年建成生产线需要交维修费

图 6－40　经营规则

8. 市场预测（可随时查看）。

可查看本次课程的市场预测，如图 6－41 所示。

市场预测

市场预测表——均价

序号	年份	产品	本地	区域	国内	亚洲	国际
1	第2年	P1	53.11	0	0	0	0
2	第2年	P2	0	68.29	0	0	0
3	第2年	P3	84.52	0	0	0	0
4	第2年	P4	128.04	128.74	0	0	0
5	第2年	P5	143.42	141.06	0	0	0
6	第3年	P1	52.51	0	51.75	0	0
7	第3年	P2	73.33	72.52	0	0	0
8	第3年	P3	0	85.77	85.86	0	0
9	第3年	P4	126.35	0	126.44	0	0
10	第3年	P5	0	140.30	139.48	0	0

图 6－41　市场预测表

9. 新手指南（可随时查看）。

可查看运营流程的说明，如图 6－42 所示。

新手指南

操作说明　运营说明

1-1年度规划会议	2-12按订单交货
1-2支付广告费和支付所得税	2-13厂房处理
1-3参加订货会	2-14产品研发
1-4长期贷款	2-15ISO投资
2-1当季开始	2-16市场开拓
2-2申请短贷	2-17当季（年）结束
2-3更新原料库	3-1填写报表
2-4订购原料	3-2投放广告
2-5购租厂房	4-1贴现

图 6－42　新手指南

10. 公告信息。

系统公告留言功能，如图 6－43 所示。

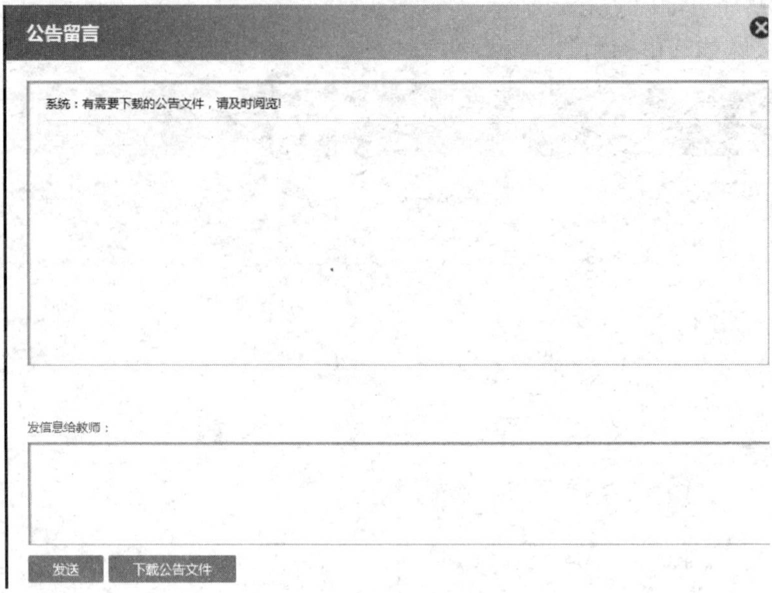

图 6 –43　公告留言

点击“下载公告文件”，学生可下载教师下发的公告文件，如图 6 –44 所示。

图 6 –44　下载公告文件

第 7 章

商战沙盘运营记录表及附表

沙盘模拟运营要求在取得订单后填写“订单登记表”，在各年度经营过程中依据“运营记录表”记录各项经营内容，同时在“综合管理费用明细表”中汇总记录企业年度经营过程中发生的各项费用，年末要编制完成核算企业当年经营成果的“利润表”和反映企业财务状况的“资产负债表”。

第一年（起始年）运营情况填入表 7 - 1 至表 7 - 5 中。

表 7 - 1　　第一年（起始年）运营记录表

经营内容	1Q	2Q	3Q	4Q
年初现金盘点				
申请长期贷款				
季初现金盘点（请填余额）				
更新短期贷款/还本付息				
更新生产/完工入库				
生产线完工				
申请短期贷款				
更新原料库（购买到期的原料，更新在途原料）				
下原料订单				
购置厂房（选择厂房类型，选择购买或租赁）				
新建生产线（选择生产线类型及生产产品种类）				
在建生产线（生产线第二、三、四期的投资）				
生产线转产（选择转产产品种类）				
变卖生产线				
开始下一批生产（空置的生产线开始新一轮生产）				
更新应收款（输入从应收款一期更新到现金库的金额）				
按订单交货				

续表

经营内容	1Q	2Q	3Q	4Q
产品研发投资				
厂房处理				
支付行政管理费				
新市场开拓				
ISO 资格认证投资				
支付设备维修费				
计提折旧				（ ）
违约扣款				
紧急采购（随时进行）				
出售库存（随时进行）				
应收款贴现（随时进行）				
贴息（随时进行）				
其他现金收支情况登记（根据需要填写）				
期末现金对账（请填余额）				

表 7－2　　订单登记表

市场											合计
产品											
数量											
交货期											
应收款账期											
销售额											
成本											
毛利											

表 7－3　　综合管理费用明细表

单位：万元

项　目	金　额	备　注
管理费		
广告费		
设备维护费		
转产费		
租　金		
市场准入开拓		□本地　□区域　□国内　□亚洲　□国际
ISO 认证资格		□ISO9000　□ISO14000

续表

项　目	金　额	备　　注
产品研发费		P1（　　）P2（　　）　P3（　　）P4（　　）P5（　　）
信息费		间谍费用
其　他		违约金、紧急采购超出成本部分、出售库存少于成本部分、出售生产线多于残值部分
合　计		

表7－4　　**利　润　表**　　单位：万元

项　　目	本年数	备　　注
销售收入		当年销售产品的销售额之和
直接成本		当年销售产品的直接成本之和
毛利		毛利＝销售收入－直接成本
综合费用		综合费用表的合计数
折旧前利润		折旧前利润＝毛利－综合费用
折旧		
支付利息前利润		支付利息前利润＝折旧前利润－折旧
财务费用		财务费用＝利息＋贴息
税前利润		税前利润＝支付利息前利润－财务费用
所得税		
净利润		净利润＝税前利润－所得税

表7－5　　**资产负债表**　　单位：万元

资　　产	金　额	负债和所有者权益	金　额
流动资产：		负债：	
现金		长期负债	
应收款		短期负债	
在制品		应交税金	
成品			
原料			
流动资产合计		负债合计	
固定资产：		所有者权益：	
土地和建筑（厂房）		股东资本	
机器与设备		利润留存	0
在建工程		年度净利	
固定资产合计		所有者权益合计	
资产总计		负债和所有者权益总计	

第二年运营情况填入表 7－6 至表 7－11 中。

表 7－6　　第二年运营记录表

经营内容	1Q	2Q	3Q	4Q
年初现金盘点				
投放广告/参加订货会				
交纳税金				
更新长期贷款/支付长期贷款利息				
申请长期贷款				
季初现金盘点（请填余额）				
更新短期贷款/还本付息				
更新生产/完工入库				
生产线完工				
申请短期贷款				
更新原料库（购买到期的原料，更新在途原料）				
下原料订单				
购置厂房（选择厂房类型，选择购买或租赁）				
新建生产线（选择生产线类型及生产产品种类）				
在建生产线（生产线第二、三、四期的投资）				
生产线转产（选择转产产品种类）				
变卖生产线				
开始下一批生产（空置的生产线开始新一轮生产）				
更新应收款（输入从应收款一期更新到现金库的金额）				
按订单交货				
产品研发投资				
厂房处理				
支付行政管理费				
新市场开拓				
ISO 资格认证投资				
支付设备维修费				
计提折旧				（　）
违约扣款				
紧急采购（随时进行）				
出售库存（随时进行）				
应收款贴现（随时进行）				
贴息（随时进行）				
期末现金对账（请填余额）				

表 7-7　广告登记表

第 2 年广告	本地	区域	国内	亚洲	国际
P1					
P2					
P3					
P4					
P5					

表 7-8　订单登记表

市场										合计
产品										
数量										
交货期										
应收款账期										
销售额										
成本										
毛利										
实际交货期										

表 7-9　综合管理费用明细表　单位：万元

项　目	金　额	备　　注
管理费		
广告费		
设备维护费		
转产费		
租　金		
市场准入开拓		□本地　□区域　□国内　□亚洲　□国际
ISO 认证资格		□ISO9000　□ISO14000
产品研发费		P1（　）P2（　）P3（　）P4（　）P5（　）
信息费		间谍费用
其　他		违约金、紧急采购超出成本部分、出售库存少于成本部分、出售生产线多于残值部分
合　计		

表 7－10　　**利　润　表**　　单位：万元

项　　目	本年数	备　　注
销售收入		当年销售产品的销售额之和
直接成本		当年销售产品的直接成本之和
毛利		毛利＝销售收入－直接成本
综合费用		综合费用表的合计数
折旧前利润		折旧前利润＝毛利－综合费用
折旧		
支付利息前利润		支付利息前利润＝折旧前利润－折旧
财务费用		财务费用＝利息＋贴息
税前利润		税前利润＝支付利息前利润－财务费用
所得税		
净利润		净利润＝税前利润－所得税

表 7－11　　**资产负债表**　　单位：万元

资　　产	金　额	负债和所有者权益	金　额
流动资产：		负债：	
现金		长期负债	
应收款		短期负债	
在制品		应交税金	
成品			
原料			
流动资产合计		负债合计	
固定资产：		所有者权益：	
土地和建筑（厂房）		股东资本	
机器与设备		利润留存	
在建工程		年度净利	
固定资产合计		所有者权益合计	
资产总计		负债和所有者权益总计	

注：本年“利润留存”＝上一年“利润留存”＋上一年“年度净利”

第三年运营情况填入表 7 – 12 至表 7 – 17 中。

表 7 – 12　第三年运营记录表

经营内容	1Q	2Q	3Q	4Q
年初现金盘点				
投放广告/参加订货会				
交纳税金				
更新长期贷款/支付长期贷款利息				
申请长期贷款				
季初现金盘点（请填余额）				
更新短期贷款/还本付息				
更新生产/完工入库				
生产线完工				
申请短期贷款				
更新原料库（购买到期的原料，更新在途原料）				
下原料订单				
购置厂房（选择厂房类型，选择购买或租赁）				
新建生产线（选择生产线类型及生产产品种类）				
在建生产线（生产线第二、三、四期的投资）				
生产线转产（选择转产产品种类）				
变卖生产线				
开始下一批生产（空置的生产线开始新一轮生产）				
更新应收款（输入从应收款一期更新到现金库的金额）				
按订单交货				
产品研发投资				
厂房处理				
支付行政管理费				
新市场开拓				
ISO 资格认证投资				
支付设备维修费				
计提折旧				（　）
违约扣款				
紧急采购（随时进行）				
出售库存（随时进行）				
应收款贴现（随时进行）				
贴息（随时进行）				
期末现金对账（请填余额）				

表 7－13 **广告登记表**

第 3 年广告	本地	区域	国内	亚洲	国际
P1					
P2					
P3					
P4					
P5					

表 7－14 **订单登记表**

市场											合计
产品											
数量											
交货期											
应收款账期											
销售额											
成本											
毛利											
实际交货期											

表 7－15 **综合管理费用明细表** 单位：万元

项　目	金　额	备　　注
管理费		
广告费		
设备维护费		
转产费		
租　金		
市场准入开拓		□本地　□区域　□国内　□亚洲　□国际
ISO 认证资格		□ISO9000　□ISO14000
产品研发费		P1（　　）P2（　　）　P3（　　）P4（　　）P5（　　）
信息费		间谍费用
其　他		违约金、紧急采购超出成本部分、出售库存少于成本部分、出售生产线多于残值部分
合　计		

表 7－16　**利　润　表**　单位：万元

项　　目	本年数	备　　注
销售收入		当年销售产品的销售额之和
直接成本		当年销售产品的直接成本之和
毛利		毛利＝销售收入－直接成本
综合费用		综合费用表的合计数
折旧前利润		折旧前利润＝毛利－综合费用
折旧		
支付利息前利润		支付利息前利润＝折旧前利润－折旧
财务费用		财务费用＝利息＋贴息
税前利润		税前利润＝支付利息前利润－财务费用
所得税		
净利润		净利润＝税前利润－所得税

表 7－17　**资产负债表**　单位：万元

资　　产	金　额	负债和所有者权益	金　额
流动资产：		负债：	
现金		长期负债	
应收款		短期负债	
在制品		应交税金	
成品			
原料			
流动资产合计		负债合计	
固定资产：		所有者权益：	
土地和建筑（厂房）		股东资本	
机器与设备		利润留存	
在建工程		年度净利	
固定资产合计		所有者权益合计	
资产总计		负债和所有者权益总计	

注：本年“利润留存”＝上一年“利润留存”＋上一年“年度净利”

第四年运营情况填入表 7 - 18 至表 7 - 23 中。

表 7 - 18　　第四年运营记录表

经营内容	1Q	2Q	3Q	4Q
年初现金盘点				
投放广告/参加订货会				
交纳税金				
更新长期贷款/支付长期贷款利息				
申请长期贷款				
季初现金盘点（请填余额）				
更新短期贷款/还本付息				
更新生产/完工入库				
生产线完工				
申请短期贷款				
更新原料库（购买到期的原料，更新在途原料）				
下原料订单				
购置厂房（选择厂房类型，选择购买或租赁）				
新建生产线（选择生产线类型及生产产品种类）				
在建生产线（生产线第二、三、四期的投资）				
生产线转产（选择转产产品种类）				
变卖生产线				
开始下一批生产（空置的生产线开始新一轮生产）				
更新应收款（输入从应收款一期更新到现金库的金额）				
按订单交货				
产品研发投资				
厂房处理				
支付行政管理费				
新市场开拓				
ISO 资格认证投资				
支付设备维修费				
计提折旧				（　）
违约扣款				
紧急采购（随时进行）				
出售库存（随时进行）				
应收款贴现（随时进行）				
贴息（随时进行）				
期末现金对账（请填余额）				

表7－19　　广告登记表

第4年广告	本地	区域	国内	亚洲	国际
P1					
P2					
P3					
P4					
P5					

表7－20　　订单登记表

市场											合计
产品											
数量											
交货期											
应收款账期											
销售额											
成本											
毛利											
实际交货期											

表7－21　　综合管理费用明细表　　单位：万元

项　目	金　额	备　注
管理费		
广告费		
设备维护费		
转产费		
租　金		
市场准入开拓		□本地　□区域　□国内　□亚洲　□国际
ISO 认证资格		□ISO9000　□ISO14000
产品研发费		P1（　）P2（　）P3（　）P4（　）P5（　）
信息费		间谍费用
其　他		违约金、紧急采购超出成本部分、出售库存少于成本部分、出售生产线多于残值部分
合　计		

表 7－22　　**利　润　表**　　单位：万元

项　　目	本年数	备　　注
销售收入		当年销售产品的销售额之和
直接成本		当年销售产品的直接成本之和
毛利		毛利＝销售收入－直接成本
综合费用		综合费用表的合计数
折旧前利润		折旧前利润＝毛利－综合费用
折旧		
支付利息前利润		支付利息前利润＝折旧前利润－折旧
财务费用		财务费用＝利息＋贴息
税前利润		税前利润＝支付利息前利润－财务费用
所得税		
净利润		净利润＝税前利润－所得税

表 7－23　　**资产负债表**　　单位：万元

资　　产	金　额	负债和所有者权益	金　额
流动资产：		负债：	
现金		长期负债	
应收款		短期负债	
在制品		应交税金	
成品			
原料			
流动资产合计		负债合计	
固定资产：		所有者权益：	
土地和建筑（厂房）		股东资本	
机器与设备		利润留存	
在建工程		年度净利	
固定资产合计		所有者权益合计	
资产总计		负债和所有者权益总计	

注：本年“利润留存”＝上一年“利润留存”＋上一年“年度净利”

第五年运营情况填入表 7 – 24 至表 7 – 29 中。

表 7 – 24　第五年运营记录表

经营内容	1Q	2Q	3Q	4Q
年初现金盘点				
投放广告/参加订货会				
交纳税金				
更新长期贷款/支付长期贷款利息				
申请长期贷款				
季初现金盘点（请填余额）				
更新短期贷款/还本付息				
更新生产/完工入库				
生产线完工				
申请短期贷款				
更新原料库（购买到期的原料，更新在途原料）				
下原料订单				
购置厂房（选择厂房类型，选择购买或租赁）				
新建生产线（选择生产线类型及生产产品种类）				
在建生产线（生产线第二、三、四期的投资）				
生产线转产（选择转产产品种类）				
变卖生产线				
开始下一批生产（空置的生产线开始新一轮生产）				
更新应收款（输入从应收款一期更新到现金库的金额）				
按订单交货				
产品研发投资				
厂房处理				
支付行政管理费				
新市场开拓				
ISO 资格认证投资				
支付设备维修费				
计提折旧				（　）
违约扣款				
紧急采购（随时进行）				
出售库存（随时进行）				
应收款贴现（随时进行）				
贴息（随时进行）				
期末现金对账（请填余额）				

表 7－25 **广告登记表**

第 5 年广告	本地	区域	国内	亚洲	国际
P1					
P2					
P3					
P4					
P5					

表 7－26 **订单登记表**

市场											合计
产品											
数量											
交货期											
应收款账期											
销售额											
成本											
毛利											
实际交货期											

表 7－27 **综合管理费用明细表** 单位：万元

项　目	金　额	备　　注
管理费		
广告费		
设备维护费		
转产费		
租　金		
市场准入开拓		□本地　□区域　□国内　□亚洲　□国际
ISO 认证资格		□ISO9000　□ISO14000
产品研发费		P1（　）P2（　）P3（　）P4（　）P5（　）
信息费		间谍费用
其　他		违约金、紧急采购超出成本部分、出售库存少于成本部分、出售生产线多于残值部分
合　计		

表 7－28　**利　润　表**　单位：万元

项　　目	本年数	备　　注
销售收入		当年销售产品的销售额之和
直接成本		当年销售产品的直接成本之和
毛利		毛利＝销售收入－直接成本
综合费用		综合费用表的合计数
折旧前利润		折旧前利润＝毛利－综合费用
折旧		
支付利息前利润		支付利息前利润＝折旧前利润－折旧
财务费用		财务费用＝利息＋贴息
税前利润		税前利润＝支付利息前利润－财务费用
所得税		
净利润		净利润＝税前利润－所得税

表 7－29　**资产负债表**　单位：万元

资　　产	金　额	负债和所有者权益	金　额
流动资产：		负债：	
现金		长期负债	
应收款		短期负债	
在制品		应交税金	
成品			
原料			
流动资产合计		负债合计	
固定资产：		所有者权益：	
土地和建筑（厂房）		股东资本	
机器与设备		利润留存	
在建工程		年度净利	
固定资产合计		所有者权益合计	
资产总计		负债和所有者权益总计	

注：本年“利润留存”＝上一年“利润留存”＋上一年“年度净利”

第六年运营情况填入表 7－30 至表 7－35 中。

表 7－30　　第六年运营记录表

经营内容	1Q	2Q	3Q	4Q
年初现金盘点				
投放广告/参加订货会				
交纳税金				
更新长期贷款/支付长期贷款利息				
申请长期贷款				
季初现金盘点（请填余额）				
更新短期贷款/还本付息				
更新生产/完工入库				
生产线完工				
申请短期贷款				
更新原料库（购买到期的原料，更新在途原料）				
下原料订单				
购置厂房（选择厂房类型，选择购买或租赁）				
新建生产线（选择生产线类型及生产产品种类）				
在建生产线（生产线第二、三、四期的投资）				
生产线转产（选择转产产品种类）				
变卖生产线				
开始下一批生产（空置的生产线开始新一轮生产）				
更新应收款（输入从应收款一期更新到现金库的金额）				
按订单交货				
产品研发投资				
厂房处理				
支付行政管理费				
新市场开拓				
ISO 资格认证投资				
支付设备维修费				
计提折旧				（　）
违约扣款				
紧急采购（随时进行）				
出售库存（随时进行）				
应收款贴现（随时进行）				
贴息（随时进行）				
期末现金对账（请填余额）				

表 7－31　**广告登记表**

第 6 年广告	本地	区域	国内	亚洲	国际
P1					
P2					
P3					
P4					
P5					

表 7－32　**订单登记表**

市场										合计
产品										
数量										
交货期										
应收款账期										
销售额										
成本										
毛利										
实际交货期										

表 7－33　**综合管理费用明细表**　单位：万元

项　目	金　额	备　　注
管理费		
广告费		
设备维护费		
转产费		
租　金		
市场准入开拓		□本地　□区域　□国内　□亚洲　□国际
ISO 认证资格		□ISO9000　□ISO14000
产品研发费		P1（　　）P2（　　）P3（　　）P4（　　）P5（　　）
信息费		间谍费用
其　他		违约金、紧急采购超出成本部分、出售库存少于成本部分、出售生产线多于残值部分
合　计		

表 7-34　　利　润　表　　单位：万元

项　　目	本年数	备　　注
销售收入		当年销售产品的销售额之和
直接成本		当年销售产品的直接成本之和
毛利		毛利 = 销售收入 - 直接成本
综合费用		综合费用表的合计数
折旧前利润		折旧前利润 = 毛利 - 综合费用
折旧		
支付利息前利润		支付利息前利润 = 折旧前利润 - 折旧
财务费用		财务费用 = 利息 + 贴息
税前利润		税前利润 = 支付利息前利润 - 财务费用
所得税		
净利润		净利润 = 税前利润 - 所得税

表 7-35　　资产负债表　　单位：万元

资　　产	金　额	负债和所有者权益	金　额
流动资产：		负债：	
现金		长期负债	
应收款		短期负债	
在制品		应交税金	
成品			
原料			
流动资产合计		负债合计	
固定资产：		所有者权益：	
土地和建筑（厂房）		股东资本	
机器与设备		利润留存	
在建工程		年度净利	
固定资产合计		所有者权益合计	
资产总计		负债和所有者权益总计	

注：本年“利润留存” = 上一年“利润留存” + 上一年“年度净利”

附表　生产计划及采购计划编制举例

生产计划及采购计划编制（1~3 年）

生产线		第 1 年				第 2 年				第 3 年			
		一季度	二季度	三季度	四季度	一季度	二季度	三季度	四季度	一季度	二季度	三季度	四季度
1	产品												
	材料												
2	产品												
	材料												
3	产品												
	材料												
4	产品												
	材料												
5	产品												
	材料												
6	产品												
	材料												
7	产品												
	材料												
8	产品												
	材料												
合计	产品												
	材料												

续表

生产线		第1年				第2年				第3年			
		一季度	二季度	三季度	四季度	一季度	二季度	三季度	四季度	一季度	二季度	三季度	四季度
9	产品												
	材料												
10	产品												
	材料												
11	产品												
	材料												
12	产品												
	材料												
13	产品												
	材料												
14	产品												
	材料												
15	产品												
	材料												
16	产品												
	材料												
合计	产品												
	材料												

生产计划及采购计划编制（4～6 年）

生产线		第 4 年				第 5 年				第 6 年			
		一季度	二季度	三季度	四季度	一季度	二季度	三季度	四季度	一季度	二季度	三季度	四季度
1	产品												
	材料												
2	产品												
	材料												
3	产品												
	材料												
4	产品												
	材料												
5	产品												
	材料												
6	产品												
	材料												
7	产品												
	材料												
8	产品												
	材料												
合计	产品												
	材料												

续表

生产线		第 4 年				第 5 年				第 6 年			
		一季度	二季度	三季度	四季度	一季度	二季度	三季度	四季度	一季度	二季度	三季度	四季度
9	产品												
	材料												
10	产品												
	材料												
11	产品												
	材料												
12	产品												
	材料												
13	产品												
	材料												
14	产品												
	材料												
15	产品												
	材料												
16	产品												
	材料												
合计	产品												
	材料												

第三篇

ERP系统软件实验

第 8 章

系统管理

8.1 业务概述

系统管理是用友 ERP－U8 管理软件为各个子系统提供的公共管理平台，用于对整个系统的公共任务进行统一管理，包括账套管理、年度账管理、用户及权限管理、系统安全运行管理。各个子系统的运行都以此为基础。

系统管理的主要功能包括：

1. 账套管理。

账套指一组相互关联的数据。一般来说，可以为企业中的每一个独立核算的单位建立一个账套。在用友 ERP－U8 应用系统中，可以为多个独立核算的单位分别建账，且各账套数据之间相互独立，互不影响。系统最多允许建立 999 个账套。账套管理包括账套的建立、修改、引入和输出等。

2. 年度账管理。

在用友 ERP－U8 应用系统中，每个账套中都存放企业不同年度的数据，称为年度账。年度账管理包括年度账的建立、引入、输出和结转上年数据，清空年度数据。

3. 用户及权限管理。

为保证系统与数据的安全与保密，系统管理提供用户及其权限的管理。通过对系统操作分工和权限的管理，一方面可以避免与业务无关的人员进入系统，另一方面可以按照企业需求对用户进行管理授权，保证各负其责。用户及权限管理包括定义角色、设定系统用户及功能权限设置。

4. 系统安全运行管理。

为保证系统运行安全、数据存储安全，在系统管理中设立了强有力的安全保障机制。包括系统运行过程监控机制、数据自动备份计划、清除系统运行过程中的异常任务等。

8.2 实验：系统管理

8.2.1 实验准备

已安装用友 ERP－U8.72 管理软件。

8.2.2 实验目的

（1）了解系统管理的作用及其在用友 ERP－U8 系统中的重要性。

（2）掌握账套管理（账套的建立、修改、引入和输出）的基本操作方法。

（3）了解系统管理员（admin）和账套主管的权限。

（4）掌握用户管理与功能权限设置的基本操作方法。

8.2.3 实验资料

1. 用户及其权限（见表 8－1）。

表 8－1　　用户及其权限资料

编号	姓名	密码	所属角色	权限
0872	李主管	0872	账套主管	
0201	李小飞	0201		销售管理 质量管理—发退货检验—发退货报检单—发退货报检单查询 质量管理—发退货检验—发退货报检单—发退货报检单录入
0301	王兵	0301		公用目录设置—生产制造公用 主生产计划 产能管理 需求规划
0401	赵齐	0401		生产订单 质量管理—产品检验—产品报检单—产品报检单查询 质量管理—产品检验—产品报检单—产品报检单录入
0402	罗梁	0402		车间管理 质量管理—工序检验—工序报检单—工序报检单查询 质量管理—工序检验—工序报检单—工序报检单录入
0501	李明	0501		采购管理 质量管理—产品检验—产品报检单—产品报检单查询 质量管理—产品检验—产品报检单—产品报检单录入
0601	雷磊	0601		公共单据 库存管理 存货核算 质量管理—在库检验—在库检验单—在库检验单查询 质量管理—在库检验—在库检验单—在库检验单录入
0701	何亮	0701		质量管理

续表

编号	姓名	密码	所属角色	权　限
0801	代方	0801		应付款管理 应收款管理 总账 固定资产
0802	宋岚	0802		总账—凭证—出纳签字 总账—出纳
0805	王平	0805		公用目录设置 总账（除去总账—凭证—“审核凭证”与“记账”）

2. 账套信息。

账套号：872

账套名称：智汇科技

账套路径：默认

启用会计期：2011 年 9 月

单位名称：智汇科技有限公司

本币代码：RMB

本币名称：人民币

企业类型：工业

行业性质：2007 年新会计制度科目

账套主管：0872 李主管

按行业性质预设科目：存货分类、客户分类、供应商分类、有外币核算

编码方案：科目编码方案修改为：4－2－2－2

部门编码方案修改为：2－2

客户分类修改为：2－2－2

供应商分类修改为：2－2－2

其他编码项目保持不变。

系统启用：启用总账应收款管理、应付款管理，启用日期为 2011 年 9 月 1 日。

3. 自动备份计划（见表 8－2）。

表 8－2　备份计划资料

计划编号	计划名称	备份类型	发生频率	发生天数	开始时间	有效触发	保留天数
001	智汇科技周备份方案	账套备份	每周	星期六	2：00：00	1 小时	永久性

8.2.4　实验指导

1. 登录系统管理。

（1）执行“开始”→“程序”→“用友 ERP－U872”→“系统服务”→“系统管理”，打开“系统管理”窗口。

（2）执行“系统”→“注册”，打开“登录”对话框，登录到本地计算机

(127.0.0.1)，录入操作员"admin"，密码为空，选择账套"default"，如图 8－1 所示，单击"确定"按钮，返回"系统管理"窗口。

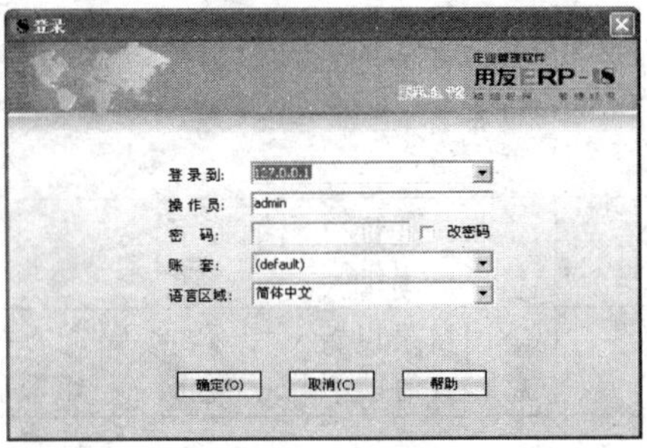

图 8－1　系统管理"登录"对话框

【提示】

- "登录到:"填写本地计算机名称。本地计算机名称可右击桌面"我的电脑"，选择"属性"菜单，在打开的对话框中选择"计算机名"选项卡，查看"计算机完整名称"。此处"127.0.0.1"表示本地计算机名称。

2. 用户管理。

(1) 在"系统管理"窗口，执行"权限"→"用户"，打开"用户管理"窗口，单击"增加"按钮，打开"操作员详细情况"对话框，录入第一位用户的编号"0872"，姓名"李主管"，口令"0872"，确认口令"0872"，选择"所属角色"（账套主管），如图 8－2 所示，单击"增加"按钮。

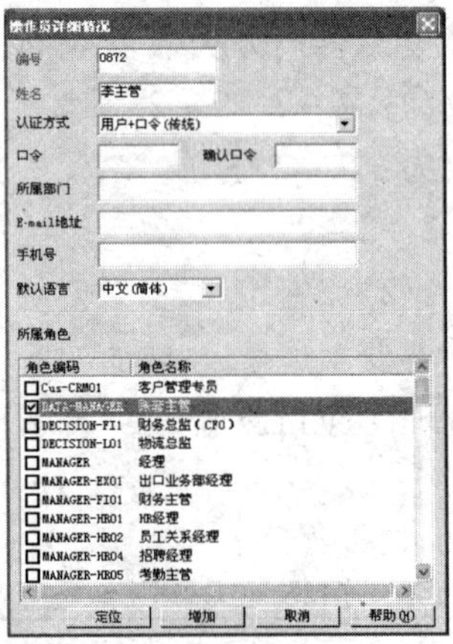

图 8－2　"操作员详细情况"对话框

(2) 同理，增加其他用户，添加完成所有用户后，单击"取消"按钮返回"用户管理"窗口。

【提示】

- 只有系统管理员（admin）有增加用户的权限。
- "用户管理"窗口中所显示的用户列表是系统预先设置好的，如 SYSTEM、UFSOFT。
- "操作员详细情况"对话框中，操作员的"编号"和"姓名"是必填项，其余为选填项。“编号”可以为数字，也可以为英文字符，每个操作员的编号是唯一的，不允许重复。

• 添加操作员时如果选择了“所属角色”，则在建立账套后，该操作员会自动拥有该角色的相应权限。

• 如果需要修改用户信息，在“用户管理”窗口中先选择要修改的用户，再单击“修改”按钮，打开“操作员详细情况”对话框，修改相关信息。除了“编号”不能修改外，其他信息都可以修改。

• 如果要删除用户，在“用户管理”窗口先选择要删除的用户，再单击“删除”按钮，删除该用户。用户一旦使用，不能删除。

3. 建立账套。

（1）在“系统管理”窗口，执行“账套”→“建立”，打开“创建账套”对话框，录入账套号“872”、账套名称“智汇科技”、启用会计期“2011年9月”，如图8-3所示。

图8-3 “创建账套——账套信息”对话框

（2）单击“下一步”按钮，录入单位名称“智汇科技有限公司”。

（3）单击“下一步”按钮，选择企业类型“工业”、行业性质“2007年新会计制度科目”、账套主管“［0872］李主管”，选中“按行业性质预置科目”，如图8-4所示。

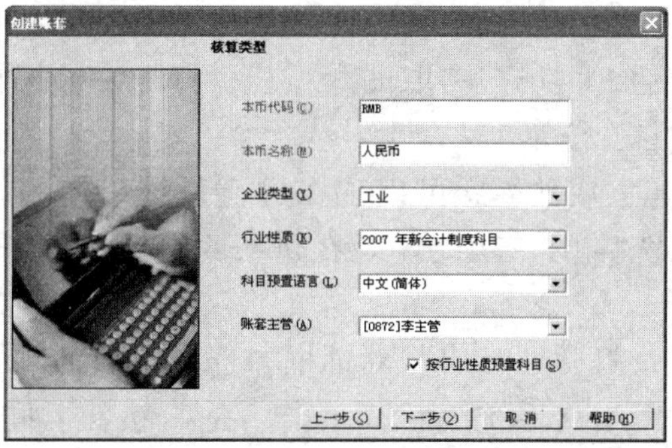

图8-4 “创建账套——核算类型”对话框

（4）单击“下一步”按钮，选中“存货是否分类”“客户是否分类”“供应商是否分类”“有无外币核算”，如图8-5所示。

（5）单击“完成”按钮，系统提示“可以创建账套了么?”，单击“是”按钮，打开“编码方案”对话框。

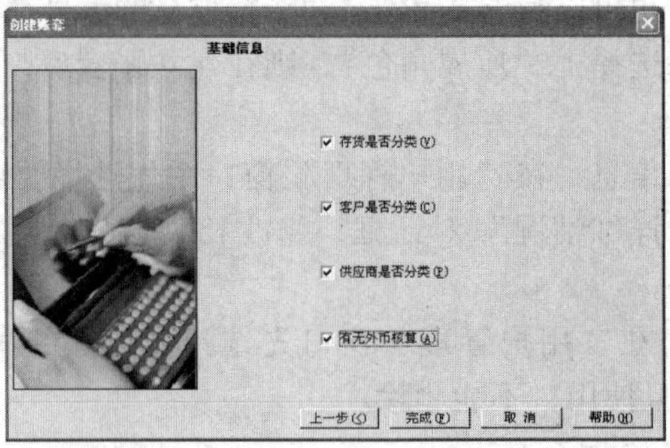

图 8－5　“创建账套——基础信息”对话框

（6）修改科目、客户分类、供应商分类、部门的编码方案，分别为“4－2－2－2”“2－2－2”“2－2－2”“2－2”，如图 8－6 所示。

图 8－6　“编码方案”对话框

（7）单击“确定”按钮，再单击“取消”按钮，打开“数据精度”对话框，数据精度保留默认设置，单击“确定”按钮。

（8）系统提示“872 建立成功，您可以现在进行系统启用的设置，或以后从［企业门户_ 基础信息］进入［系统启用］功能。现在进行系统启用的设置?”单击“是”按钮，打开“系统启用”对话框。

（9）选中“GL 总账”，打开“日历”对话框，选择 2011 年 9 月 1 日，单击“确定”按钮，系统提示“确实要启用当前系统吗?”，单击“是”按钮。同理，启用“AR 应收款管理”“AP 应付款管理”，结果如图 8－7 所示。

（10）单击“退出”按钮，系统提示“请进入企业应用平台进行业务操作”，单击“确定”按钮建账完成。

【提示】

- 在 ERP－U872 中，账套号是区分不同账套数据的唯一标志，可使用的账套号从 001 至 999，但是建账时不能使用系统内已经存在的账套号。

图8-7　“系统启用”对话框

- 账套名称用来描述账套的基本特性，可以输入核算单位简称，可以与系统内已经存在的账套名称相同。
- 账套路径用来指明账套在系统中存放的位置。为方便用户，应用系统中一般预设一个存储位置，称为默认路径，一般不做修改。
- 启用会计期规定了该账套进行业务处理的时间起点，启用日期一旦启用不可更改。
- 系统提供的企业类型分为工业、商业两种核算类型。如果选择“工业”，则系统不能处理委托代销业务；如果选择“商业”，则系统不能处理产成品入库和材料出库业务。
- 行业性质表明企业所执行的会计制度，“2007年新会计制度科目”即新准则。
- 成为账套主管表明该用户拥有对该账套进行业务处理的所有权限。
- 选中“按行业性质预置科目”表示按所选的行业性质提供设置好的一级会计科目和二级会计科目供用户使用。
- 为了便于对经济业务数据进行分级核算管理，对数据实行代码管理。编码方案的设置取决于核算单位经济业务的复杂程度及核算与统计要求。编码规则是指分类编码分几级，每级设置几位。其中，科目编码第一级是由建账时所选择的企业行业性质决定，不能修改。若需要删除编码的级次，必须从最末级开始删除。已经使用的编码方案不能随意修改，必须到企业应用平台中删除相关信息后才能修改。
- 账套建立成功时，在启用系统时如果选择“否”，则表示暂不启用系统模块，将来进入企业应用平台可以重新启用。只有账套主管才有权限在企业应用平台中进行系统启用。各系统的启用时间必须大于或等于账套的启用时间。

4. 权限设置。

（1）在“系统管理”窗口，执行“权限”→“权限”，进入“操作员权限”窗口，在右上角下拉列表选择要赋权限的账套“［872智汇科技］”与年度“2011”。

（2）在左边操作员列表中选择用户“李小飞”，则右边窗口中显示该用户的权限。单击工具栏“修改”按钮，在右边窗口里选择相应的权限“销售管理”“质量管理—发退货检验—发退货报检单—发退货报检单查询”“质量管理—发退货检验—发退货报检单—发退货报检单录入”，如图8-8所示。

（3）单击“保存”按钮。

（4）同理修改其他用户权限。

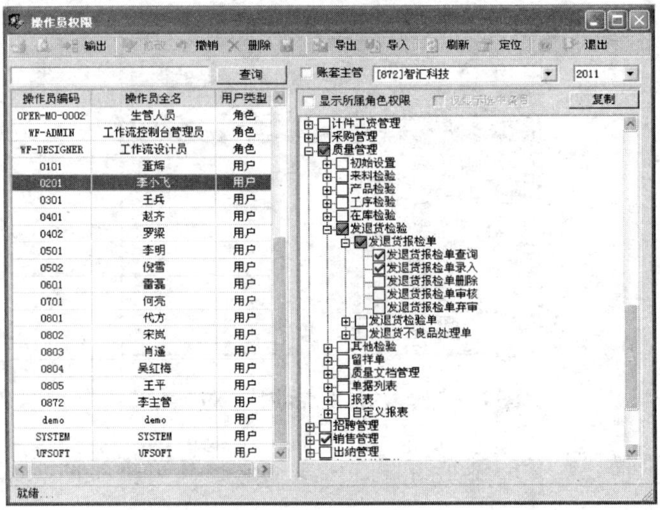

图 8－8 “操作员权限”设置窗口

【提示】

● 如果要将操作员设置为“账套主管”，在选择好账套和操作员后，直接将所选中的账套前面“账套主管”的复选框打钩即可。

● 一个账套可以有多个账套主管。

系统管理员（admin）与账套主管可以修改角色或操作员权限。

5. 账套手工备份及删除。

（1）在“系统管理”窗口，执行“账套”→“输出”，打开“账套输出”对话框，选择要备份的账套号“［872］智汇科技”。

（2）单击“确认”按钮，系统打开“请选择账套备份路径”对话框，选择备份文件的保存路径“D:\账套备份\（8－1）系统管理”文件夹，单击“确定”按钮，系统提示“输出成功”，单击“确定”按钮。

【提示】

● 备份账套时应先建立一个文件夹，如“D:\账套备份\（8－1）系统管理”，以便将备份数据存放在该目标文件夹中。

● 在备份时如果选中“删除当前输出账套”复选框，则在账套输出的同时，将该账套的数据从系统中删除。

6. 账套引入。

（1）在“系统管理”窗口，执行“账套”→“引入”命令，打开“请选择账套备份文件”对话框，找到存放账套备份数据的文件夹，选择 UfErpAct. Lst 文件，单击“确定”按钮。

（2）系统提示“请选择账套引入的目录，当前默认路径……”直接单击“确定”按钮，系统弹出“请选择账套引入的目录”对话框，选择账套引入的目录如图 8－9 所示。单击“确定”按钮，系统提示“账套引入成功”。

【提示】

● 图 8－9 中是账套引入的目录（D:\u8soft\ admin\ 127. 0. 0. 1\ zt872），其中 D:\

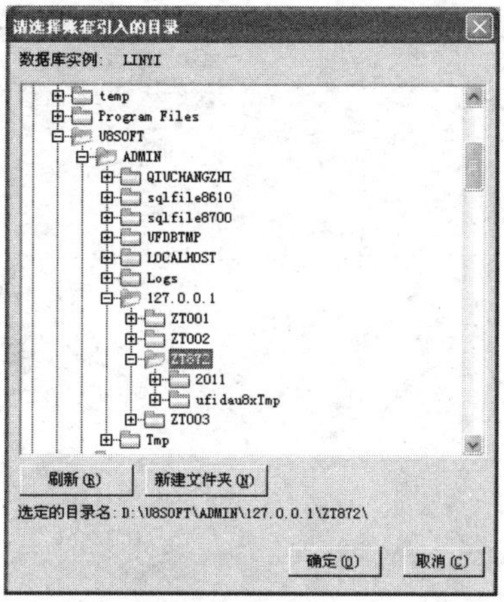

图 8－9 “设置账套引入的目录”对话框

u8soft \ admin 表示建立账套时设置的账套路径；127. 0. 0. 1 表示本地计算机名称；zt872 表示引入的账套号。

● 如果系统中已经存在要引入的账套号，则系统提示“此项操作将覆盖［872］账套当前的所有信息，继续吗?”，单击“是”按钮则引入账套覆盖已经存在的数据。

7. 账套自动备份。

（1）在“系统管理”窗口，执行“系统”→“设置备份计划”，打开“备份计划设置”对话框。

（2）单击“增加”按钮，打开“备份计划详细情况”对话框。录入：计划编号“001”、计划名称“智汇科技周备份方案”、备份类型“账套备份”、发生频率“每周”、发生天数“7”、开始时间“2：00”、有效触发“1”、保留天数“0”。

（3）单击对话框中部的“增加”按钮，选择备份文件存放的“备份路径”，单击“确定”按钮。

（4）在对话框下方选中要备份的账套，如图 8－10 所示，单击对话框底部的“增加”按钮，关闭对话框，完成备份。

【提示】

● 系统提供了“账套备份”和“年度备份”两种备份类型。其中账套备份是对整个账套的数据进行备份，年度备份仅对账套中某个年度的数据进行备份。

● 系统提供了“每天”“每周”“每月”三种发生频率。

● 系统提供的发生天数分为三类：

每天：如果“发生频率”设置为“每天”，则“发生天数”默认为 1。

每周：如果“发生频率”设置为“每周”，则“发生天数”中 1 代表星期日，2 代表星期一，3 代表星期二，依次类推。

每月：如果“发生频率”设置为“每月”，则“发生天数”中 1 代表每月的 1 号，2 代表每月 2 号，依次类推。

●“开始时间”表示系统执行自动备份的时间，采用 24 小时计制。

●“有效触发”是指从备份开始到某个时间点内，每隔一定时间进行一次触发检查，直

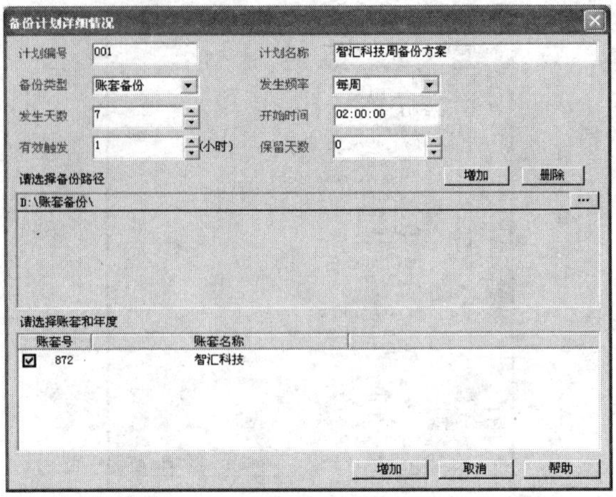

图 8－10　“备份计划详细情况”对话框

到成功。此处不是检查的周期，而是检查的最终时间点（如遇网络或数据冲突无法备份时，以备份开始时间为准，在有效触发小时的范围内，系统可反复重新备份，直到备份完成）。

- “保留天数”指系统可以自动删除时限之外的备份数据。若设置为 10，则表示系统以机器时间为准，将前 10 天的备份数据自动删除。若数值为 0，则表示系统认为永不删除备份。
- 系统管理员（admin）可以引入备份账套；账套主管可以引入、备份年度账套。

8. 修改账套。

（1）在“系统管理”窗口，执行“系统”→“注销”命令注销当前用户。

（2）在“系统管理”窗口，执行“系统”→“注册”，打开“登录”对话框，录入操作员“0872”、密码“0872”、账套“［872］智汇科技”、操作日期“2011 年 9 月 1 日”，单击“确定”按钮，打开“系统管理”窗口。

（3）执行“账套”→“修改”，打开“修改账套”对话框，并逐个单击“下一步”按钮，对需要修改的选项进行修改。

【提示】

- 账套修改只能由账套主管来完成。

第 9 章

应用平台基础设置

9.1 业务概述

企业应用平台是用友管理软件的集成应用平台，集中了用友 U8 应用系统的所有功能，可以实现系统基础数据的集中维护、各种信息的及时沟通、数据资源的有效利用。企业应用平台为企业员工、合作伙伴提供了访问系统的唯一通道；通过企业应用平台，用户可以设计个性工作流程，提高工作效率，还可以实现与日常办公的协同进行。

企业应用平台包含的功能十分强大，主要包括：

1. 基础设置。

基础设置是为系统的日常运行做好基础工作，主要包括基本信息、基础档案、数据权限和单据的设置。其中，基本信息中可以设置系统启用、修改建账过程确定的编码方案和数据精度；基础档案中可以设置各个子系统公用的基础档案信息，如机构人员、客商信息、财务信息等；数据权限可以针对系统数据的操作权限进行进一步细分；单据设置提供了个性化单据显示及打印格式的定义。

2. 业务工作。

业务工作集成了用户拥有权限的所有功能模块，因而，是用户访问软件唯一入口。U8 管理软件分为财务会计、供应链、生产、人力资源等功能群，每一个功能群中又包括若干功能模块。

3. 工具。

集中了系统管理、系统配置、总账工具和科目转换等工具，以及数据仓库配置、专家财务数据库维护决策使用工具。

9.2 实验一：业务基础设置

9.2.1 实验准备

（1）引入光盘中的“实验账套\（8－1）系统管理”文件夹中的备份数据。

（2）登录企业应用平台时，选择操作员账套主管“0872”（密码为 0872），账套名称“[872] 智汇科技”，登录日期“2011－09－01”。

9.2.2　实验目的

（1）了解企业应用平台的主要功能及其在用友 ERP－U8 系统中的重要性。

（2）了解各种基础设置的内容与作用。

（3）掌握企业应用平台中基础设置的操作方法。

9.2.3　实验资料

1. 部门档案（见表 9－1）。

表 9－1　部门档案

部门编码	部门名称
01	总经理办公室
02	财务部
03	人力资源部
04	销售部
0401	销售一科
0402	销售二科
05	生产部
0501	一车间
0502	二车间
06	采购部
07	研发中心
08	仓储部

2. 在职人员类别（见表 9－2）。

表 9－2　企业在职人员类别

人员类别编码	人员类别名称
101	企业管理人员
102	经营人员
103	车间管理人员
104	生产工人

3. 人员档案（见表 9－3）。

表 9－3　　人员档案

人员编码	人员姓名	性别	人员类别	行政部门	是否业务员
0001	张阳	男	企业管理人员	总经理办公室	是
0002	高玮	男	企业管理人员	财务部	是
0003	张萌	女	经营人员	销售一科	是
0004	李辛	男	经营人员	销售二科	是
0005	王宏	男	经营人员	采购部	是
0006	田力	男	车间管理人员	一车间	是
0007	刘飞	女	生产工人	一车间	是

4. 客户分类（见表 9－4）。

表 9－4　　客户分类

编号	类型
01	批发
02	代销
03	专柜

5. 客户档案（见表 9－5）。

表 9－5　　客户档案

客户编号	客户名称	客户简称	所属分类	分管部门	专管业务员	税号	所属银行	开户银行	银行账号	默认值
0101	福建华宏公司	华宏公司	批发	销售一科	张萌	010111177788	中国建设银行	中国建设银行福建分行仓山支行	1100778899	是
0102	厦门大地公司	大地公司	批发	销售一科	张萌	020211133388	中国银行	中国银行福建分行仓山支行	2200778899	是
0201	广东兴邦公司	兴邦公司	代销	销售二科	李辛	030333355588	中国工商银行	中国工商银行福建分行城南支行	3311556677	是

续表

客户编号	客户名称	客户简称	所属分类	分管部门	专管业务员	税号	所属银行	开户银行	银行账号	默认值
0301	上海亨利公司	亨利公司	专柜	销售二科	李辛	040444499988	中国工商银行	中国工商银行福建分行城南支行	3311556688	是

6. 供应商分类（见表 9－6）。

表 9－6　供应商分类

编　号	类　型
01	零配件供应商
02	包装物供应商

7. 供应商档案（见表 9－7）。

表 9－7　供应商档案

供应商编号	供应商名称	供应商简称	所属分类	专管业务员
0101	福建大昌公司	大昌公司	包装物供应商	王宏
0102	厦门启德公司	启德公司	包装物供应商	王宏
0201	福建建昌五金公司	建昌五金	零配件供应商	王宏
0202	江西兴华塑胶公司	兴华塑胶	零配件供应商	王宏

8. 计量单位组（见表 9－8）。

表 9－8　计量单位组

计量单位组编号	计量单位组名称	计量单位组类别
01	无换算关系	无换算率
02	换算 1 组	固定换算率

9. 计量单位（见表 9－9）。

表 9－9　计量单位

计量单位组编号	计量单位编号	计量单位名称	说明
01	01	个	
01	02	台	
01	03	次	
02	04	盒	
02	05	箱	1 箱＝10 盒

10. 存货分类（见表9－10）。

表9－10　存货分类编码

一级	二级	三级
01 原材料	0101 主机	010101 芯片
		010102 硬盘
	0102 显示器	
	0103 键盘	
	0104 鼠标	
02 自制件		
03 外购商品	0301 打印机	
	0302 传真机	
	0303 光盘	
04 产成品	0401 计算机整机	
05 劳务		

11. 存货档案（见表9－11）。

表9－11　存货档案

存货编码	存货名称	所属类别	计量单位组	主计量单位	税率	存货属性
01010101	双核芯片	芯片	换算1组	默认	17%	外购、生产耗用
01010201	2T硬盘	硬盘	换算1组	默认	17%	外购、生产耗用、内销
010201	液晶显示器	显示器	无换算关系	台	17%	外购、生产耗用、内销
010301	联想键盘	键盘	无换算关系	个	17%	外购、生产耗用、内销
010401	LG鼠标	鼠标	无换算关系	个	17%	外购、生产耗用、内销
030101	激光打印机	打印机	无换算关系	台	17%	外购、内销
030301	只读光盘	光盘	换算1组	默认	17%	外购、内销
040101	计算机整机	计算机整机	无换算关系	台	17%	自制、内销
0501	运输费	劳务	无换算关系	次	7%	内销、外购、应税劳务

9.2.4 实验指导

1. 设置部门档案。

（1）在企业应用平台“基础设置”选项卡中，执行“基础档案”→“机构人员”→“部门档案”，打开“部门档案”对话框。

（2）单击“增加”按钮，录入部门编码“01”、部门名称“总经理办公室”，单击工具栏上的“保存”按钮。

（3）同理，录入其他部门档案，结果如图 9－1 所示。

（4）单击“退出”按钮，返回企业应用平台。

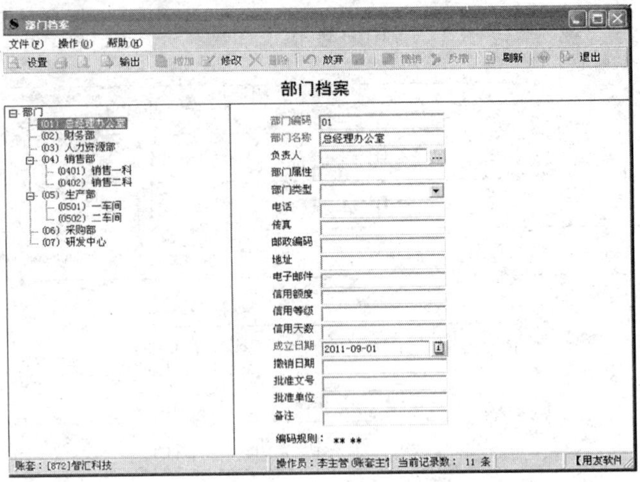

图 9－1　“部门档案”对话框

【提示】

- 部门编码必须符合分类编码方案中定义的编码规则。
- 此时由于还未设置“人员档案”，部门中的“负责人”暂不能设置。如果需要设置，必须在完成“人员档案”设置后，再回到“部门档案”中以修改的方式补充设置。

2. 设置人员类别。

（1）在企业应用平台“基础设置”选项卡中，执行“基础档案”→“机构人员”→“人员类别”，打开“人员类别”对话框。

（2）在左边窗格中单击“在职人员”，再单击“增加”按钮，打开“增加档案项”对话框。

（3）录入档案编号“101”，档案名称“企业管理人员”，如图 9－2 所示，再单击“确定”按钮。

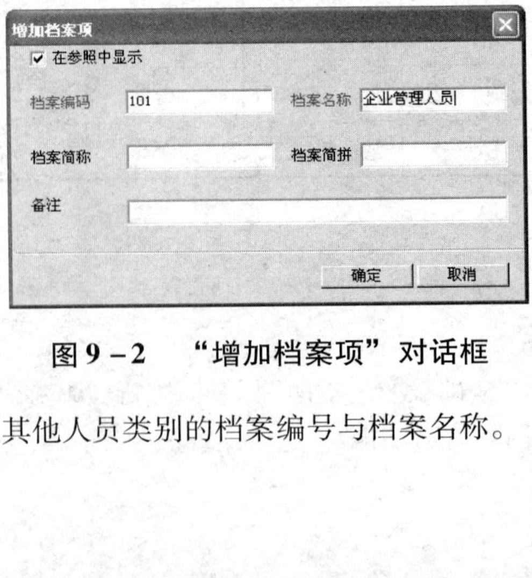

图 9－2　“增加档案项”对话框

（4）同理，继续录入其他人员类别的档案编号与档案名称。

（5）单击“退出”按钮，返回企业应用平台。

【提示】

- 人员类别是人员档案中的必选项，需要在建立人员档案前设置。
- 人员类别的名称可以修改，但已使用的人员类别名称不能删除。
- 人员类别设置与工资费用的分配、分摊有关，其目的是为工资分摊时所生成凭证的入账科目作准备，可以按入账科目的需要设置人员类别。

3. 设置人员档案。

（1）在企业应用平台“基础设置”选项卡中，执行“基础档案”→“机构人员”→“人员档案”，打开“人员列表”窗口。

（2）单击左边窗格“部门分类”下的“总经理办公室”，再单击“增加”按钮，打开“人员档案”窗口。

（3）录入人员编码“0001”、人员姓名“张阳”、性别“男”（单击文本框右边的“省略号”按钮，然后在参照对话框中双击选择“男”）、人员类别“企业管理人员”（通过参照选择）、行政部门“总经理办公室”，选中“是否业务员”前的复选框，如图9－3所示。单击“保存”按钮。

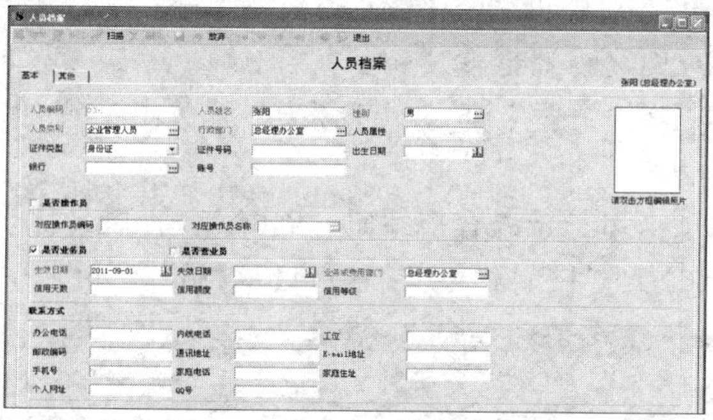

图9－3　“人员档案”窗口

（4）同理，录入其他人员档案。

（5）单击“退出”按钮，返回企业应用平台。

【提示】

- 人员编码是唯一的。
- 行政部门只能是末级部门。
- 如果员工需要在其他档案或其他单据的“业务员”项目中被参照，需要选中“是否业务员”。
- 如果需要删除人员档案，则在“人员列表”窗口中，单击相应行的“选择”栏，出现“Y”，再单击工具栏“删除”按钮。

4. 设置客户分类。

（1）在企业应用平台“基础设置”选项卡中，执行“基础档案”→“客商信息”→“客户分类”，打开“客户分类”窗口。

（2）单击“增加”按钮，输入分类编码“01”，分类名称“批发”，单击“保存”按钮。

（3）同理，依次录入其他客户分类信息，如图9－4所示。

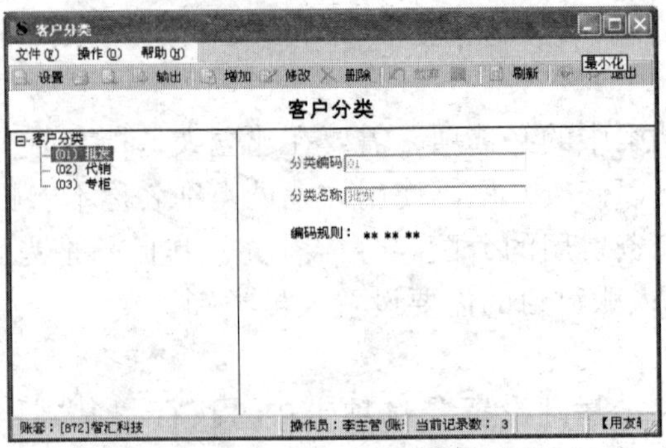

图 9－4　“客户分类”窗口

（4）单击“退出”按钮，返回企业应用平台。

【提示】

- 客户是否需要分类应在建立账套时确定。
- 客户分类编码必须符合编码规则。

5. 增加客户档案。

（1）在企业应用平台“基础设置”选项卡中，执行“基础档案”→“客商信息”→“客户档案”，打开“客户档案”对话框。

（2）单击左边窗格“客户分类”下的“批发”，再单击“增加”按钮，打开“增加客户档案”对话框。

（3）在“基本”选项卡里，录入客户编码“0101”、客户名称“福建华宏公司”、客户简称“华宏公司”、所属分类“1”、税号“010111177788”，如图 9－5 所示。

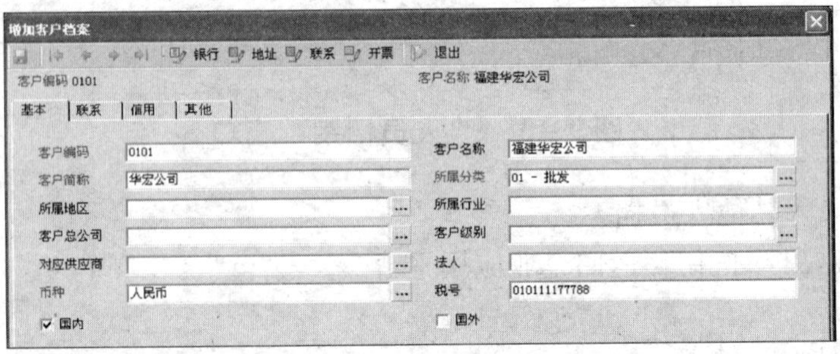

图 9－5　“客户档案”对话框

（4）单击工具栏“银行”按钮，打开“客户银行档案”窗口，单击“增加”按钮，选择所属银行“中国建设银行”，录入开户银行“中国建设银行福建分行仓山支行”，银行账号“1100778899”，默认值选择“是”，单击“保存”按钮，如图 9－6 所示，再单击“退出”按钮。

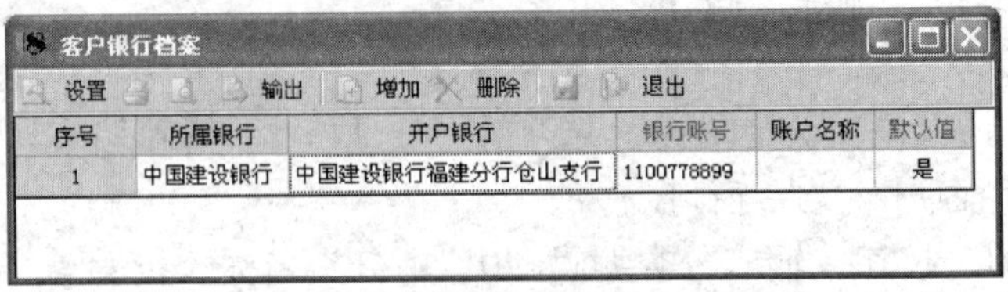

图 9－6　“客户银行档案”窗口

（5）在“增加客户档案”对话框的“联系”选项卡里，录入分管部门“销售一科”，专管业务员“张萌”，单击“保存”按钮，再单击“退出”按钮。

（6）同理，录入其他客户档案。单击“退出”按钮，返回企业应用平台。

【提示】

- 设置分管部门与专管业务员，是为了在应收应付款管理系统填制发票等原始单据时能自动根据客户情况显示部门及业务员信息。

6. 进行供应商分类。

（1）在企业应用平台“基础设置”选项卡中，执行“基础档案”→“客商信息”→“供应商分类”，打开“供应商分类”窗口。

（2）单击“增加”按钮，输入分类编码“01”，分类名称“零配件供应商”，单击“保存”按钮。

（3）同理，依次录入其他供应商分类信息，结果如图9－7所示。

（4）单击“退出”按钮，返回企业应用平台。

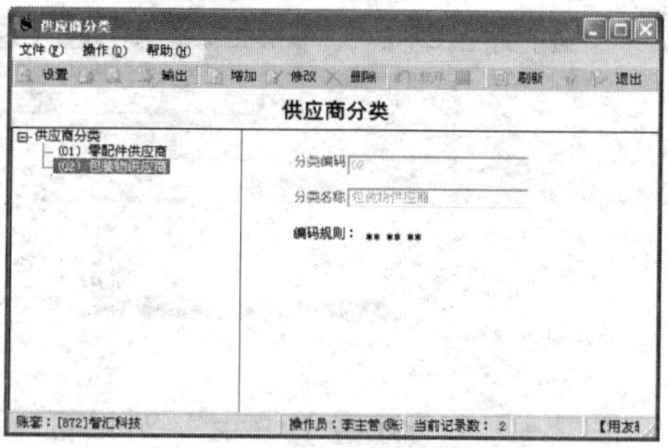

图9－7　“供应商分类”窗口

【提示】

- 供应商是否需要分类应在建立账套时确定。
- 供应商分类编码必须符合编码规则。

7. 增加供应商档案。

（1）在企业应用平台“基础设置”选项卡中，执行“基础档案”→“客商信息”→“供应商档案”，打开“供应商档案”对话框。

（2）单击左边窗格“供应商分类”下的“零配件供应商”，再单击“增加”按钮，打开“增加供应商档案”对话框。

（3）在“基本”选项卡里，录入供应商编码“0101”、供应商名称“福建大昌公司”、供应商简称“大昌公司”、所属分类“1”，如图9－8所示。在“联系”选项卡里，录入专管业务员“王宏”，单击“保存”按钮。

（4）同理，录入其他供应商档案。单击“退出”按钮，返回企业应用平台。

8. 设置计量单位组。

（1）在企业应用平台“基础设置”选项卡中，执行“基础档案”→“存货”→“计量单位”，打开“计量单位——计量单位组”对话框。

（2）单击“分组”按钮，打开“计量单位组”对话框，单击“增加”按钮，录入计量单位组编码“01”，计量单位组名称“无换算关系”，在“计量单位组类别”下拉列表中选择“无换算率”，单击“保存”按钮。

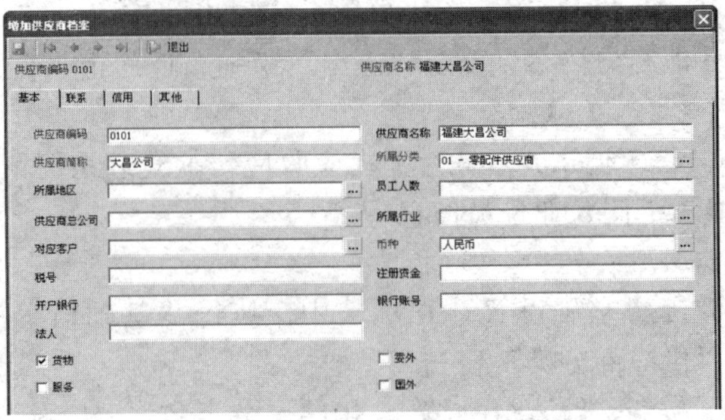

图 9－8　“增加供应商档案”对话框

（3）同理，增加其他计量单位组，结果如图 9－9 所示。

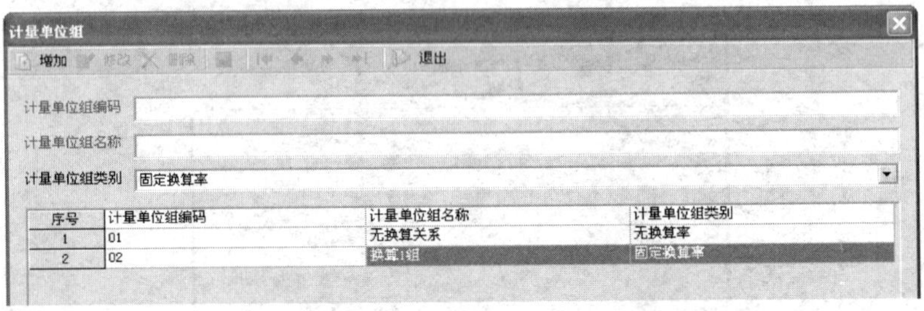

图 9－9　“计量单位组”对话框

9. 设置计量单位。

（1）在“计量单位——计量单位组”对话框左边“计量单位组”栏中，单击“（01）无换算关系”，再单击工具栏“单位”按钮，打开“计量单位”对话框。单击“增加”按钮，录入计量单位编码“01”，计量单位名称“个”，单击“保存”按钮。同理，录入计量单位“台”与“次”。单击“退出”按钮。

（2）在“计量单位——计量单位组”对话框左边“计量单位组”栏中，单击“（02）换算 1 组”，再单击工具栏“单位”按钮，打开“计量单位”对话框。单击“增加”按钮，录入计量单位编码“04”，计量单位名称“盒”，选中“主计量单位标志”复选框，单击“保存”按钮。

（3）单击“增加”按钮，录入计量单位编码“05”，计量单位名称“箱”，换算率“10”，结果如图 9－10 所示。

【提示】

- 必须在基础档案中先设置计量单位，否则，存货档案中没有备选的计量单位，存货档案不能保存。
- 设置计量单位必须先设置计量单位分组，再设置各个计量单位组中的计量单位。
- 计量单位组分为无换算率、固定换算率、浮动换算率三种类型。如果需要换算，一般将财务计价单位作为主计量单位。

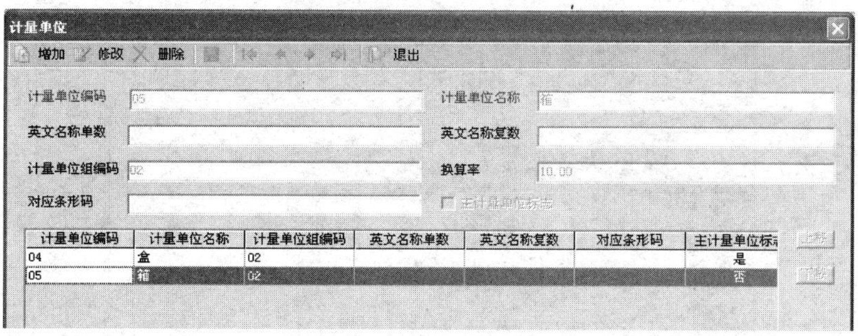

图9－10　“计量单位”对话框

10. 进行存货分类。

（1）在企业应用平台“基础设置”选项卡中，执行“基础档案”→“存货”→“存货分类”，打开“存货分类”窗口。

（2）单击“增加”按钮，录入分类编码“01”、分类名称“原材料”，单击“保存”按钮。

（3）同理录入其他存货分类，结果如图9－11所示。

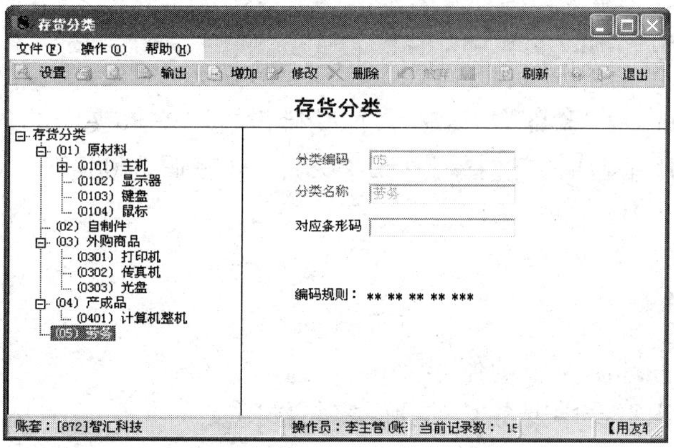

图9－11　“存货分类”窗口

11. 增加存货档案。

（1）在企业应用平台“基础设置”选项卡中，执行“基础档案”→“存货”→“存货档案”，打开“存货档案”对话框。

（2）在左边“存货分类”栏中选择“原材料——主机——芯片”，单击“增加”按钮，录入存货编码“01010101”、存货名称“双核芯片”、存货分类“芯片”、计量单位组“02—换算1组”，选择存货属性“外购”与“生产耗用”，如图9－12所示。单击“保存”按钮。

（3）同理录入其他存货档案，返回企业应用平台。

12. 进行账套备份。

在“D：\ 账套备份”下建立“（9－1）基础设置”文件夹，将账套输出至“D：\ 账套备份 \（9－1）基础设置”文件夹中。

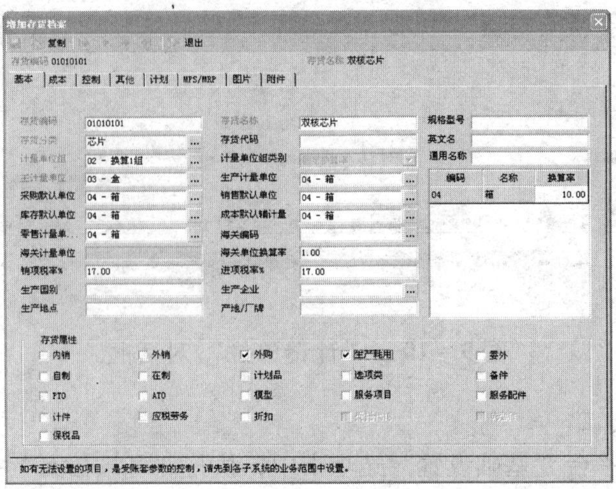

图 9－12　“增加存货档案”对话框

9.3　实验二：财务基础设置

9.3.1　实验准备

（1）引入光盘中的“实验账套\（9－1）基础设置”文件夹中的备份数据。

（2）登录企业应用平台时，选择操作员“0872”（密码为0872），账套名称“［872］智汇科技”，登录日期“2011－09－01”。

9.3.2　实验目的

（1）了解各种财务基础设置的作用。

（2）了解企业应用平台中财务基础的内容与作用。

（3）掌握企业应用平台中财务基础设置的操作方法。

9.3.3　实验资料

1. 外币及汇率（见表 9－12）。

表 9－12　　外币及汇率设置表

币符	币名	9 月份记账汇率
USD	美元	6.4
EUR	欧元	9.2

2. 凭证类别（见表 9－13）。

表9－13 凭证类别

类别名称	限制类型	限制科目
收款凭证	借方必有	1001，1002
付款凭证	贷方必有	1001，1002
转账凭证	凭证必无	1001，1002

3. 结算方式（见表9－14）。

表9－14 结算方式

结算方式编码	结算方式名称	票据管理	对应票据类型
1	现金结算	否	
2	支票结算	是	
201	现金支票	是	现金支票
202	转账支票	是	转账支票
3	电汇	否	
4	商业承兑汇票	是	商业汇票
5	银行承兑汇票	是	商业汇票

4. 本单位开户银行。

本单位开户银行名称：中国工商银行福建分行仓山支行，账号：111222333444。

5. 会计科目。

（1）增设会计科目。增设表9－15中的会计科目，并将部分会计科目设置为辅助核算科目。

表9－15 增设会计科目

科目编码	科目名称	账页格式	外币币种	计量单位	辅助核算
100201	工行				
100202	中行				
10020201	美元户	外币金额	美元		
112201	人民币				客户往来
122101	部门应收款				部门核算
122102	个人应收款				个人往来
140301	键盘	数量金额		个	
160101	生产设备				部门核算
160401	水电				项目核算

续表

科目编码	科目名称	账页格式	外币币种	计量单位	辅助核算
160402	水泥				项目核算
160403	钢材				项目核算
220201	应付货款				供应商往来
220202	暂结应付款				
222101	应交增值税				
22210101	销项税额				
22210102	进项税额				
500101	基本生产成本				
500102	辅助生产成本				
510101	工资				
510102	水电费				
510103	差旅费				
510104	修理费				
510105	折旧费				
660201	工资				部门核算
660202	办公费				部门核算
660203	电话费				部门核算
660204	差旅费				个人往来
660205	水电费				部门核算
660206	折旧费				部门核算
660207	坏账准备				

（2）修改会计科目（见表 9－16）。

表 9－16　　修改会计科目

科目编码	科目名称	辅助核算
1121	应收票据	客户往来
1122	应收账款	客户往来
1123	预付账款	供应商往来
1601	固定资产	部门核算
1604	在建工程	项目核算
2201	应付票据	供应商往来
2202	应付账款	供应商往来
2203	预收账款	客户往来
6001	主营业务收入	部门核算
6601	销售费用	部门核算
6602	管理费用	部门核算

（3）指定科目。

① 指定“1001 库存现金”为现金总账科目。

② 指定“1002 银行存款”为银行总账科目。

③ 指定“1001 库存现金，1002 银行存款的明细科目，1012 其他货币资金”为现金流量科目。

6. 设置项目档案。

（1）增加项目大类：

项目名称为“自建工程”。

定义项目级次：一级 2 位，二级 2 位。

增加项目栏目：① 开工日期：日期型，10 位。
② 竣工日期：日期型，10 位。
③ 工程预算：实数型，16.2 位。

（2）增加项目分类：

01. 厂房类

02. 设备类

（3）增加项目目录（见表 9－17 和表 9－18）。

表 9－17　自建工程的新增项目目录

项目编号	项目名称	所属分类	开工日期	工程预算（元）
0101	大厂房	厂房类	2011/5/1	400000
0102	小厂房	厂房类	2011/8/1	200000
0201	自动线	设备类	2011/7/1	70000

表 9－18　现金流量项目的新增项目目录

项目编号	项目名称	所属分类	方向
25	现金及现金等价物净减少额	0501	流出

（4）指定核算科目：指定自建工程的核算科目为“在建工程”及明细科目。

7. 会计科目的期初余额（见表 9－19）。

表 9－19　会计科目期初余额表

科目名称	方向	币别	期初余额	备　注
库存现金（1001）	借		2052	
银行存款（1002）	借		400000	
工行（100201）	借		200000	
中行（100202）	借		200000	

续表

科目名称	方向	币别	期初余额	备　注
美元户（10020201）	借		200000	
	借	美元	31250	
其他货币资金（1012）	借		2500	
应收票据（1121）	借		40000	■2011－8－22，大地公司购买激光打印机，价税合计40000元
应收账款（1122）	借		42040	
人民币（112201）	借		42040	■2011－8－17，向华宏公司销售计算机整机，金额为15210.00元 ■2011－8－21，向大地公司销售只读光盘，金额为3430.00元 ■2011－8－22，向华宏公司销售计算机整机，金额为23400.00元
预付账款（1123）	借		20000	■2011－8－24，向大昌公司预付货款20000.00元
其他应收款（1221）	借		3300	
部门应收款（122101）	借		2400	■人力资源部　1200.00元 ■研发中心　1200.00元
个人应收款（122102）	借		900	■张阳（总经理办公室）900.00元
坏账准备（1231）	贷		114	
固定资产（1601）	借		200000	
生产设备（160101）	借		200000	■一车间　200000.00元
累计折旧（1602）	贷		169998.9	
应付货款（220201）	贷		58500	■2011－8－12，向大昌公司购买硬盘50000.00元 ■2011－8－22，向启德公司购买激光打印机8500.00元
预收账款（2203）	贷		40000	■2011－8－15预收亨利公司货款40000元
应交税费（2221）	贷		30001	
应交增值税（222101）	贷		30001	
销项税额（22210101）	贷		30001	
实收资本（4001）	贷		100000	
资本公积（4002）	贷		300000	
盈余公积（4101）	贷		1269.1	
利润分配（4104）	贷		10009	

9.3.4　实验指导

1. 定义外币及汇率。

（1）在企业应用平台“基础设置”选项卡中，执行“基础档案”→“财务”→“外币设置”，打开“外币设置”对话框。

（2）单击“增加”按钮，录入外币币符“USD”、币名“美元”，单击“确定”按钮。

（3）在窗口左边选择当前期间2011年9月，录入记账汇率“6.4”，按Enter键。

（4）单击“增加”按钮，同理录入欧元，结果如图9-13所示。

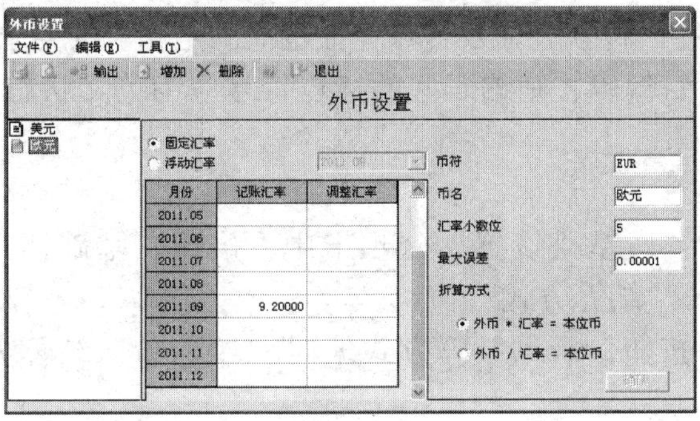

图9-13　“外币设置”对话框

【提示】

- 这里只能录入固定汇率与浮动汇率值，并不决定在制单时使用固定汇率还是浮动汇率，在总账“选项”对话框的“其他”选项卡的“外币核算”中，设置制单使用固定汇率还是浮动汇率。
- 如果使用固定汇率，则应在每月月初录入记账汇率（即期初汇率），月末计算汇总损益时录入调整汇率（即期末汇率）；如果使用浮动汇率，则应每天在此录入当日汇率。

2. 设置凭证类别。

（1）在企业应用平台“基础设置”选项卡中，执行“基础档案”→“财务”→“凭证类别”命令，打开“凭证类别预置”对话框。

（2）选中“收款凭证、付款凭证、转账凭证”前的单选按钮，单击“确定”按钮，打开“凭证类别”对话框。

（3）单击“修改”按钮，双击“收款凭证”所在行的“限制类型”栏，从下拉列表中选择“借方必有”，在“限制科目”栏中录入“1001，1002”。

（4）同理，完成对付款凭证和转账凭证的限制设置，如图9-14所示。

（5）单击“退出”按钮。

【提示】

- 已使用的凭证类别不能删除，也不能修改类别字。
- 如果收款凭证的类型为借方必有的“1001，1002”，则在填制凭证时系统要求收款凭

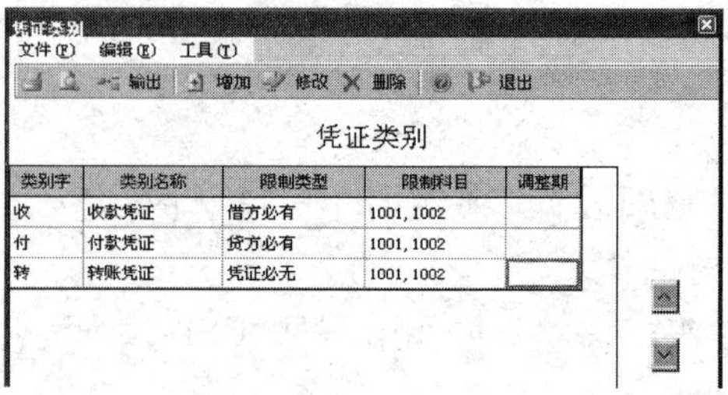

图 9－14 “凭证类别”对话框

证的借方一级科目至少有一个是“1001”或“1002”，否则，系统会判断该张凭证不属于收款凭证类别，不允许保存。付款凭证及转账凭证也应满足相应的要求。

● 如果直接录入科目编码，则编码间的标点符号应为英文状态下的标点符号，否则系统会提示科目编码有错误。

3. 设置结算方式。

（1）在企业应用平台“基础设置”选项卡中，执行“基础档案”→“收付结算”→“结算方式”命令，打开“结算方式”窗口。

（2）单击“增加”按钮，录入结算方式编码“1”，录入结算方式名称“现金结算”，单击“保存”按钮。

（3）同理，继续录入其他结算方式。如图 9－15 所示。

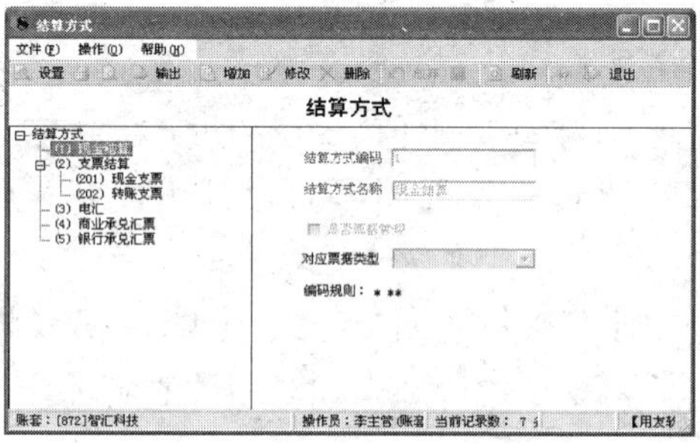

图 9－15 “结算方式”窗口

【提示】

● 在总账系统中，结算方式将会在使用“银行账”类科目填制凭证时使用，并可作为银行对账的一个参数。

4. 设置开户银行。

（1）在企业应用平台“基础设置”选项卡中，执行“基础档案”→“收付结算”→“本单位开户银行”命令，打开“本单位开户银行”对话框。

（2）单击“增加”按钮，打开“增加本单位开户银行”对话框。

（3）录入编码“1”，银行账号“111222333444”，币种选择“人民币”，开户银行“中国工商银行福建分行仓山支行”，所属银行编码“01”，如图 9－16 所示。

（4）单击“保存”按钮，单击“退出”按钮。

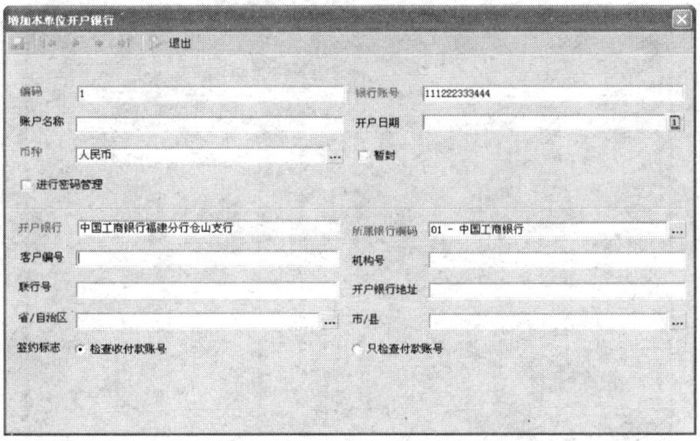

图 9 – 16　“增加本单位开户银行”对话框

【提示】

- 银行账号必须为 12 位。
- 如果不设置开户银行，在填制销售发票时不能保存。

5. 增加会计科目。

（1）在企业应用平台“基础设置”选项卡中，执行“基础档案”→“财务”→“会计科目”命令，进入“会计科目”窗口。

（2）单击“增加”按钮，打开“新增会计科目”对话框，录入科目编码“100201”、科目名称“工行”，单击“确定”按钮。

（3）同理，依次增加其他的会计科目。

【提示】

- 会计科目编码应符合编码规则。
- 科目类型一般根据会计科目编码自动设置。
- 会计科目的“账页格式”，一般情况下为“金额式”，也可以设置为“数据金额式”，如“140301 键盘”科目，或者设置为外币金额式，如“10020201 美元户”科目。如果设置为数量金额式应先选中“数量核算”，再继续设置计量单位；如果设置为外币金额式还应先选中“外币核算”，再继续设置币种。
- 凡是设置有辅助核算内容的会计科目，表明其在填制凭证时都需填制具体的辅助核算内容。

6. 修改会计科目。

（1）在“会计科目”窗口中，双击“1122 应收账款”，或在选中“1122 应收账款”后单击“修改”按钮，打开“会计科目_ 修改”对话框。

（2）单击“修改”按钮，选中“客户往来”前的复选框，如图 9 – 17 所示。

（3）单击“确定”按钮。

（4）同理，修改其他会计科目。

【提示】

- 在会计科目使用前一定要先检查系统预置的会计科目是否能够满足需要，如果不能满足需要，则以增加或修改的方式增加新的会计科目及修改已经存在的会计科目；如果系统预置的会计科目中有一些是并不需要的，可以将其删除。

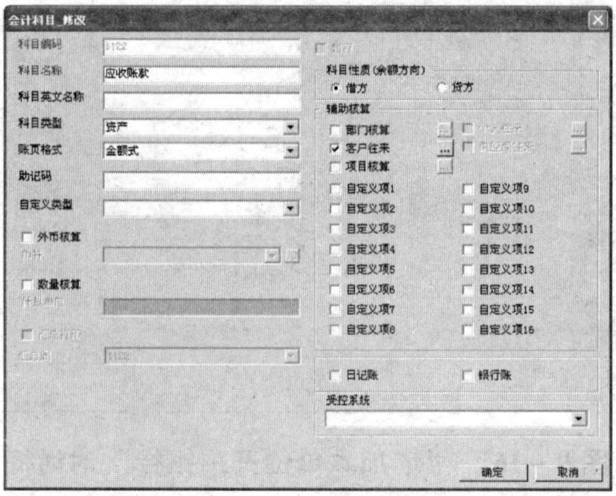

图 9 – 17　“会计科目_ 修改”对话框

- 如果会计科目已经使用，则不能修改或删除。
- “无受控系统”即该账套不使用“应收”及“应付”系统，“应收”及“应付”业务均以辅助账的形式在总账系统中进行核算。
- 凡是设置有辅助核算内容的会计科目，在填制凭证时都需填制具体的辅助核算内容。

7. 指定会计科目。

（1）在“会计科目”窗口中，执行“编辑”→“指定科目”命令，打开“指定科目”对话框。

（2）单击选择“现金科目”选项，从“待选科目”列表中选择“1001 库存现金”，再单击“>”按钮将其选入“已选科目”列表。

（3）单击选择“银行科目”选项，将“1002 银行存款”选入“已选科目”列表。

（4）单击选择“现金流量科目”选项，将“1001 库存现金”“100201 工行”“10020201 美元户”以及“1012 其他货币资金”选入“已选科目”列表，如图 9 – 18 所示。

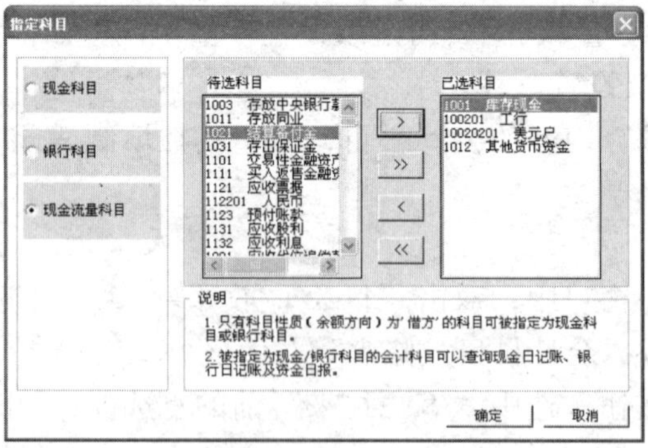

图 9 – 18　“指定科目”对话框

（5）单击“确定”按钮。

【提示】

- 被指定的“现金总账科目”与“银行总账科目”必须是一级会计科目。

- 只有指定现金及银行科目才能进行出纳签字的操作。
- 只有指定现金及银行科目才能查询现金日记账和银行存款日记账。

8. 新增项目大类。

（1）在企业应用平台“基础设置”选项卡中，执行“基础档案”→“财务”→“项目目录”命令，进入“项目档案”对话框。

（2）单击“增加”按钮，进入“项目大类定义_ 增加”对话框，录入新项目大类名称“自建工程”，如图 9－19 所示。

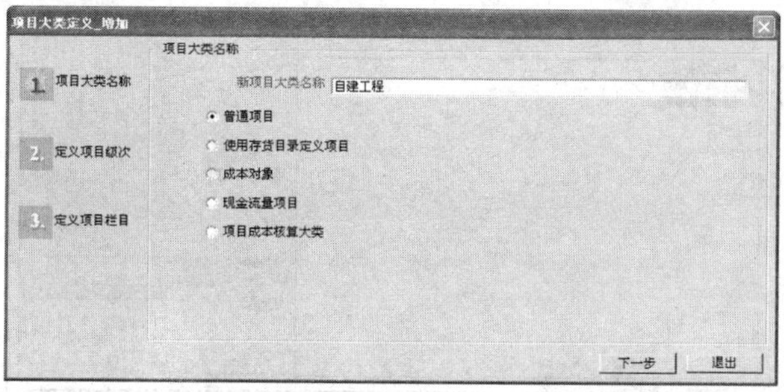

图 9－19　“项目大类定义_ 增加”对话框“项目大类名称”栏

（3）单击“下一步”按钮，在对话框中定义项目级次，一级为“2”、二级为“2”，如图 9－20 所示。

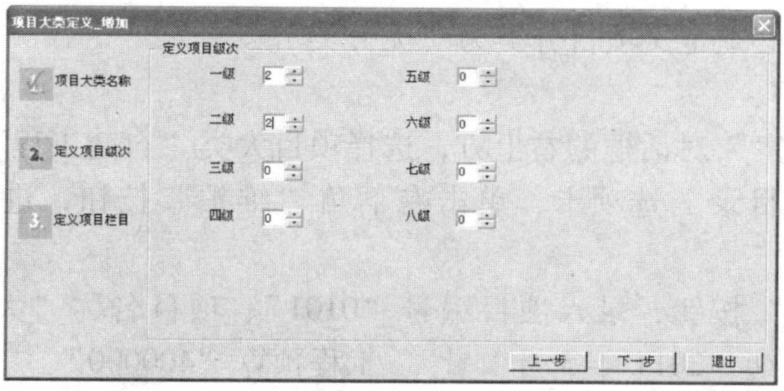

图 9－20　“项目大类定义_ 增加”对话框“定义项目级次”栏

（4）单击“下一步”按钮，单击对话框中右边“增加”按钮，录入新栏目的项目标题“开工日期”、项目类型“日期”“10”。

（5）同理，增加其他项目栏目，如图 9－21 所示，单击“完成”按钮。

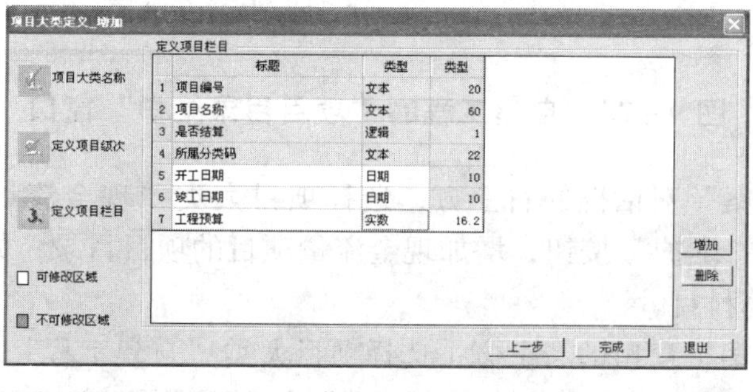

图 9－21　“项目大类定义_ 增加”对话框“定义项目栏目”栏

9. 定义项目分类。

（1）在“项目档案”对话框的右上方，选择项目大类“自建工程”。

（2）单击“项目分类定义”选项卡，单击“增加”按钮，录入分类编码“01”、分类名称“厂房类”，单击“确定”按钮；同理录入其他项目分类。如图 9－22 所示。

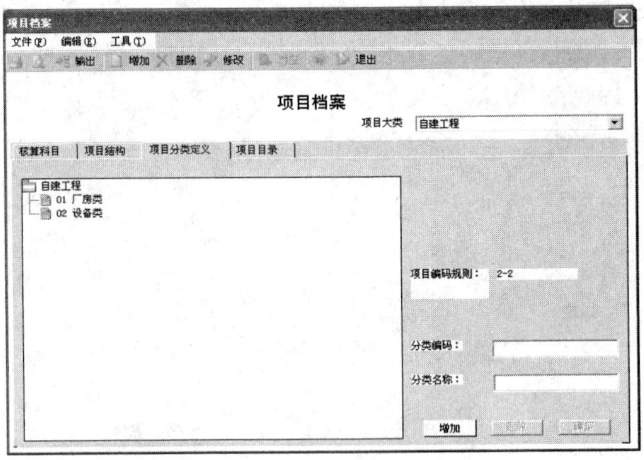

图 9－22　“项目档案”对话框

【提示】

- 为了便于统计，可对同一项目大类下的项目进一步划分，即定义项目分类。
- 若无分类，也必须定义项目分类为“无分类”。

10. 项目目录维护。

（1）在“项目档案”对话框的右上方，选择项目大类“自建工程”。

（2）单击“项目目录”选项卡，单击右下角“维护”按钮，进入“项目目录维护”窗口。

（3）单击“增加”按钮，录入项目编号“0101”、项目名称“大厂房”、所属分类码“01 厂房类”、开工日期“2011 年 5 月 1 日”、工程预算“400000”。

（4）同理，增加自建工程的其他项目目录，如图 9－23 所示。单击“退出”按钮。

图 9－23　自建工程的“项目目录维护”窗口

（5）在“项目档案”对话框的右上方，选择项目大类“现金流量项目”。单击“项目目录”选项卡右下角“维护”按钮，增加现金流量项目的项目目录，如图 9－24 所示。

11. 指定项目核算科目。

（1）在“项目档案”窗口的右上方，选择项目大类“自建工程”。

（2）单击“核算科目”选项卡，单击“》”按钮，将在建工程 1604 及其明细科目

160401、160402、160403 从“待选科目”列表中选入“已选科目”列表，如图 9－25 所示。

项目编号	项目名称	是否结算	所属分类码	方向
01	销售商品、提供劳务收到的现金		0101	流入
02	收到的税费返还		0101	流入
03	收到的其他与经营活动的现金		0101	流入
04	购买商品、接受劳务支付的现金		0102	流出
05	支付给职工以及为职工支付的现金		0102	流出
06	支付的各项税费		0102	流出
07	支付的与其他经营活动有关的现金		0102	流出
08	收回投资所收到的现金		0201	流入
09	取得投资收益所收到的现金		0201	流入
10	处置固定资产、无形资产和其他长期资产所收回的...		0201	流入
11	处置子公司及其他营业单位收到的现金净额		0201	流入
12	收到的其他与投资活动有关的现金		0201	流入
13	购建固定资产、无形资产和其他长期资产所支付的...		0202	流出
14	投资所支付的现金		0202	流出
15	取得子公司及其他营业单位支付的现金净额		0202	流出
16	支付的其他与投资活动有关的现金		0202	流出
17	吸收投资所收到的现金		0301	流入
18	借款所收到的现金		0301	流入
19	收到的其他与筹资活动有关的现金		0301	流入
20	偿还债务所支付的现金		0302	流出
21	分配股利、利润或偿还利息所支付的现金		0302	流出
22	支付的其他与筹资活动有关的现金		0302	流出
23	汇率变动对现金的影响		0401	流入
24	现金及现金等价物净增加额		0501	流入
25	现金及现金等价物净减少额		0501	流出

图 9－24　现金流量项目的“项目目录维护”窗口

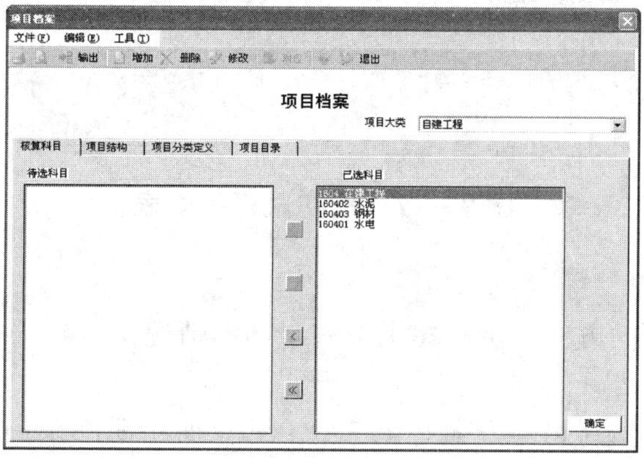

图 9－25　“项目档案”对话框中“核算科目”选项卡

（3）单击“确定”按钮，单击“退出”按钮。

【提示】

● 一个项目大类可以指定多个核算科目，但一个科目只能属于一个项目大类。

12. 输入期初余额。

（1）在企业应用平台“业务工作”选项卡中，执行“财务会计”→“总账”→“设置”→“期初余额”，打开“期初余额录入”窗口。

（2）录入各会计科目的期初余额。若单元格为白色，表示此科目为末级科目，如库存现金，可以直接输入期初余额“2052”；若单元格为灰色，表示此科目为非末级科目，如“银行存款”，不允许直接录入期初余额，待下级科目“工行”与“美元户”录入完成后由系统自动计算汇总生成上级科目的期初余额“400000”；若单元格为黄色，表示对该科目设置了辅助核算，如“应收账款——人民币”，不允许直接录入余额，需要双击单元格打开“辅助期初余额”窗口。在“辅助期初余额”窗口中，单击工具栏“往来明细”按钮，打开“期初往来明细”窗口，再单击“增行”，录入日期“2011 年 8 月 17 日”、客户“华宏公司”、摘要“销售计算机”、金额“15210. 00 ”；同理录入其他两笔往来明细，如图 9 - 26 所示。单击工具栏“汇总”按钮，系统提示“完成往来明细到期初表的汇总”，单击“确定”按钮，单击“退出”按钮，再单击“退出”按钮返回期初余额录入窗口。

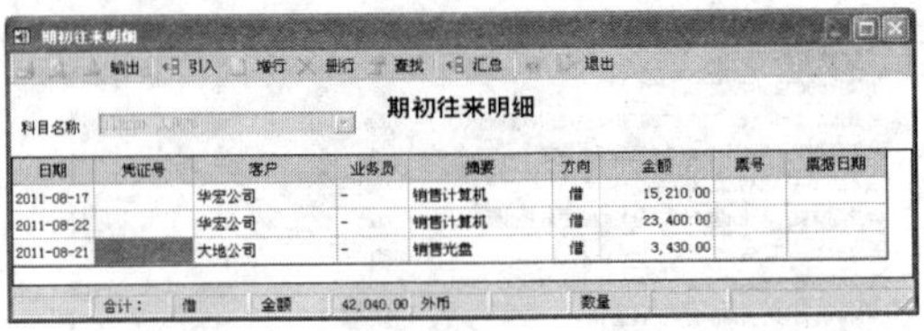

图 9 - 26　“期初往来明细”窗口

（3）同理，录入其他会计科目余额后，单击“试算”按钮，打开“期初余额试算平衡表”对话框，试算如图 9 - 27 所示。

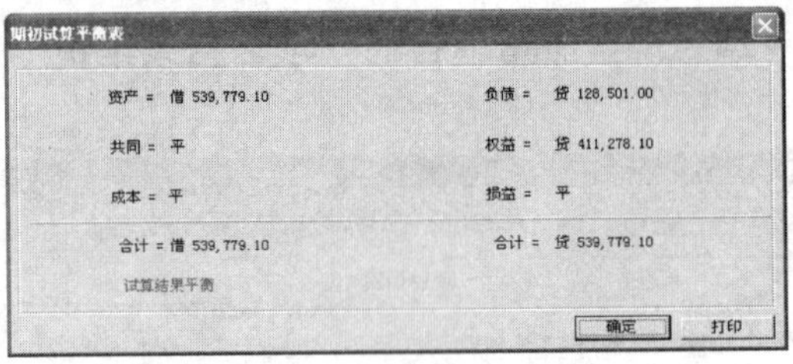

图 9 - 27　期初试算平衡表

【提示】

• 如果要修改余额的方向，可以在未录入余额的情况下，单击“方向”按钮改变余额的方向。

• 总账科目与其下级科目的方向必须一致。如果所录明细余额的方向与总账余额方向相反，则用“ - ”号表示。

• 如果录入余额的科目有辅助核算的内容，则在录入余额时必须录入辅助核算的明细内容，而修改时也应该修改明细内容。

• 如果某一科目有数量（外币）核算的要求，录入余额时还应输入该余额的数量（外币）。

• 期初余额试算不平衡，可以填制凭证，但系统不允许进行期末记账。

• 如果年中某月开始建账，需要输入启用月份的月初余额及年初到该月的借贷方累计发生额（年初余额由系统根据月初余额及借贷方累计发生额自动计算生成）。

• 系统只能对月初余额的平衡关系进行试算，而不能对年初余额进行试算。

• 凭证记账后，期初余额变为只读状态，不能再修改。

13. 账套备份。

在“D：\ 账套备份”下建立“（9 - 2）财务基础设置”文件夹，将账套输出至“D：\ 账套备份 \（9 - 2）财务基础设置”文件夹中。

第 10 章

总账系统

10.1 业务概述

总账系统是财务模块的核心系统，它的任务就是利用会计科目体系，录入和处理各种记账凭证，完成记账、结账以及对账的工作，输出各种总分类账、日记账、明细账和有关辅助账。总账系统主要功能包括凭证管理、出纳管理、账簿管理、辅助核算管理及期末处理等。

（1）凭证管理：通过严密的制单控制保证填制凭证的正确性。可完成包括填制凭证、审核凭证、出纳签字、记账以及查询和汇总记账凭证等功能。

（2）出纳管理：用于加强对现金及银行存款的管理。可查询银行日记账、现金日记账及资金日报表，定期将企业银行日记账与银行对账单进行核对，并编制银行存款余额调节表。

（3）账簿管理：提供按多种条件查询总账、日记账及明细账等，具有总账、明细账和凭证联查功能。在业务处理过程中，还可以随时查询包含未记账凭证的所有账表，充分满足管理者对信息及时性的要求。

（4）辅助核算管理：提供个人、部门、客户、供应商、项目核算等辅助管理功能。可随时查询包含未记账凭证的所有账表。

（5）期末处理：完成月末自动转账处理，进行试算平衡、对账、结账及生成月末工作报告。

10.1.1 总账管理系统与其他系统的关系

总账管理系统与其他系统的数据关系如图 10－1 所示。总账管理系统接受薪资管理、固定资产管理、网上报销、网上银行、报账中心、应收管理、应付管理、存货核算、成本管理、项目管理等系统生成的凭证；总账管理系统也向 UFO 报表系统、管理驾驶舱、财务分析系统等提供财务数据，生成财务报表及其他财务分析表。

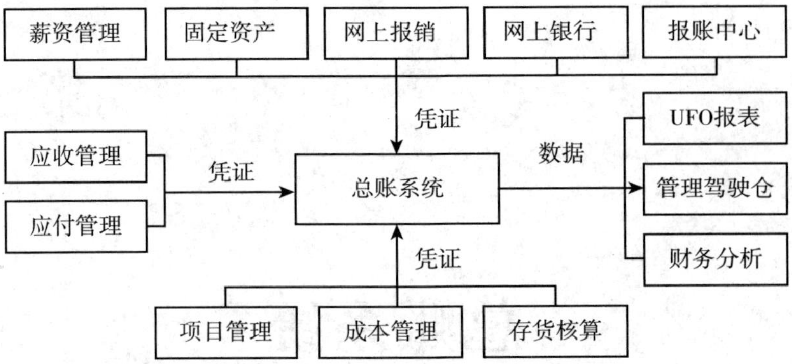

图 10－1　总账管理系统与其他系统的关系

10.1.2　总账系统业务处理流程

总账系统业务处理流程如图 10－2 所示。

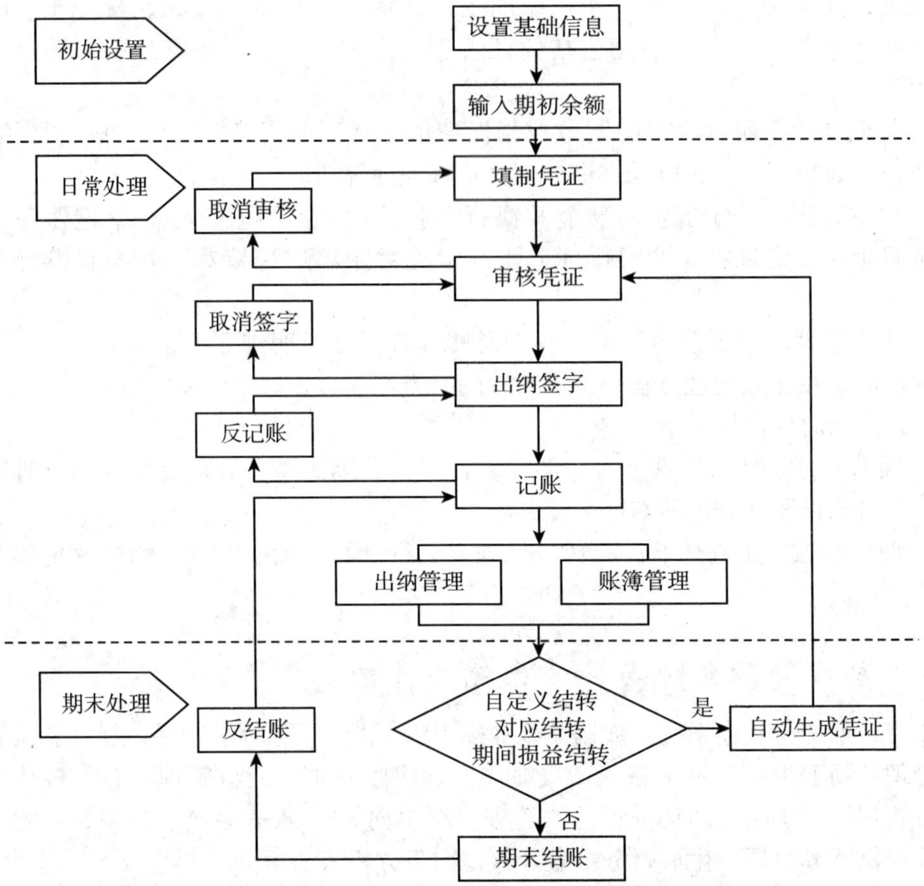

图 10－2　总账系统业务处理流程

10.2　实验一：日常业务处理

10.2.1　实验准备

（1）引入光盘中的“实验账套\（9－2）财务基础设置”文件夹中的备份数据。

（2）登录企业应用平台时，选择操作员“0872”（密码为 0872），账套名称“［872］智汇科技”，登录日期“2011－09－01”。

10.2.2　实验目的

（1）掌握总账系统日常业务处理的主要内容与流程。

（2）掌握总账系统中填制凭证、修改凭证、删除凭证、审核凭证、出纳签字、凭证记账等凭证管理的操作方法。

10.2.3　实验资料

1. 设置总账系统参数（见表 10－1）。

表 10－1　总账系统参数

选项卡	参数设置
凭证	• 制单序时控制 • 支票控制 • 可以使用应收款、应付款、存货受控科目
权限	• 出纳凭证必须经由出纳签字 • 明细账查询权限控制到科目 • 取消“允许修改、作废他人填制的凭证”

2. 设置常用摘要（见表 10－2）。

表 10－2　常用摘要

摘要编码	摘要内容
1	销售计算机
2	销售光盘
3	采购办公用品
4	采购键盘
5	差旅费结算

3. 设置常用凭证。

（1）摘要：从工行提取现金。

（2）凭证类别：付款凭证。

（3）科目编码：1001 和 100201。

4. 凭证管理。

2011 年 9 月企业发生的经济业务如下：

（1）9 月 2 日，销售一科购买 300 元的办公用品，以现金支付。

借：销售费用（6601） 300. 00

　　贷：库存现金（1001） 300. 00

（现金流量项目为“支付的与其他经营活动有关的现金”）

（2）9 月 3 日，财务部高玮从工行提取现金 10000 元，作为备用金，现金支票号 XJZP003。

借：库存现金（1001） 10000. 00

　　贷：银行存款/工行（100201） 10000. 00

（3）9 月 3 日，收到投资资金 10000 美元，转账支票号 ZZZP0042。

借：银行存款/ 中行/美元户（10020201） 64000. 00

（现金流量项目为：吸收投资所收到的现金）

　　贷：实收资本（4001） 64000. 00

（4）9 月 12 日，销售一科张萌收到华宏公司一张转账支票，转账支票号 ZZZP0045。金额为 500 美元，用以偿还前欠货款。

借：银行存款/中行/美元户（10020201） 3200

（现金流量项目为：销售商品、提供劳务收到的现金）

　　贷：应收账款（112201） 3200

（5）9 月 14 日，供应部王宏从启德公司购入键盘 100 个，单价 50 元，验收入库，货税款暂欠，适用税率 17%。

借：原材料/键盘（140301） 5000. 00

　　应交税费/应交增值税/进项税额（22210102） 850. 00

　　贷：应付货款（220201） 5850. 00

（6）9 月 18 日，总经理办公室张阳出差归来，报销差旅费 850 元，交回现金 50 元。

借：管理费用/差旅费（660204） 850. 00

　　库存现金（1001） 50. 00

（现金流量项目为：收到的其他与经营活动有关的现金）

　　贷：其他应收款/ 个人应收款（122102） 900. 00

（7）9 月 20 日，购买钢材 5000 元、水泥 3000 元用于大厂房的建设，货款以银行存款支付，转账支票号 ZZZP0059。

借：在建工程——钢材　（160403） 5000. 00

　　　　　　——水泥　（160402） 3000. 00

　　贷：银行存款/ 工行（100201） 8000. 00

（现金流量项目为：购建固定资产、无形资产和其他长期资产所支付的现金）

（8）9 月 30 日，分摊工资。

借：制造费用/工资（510101） 15000. 00

　　管理费用/工资（财务部）（660201） 10500. 00

贷：应付职工薪酬（2211）　　25500.00

10.2.4　实验指导

1. 设置系统参数。

（1）在企业应用平台“业务工作”选项卡中，执行“财务会计”→“总账”→“设置”→“选项”，打开“选项”对话框。

（2）单击“编辑”按钮，单击“凭证”选项卡，选中“支票控制”“可以使用应收款受控科目”“可以使用应付款受控科目”“可以使用存货受控科目”，如图10－3所示。

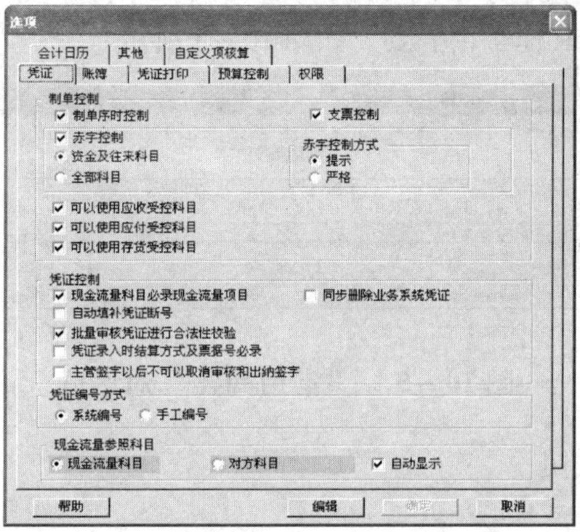

图10－3　总账系统参数设置“选项”对话框的“凭证”选项卡

（3）在“权限”选项卡中选中“出纳凭证必须经由出纳签字”“明细账查询权限控制到科目”，取消选中“允许修改、作废他人填制的凭证”，如图10－4所示。

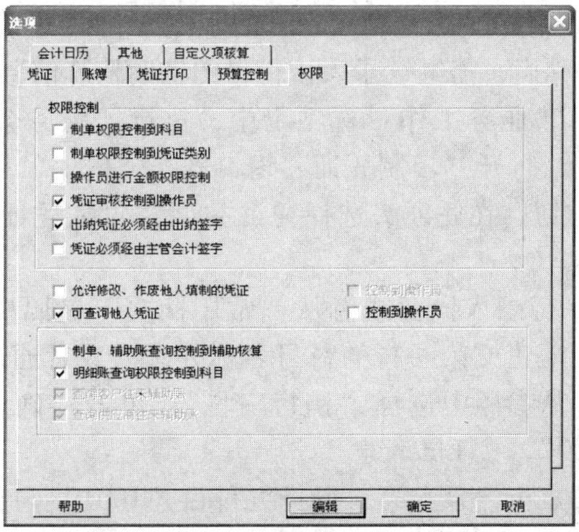

图10－4　总账系统参数设置“选项”对话框的“权限”选项卡

（4）单击“确定”按钮保存。

【提示】

● 总账系统的参数设置将决定总账系统的录入控制、处理方式、数据流向、输出格式等，设定后一般不能随意改变。

2. 设置常用摘要。

（1）单击企业应用平台左上角“重注册”按钮，打开“登录”对话框，更换操作员为会计“0805”，密码“0805”，账套名称“［872］智汇科技”，登录日期“2011－09－30”，单击“确定”按钮。

（2）在企业应用平台“基础设置”选项卡中，执行“基础档案”→“其他”→“常用摘要”，打开“常用摘要”对话框。

（3）单击“增加”按钮，录入摘要编码“1”、摘要内容“销售计算机”。

（4）同理，继续录入其他常用摘要。如图 10－5 所示。

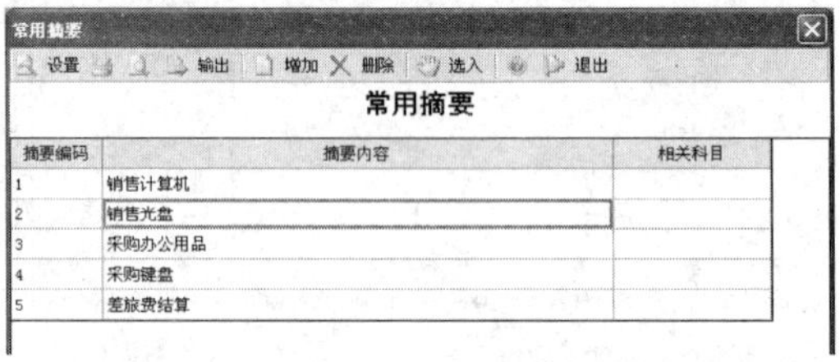

图 10－5　“常用摘要”对话框

（5）单击“退出”按钮。

【提示】

● 设置常用摘要后可以在填制凭证时调用。

● 常用摘要中的“相关科目”是指使用该摘要时通常使用的相关科目。如果设置相关科目，则在调用该常用摘要时系统会将相关科目一并列出，可以修改。

3. 填制第 1 笔业务的记账凭证（辅助核算——现金流量）。

若会计科目为“外币科目”“数量科目”“辅助核算科目”“现金流量科目”，则在凭证填制过程中，输完科目名称后，需继续录入该科目的辅助核算信息。

（1）在企业应用平台“业务工作”选项卡中，执行“财务会计”→“总账”→“凭证”→“填制凭证”命令，打开“填制凭证”窗口。

（2）单击“增加”按钮，在凭证头选择凭证类型“付款凭证”，录入制单日期“2011 年 9 月 2 日”。

（3）在凭证正文第一行录入摘要或者从“常用摘要”参照中选择“采购办公用品”，单击“选入”按钮；在凭证正文第一行的科目名称处录入或者通过参照选择科目“6601”，打开“辅助项”对话框，从参照中选择“销售一科”，单击“确认”按钮；在凭证正文第一行的借方金额录入“300”，按 Enter 键。

（4）摘要自动带到第二行，录入第二行贷方科目“1001”与贷方金额“300”，单击工具栏“流量”按钮，打开“现金流量录入修改”对话框。在“项目编码”参照中选择“07 支付的与其他经营活动有关的现金”，单击“确定”按钮返回。如图 10－6 所示。

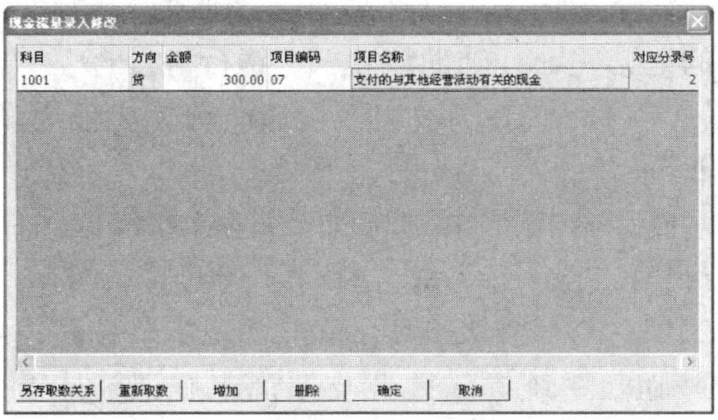

图 10－6　“现金流量录入修改”对话框

（5）单击“保存”按钮，系统提示“凭证已成功保存!”，单击“确定”按钮。生成凭证如图 10－7 所示。

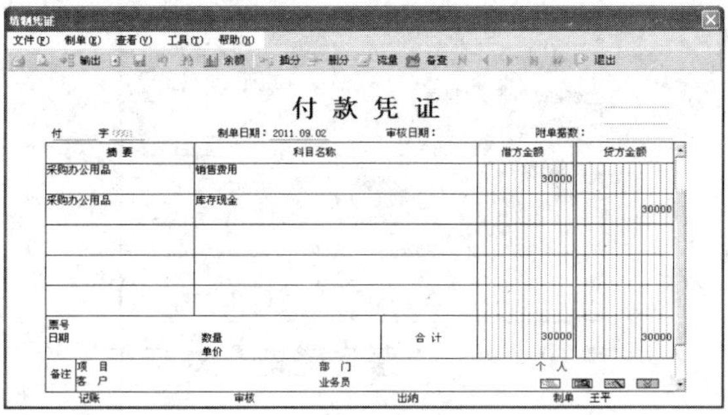

图 10－7　第 1 笔业务凭证

【提示】

• 采用序时控制时，凭证日期应大于等于启用日期，不能超过业务日期。

• 凭证一旦保存，其凭证类别、凭证编号不能修改。

• 正文中不同行的摘要可以相同也可以不同，但不能为空。每行摘要将随相应的会计科目在明细账、日记账中出现。

• 科目编码必须是末级的科目编码。

• 金额不能为“0”；红字以“－”号表示。

• 可按“＝”键，取当前凭证借贷方金额的差额到当前光标位置。

• 如果填制凭证使用的科目为现金流量科目，那么在录完本条分录后要求指定该分录的现金流量项目。可将一个条件分录指定为多个现金流量项目，但总金额必须与分录的金额保持一致。对于未指定为现金流量的科目，如需指定现金流量项目，则可在录入分录的金额后，单击“流量”按钮，然后在打开的对话框中录入相应的现金流量项目。

• 若未打开“现金流量科目”窗口，请检查是否在“会计科目”设置中将其指定为现金流量科目，具体操作参见会计科目。

• 凭证填制完成后，可以单击“保存”按钮保存凭证，也可以单击“增加”按钮保存当前凭证并增加下一凭证。

• 凭证填制完成后，在未审核前可以直接修改。

● 如果凭证的金额录错了方向，可以直接按空格键改变余额方向。

4. 填制第 2 笔业务的记账凭证（辅助核算——银行科目）。

（1）在“填制凭证”窗口，单击“增加”按钮，选择凭证类型“付款凭证”，录入制单日期“2011 年 9 月 3 日”。

（2）在凭证正文第一行录入摘要“提取现金”，借方科目“1001”与金额“10000”，按 Enter 键；摘要自动带到第二行，录入贷方科目“100201”，打开“辅助项”对话框，录入结算方式“现金支票 201”，票号 XJZP003，单击“确定”按钮；录入贷方金额“10000”。

（3）单击“保存”按钮。系统提示“此支票尚未登记，是否登记?”，单击“是”按钮，打开“票号登记”对话框。

（4）录入领用部门“财务部”，姓名“高玮”，限额 10000，用途“备用金”，单击“确定”按钮，如图 10－8 所示。

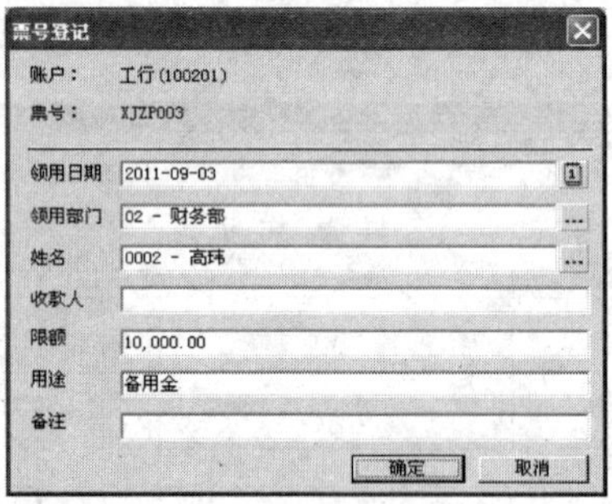

图 10－8 “票号登记”对话框

（5）单击“保存”按钮，生成凭证如图 10－9 所示。

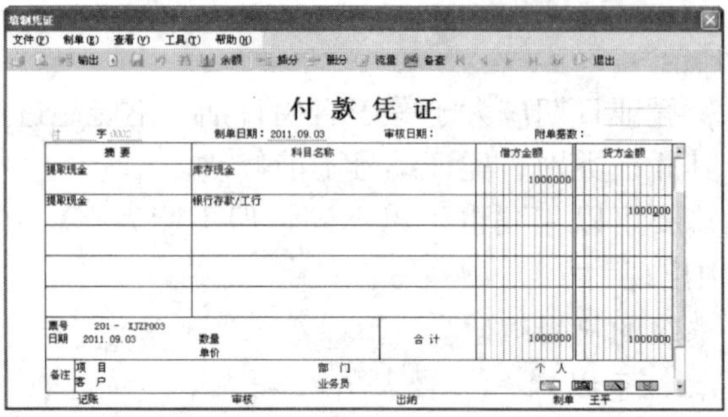

图 10－9 第 2 笔业务凭证

【提示】

● 现金和银行存款科目是现金流量辅助核算科目，但本业务属于现金各项目之间的增减变动，不影响现金流量的净额，因此，不填写现金流量项目。

5. 填制第 3 笔业务的记账凭证（辅助核算——外币科目、客户）。

（1）在“填制凭证”窗口，单击“增加”按钮，选择凭证类型“收款凭证”，录入制单日期“2011 年 9 月 3 日”。

（2）录入摘要“收到外币投资资金”、借方科目“10020201”，打开“辅助项”对话框，录入结算方式“转账支票 202”，票号“ZZZP0042”，单击“确定”按钮；录入外币金额“10000”，根据自动显示的外币汇率6.4，系统自动算出并显示本币借方金额64000。单击“流量”按钮，在“项目编码”参照中选择“17 吸收投资所收到的现金”，单击“确定”按钮返回。

（3）录入贷方科目“4001”与金额“64000”。

（4）单击“保存”按钮，生成凭证如图10－10所示。

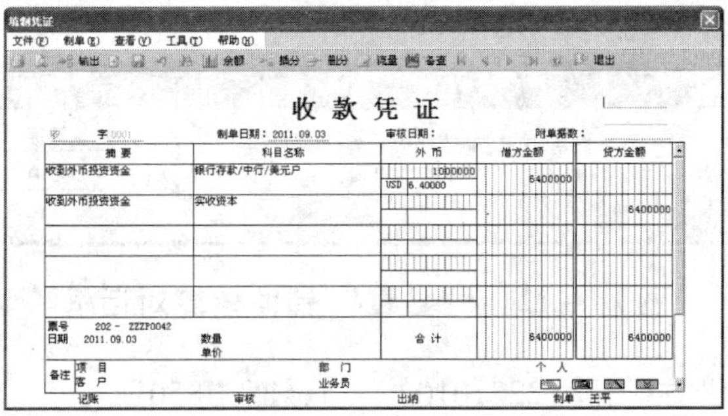

图10－10　第3笔业务凭证

【提示】

● 汇率栏中的内容是固定的，不能录入或修改。如使用浮动汇率，汇率栏中显示最近一次汇率，可以直接在汇率栏中修改。

6. 填制第4笔业务的记账凭证（辅助核算——客户往来、数量）。[1]

（1）在“填制凭证”窗口，单击“增加”按钮，选择凭证类型“收款凭证”，录入制单日期“2011年9月12日”。

（2）录入摘要“收到货款”，借方科目“10020201”，设置结算方式为“转账支票”、票号“ZZZP0045”，外币金额“50”，单击“流量”按钮，设置现金流量项目为“01 销售商品、提供劳务收到的现金”，单击“确定”按钮返回。

（3）录入贷方科目“112201”，设置客户为“大地公司”、票号“ZZZP0045”，单击“确认”按钮。录入贷方金额320。

（4）单击“保存”按钮，生成凭证如图10－11所示。

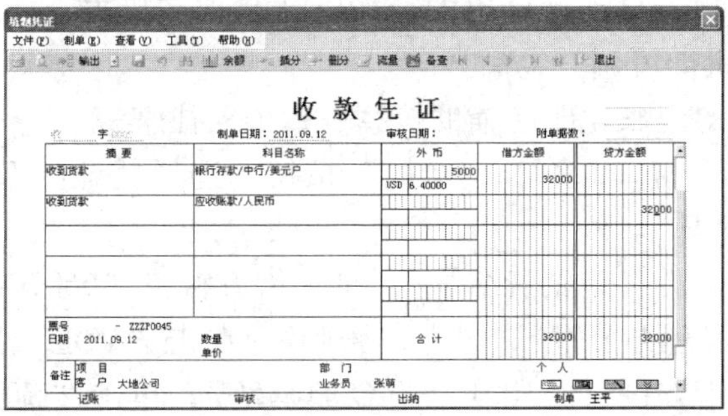

图10－11　第4笔业务凭证

① 本笔业务录入凭证的过程中存在错误，为编者有意设计。

7. 填制第 5 笔业务的记账凭证（辅助核算——供应商往来）。

（1）在“填制凭证”窗口，单击“增加”按钮，选择凭证类型“转账凭证”，录入制单日期“2011 年 9 月 14 日”。

（2）通过参照选择摘要“采购键盘”，录入借方科目“140301”，打开“辅助项”对话框，设置数量“100”，单价“50”，如图 10－12 所示，单击“确定”返回。系统根据数量 × 单价自动计算借方金额。

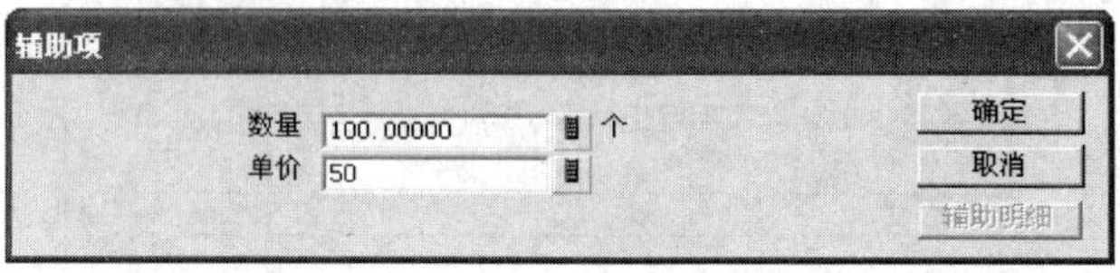

图 10－12　“数量”辅助核算对话框

（3）在第二行录入借方科目“22210102”与金额“850”。

（4）在第三行录入贷方科目“2202”，打开“辅助项”对话框，录入供应商“启德公司”，单击“确认”按钮。录入贷方金额“5850”。

（5）单击“保存”按钮，生成凭证如图 10－13 所示。

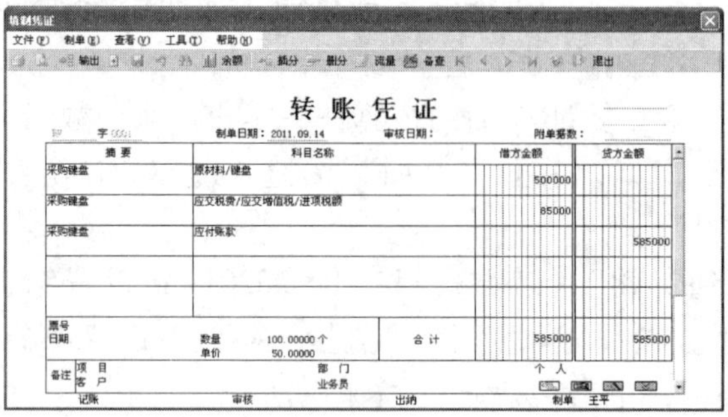

图 10－13　第 5 笔业务凭证

【提示】

- 系统根据数量 × 单价自动计算出的金额默认是放在借方，如果方向不符，可将光标移动到贷方后，按空格键即可调整金额方向。

8. 填制第 6 笔业务的记账凭证（辅助核算——个人往来）。

（1）在“填制凭证”窗口，单击“增加”按钮，选择凭证类型“收款凭证”，录入制单日期“2011 年 9 月 18 日”。

（2）通过参照选择摘要“差旅费结算”，录入借方科目“660204”，打开“辅助项”对话框，设置部门为“总经理办公室”、个人“张阳”，单击“确定”按钮，录入金额 850。

（3）在第二行录入借方科目“1001”与金额“50”，单击“流量”按钮，设置现金流量项目为“03 收到的其他与经营活动有关的现金”，单击“确定”按钮返回。

（4）在第三行录入贷方科目“122102”，打开“辅助项”对话框，设置部门为“总经理办公室”、个人“张阳”，单击“确定”按钮返回，录入贷方金额“900”。

（5）单击“保存”按钮，生成凭证如图 10－14 所示。

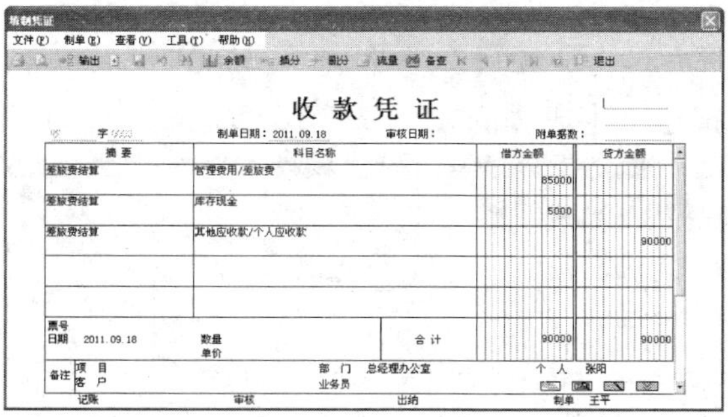

图 10－14　第 6 笔业务凭证

【提示】

● 在录入个人信息时，若不录入“部门名称”只录入“个人名称”时，系统将根据所录入个人名称自动录入其所属的部门。

9. 填制第 7 笔业务的记账凭证（辅助核算——项目核算）。

（1）在“填制凭证”窗口，单击“增加”按钮，选择凭证类型“付款凭证”，录入制单日期“2011 年 9 月 20 日”。

（2）录入摘要“大厂房建设”，借方科目“160403”，打开“辅助项”对话框，设置项目名称“大厂房”，单击“确定”按钮；录入借方金额“5000”。

（3）在第二行录入借方科目“160402”与金额“3000”，设置项目名称“大厂房”。

（4）在第三行录入贷方科目“100201”，打开“辅助项”对话框，设置结算方式为“转账支票”、票号“ZZZP0059”，单击“确定”按钮；录入贷方金额“8000”。单击“流量”按钮，设置现金流量项目为“13 购建固定资产、无形资产和其他长期资产所支付的现金”，单击“确定”按钮返回。

（5）单击“保存”按钮，生成凭证如图 10－15 所示。

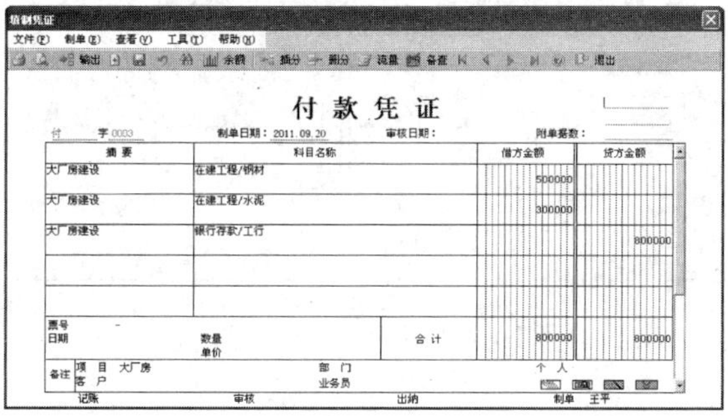

图 10－15　第 7 笔业务凭证

10. 填制第 8 笔业务的记账凭证。

（1）在“填制凭证”窗口，单击“增加”按钮，选择凭证类型“转账凭证”，录入制单日期“2011 年 9 月 30 日”。

（2）在第一行录入摘要“分摊工资”，借方科目“510101”与金额“15000”。

（3）在第二行录入借方科目“660201”，设置部门为“财务部”，录入借方金额

"10500"。

（4）在第三行录入贷方科目"2211"与金额"25500"。

（5）单击"保存"按钮，生成凭证如图 10－16 所示。

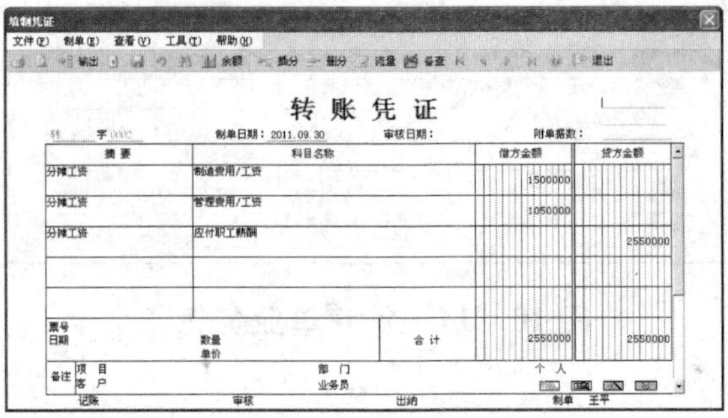

图 10－16　第 8 笔业务凭证

11. 审核凭证。

（1）重新注册，更换操作员为账套主管"0872 李主管"，登录日期为"2011－09－30"，打开企业应用平台。

（2）在企业应用平台"业务工作"选项卡中，执行"财务会计"→"总账"→"凭证"→"审核凭证"命令，打开"凭证审核"对话框。单击"确定"按钮，打开"凭证审核"列表窗口。单击"确定"按钮，打开"审核凭证"窗口。

（3）检查要审核的凭证，无误后，单击"审核"按钮，凭证底部的"审核"处自动签上审核人姓名，如图 10－17 所示。系统自动翻页到下一张凭证，同理完成对其他凭证的签字，最后单击"退出"按钮。

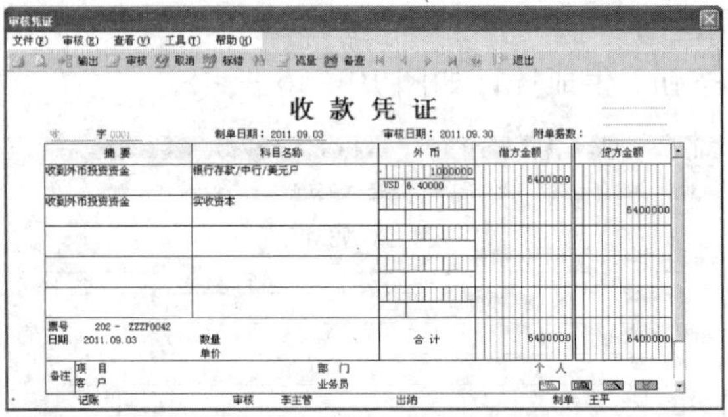

图 10－17　已审核的凭证

（4）在"凭证审核"对话框的"审核人"栏显示"李主管"，如图 10－18 所示，单击"取消"按钮。

【提示】

● 系统要求制单人与审核人不能为同一人，因此在审核凭证前一定要首先检查一下，当前操作员是否就是制单人，如果是，则应更换操作员。

● 审核人必须具有审核权。如果在"选项"中设置了"凭证审核控制到操作员"时，还应继续设置审核的明细权限，即"数据权限"中的"用户"权限。只有在"数据权限"

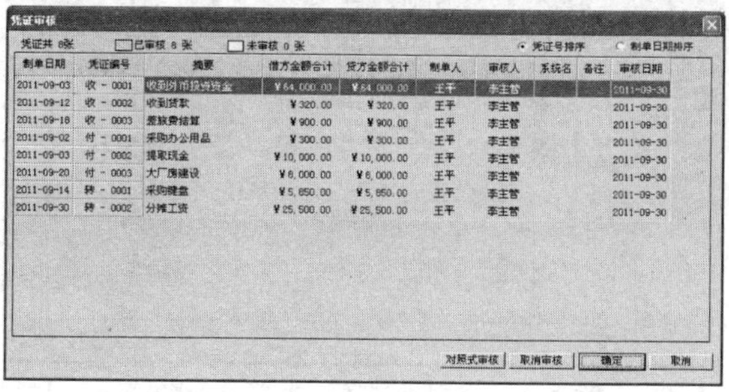

图 10－18　“凭证审核”列表窗口

中设置了某用户有权审核其他某一用户所填制凭证的权限，该用户才真正拥有了审核凭证的权限。

● 在凭证审核的功能中除了可以分别对单张凭证进行审核外，还可以在“审核凭证”窗口中执行“审核”→“成批审核”的功能，对符合条件的待审核凭证进行成批审核。

● 已审核的凭证将不能直接修改，只能在取消审核后才能在填制凭证的功能中进行修改。已标志作废凭证的不能被审核，需先取消作废标志后才能审核。

12. 出纳签字。

（1）重新注册，更换操作员为出纳“0802 宋岚”，登录日期“2011－09－30”，打开企业应用平台。

（2）在企业应用平台“业务工作”选项卡中，执行“财务会计”→“总账”→“凭证”→“出纳签字”命令，打开“出纳签字”对话框。

（3）单击“确定”按钮，打开“出纳签字”列表窗口，单击“确定”按钮，打开“出纳签字”对话框。

（4）单击“签字”按钮，凭证底部的“出纳”处自动签上出纳姓名，如图 10－19 所示。系统自动翻页到下一张凭证，同理完成对所有收付凭证的出纳签字。

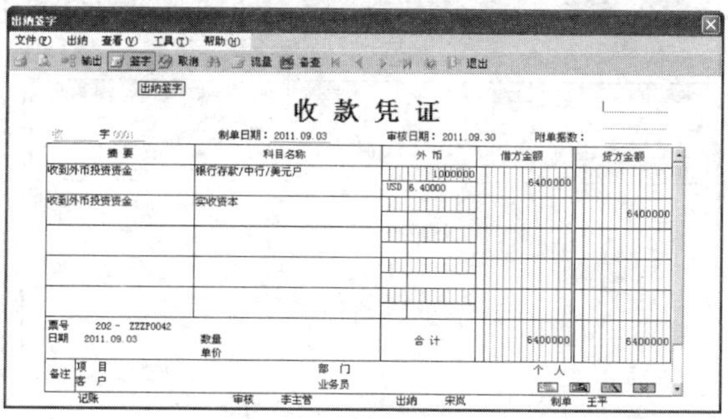

图 10－19　“出纳签字”对话框

（5）单击“退出”按钮退出。

（6）在“出纳签字”列表框的“签字人”栏显示“宋岚”，如图 10－20 所示，单击“取消”按钮。

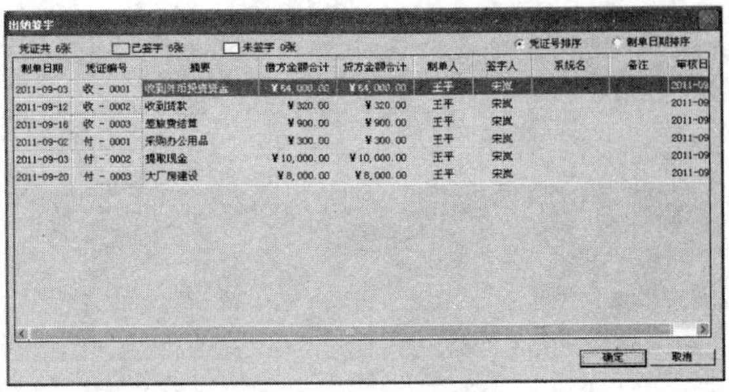

图 10－20　“出纳签字”列表框

【提示】

● 出纳签字的操作既可以在“凭证审核”后进行，也可以在“凭证审核”前进行。

● 凭证签字并非审核凭证的必要步骤。若在设置总账参数时，不选择“出纳凭证必须经由出纳签字”，则可以不执行“出纳签字”的功能。

● 进行出纳签字的操作应满足以下 3 个条件：首先，在总账系统“选项”中已经设置了“出纳凭证必须经由出纳签字”；其次，已经在会计科目中进行了“指定科目”的操作，涉及指定为现金科目和银行科目的凭证才需出纳签字；最后，凭证中所使用的会计科目是已经在总账系统中设置为“日记账”辅助核算内容的会计科目。

● 如果发现已经进行了出纳签字的凭证有错误，应在取消出纳签字后再在填制凭证功能中进行修改。

13. 凭证记账。

（1）重新注册，更换操作员为账套主管“0872 李主管”，登录日期为“2011－09－30”，打开企业应用平台。

（2）在企业应用平台“业务工作”选项卡中，执行“财务会计”→“总账”→“凭证”→“记账”命令，打开“记账”对话框，单击“全选”按钮，如图 10－21 所示。

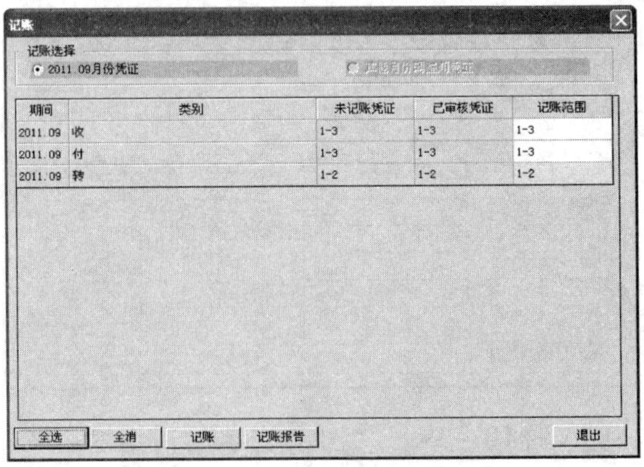

图 10－21　“记账”对话框

（3）单击“记账”按钮，打开“期初试算平衡表”窗口，系统提示“试算结果平衡”。如图 10－22 所示。单击“确认”按钮，系统自动进行记账。记账完成后，系统提示“记账完毕！”。

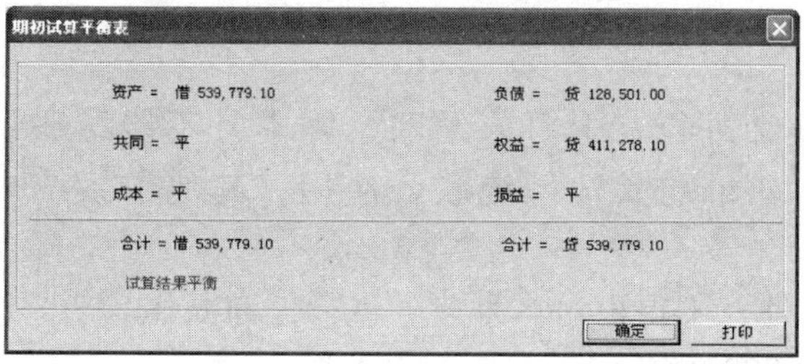

图 10 - 22 期初试算平衡表

（4）单击“确认”按钮。系统返回“记账”对话框，单击“退出”按钮。

【提示】

- 期初余额试算不平衡不允许记账，有未审核的凭证不允许记账，上月未结账本月不能记账。
- 如果不录入记账范围，系统默认为所有凭证。
- 作废凭证不需审核可直接记账。
- 记账后不能整理断号。
- 已记账的凭证不能在“填制凭证”功能中查询。

14. 结账。

（1）在财务会计系统中，执行“总账”→“期末”→“结账”命令，打开“结账”对话框。

（2）单击“下一步”按钮，打开“结账”对话框。单击“对账”按钮，系统进行对账。对账完毕，单击“下一步”按钮，打开新的“结账”对话框，如图 10 - 23 所示。

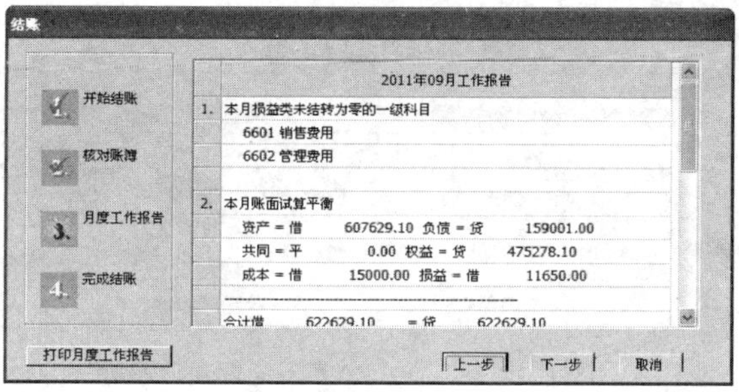

图 10 - 23 “结账”对话框

（3）单击“下一步”按钮，系统提示“2011 年 9 月未通过工作检查，不可以结账!”。

（4）单击“上一步”按钮，回到图 10 - 23 所示的“结账”对话框，仔细阅读工作报告全文，报告提示“6. 其他系统结账状态：应付系统本月未结账；应收系统本月未结账”。单击“取消”按钮，取消本次结账操作。

（5）在企业应用平台“基础设置”选项卡中，执行“基本信息”→“系统启用”，打开“系统启用”对话框，取消选择“AR 应收款管理”，系统提示“确实要注销当前系统吗?”，单击“是”按钮；同理，注销“AP 应付款管理”。

（6）重复步骤（1）~步骤（2），单击“下一步”按钮，打开“结账”对话框，单击

“结账” 按钮。

【提示】

- 结账必须按月连续进行，上月未结账，则本月不能结账；本月还有未记账凭证时，则本月不能结账；如果与其他系统联合使用，其他子系统未全部结账，则本月不能结账。
- 结账后除查询之外，不得再对本月业务进行任何操作。

15. 删除付款凭证 -0001。

（1）取消结账：

① 在财务会计系统中，执行 “总账” → “期末” → “结账” 命令，打开 “结账” 对话框。

② 选择要取消结账的月份 “2011.09”，按 Ctrl + Shift + F6 组合键，打开 “确认口令” 对话框，录入账套主管口令，单击 “确认” 按钮，则取消 2011 年 9 月结账标志。

③ 单击 “取消” 按钮。

（2）取消记账：

① 在财务会计系统中，执行 “总账” → “期末” → “对账” 命令，打开 “对账” 对话框。

② 按 CTRL + H 组合键，系统提示 “恢复记账前状态功能已被激活。” 单击 “确定” 按钮，再单击工具栏上的 “退出” 按钮。此时系统激活 “凭证” 菜单下 “恢复记账前状态功能” 菜单项。

③ 在财务会计系统中，执行 “总账” → “凭证” → “恢复记账前状态” 命令，打开 “恢复记账前状态” 对话框。

④ 选择 “2011 年 09 月初状态” 单选按钮，如图 10 - 24 所示。

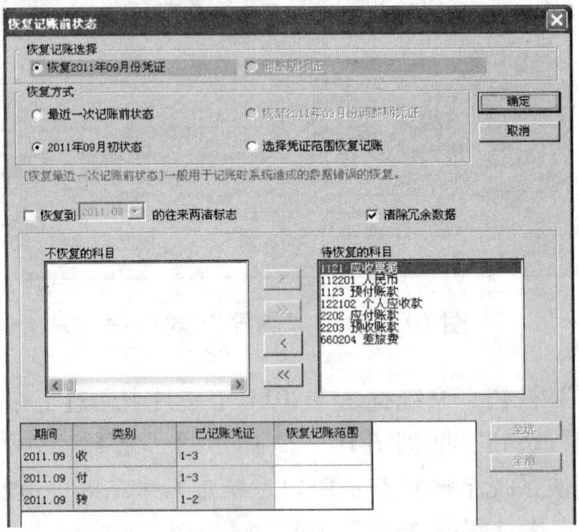

图 10 - 24　“恢复记账前状态” 对话框

⑤ 单击 “确定” 按钮，系统提示 “请录入主管口令”，录入账套主管的口令，单击 “确定” 按钮，系统提示 “恢复记账完毕”，单击 “确定” 按钮。

【提示】

• 如果退出系统后又重新打开系统，或在“对账”中再次按CTRL+H组合键，则将重新隐藏“恢复记账前状态功能”菜单项。

• 已结账月份的数据不能取消记账。

（3）取消出纳签字：

① 重新注册，更换操作员为出纳“0802 宋岚”，登录日期“2011-09-30”，打开企业应用平台。

② 在财务会计系统中，执行“总账”→“凭证”→“出纳签字”命令，打开“出纳签字”对话框。单击“确定”按钮，打开“出纳签字”列表窗口。

③ 双击凭证编号“收-0002”的凭证（此凭证金额有误），打开“出纳签字”对话框，单击工具栏“取消”按钮，取消出纳签字。如图10-25所示。单击“退出”按钮。

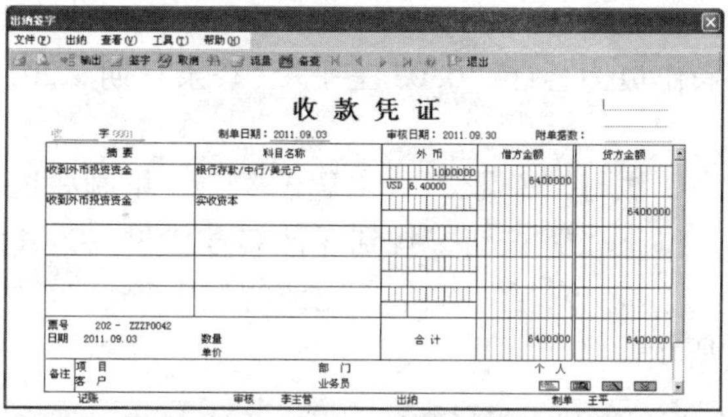

图10-25 取消出纳签字的凭证

④ 同理，对“付-0001”凭证取消出纳签字。返回“出纳签字”列表窗口，如图10-26所示。

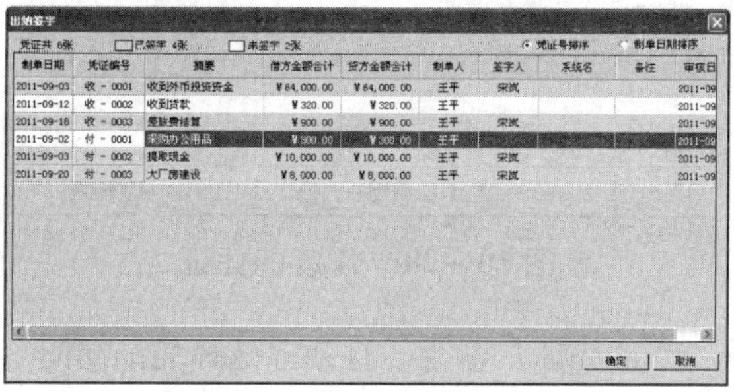

图10-26 “出纳签字”列表窗口

⑤ 在“出纳签字”列表窗口单击“取消”按钮。

【提示】

• 取消出纳签字只能由出纳本人进行操作。

（4）取消审核：

① 重新注册，更换操作员为账套主管“0872 李主管”，登录日期“2011-09-30”，打开企业应用平台。

② 在财务会计系统中，执行“总账”→“凭证”→“审核凭证”命令，打开“凭证审核”窗口。单击“确定”按钮，打开“凭证审核”列表窗口。

③ 选择凭证编号“收 -0002”的凭证，单击“取消审核”按钮，取消审核签字。同理，取消对“付 -0001”凭证的审核。结果如图 10 -27 所示。单击“退出”按钮。

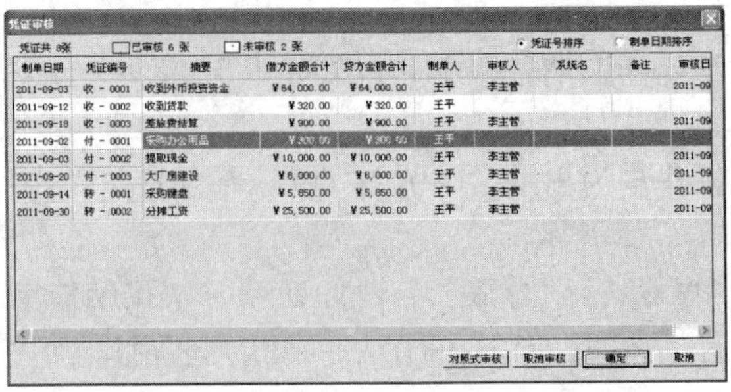

图 10 -27 “凭证审核”对话框

（5）删除凭证：

① 重新注册，更换操作员为会计“0805 王平”，登录日期“2011 -09 -30”，打开企业应用平台。

② 在财务会计系统中，执行“总账”→“凭证”→“填制凭证”命令，打开“填制凭证”窗口，单击“上张”、“下张”按钮，找到凭证编号“付 -0001”的凭证。

③ 执行“制单”→“作废/恢复”命令，凭证的左上角显示“作废”字样，表示该凭证已作废，如图 10 -28 所示。

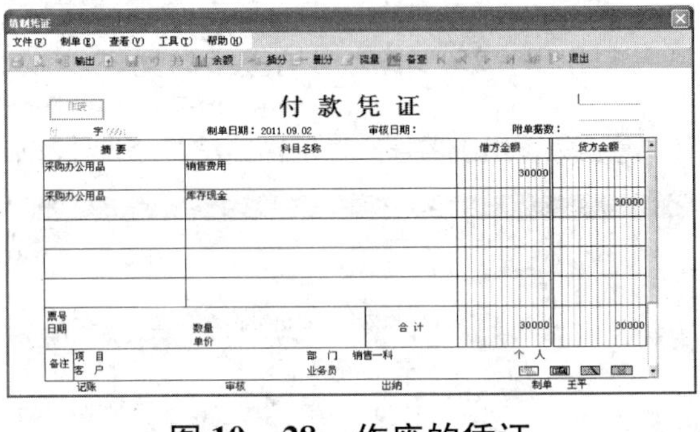

图 10 -28 作废的凭证

④ 执行“制单”→“整理凭证”命令，打开“选择凭证期间”对话框。选择要整理的月份“2011. 09”，单击“确定”按钮，打开“作废凭证表”对话框。双击欲删除凭证所在行的“删除”栏，显示“Y”，如图 10 -29 所示。

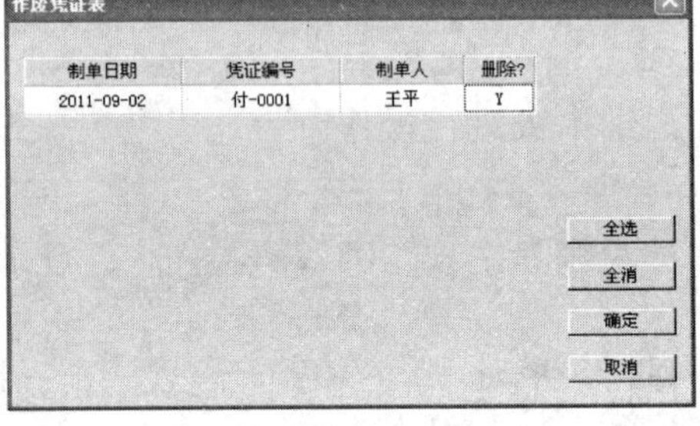

图 10 -29 “作废凭证表”对话框

⑤ 单击“确定”按钮，系统提示“是否还需整理凭证断号”。单击“是”按钮，系统将该凭证从数据库中彻底删除并对剩下凭证重新排号。

【提示】

- 作废凭证仍保留凭证内容及编号，只显示“作废”字样。
- 对于作废凭证，可以单击“作废/恢复”按钮或执行“制单”→“作废/恢复”命令，取消“作废”标志，并将凭证恢复为有效凭证。
- 作废凭证不能修改，不能审核。
- 在记账时，已作废凭证应参与记账，否则月末无法结账，但不对作废凭证作数据处理，相当于一张空凭证。
- 账簿查询时，查不到作废凭证的数据。
- 删除凭证，必须先进行“作废”操作，然后再执行“制单”→“整理凭证”。
- 未审核的凭证可以直接删除，已审核或已进行出纳签字的凭证不能直接删除，必须在取消出纳签字后再删除。
- 只能对未记账凭证进行凭证整理。

16. 修改收款凭证－0002。

（1）在“填制凭证”窗口，单击“上张”“下张”按钮，找到凭证编号“收－0002”的凭证。将借方外币金额修改为“500”，系统提示“误差提示”，单击“是”按钮；修改借方金额“3200”。

（2）将贷方金额改为“3200”，将光标移到凭证下方备注栏辅助项“客户”处，当出现“笔头状光标”时双击此处，打开“辅助项”对话框，修改客户为“华宏公司”，单击“确定”按钮。单击“流量”按钮，单击“重新取数”按钮，系统提示“你是否确定要重新生成现金流量?”，单击“是”按钮。设置现金流量项目为“01 销售商品、提供劳务收到的现金”，单击“确定”按钮返回，修改后凭证如图10－30所示。

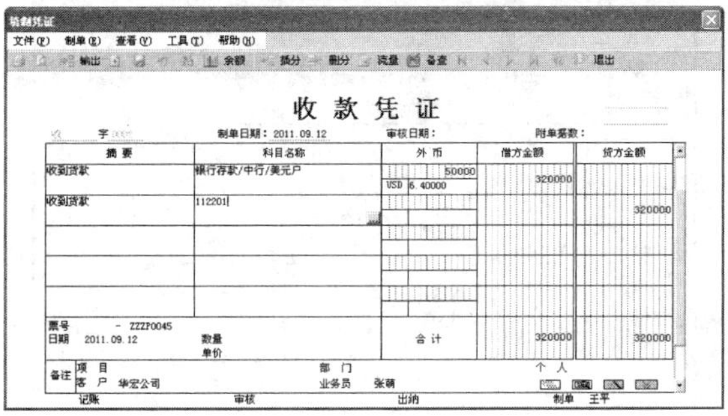

图10－30　修改后的收款2号凭证

（3）单击“保存”按钮。

（4）重新注册，更换操作员为账套主管“0872 李主管”，登录日期“2011－09－30”，打开企业应用平台，对“收－0002”进行审核；更换操作员为“0802 宋岚”，登录日期“2011－09－30”，打开企业应用平台，对“收－0002”进行出纳签字；更换操作员为账套主管“0872 李主管”，登录日期“2011－09－30”，打开企业应用平台，对凭证进行记账。

【提示】

● 外部系统传过来的凭证不能在总账管理系统中进行修改，只能在生成该凭证的系统中进行修改。

● 未审核的凭证可以直接修改，但是，凭证类别不能修改。

● 如果在总账系统的选项中没有选中“允许修改、作废他人填制的凭证”，则只能由原制单人在填制凭证的功能中修改或作废凭证；若选中“允许修改、作废他人填制的凭证”，则在填制凭证功能中可以由非原制单人修改或作废他人填制的凭证，被修改凭证的制单人将被修改为现在的修改凭证的人。

● 已审核的凭证如果发现有错误，应由原审核人在“审核凭证”功能中取消审核签字后，再由原制单人在填制凭证中修改凭证。

● 凭证的辅助项内容如果有错误，可以在单击含有错误辅助项的会计科目后，再将鼠标移到错误的辅助项所在位置，当出现“笔头状光标”时双击此处，打开辅助项录入窗口，直接修改辅助项的内容，或者按 Ctrl + S 组合键调出辅助项录入窗口后修改。

17. 设置常用凭证。

（1）重新注册，更换操作员为会计“0805 王平”，登录日期“2011 - 09 - 30”，打开企业应用平台。

（2）在财务会计系统中，执行“总账”→“凭证”→“常用凭证”命令，打开“常用凭证”对话框。

（3）单击“增加”按钮，录入编码“1”，录入说明“从工行提取现金”，选择凭证类别“付款凭证”，单击工具栏“详细”按钮，打开“常用凭证”对话框。单击“增加”按钮，录入科目编码“1001”；再单击“增加”按钮，在第二行“科目编码”栏录入“100201”，设置结算方式为“现金支票”，如图 10 - 31 所示。

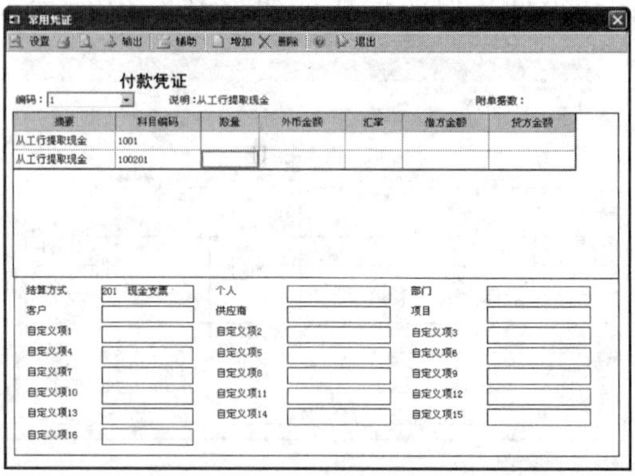

图 10 - 31　“常用凭证”对话框

（4）单击“退出”按钮返回企业应用平台。

【提示】

● 在填制凭证时可以执行“制单”→“调用常用凭证”命令，调用事先定义的常用凭证，或在填制凭证功能中按 F4 键调用常用凭证。

● 调用的常用凭证可以修改。

18. 账套备份。

在“D:\ 账套备份”下建立“(10－1) 总账日常业务”文件夹，将账套输出至“D:\账套备份\(10－1) 总账日常业务”文件夹中。

10.3 实验二：出纳管理

企业所发生的包括现金和银行存款在内的所有的经济业务，经过制单、审核、记账操作之后，就形成了正式的会计账簿。为了能够及时地了解账簿中的数据资料，并满足对账簿数据的统计分析及打印的需要，系统提供了强大的查询功能，包括基本会计核算账簿的查询输出、各种辅助核算及现金和银行存款日记账的查询和输出。在出纳功能中可以方便地实现对日记账及资金日报表的查询，并进行银行对账。

10.3.1 实验准备

(1) 引入光盘中的“实验账套\(10－1) 总账日常业务”文件夹中的备份数据。

(2) 登录企业应用平台时，选择操作员出纳“0802”（密码为 0802），账套名称“[872] 智汇科技”，登录日期“2011－09－30”。

10.3.2 实验目的

(1) 掌握现金日记账、银行存款日记账和资金日报表的查询等出纳管理的操作方法。

(2) 掌握银行对账的操作方法。

10.3.3 实验资料

1. 转账支票。

2011 年 9 月 22 日，总经理办公室张阳领用转账支票支付办公费，限额 500 元，转账支票号“ZZZP0084”。

2. 银行对账期初数据。

企业日记账余额为 400000 元，银行对账单期初余额 380000 元，企业 2011 年 8 月 12 日已收而银行未收的未达账 32000 元，企业 2011 年 8 月 16 日已付而银行未付账 12000 元。

3. 2011 年 9 月银行对账单（见表 10－3）。

表 10－3 银行对账单

科目	日期	结算方式	票号	借方金额	贷方金额
10020201	2011 年 9 月 4 日	转账支票	ZZZP0042	10000.00	
10020201	2011 年 9 月 13 日	转账支票	ZZZP0045	500	
100201	2011 年 9 月 4 日	现金支票	XJZP003		10000
100201	2011 年 9 月 21 日	转账支票	ZZZP0059		8000

10.3.4　实验指导

1. 查询现金日记账。

（1）在财务会计系统中，执行“总账”→“出纳”→“现金日记账”命令，打开“现金日记账查询条件”对话框。

（2）设置科目为“1001 库存现金”，选择按月查询“2011.09—2011.09”，如图 10－32 所示。

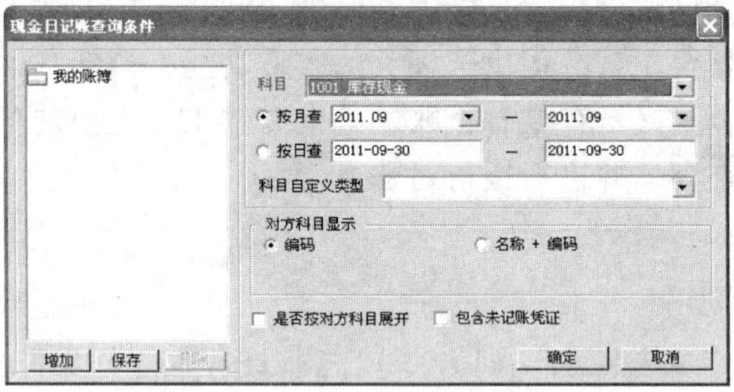

图 10－32　“现金日记账查询条件”对话框

（3）单击“确定”按钮，打开“现金日记账”窗口，如图 10－33 所示。

图 10－33　“现金日记账”窗口

（4）单击“关闭”按钮退出。

【提示】

- 只有在“会计科目”功能中使用“指定科目”功能指定“现金总账科目”及“银行总账科目”，才能查询“现金日记账”及“银行存款日记账”。
- 现金及银行存款日记账既可以按日查询，也可以按月查询；查询日记账时也可以查询包含未记账凭证的日记账。
- 在日记账窗口中单击“过滤”按钮，录入过滤条件可以快速查询日记账的具体内容；单击“凭证”按钮，可查询该条件记录所对应的记账凭证。
- 若上述步骤（3）操作中系统提示“用户没有对 1001 科目操作权限”，则以账套主管“0872 李主管”重新注册，在“业务工作”选项卡中，在财务会计系统中，执行“总账”→“设置”→“数据权限分配”，打开“权限浏览”对话框，选择用户“0802 宋岚”，单击工具栏“修改”按钮，在“记录”选项卡中，设置用户对 1001、1002 及其明细科目拥有权限，单击“保存”按钮。

2. 查询银行日记账。

（1）在财务会计系统中，执行“总账”→“出纳”→“银行日记账”命令，打开“银行日记账查询条件”对话框。

（2）设置科目为“1002”，选择按月查询“2011.09—2011.09”，单击“确定”按钮，打开“银行日记账”窗口，如图10－34所示。

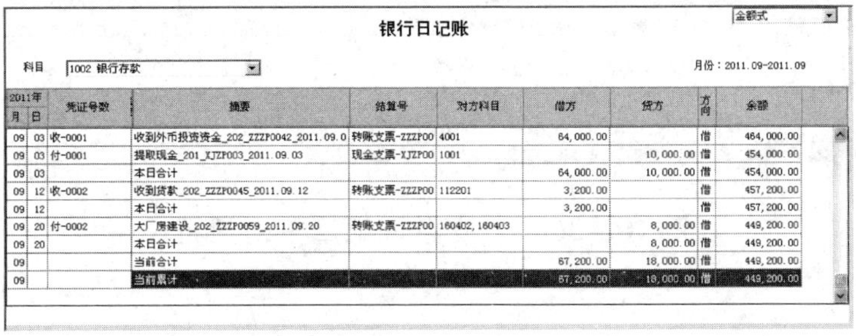
银行日记账

金额式

科目 1002 银行存款　　月份：2011.09-2011.09

2011年 月	日	凭证号数	摘要	结算号	对方科目	借方	贷方	方向	余额
09	03	收-0001	收到外币投资资金_202_ZZZP0042_2011.09.0	转账支票-ZZZP00	4001	64,000.00		借	464,000.00
09	03	付-0001	提取现金_201_XJZP003_2011.09.03	现金支票-XJZP00	1001		10,000.00	借	454,000.00
09	03		本日合计			64,000.00	10,000.00	借	454,000.00
09	12	收-0002	收到货款_202_ZZZP0045_2011.09.12	转账支票-ZZZP00	112201	3,200.00		借	457,200.00
09	12		本日合计			3,200.00		借	457,200.00
09	20	付-0002	大厂房建设_202_ZZZP0059_2011.09.20	转账支票-ZZZP00	160402, 160403		8,000.00	借	449,200.00
09	20		本日合计				8,000.00	借	449,200.00
09			当前合计			67,200.00	18,000.00	借	449,200.00
09			当前累计			67,200.00	18,000.00	借	449,200.00

图10－34 “银行日记账”窗口

（3）单击“关闭”按钮。

3. 查询2011年9月3日的资金日报表。

（1）在财务会计系统中，执行“总账”→“出纳”→“资金日报”命令，打开“资金日报表查询条件”对话框。

（2）选择日期“2011.09.03”，选中“有余额无发生额也显示”，单击“确定”按钮，打开“资金日报表”窗口，如图10－35所示。

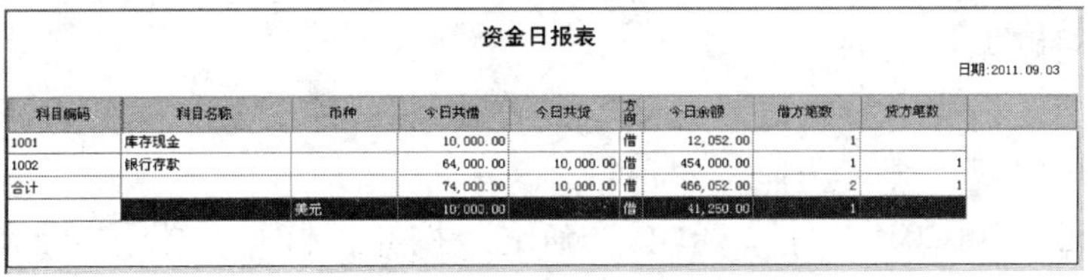
资金日报表

日期:2011.09.03

科目编码	科目名称	币种	今日共借	今日共贷	方向	今日余额	借方笔数	贷方笔数
1001	库存现金		10,000.00		借	12,052.00	1	
1002	银行存款		64,000.00	10,000.00	借	454,000.00	1	1
合计			74,000.00	10,000.00	借	466,052.00	2	1
		美元	10,000.00		借	41,250.00	1	

图10－35 “资金日报表”窗口

（3）单击“退出”按钮。

【提示】

- 资金日报功能可以查询某日现金、银行存款发生额及余额情况。
- 查询资金日报表时可以查询包含未记账凭证的资金日报表。
- 如果在“资金日报表查询条件”窗口中选中“有余额无发生额也显示”，则即使现金或银行科目在查询日没有发生业务，余额也会显示。

4. 登记支票登记簿。

（1）在财务会计系统中，执行“总账”→“出纳”→“支票登记簿”命令，打开“银行科目选择”对话框。

（2）选择科目“100201”，单击“确定”按钮，打开“支票登记簿”对话框。单击“增加”按钮，录入领用日期“2011.09.22”，领用部门“总经理办公室”，领用人“张阳”，支票号“ZZZP0084”，预计金额“500”及用途“办公费”，如图10－36所示。

（3）单击“保存”按钮，单击“关闭”按钮。

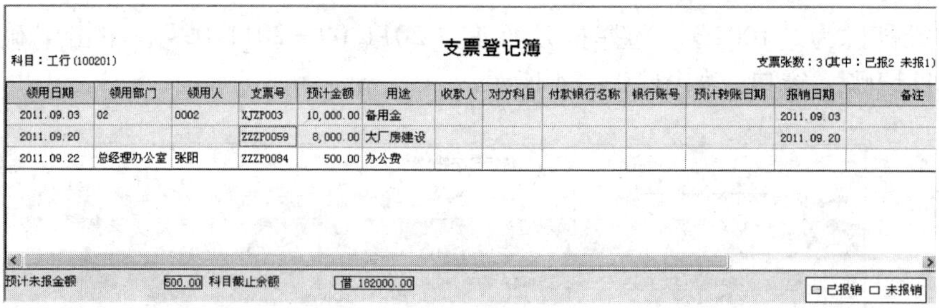

支票登记簿

科目：工行 (100201)　　支票张数：3 (其中：已报2 未报1)

领用日期	领用部门	领用人	支票号	预计金额	用途	收款人	对方科目	付款银行名称	银行账号	预计转账日期	报销日期	备注
2011.09.03	02	0002	XJZP003	10,000.00	备用金						2011.09.03	
2011.09.20			ZZZP0059	8,000.00	大厂房建设						2011.09.20	
2011.09.22	总经理办公室	张阳	ZZZP0084	500.00	办公费							

预计未报金额 500.00　科目截止余额 借 182000.00　□ 已报销 □ 未报销

图 10－36　“支票登记簿”对话框

【提示】

● 只有在总账系统的初始设置选项中已选中“支票控制”，在结算方式中设置“票据结算”标志，在“会计科目”中已指定银行账的科目，才能使用支票登记簿。

● 不同的银行账户需要分别登记支票登记簿。

● 支票登记簿中报销日期为空表示该支票未报销，否则认为该支票已报销。

● 支票支出后，在填制凭证时录入该支票的结算方式和结算号，系统会自动在支票登记簿中填写支票的报销日期，该支票即为已报销。

● 单击“批删”按钮，录入需要删除已报销支票的起止日期，即可删除此期间的已报销支票。

● 单击“过滤”按钮后，即可对支票按领用人或者部门进行各种统计。

5. 录入银行对账期初数据。

（1）在财务会计系统中，执行“总账”→“出纳”→“银行对账”→“银行对账期初录入”命令，打开“银行科目选择”对话框。

（2）选择科目“100201 工行”，单击“确定”按钮，打开“银行对账期初”对话框。

（3）在单位日记账的调整前余额栏录入“400000”，在银行对账单的调整前余额栏录入“380000”，如图 10－37 所示。

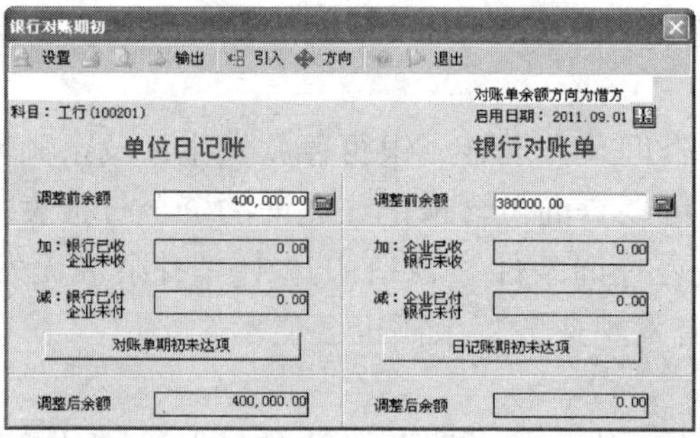

图 10－37　“银行对账期初”对话框

（4）单击“日记账期初未达项”按钮，打开“企业方期初”窗口。

（5）单击“增加”按钮，选择日期“2011－8－12”，录入借方金额“32000”，再单击“增加”按钮，选择日期“2011－8－16”，录入贷方金额“12000”，如图 10－38 所示。

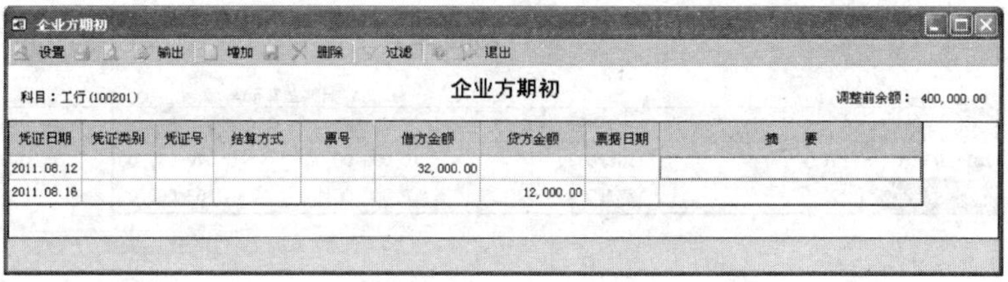

图 10－38　“企业方期初”窗口

(6) 单击“保存”按钮，单击“退出”按钮，返回“银行对账期初”窗口，如图 10－39所示。

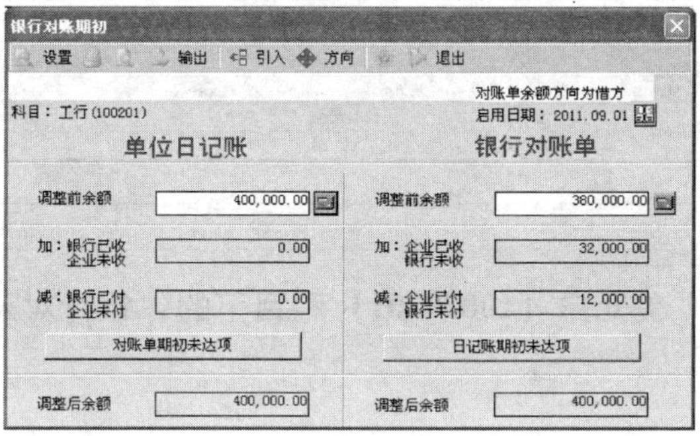

图 10－39　“银行对账期初”对话框

(7) 单击“退出”按钮。

【提示】

● 在第一次使用银行对账功能时，应录入日记账、对账单的期初余额及未达账项。单击“方向”按钮可以调整银行对账单余额方向，如果把余额方向调整为贷方，则银行对账单中借方发生额为银行存款减少，而贷方发生额为银行存款的增加。

● 系统会根据调整前余额及期初未达账项自动计算出银行对账单与单位日记账的调整后余额。

6. 录入银行对账单。

(1) 在财务会计系统中，执行“总账”→“出纳”→“银行对账”→“银行对账单”命令，打开“银行科目选择”对话框。

(2) 选择科目“100201”，月份“2011.09—2011.09”，单击“确定”按钮，打开“银行对账单”窗口。

(3) 单击工具栏“增加”按钮，录入日期“2011.09.04”、结算方式“现金支票”、票号“XJZP003”、贷方金额“10000”，余额由系统根据银行对账期初数据自动计算生成；同理，录入科目“100201”下的另一条银行对账信息。结果如图 10－40 所示。单击“保存”按钮，单击“关闭”按钮。

(4) 同理，录入科目“10020201”下两条银行对账信息，结果如图 10－41 所示。

银行对账单

科目：工行(100201)　　对账单账面余额:362,000.00

日期	结算方式	票号	借方金额	贷方金额	余额
2011.09.04	201	XJZP003		10,000.00	370,000.00
2011.09.21	202	ZZZP0059		8,000.00	362,000.00

□已勾对　□未勾对

图 10-40　工行（100201）科目下的“银行对账单”窗口

银行对账单

科目：美元户(10020201)　　对账单账面余额:10,500.00

日期	结算方式	票号	借方金额	贷方金额	余额
2011.09.04	202	ZZZP0042	10,000.00		10,000.00
2011.09.13	202	ZZZP0045	500.00		10,500.00

500.00　□已勾对　□未勾对

图 10-41　美元户（10020201）科目下的“银行对账单”窗口

7. 银行对账。

（1）在财务会计系统中，执行“总账”→“出纳”→“银行对账”→“银行对账”命令，打开“银行科目选择”对话框。

（2）选择科目“100201”，月份“2011.09—2011.09”，单击“确定”按钮，打开“银行对账”窗口。

（3）单击工具栏“对账”按钮，打开“自动对账”对话框，录入截止日期“2011-09-30”，单击“确定”按钮，结果如图 10-42 所示。单击“关闭”按钮。

科目：100201(工行)

单位日记账

凭证日期	票据日期	结算方式	票号	方向	金额	两清	凭证号数	摘
2011.09.03	2011.09.03	201	XJZP003	贷	10,000.00	○	付-0001	提取现金
2011.09.20	2011.09.20	202	ZZZP0059	贷	8,000.00	○	付-0002	大厂房建设

银行对账单

日期	结算方式	票号	方向	金额	两清
2011.09.04	201	XJZP003	贷	10,000.00	○
2011.09.21	202	ZZZP0059	贷	8,000.00	○

图 10-42　工行（100201）科目下的“银行对账”窗口

（4）同理，选择科目“100201201”进行对账，结果如图 10-43 所示。

科目：10020201(美元户)

单位日记账

票据日期	结算方式	票号	方向	金额	两清	凭证号数	摘
2011.09.03	202	ZZZP0042	借	10,000.00	○	收-0001	收到外币投
2011.09.12	202	ZZZP0045	借	500.00	○	收-0002	收到货款

银行对账单

日期	结算方式	票号	方向	金额	两清
2011.09.04	202	ZZZP0042	借	10,000.00	○
2011.09.13	202	ZZZP0045	借	500.00	○

ZZZP0042

图 10-43　美元户（10020201）科目下的“银行对账”窗口

【提示】

- 银行对账是系统对某一对账科目的银行存款日记账和银行对账单每笔业务进行核对，

对于核对上的项目系统自动加注核对标记，未核对上的项目作为未达账项，据以编制银行存款余额调节表。

● 银行对账分为自动对账和手工对账两张形式，手工对账一般作为自动对账的补充。自动对账可以选择结算方式相同、结算票号相同、方向与金额相同三个条件中的一个或几个组合作为对账依据。选定对账条件后，系统自动进行核对、勾销，自动对账两清的标志为“○”。在自动对账后如果发现一些应勾对而未勾对的账项，可以分别双击“两清”栏，进行手工调整，手工对账两清的标志为“Y”。

● 取消对账也分为自动取消和手工取消两种方式。单击“取消”按钮可以自动取消所有的两清标记；也可以双击要取消对账标志业务的“两清”栏，手工取消两清标志。

● 如果在对账单中有两笔以上记录同日记账对应，则所有对应的对账单都应标上两清标志。

8. 输出余额调节表。

(1) 在财务会计系统中，执行“总账”→“出纳”→“银行对账”→“余额调节表查询”命令，打开“银行存款余额调节表”窗口。

(2) 选择银行科目“100201”所在行，单击工具栏“查看”按钮，打开“银行存款余额调节表”窗口。再单击“详细”按钮，打开“余额调节表（详细）”窗口，如图10－44所示。

余额调节表(详细)

科目：工行(100201)　　对账截止日期:2011.09.30

企业账面存款余额:382,000.00						银行账面存款余额:362,000.00								
加：银行已收企业未收			减：银行已付企业未付			加：企业已收银行未收					减：企业已付银行未付			
日期	票号	金额	日期	票号	金额	日期	凭证号	票号	摘要	金额	日期	凭证号	票号	摘要
						2011.08.12	-0000			32,000.00	2011.08.16	-0000		
	合计	0.00		合计	0.00				合计	32,000.00				合计
		后企业账面	存款余额:		382,000.00					调整后银行账面	存款余额:			

图10－44 “余额调节表（详细）”窗口

(3) 单击“关闭”按钮。

【提示】

● 银行存款余额调节表应显示账面余额平衡，如果不平衡应分别查看银行对账期初、银行对账单及银行对账是否正确。

9. 核销已达账。

(1) 在财务会计系统中，执行“总账”→“出纳”→“银行对账”→“核销银行账”命令，打开“核销银行账”窗口。

(2) 选择核销银行科目“100201”，单击“确定”按钮，系统提示“您是否确实要进行银行账核销?”，单击“是”按钮。

【提示】

● 核销已达账将删除已两清的单位日记账和银行对账单。

10. 账套备份。

在“D:\账套备份”下建立“(10－2) 总账出纳管理”文件夹，将账套输出至“D:\账套备份\(10－2) 总账出纳管理”文件夹中。

10.4 实验三：账表查询

系统不但可以在出纳管理功能中实现对日记账、资金日报表的查询，还可以从账表查询功能中实现强大的查询功能，包括基本会计核算账簿的查询输出、各种辅助核算账簿及库存现金和银行存款日记账的查询和输出。整个系统可以方便地实现对总账、明细账及凭证等账、证、表资料的联查。

10.4.1 实验准备

（1）引入光盘中的“实验账套\（10－2）总账出纳管理”文件夹中的备份数据。

（2）登录企业应用平台时，选择操作员账套主管“0872”(密码为 0872)，账套名称“[872] 智汇科技”，登录日期“2011－09－30”。

10.4.2 实验目的

（1）了解账表查询的作用及在其中可以实现的查询功能。

（2）掌握总账、科目余额表、明细表、辅助账查询等账簿管理的操作方法。

10.4.3 实验资料

（1）查询管理费用总账。

（2）查询余额表。

（3）查询“6602 管理费用”明细账。

（4）查询“管理费用”多栏账。

（5）查询客户往来明细账。

（6）查询个人往来明细账。

10.4.4 实验指导

1. 查询“6602 管理费用”总账。

（1）在财务会计系统中，执行“总账”→“账表”→“科目账”→“总账”命令，打开“总账查询条件”对话框。

（2）选择科目“6602”，单击“确定”按钮，打开“管理费用总账”窗口，结果如图 10－45 所示。

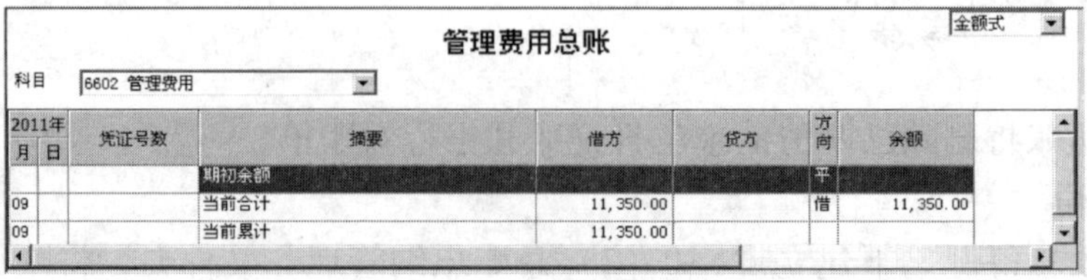

图 10－45 “管理费用总账”窗口

（3）单击“退出”按钮。

【提示】

● 总账查询功能主要包括查询三栏式总账的年初余额、各月发生额合计和月末余额，而且可以查询到二至五级明细科目及其对应的记账凭证。

● 如果需要查看明细账，可以在“管理费用总账”窗口，选中“当前合计”栏，再单击工具栏“明细”按钮。

2. 查询余额表。

（1）在财务会计系统中，执行“总账”→“账表”→“科目账”→“余额表”命令，打开“发生额及余额查询条件”对话框。

（2）录入月份“2011. 09—2011. 09”，单击“确定”按钮，打开“发生额及余额表”窗口，如图 10 – 46 所示。

金额式

发生额及余额表

月份：2011. 09-2011. 09

科目编码	科目名称	期初余额		本期发生		期末余额	
		借方	贷方	借方	贷方	借方	贷方
1001	库存现金	2, 052. 00		10, 050. 00		12, 102. 00	
1002	银行存款	400, 000. 00		67, 200. 00	18, 000. 00	449, 200. 00	
1012	其他货币资	2, 500. 00				2, 500. 00	
1121	应收票据	40, 000. 00				40, 000. 00	
1122	应收账款	42, 040. 00			3, 200. 00	38, 840. 00	
1123	预付账款	20, 000. 00				20, 000. 00	
1221	其他应收款	3, 300. 00			900. 00	2, 400. 00	
1231	坏账准备		114. 00				114. 00
1403	原材料			5, 000. 00		5, 000. 00	
1601	固定资产	200, 000. 00				200, 000. 00	
1602	累计折旧		169, 998. 90				169, 998. 90
1604	在建工程			8, 000. 00		8, 000. 00	
资产小计		709, 892. 00	170, 112. 90	90, 250. 00	22, 100. 00	778, 042. 00	170, 112. 90
2202	应付账款		58, 500. 00		5, 850. 00		64, 350. 00
2203	预收账款		40, 000. 00				40, 000. 00
2211	应付职工薪				25, 500. 00		25, 500. 00
2221	应交税费		30, 001. 00	850. 00			29, 151. 00
负债小计			128, 501. 00	850. 00	31, 350. 00		159, 001. 00
4001	实收资本		100, 000. 00		64, 000. 00		164, 000. 00
4002	资本公积		300, 000. 00				300, 000. 00
4101	盈余公积		1, 269. 10				1, 269. 10
4104	利润分配		10, 009. 00				10, 009. 00
权益小计			411, 278. 10		64, 000. 00		475, 278. 10
5101	制造费用			15, 000. 00		15, 000. 00	
成本小计				15, 000. 00		15, 000. 00	
6602	管理费用			11, 350. 00		11, 350. 00	
损益小计				11, 350. 00		11, 350. 00	
合计		709, 892. 00	709, 892. 00	117, 450. 00	117, 450. 00	804, 392. 00	804, 392. 00

图 10 – 46　“发生额及余额表”窗口

（3）单击“关闭”按钮。

【提示】

● 余额查询可以查询各级科目的本月期初余额、本期发生额及期末余额。

● 在“发生额及余额表”窗口中，单击“累计”按钮，可以查询到累计借贷方发生额；单击“专项”按钮，可以查询到带有辅助核算内容的辅助资料。

3. 查询“6602 管理费用”明细账。

（1）在财务会计系统中，执行“总账”→“账表”→“科目账”→“明细账”命令，打开“明细账查询条件”对话框。

（2）单击“按科目范围查询”，录入科目“6602”，单击“确定”按钮，打开“管理费用明细账”窗口，查询结果如图 10 – 47 所示。

图 10－47　“管理费用明细账”窗口

（3）单击“关闭”按钮。

【提示】

● 在明细账查询功能中，可以联查总账及相应的记账凭证。

● 如果操作员不具备查询某科目明细账的权限，则在明细账查询功能中就看不到这些科目明细账的内容。如果在总账系统的“选项”中，选择了“明细账查询权限控制到科目”，则必须在“基础设置”的“数据权限”中设置相应的数据权限。

4. 查询“管理费用”多栏账。

（1）在财务会计系统中，执行“总账”→“账表”→“科目账”→“多栏账”命令，打开“多栏账”窗口。

（2）单击“增加”按钮，打开“多栏账定义”对话框。选择核算科目“6602 管理费用”，单击“自动编制”按钮，出现栏目定义的内容，如图 10－48 所示。

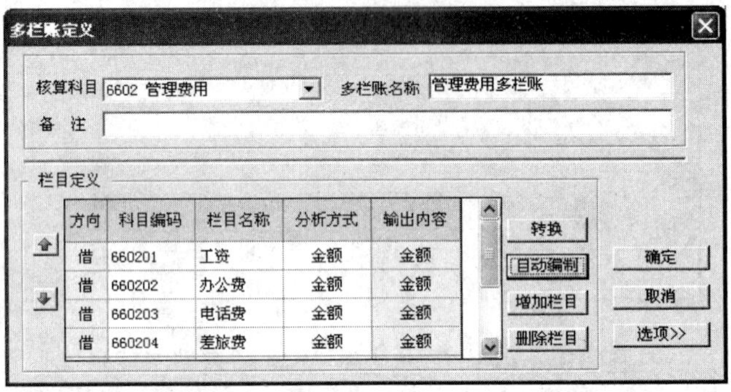

图 10－48　“多栏账定义”对话框

（3）单击“确定”按钮，返回“多栏账”窗口。单击“查询”按钮，打开“多栏账查询”对话框，选择“管理费用多栏账”，取消“合并显示”，单击“确定”按钮，显示管理费用多栏账查询结果，如图 10－49 所示。

图 10－49　管理费用多栏账

【提示】

● 在总账系统中，普通多栏账由系统将要分析科目的下级科目自动生成。

● 多栏账的项目内容可以自定义，可以对栏目的分析方向、分析内容、输出内容进行定义，同时可以定义多栏账格式。

● 自定义多栏账可以根据实际管理需要将不同的科目及不同级次的科目形成新的多栏账，以满足多科目的综合管理需要。

5. 查询客户往来明细账。

（1）在财务会计系统中，执行“总账”→“账表”→“客户往来辅助账”→“客户往来明细账”→“客户科目明细账”命令，打开“客户科目明细账”对话框。

（2）单击“确定”按钮，打开“科目明细账”，查询结果如图 10－50 所示。

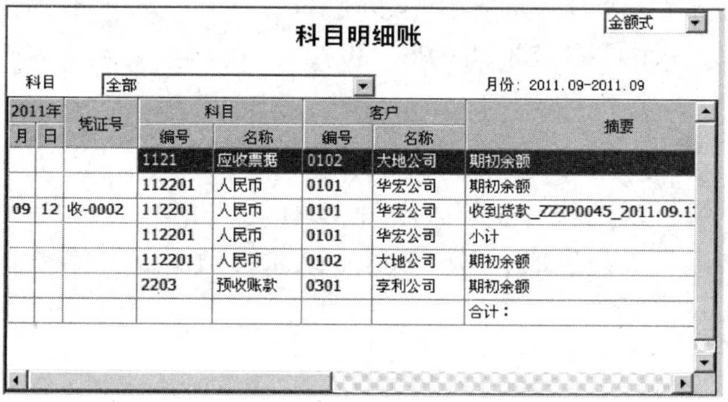

科目明细账

金额式

科目　全部　　月份：2011.09-2011.09

2011年		凭证号	科目		客户		摘要
月	日		编号	名称	编号	名称	
			1121	应收票据	0102	大地公司	期初余额
			112201	人民币	0101	华宏公司	期初余额
09	12	收-0002	112201	人民币	0101	华宏公司	收到货款_ZZZP0045_2011.09.1
			112201	人民币	0101	华宏公司	小计
			112201	人民币	0102	大地公司	期初余额
			2203	预收账款	0301	享利公司	期初余额
							合计：

图 10－50　科目明细账

（3）单击“关闭”按钮退出。

【提示】

● 客户科目明细账可以查询所有辅助核算内容为“客户往来”的科目明细账，可以查询各个客户、各个月份的客户科目明细账。

● 在科目明细账中，可以联查到总账及凭证的内容，还可以进行摘要内容的设置。

6. 查询个人往来明细账。

（1）在财务会计系统中，执行“总账”→“账表”→“个人往来账”→“个人往来明细账”→“个人明细账查询”命令，打开“ 个人往来——个人明细账”对话框。

（2）选择部门“总经理办公室”、个人“张阳”，单击“确定”按钮，打开“个人往来明细账”窗口，查询结果如图 10－51 所示。

个人往来明细账

金额式

部门　总经理办公室

个人　张阳　　月份：2011.09-2011.09

日期	凭证号数	科目编码	科目名称	摘要	借方	贷方	方向	余额
		122102	个人应收款	期初余额			借	900.00
2011.09.18	收-0003	122102	个人应收款	差旅费结算_2011.09.18		900.00	平	
		122102	个人应收款	科目小计		900.00	平	
2011.09.18	收-0003	660204	差旅费	差旅费结算_2011.09.18	850.00		借	850.00
		660204	差旅费	科目小计	850.00		借	850.00
				合计	850.00	900.00	借	850.00

图 10－51　“个人往来明细账”对话框

（3）单击“关闭”按钮退出。

7. 账套备份。

在“D:\ 账套备份”下建立“（10－3）总账账表查询”文件夹，将账套输出至“D:\ 账套备份\（10－3）总账账表查询”文件夹中。

10.5 实验四：期末业务处理

10.5.1 实验准备

（1）引入光盘中的“实验账套\（10－2）总账出纳管理”文件夹中的备份数据。

（2）登录企业应用平台时，选择操作员会计“0805”（密码为 0805），账套名称“［872］智汇科技”，登录日期“2011－09－30”。

10.5.2 实验目的

（1）掌握总账系统月末处理的业务、作用及流程。

（2）掌握自动转账设置与生成、对账和月末结账的操作方法。

10.5.3 实验资料

（1）自定义结转。按期初固定资产原值的 5% 计提固定资产折旧，折旧费用记入“510105 制造费用/折旧费”。

（2）汇兑损益结转。将本月汇率改为“6.5”，将汇兑损益转入“财务费用”。

（3）期间损益结转。将本月“期间损益”转入“本年利润”。

10.5.4 实验指导

1. 设置自定义结转凭证。

（1）在财务会计系统中，执行“总账”→“期末”→“转账定义”→“自定义转账”命令，打开“自定义转账设置”窗口。

（2）单击“增加”按钮，打开“转账目录”设置对话框。录入转账序号“0001”、转账说明“计提固定资产折旧”、凭证类别“转账凭证”，单击“确定”按钮。

（3）单击“增行”按钮，录入科目“1602 累计折旧”、方向“贷”，双击金额公式栏，选择参照按钮，打开“公式向导”对话框。选择公式名称“期初余额”、函数名 QC（），单击“下一步”按钮；选择科目“160101”、期间“月”，单击“完成”按钮。在公式金额栏继续录入“＊0.05”，按 Enter 键确认。

（4）单击“增行”按钮，录入科目编码“510105 制造费用”、方向“借”，录入金额公式“JG（）”，单击“下一步”按钮，录入科目“1602”，单击“完成”按钮，返回“自定义转账设置”窗口，如图 10－52 所示。

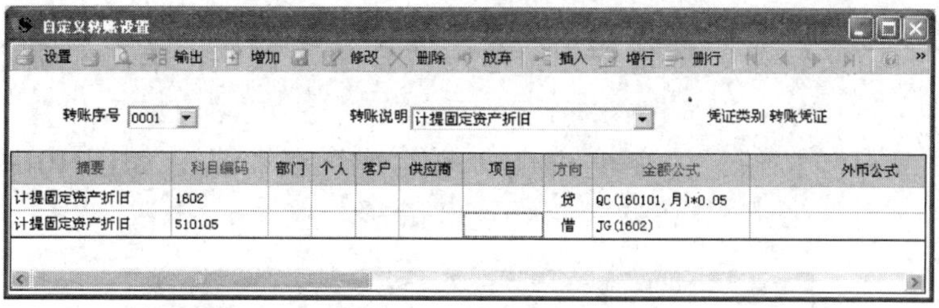

图 10 – 52　“自定义转账设置”窗口

（5）单击“保存”按钮，单击“退出”按钮。

【提示】

● 录入转账计算公式有两种方法：一是直接录入计算公式；二是引导方式录入公式。

● QC（160101，月）表示取“160101 科目本月期初余额”其中“（）”必须为英文符号，否则系统提示“金额公式不合法：未知函数名”。

● JG（1602）含义为“取对方科目 1602 计算结果”，此处公式也可以直接写 JG（）。

2. 设置汇兑损益结转凭证。

（1）在企业应用平台“基础设置”选项卡中，执行“基础档案”→“财务”→“外币设置”，打开“外币设置”窗口；在左边选择美元，录入 2011 年 9 月调整汇率“6.5”，按 Enter 键；单击“退出”按钮。

（2）在企业应用平台“业务工作”选项卡中，执行“财务会计”→“总账”→“期末”→“转账定义”→“汇兑损益”命令，打开“汇兑损益结转设置”对话框。

（3）录入汇兑损益入账科目“6061 汇兑损益”，双击“是否计算汇兑损益”栏，显示“Y”，如图 10 – 53 所示，单击“确定”按钮。

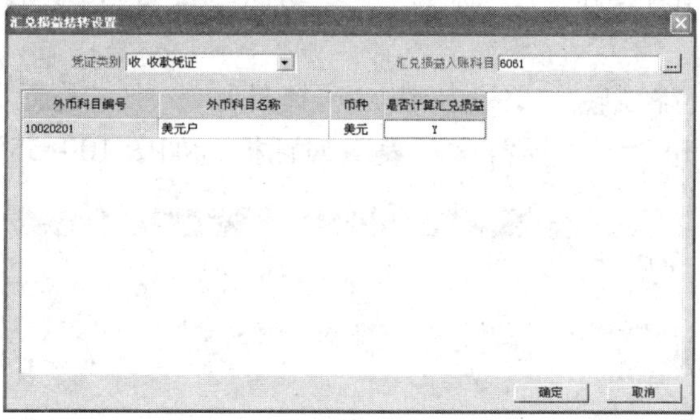

图 10 – 53　“汇兑损益结转设置”对话框

3. 设置期间损益结转凭证。

（1）在财务会计系统中，执行“总账”→“期末”→“转账定义”→“期间损益”命令，打开“期间损益结转设置”窗口。

（2）选择凭证类别“转账凭证”，选择本年利润科目“4103”，单击“确定”按钮。

4. 生成期末自定义结转凭证。

（1）在财务会计系统中，执行“总账”→“期末”→“转账生成”命令，打开“转账生成”窗口。

（2）单击“自定义转账”单选按钮，单击“全选”按钮，单击“确定”按钮，打开“转账”对话框。

（3）单击“保存”按钮，凭证上出现“已生成”的标志，如图 10 – 54 所示。单击“退出”按钮。

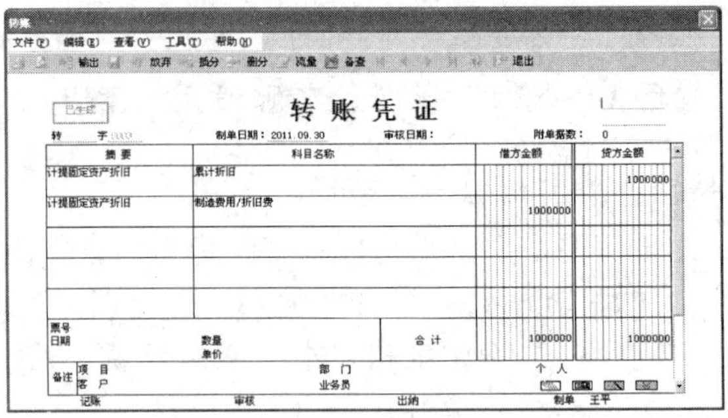

图 10 – 54　计提固定资产折旧的凭证

（4）重新注册，以“0872 李主管”的身份对该凭证进行审核、记账。

【提示】

• 由于期末转账业务的数据来源为账簿，因此，为了保证数据准确，应在所有业务都记账后再进行期末转账业务的操作。

5. 生成汇兑损益结转凭证。

（1）重新注册，以操作员会计“0805”的身份、登录日期“2011 年 9 月 30 日”进入企业应用平台。

（2）在财务会计系统中，执行“总账”→“期末”→“转账生成”命令，打开“转账生成”窗口。

（3）单击“汇兑损益结转”单选按钮，选择外币币种“美元”，单击“全选”按钮，单击“确定”按钮，打开“汇兑损益试算表”对话框，如图 10 – 55 所示。

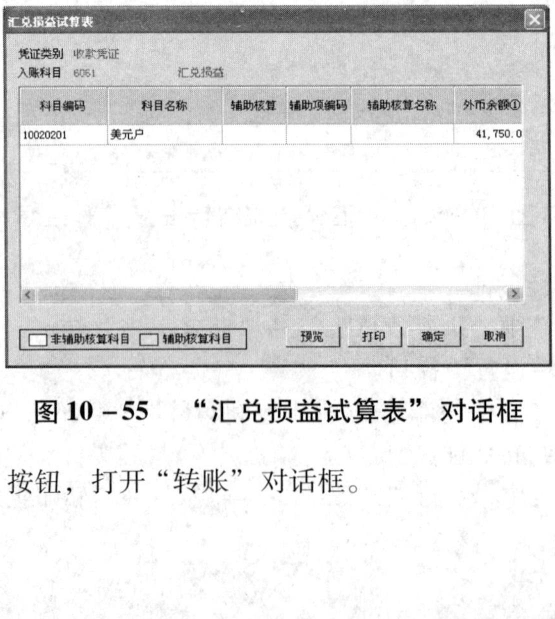

图 10 – 55　“汇兑损益试算表”对话框

（4）单击“确定”按钮，打开“转账”对话框。

（5）单击“流量”按钮，选择项目编码“23 汇率变动对现金的影响”。光标移到“汇兑损益”科目所在行的贷方金额处，单击空格键，金额移到借方，再按“－”（负号），则借方金额以红字显示，单击“保存”按钮，如图 10－56 所示。

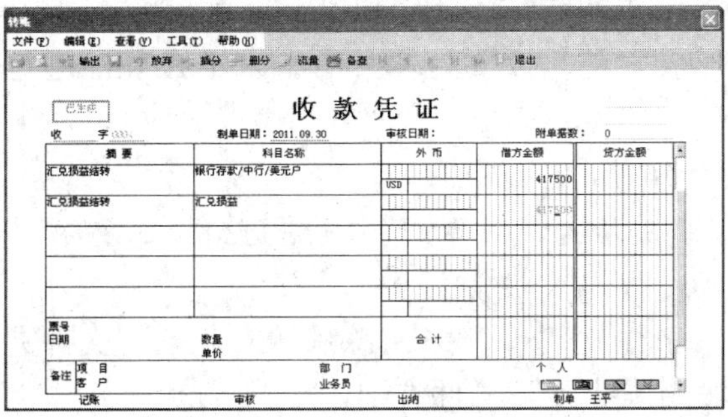

图 10－56 汇兑损益结转凭证

（6）单击“退出”按钮返回企业应用平台。

（7）重新注册，以“0872 李主管”的身份对该凭证进行审核；以“0802 宋岚”的身份对该凭证进行出纳签字；以“0872 李主管”的身份对凭证进行记账。

【提示】

• 若结转凭证时汇兑损益出现在贷方，则应通过手工调整将金额调整到借方，否则将影响现金流量表“汇率变动对现金的影响”的取数。

6. 生成期间损益结转凭证。

（1）重新注册，以“0805 王平”的身份、以“2011 年 9 月 30 日”打开企业应用平台。

（2）在财务会计系统中，执行“总账”→“期末”→“转账生成”命令，打开“转账生成”窗口。

（3）单击“期间损益结转”单选按钮，单击“全选”按钮，单击“确定”按钮，打开“转账”对话框，单击“保存”按钮，如图 10－57 所示。

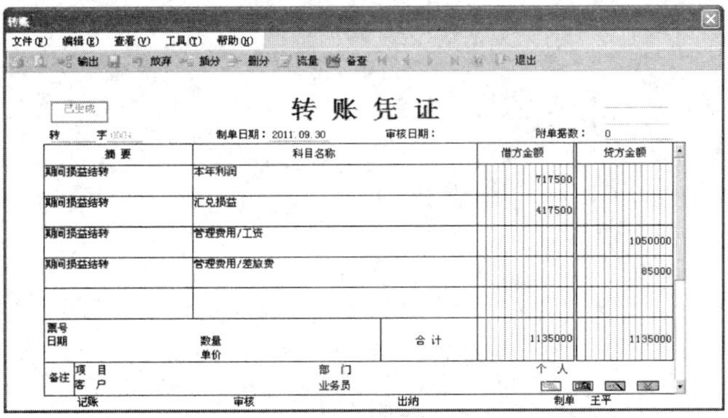

图 10－57 期间损益结转凭证

（4）单击“退出”按钮。

（5）重新注册，以“0872 李主管”的身份对该凭证进行审核、记账。

【提示】

● 期末自动转账处理工作是针对已记账业务进行的，因此，在进行月末转账工作之前应将所有未记账的凭证记账。

● 通过转账生成功能生成的转账凭证必须保存，否则将视同放弃。

● 在进行期间损益结转之前，需要将本月所有未记账凭证进行记账，以保证损益类科目的完整性。

7. 对 2011 年 9 月进行结账。

参考本章实验一中结账的步骤，对 2011 年 9 月进行结账。

8. 账套备份。

在“D:\ 账套备份”下建立“(10－4) 总账期末业务”文件夹，将账套输出至“D:\ 账套备份\(10－4) 总账期末业务”文件夹中。

第 *11* 章

UFO 报表系统

11.1　业务概述

UFO 报表系统是报表处理的工具，它的主要任务是设计报表的格式和编制公式，从总账系统或从其他业务系统中取得有关会计信息，自动编制各种对外与对内的会计报表，对报表进行审核、汇总，生成各种分析图，并按预订格式输出。具体包括以下内容：

（1）文件管理：UFO 提供了各类文件管理功能，不仅能对报表文件的创建、读取、保存和备份进行管理，还能够将 UFO 的数据文件转换为不同的文件格式，如文本文件、MBD 文件、XLS 文件等；支持多个窗口同时显示和处理，可以同时打开的文件和图形窗口多达 40 个；提供了标准财务数据的“导入”和“导出”功能，可以和其他流行财务软件交换数据。

（2）格式管理：UFO 提供了丰富的格式设计功能，如设置报表尺寸、定义组合单元、画表格线、调整行高和列宽、设置字体和颜色、设置显示比例等；UFO 内置 11 种套用格式和 33 个行业的标准财务报表模板，包括最新的现金流量表，方便了用户标准报表的制作；UFO 还提供了自定义模板功能，可用于制作单位内部常用的管理报表。

（3）数据处理：UFO 以固定的格式管理大量不同的表页，能够多达 99999 张；具有相同格式的报表资料统一在一个报表文件中管理，并且在每张表页之间建立有机的联系；提供了绝对单元公式和相对单元公式，可以方便地定义计算公式；提供了排序、审核、舍位平衡及汇总功能；提供了种类丰富的函数，可以在系统向导的引导下从用友账务系统及其他业务系统中提取数据，生成财务报表。

（4）图表功能：UFO 将数据表以图形的形式进行表示，可以制作直方图、立体图及折线图等 10 种图式的分析图表，并能方便地编辑图表的位置、大小、标题、字体、颜色和打印输出。

（5）打印功能：UFO 提供“所见即所得”和“打印预览”的功能，可以随时观看报表或图形的打印效果。报表打印时，可以只打印格式或数据，也可以设置表头和表尾，可以在 0.3 ~3 倍之间缩放打印。

（6）二次开发：UFO 提供批命令和自定义菜单，能自动记录命令窗口中输入的多个命令，可以将规律性的操作过程编制成批命令文件，可以在短时间内开发出本企业的专用系统。

11.1.1 UFO 报表管理系统与其他系统的关系

UFO 报表管理系统主要是从其他系统中提取编制报表所需的数据，它与其他系统的数据关系如图 11－1 所示。总账管理、薪资管理、固定资产管理、应收款管理、应付款管理、采购管理、销售管理、库存管理、存货核算等子系统均可向报表子系统传递数据，以生成财务部门所需的各种会计报表。

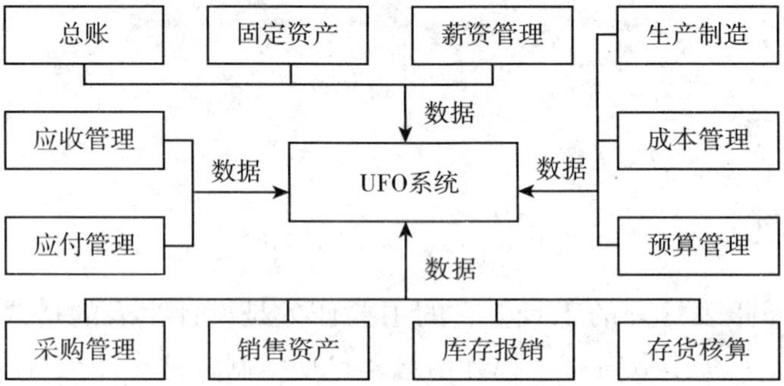

图 11－1　UFO 报表管理系统与其他系统的关系

11.1.2 UFO 报表管理系统的业务处理流程

UFO 报表管理系统的业务处理流程如图 11－2 所示。

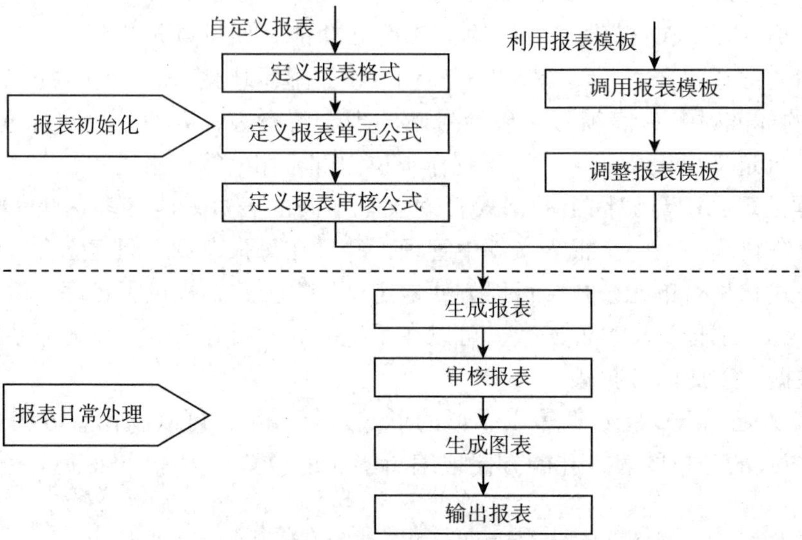

图 11－2　UFO 报表管理系统的业务处理流程

11.2 实验一：利用报表模板生成报表

11.2.1 实验准备

（1）引入光盘中的“实验账套\（10－4）总账期末业务”文件夹中的备份数据。

（2）登录企业应用平台时，选择操作员账套主管“0872”（密码为 0872），账套名称“［872］智汇科技”，登录日期“2011－09－30”。

11.2.2 实验目的

（1）掌握利用报表模板编制报表的流程。

（2）掌握报表格式设置、公式设置、关键字设置的方法，以及报表数据的计算方法。

11.2.3 实验资料

（1）利用报表模板生成资产负债表、利润表。

（2）利用报表模板生成现金流量表，现金流量表计算公式如表 11－1 所示。

表 11－1 现金流量表计算公式

项 目	金额计算公式
一、经营活动产生的现金流量：	
销售商品、提供劳务收到的现金	XJLL（,," 流入"," 01"," 872", 2011,, 月,,,,,,）
收到的税费返还	XJLL（,," 流入"," 02"," 872", 2011,, 月,,,,,,）
收到的其他与经营活动有关的现金	XJLL（,," 流入"," 03"," 872", 2011,, 月,,,,,,）
现金流入小计	ptotal（?C6:?C8）
购买商品、接受劳务支付的现金	XJLL（,," 流出"," 04"," 872", 2011,, 月,,,,,,）
支付给职工以及为职工支付的现金	XJLL（,," 流出"," 05"," 872", 2011,, 月,,,,,,）
支付的各项税费	XJLL（,," 流出"," 06"," 872", 2011,, 月,,,,,,）
支付的其他与经营活动有关的现金	XJLL（,," 流出"," 07"," 872", 2011,, 月,,,,,,）
现金流出小计	ptotal（?C10:?C13）
经营活动产生的现金流量净额	?C9－?C14
二、投资活动产生的现金流量：	
收回投资所收到的现金	XJLL（,," 流入"," 08"," 872", 2011,, 月,,,,,,）
取得投资收益所收到的现金	XJLL（,," 流入"," 09"," 872", 2011,, 月,,,,,,）
处置固定资产、无形资产和其他长期资产所收回的现金净额	XJLL（,," 流入"," 10"," 872", 2011,, 月,,,,,,）

续表

项　目	金额计算公式
处置子公司及其他营业单位收到的现金净额	XJLL（,," 流入"," 11"," 872", 2011,, 月,,,,,,）
收到的其他与投资活动有关的现金	XJLL（,," 流入"," 12"," 872", 2011,, 月,,,,,,）
现金流入小计	ptotal（? C17:? C21）
购建固定资产、无形资产和其他长期资产所支付的现金	XJLL（,," 流出"," 13"," 872", 2011,, 月,,,,,,）
投资所支付的现金	XJLL（,," 流出"," 14"," 872", 2011,, 月,,,,,,）
取得子公司及其他营业单位支付的现金净额	XJLL（,," 流出"," 15"," 872", 2011,, 月,,,,,,）
支付的其他与投资活动有关的现金	XJLL（,," 流出"," 16"," 872", 2011,, 月,,,,,,）
现金流出小计	ptotal（? C23:? C26）
投资活动产生的现金流量净额	? C22 - ? C27
三、筹资活动产生的现金流量:	
吸收投资所收到的现金	XJLL（,," 流入"," 17"," 872", 2011,, 月,,,,,,）
借款所收到的现金	XJLL（,," 流入"," 18"," 872", 2011,, 月,,,,,,）
收到的其他与筹资活动有关的现金	XJLL（,," 流入"," 19"," 872", 2011,, 月,,,,,,）
现金流入小计	ptotal（? C30:? C32）
偿还债务所支付的现金	XJLL（,," 流出"," 20"," 872", 2011,, 月,,,,,,）
分配股利、利润或偿付利息所支付的现金	XJLL（,," 流出"," 21"," 872", 2011,, 月,,,,,,）
支付的其他与筹资活动有关的现金	XJLL（,," 流出"," 22"," 872", 2011,, 月,,,,,,）
现金流出小计	ptotal（? C34:? C36）
筹资活动产生的现金流量净额	? C33 - ? C37
四、汇率变动对现金的影响额	XJLL（,," 流入"," 23"," 872", 2011,, 月,,,,,,）
五、现金及现金等价物净增加额	? C15 + ? C28 + ? C38 + ? C39

11.2.4 实验指导

1. 建立资产负债表。

（1）调用资产负债表模板:

① 在财务会计系统中，执行“UFO 报表”命令，进入 UFO 报表系统。

② 执行“文件”→“新建”命令，系统自动生成一张空白表，报表默认处于“格式”状态窗口。

③ 执行“格式”→“报表模板”命令，打开“报表模板”对话框，选择所在行业“2007 年新会计制度科目”，选择财务报表“资产负债表”，如图 11－3 所示。

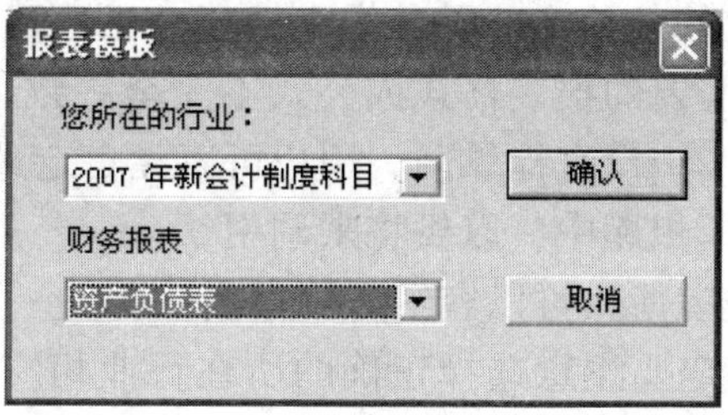

图 11－3　“报表模板”对话框

④ 单击“确定”按钮，系统提示“模板格式将覆盖本表格式！是否继续？”单击“确定”按钮，打开“资产负债表”模板，如图 11－4 所示。

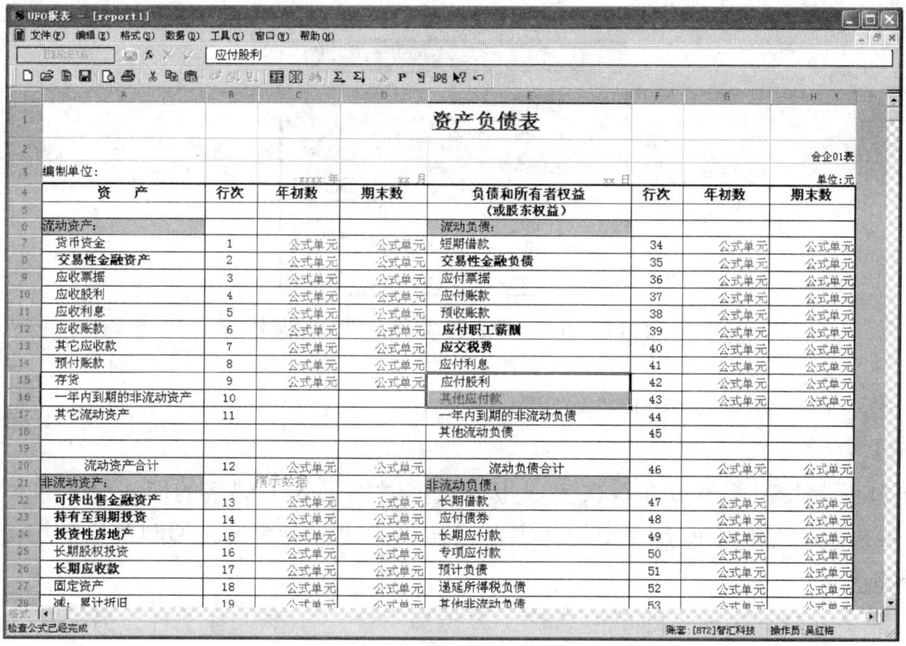

图 11－4　“资产负债表”模板

【提示】

● UFO 的报表制作分为报表格式与公式设计工作、报表数据处理工作两大部分，分别在格式状态与数据状态下进行。报表工作区左下角有一个“格式/数据”按钮，单击该按钮，可以在“格式”与“数据”两种状态间切换。

● 格式状态完成有关格式设计的操作，如表尺寸、行高列宽、单元属性、关键字、组合单元的设置，以及报表的公式定义。在格式状态下所看到的是报表的格式，报表的数据全部隐藏。在格式状态下所做的操作对本报表所有的表页都发生作用。

● 在数据状态下完成报表的数据管理，如输入数据、增加/删除表页、制作图形、汇总、合并报表等。在数据状态下不能修改报表的格式，看到的是报表的全部内容，包括格式和数据。

● 用户制作报表，既可以通过报表格式与公式设计设置富有个性化的自定义报表，也可使用系统提供的 33 个行业的各种标准财务报表格式，迅速建立符合需要的财务报表。如果被调用的报表模板与实际需要的报表格式或公式不完全一致，可以在此基础上进行修改。对于企业常用的报表而模板库中没有提供的，用户可以在自定义完报表格式与公式后，将其定义为报表模板加入系统的模板库中，以供将来调用。

● UFO 建立的是一个报表簿，可以容纳多张报表。

● 在调用报表模板时一定要注意选择正确的所在行业相应的会计报表，否则不同行业的会计报表内容不同。

（2）定义关键字：

① 在报表“格式”状态窗口中，单击选中 A3 单元，将“编制单位”删除。

② 仍选中 A3 单元，执行“数据”→“关键字”→“设置”命令，打开“设置关键字”对话框，如图 11－5 所示。

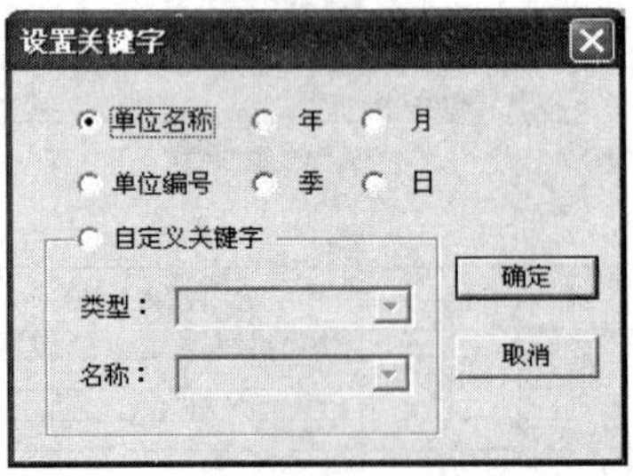

图 11－5　“设置关键字”对话框

③ 选中“单位名称”，单击“确定”按钮。

【提示】

● 通过设置关键字可以在每次生成报表数据时以录入关键字的形式录入单位名称等信息。但如果报表的编制单位是固定的，则可以在格式状态直接录入编制单位的有关内容，不用设置关键字。

● 关键字主要有六种，即单位名称、单位编号、年、季、月、日，另外还包括一个自定义关键字。用户可以根据实际需要设置关键字。

● 每张报表可以同时定义多个关键字。但一个关键字在一张表中只能定义一次，即同一张表中不能有重复的关键字。

● 关键字在格式状态下设置，如果设置错误可以取消，执行“数据”→“关键字”→“取消”命令即可。而关键字的值则在数据状态下输入。

（3）录入关键字并计算报表数据：

① 单击报表左下角的“格式”按钮，系统提示“是否确定全表重算?”，单击“否”按钮，进入报表的“数据”状态窗口。

② 在报表的“数据”状态窗口中，执行“数据”→“关键字”→“录入”命令，打开“录入关键字”对话框，如图 11－6 所示。输入单位名称“智汇科技”、年“2011”、月“9”、日“30”，单击“确定”按钮。系统提示“是否重算第 1 页?”，单击“是”按钮，生

成资产负债表，但此时资产负债表的期末数不平。

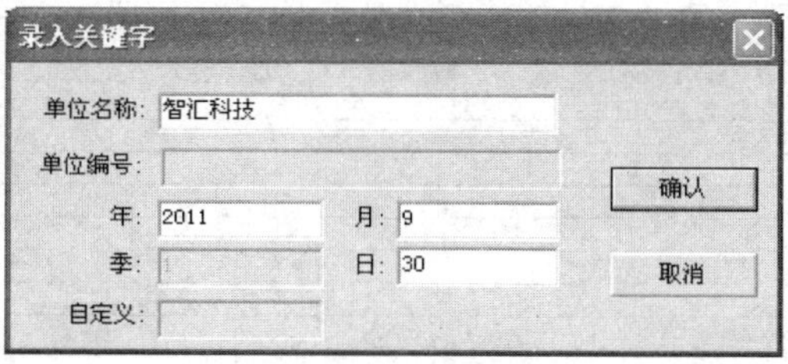

图 11 -6　“录入关键字”对话框

③ 由于本实验中涉及本年利润的结转，所以套用资产负债表的模板时，应将“未分配利润”的公式在原有基础上增加“ + QM（" 4103"，月，，，年，，）”；由于生产成本要结转到存货，所以存货期末的公式应在原有基础上增加“ +QM（" 5101"，月，，，，，，，，，）”。单击报表左下角的“数据”按钮，进入报表“格式”状态窗口，分别双击“存货”与“未分配利润”栏，修改公式。

④ 重复步骤①与步骤②，得到资产负债表，如图 11 -7 所示。

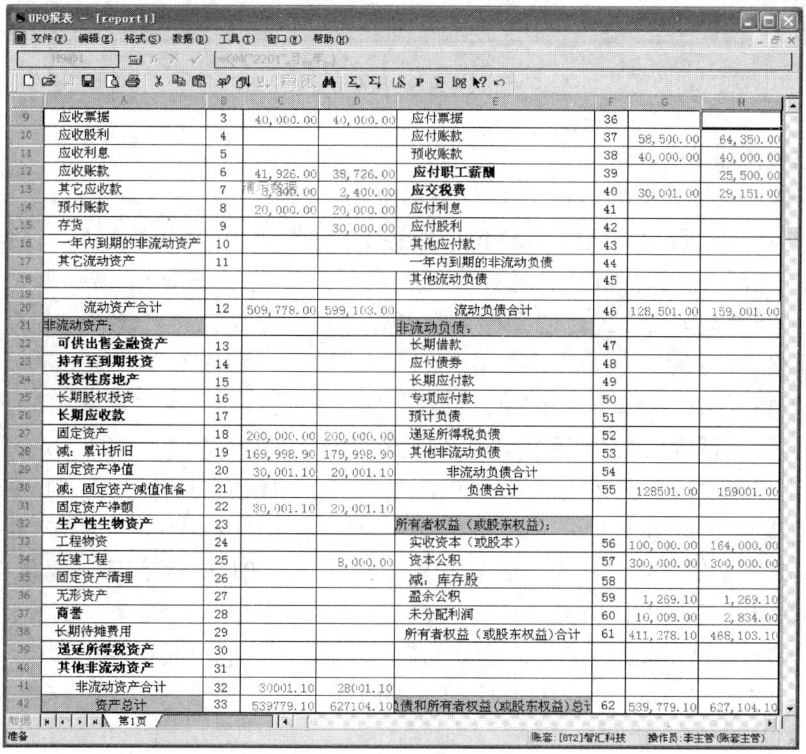

	A	B	C	D	E	F	G	H
9	应收票据	3	40,000.00	40,000.00	应付票据	36		
10	应收股利	4			应付账款	37	58,500.00	64,350.00
11	应收利息	5			预收账款	38	40,000.00	40,000.00
12	应收账款	6	41,926.00	38,726.00	应付职工薪酬	39		25,500.00
13	其它应收款	7	3,800.00	2,400.00	应交税费	40	30,001.00	29,151.00
14	预付账款	8	20,000.00	20,000.00	应付利息	41		
15	存货	9		30,000.00	应付股利	42		
16	一年内到期的非流动资产	10			其他应付款	43		
17	其它流动资产	11			一年内到期的非流动负债	44		
18					其他流动负债	45		
19								
20	流动资产合计	12	509,778.00	599,103.00	流动负债合计	46	128,501.00	159,001.00
21	非流动资产：				非流动负债：			
22	可供出售金融资产	13			长期借款	47		
23	持有至到期投资	14			应付债券	48		
24	投资性房地产	15			长期应付款	49		
25	长期股权投资	16			专项应付款	50		
26	长期应收款	17			预计负债	51		
27	固定资产	18	200,000.00	200,000.00	递延所得税负债	52		
28	减：累计折旧	19	169,998.90	179,998.90	其他非流动负债	53		
29	固定资产净值	20	30,001.10	20,001.10	非流动负债合计	54		
30	减：固定资产减值准备	21			负债合计	55	128501.00	159001.00
31	固定资产净额	22	30,001.10	20,001.10				
32	生产性生物资产	23			所有者权益（或股东权益）：			
33	工程物资	24			实收资本（或股本）	56	100,000.00	164,000.00
34	在建工程	25		8,000.00	资本公积	57	300,000.00	300,000.00
35	固定资产清理	26			减：库存股	58		
36	无形资产	27			盈余公积	59	1,269.10	1,269.10
37	商誉	28			未分配利润	60	10,009.00	2,834.00
38	长期待摊费用	29			所有者权益（或股东权益）合计	61	411,278.10	468,103.10
39	递延所得税资产	30						
40	其他非流动资产	31						
41	非流动资产合计	32	30001.10	28001.10				
42	资产总计	33	539779.10	627104.10	负债和所有者权益(或股东权益)总计	62	539,779.10	627,104.10

图 11 -7　资产负债表

⑤ 执行“文件”→“保存”命令，选择目录、输入文件名，选择保存类型为“ ＊. REP”，单击“保存”按钮。

2. 建立利润表。

操作步骤类同建立资产负债表，结果如图 11 -8 所示。

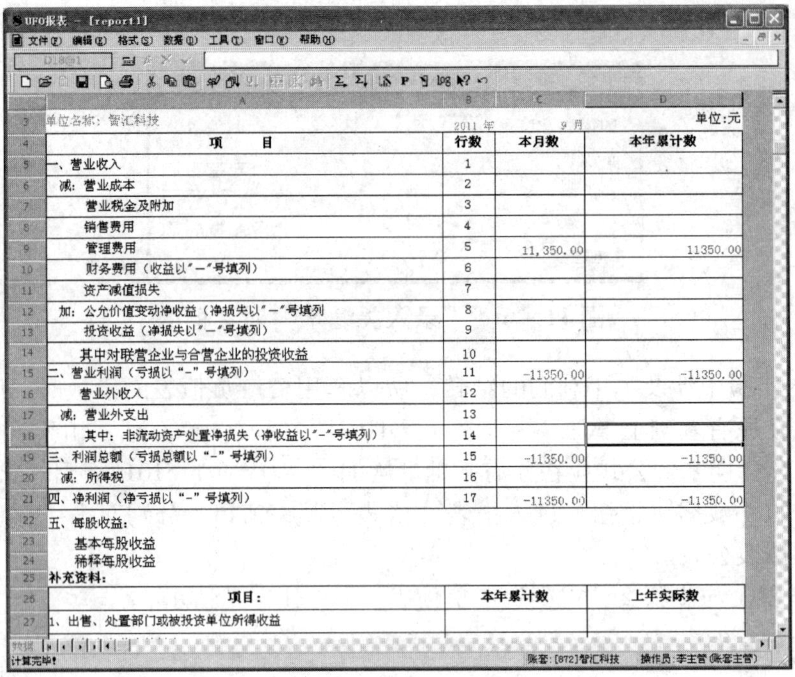

单位名称：智汇科技　　2011 年　9 月　　单位:元

项　目	行数	本月数	本年累计数
一、营业收入	1		
减：营业成本	2		
营业税金及附加	3		
销售费用	4		
管理费用	5	11,350.00	11350.00
财务费用（收益以"－"号填列）	6		
资产减值损失	7		
加：公允价值变动净收益（净损失以"－"号填列	8		
投资收益（净损失以"－"号填列）	9		
其中对联营企业与合营企业的投资收益	10		
二、营业利润（亏损以"－"号填列）	11	-11350.00	-11350.00
营业外收入	12		
减：营业外支出	13		
其中：非流动资产处置净损失（净收益以"－"号填列）	14		
三、利润总额（亏损总额以"－"号填列）	15	-11350.00	-11350.00
减：所得税	16		
四、净利润（净亏损以"－"号填列）	17	-11350.00	-11350.00
五、每股收益：			
基本每股收益			
稀释每股收益			

补充资料：

项目：	本年累计数	上年实际数
1、出售、处置部门或被投资单位所得收益		

图 11－8　利润表

3. 建立现金流量表主表。

（1）调用现金流量表模板：在 UFO 报表系统中，执行“文件”→“新建”命令，系统自动生成一张空白表。执行“格式”→“报表模板”命令，打开“报表模板”对话框。选择所在行业“2007 年新会计制度科目”，选择财务报表“现金流量表”，单击“确定”按钮，系统提示“模板格式将覆盖本表格式！是否继续？”单击“确定”按钮，打开“现金流量表”模板。

（2）调整报表模板：

① 单击 C6 单元格，再单击 fx 按钮，打开“定义公式”对话框。单击“函数向导”按钮，打开“函数向导”对话框。在“函数分类”列表框中选择“用友账务函数”，在“函数名”列表框中选择“现金流量项目金额（XJLL）”，单击“下一步”按钮，打开“用友账务函数”对话框。

② 单击“参照”按钮，打开“账务函数”对话框。选择期间“月”、账套号“872”、会计年底“2011”、方向“流入”、现金流量项目编码“01 销售商品、提供劳务收到的现金”，单击“确定”按钮确认公式。

③ 重复步骤①与步骤②的操作，在“金额”列输入其他单元格的公式。

④ 单击“保存”按钮，保存调整后的报表模板。

【提示】

- 若只涉及一个账套或一个会计年度，则在“账务函数”对话框中可以取值“默认”。

（3）定义关键字：

① 单击选中 A3 单元格，删除“编制单位”，设置该单元格关键字为“单位名称”。

② 同理，选中 B3 单元格，删除“年度”，重复设置该单元格关键字为“年”与“月”，此时“年”与“月”两个关键字重叠在一起。

③ 执行“数据”→“关键字”→“偏移”命令，修改“年”的偏移为“－30”，单击

"确定"按钮。

【提示】

● 在同一个单元或组合单元定义多个关键字，则这些关键字会重叠在一起，可以通过调整关键字的位置来解决。

● 关键字的位置可以用偏移量来表示，负数值表示向左移，正数值表示向右移。在调整时，可以通过正或负的数值来调整。关键字偏移单位为像素。

（4）生成现金流量表主表数据：

① 单击报表左下角的"格式"按钮，进入报表的"数据"状态窗口。执行"数据"→"关键字"→"录入"命令，打开"录入关键字"对话框，录入单位名称"智汇科技"、年"2011"、月"9"，单击"确定"按钮。系统提示"是否重算第 1 页?"，单击"是"按钮，生成现金流量表，如图 11－9 所示。

项　　目	行次	金额
现金流量表		
		会企03表
单位名称：智汇科技	2011 年　9 月	单位：元
一、经营活动产生的现金流量：		
销售商品、提供劳务收到的现金	1	3200.00
收到的税费返还	2	
收到的其他与经营活动有关的现金	3	50.00
现金流入小计	4	3,250.00
购买商品、接受劳务支付的现金	5	
支付给职工以及为职工支付的现金	6	
支付的各项税费	7	
支付的其它与经营活动有关的现金	8	
现金流出小计	9	
经营活动产生的现金流量净额	10	3,250.00
二、投资活动产生的现金流量：		
收回投资所收到的现金	11	
取得投资收益所收到的现金	12	
处置固定资产、无形资产和其他长期资产所收回的现金净额	13	
处置子公司及其他营业单位收到的现金净额	14	
收到的其他与投资活动有关的现金	15	
现金流入小计	16	
购建固定资产、无形资产和其他长期资产所支付的现金	17	8000.00
投资所支付的现金	18	
取得子公司及其他营业单位支付的现金净额	19	
支付的其他与投资活动有关的现金	20	
现金流出小计	21	8,000.00
投资活动产生的现金流量净额	22	-8,000.00
三、筹资活动产生的现金流量：		
吸收投资所收到的现金	23	64000.00
借款所收到的现金	24	
收到的其他与筹资活动有关的现金	25	
现金流入小计	26	64,000.00
偿还债务所支付的现金	27	
分配股利、利润或偿付利息所支付的现金	28	
支付的其他与筹资活动有关的现金	29	
现金流出小计	30	
筹资活动产生的现金流量净额	31	64,000.00
四、汇率变动对现金的影响额	32	4,175.00
五、现金及现金等价物净增加额	33	63,425.00

图 11－9　现金流量表

② 执行"文件"→"另存为"命令，输入报表文件名，选择保存类型为"*.REP"，单击"保存"按钮。

4. 账套备份。

在"D:\账套备份"下建立"（11－1）模板生成报表"文件夹，将账套输出至"D:

\ 账套备份\ （11－1）模板生成报表”文件夹中。

11.3 实验二：自定义报表

11.3.1 实验准备

（1）引入光盘中的“实验账套\ （10－4）总账期末业务”文件夹中的备份数据。

（2）登录企业应用平台时，选择操作员账套主管“0872”（密码为0872），账套名称“［872］智汇科技”，登录日期“2011－09－30”。

11.3.2 实验目的

（1）掌握自定义生成报表的流程。

（2）掌握报表格式设置、公式设置、关键字设置的方法，以及报表数据的计算方法。

11.3.3 实验资料

（1）管理费用表的报表格式如表11－2所示。

表11－2　　管理费用表

单位名称：　　　　年　　月

行次	项　　目	本月数	本年累计数
1	管理费用——工资		
2	管理费用——办公费		
3	管理费用——电话费		
4	管理费用——差旅费		
5	管理费用——水电费		
6	管理费用——折旧费		
7	管理费用——坏账准备		
合计			

制表人：

说明：

- 标题“管理费用表”设置为黑体、28号、合并居中。
- 单位名称和年、月设置为关键字。
- 表体中文字设置为楷体、12号、居中。
- 表尾的“制表人”设置为宋体、10号、右对齐。
- 标题行行高＝12，其余行行高＝6；A列列宽＝15，第二列列宽＝50，其余列列宽＝40，边框线为网线、细实线。

（2）管理费用表的报表公式如表11－3所示。

表 11－3　管理费用表公式

行次	项目	本月数	本年累计数
1	管理费用——工资	FS（" 660201"，月，" 借"，，，）	LFS（" 660201"，月，" 借"，，，）
2	管理费用——办公费	FS（" 660202"，月，" 借"，，，）	LFS（" 660202"，月，" 借"，，，）
3	管理费用——电话费	FS（" 660203"，月，" 借"，，，）	LFS（" 660203"，月，" 借"，，，）
4	管理费用——差旅费	FS（" 660204"，月，" 借"，，，）	LFS（" 660204"，月，" 借"，，，）
5	管理费用——水电费	FS（" 660205"，月，" 借"，，，）	LFS（" 660205"，月，" 借"，，，）
6	管理费用——折旧费	FS（" 660206"，月，" 借"，，，）	LFS（" 660206"，月，" 借"，，，）
7	管理费用——坏账准备	FS（" 660207"，月，" 借"，，，）	LFS（" 660207"，月，" 借"，，，）
合计		PTOTAL（C4：C10）	PTOTAL（D4：D10）

11.3.4　实验指导

1. 设置自定义报表——“管理费用表”的格式。

自定义报表流程如图 11－10 所示。

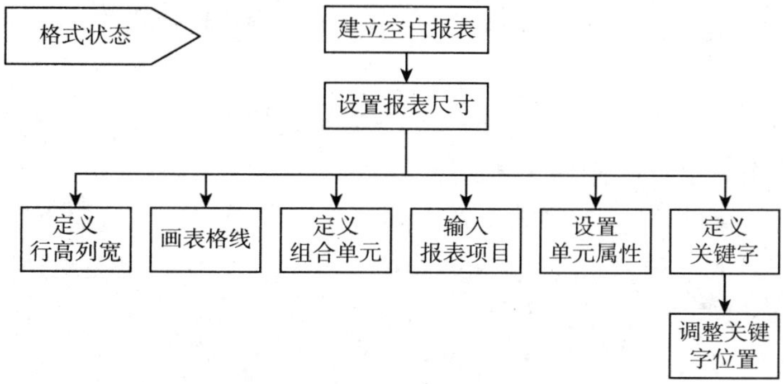

图 11－10　自定义报表流程

（1）建立空白报表。在 UFO 报表系统中，执行“文件”→“新建”命令，新建一张空白表格。

（2）设置报表尺寸。执行“格式”→“表尺寸”命令，打开“表尺寸”对话框。输入行数“12”和列数“4”，单击“确定”按钮。

【提示】

● 设置报表尺寸是指设置报表的大小。设置前应根据所定义的报表大小计算该表所需要的行数及列数，然后再设置。报表行数包括报表表头、表体和表尾。

（3）定义报表的行高与列宽：

① 单击行标“1”，执行“格式”→“行高”命令，打开“行高”对话框，设置行高为“12”，单击“确定”按钮。同理，设置其他行的行高为“6”。

② 单击列标“A”，执行“格式”→“列宽”命令，打开“列宽”对话框，设置列宽为“15”，单击“确定”按钮。同理，设置其他列的列宽。

【提示】

• 行高与列宽的单位为毫米。

• 设置列宽应以能够放下本栏最宽数据为原则，否则生成报表时会产生数据溢出的错误。

• 在设置了行高与列宽后，如果觉得不合适，也可以通过直接用鼠标拖动行线、列线改变行高与列宽。

（4）画表格线。选中 A3：D11 区域，执行“格式”→“区域画线”命令，打开“区域画线”对话框。选择画线类型“网线”，选择样式“——”，单击“确定”按钮，则为所选区域画上表格线。

【提示】

• 未经表格线设置的报表在输出时，是没有任何表格线的。为了满足查询和打印的需要，通常在适当的位置上画表格线。

• 画表格线时可以根据需要选择不同的画线类型及样式画线。

（5）定义组合单元：

① 选中 A1：D1 区域，执行“格式”→“组合单元”命令，打开“组合单元”对话框。选择组合方式“整体组合”或“按行组合”，则 A1：D1 区域合并为一个单元格。

② 同理，分别定义 A2：D2 区域与 A12：D12 区域为组合单元。

【提示】

• 组合单元实际上是把几个单元当成一个单元来使用，组合单元是一个大单元，所有针对单个单元的操作对组合单元均无效。

• 组合单元既可按行组合、按列组合、整体组合，也可以对已合并的单元取消组合。

（6）输入报表项目。选中需要输入内容的单元或组合单元，根据所给资料输入标题、表体、表尾。

【提示】

• 单位名称及日期不需手工输入，UFO 报表一般将其设置为关键字，用设置关键字的方法设置。

（7）设置单元属性：

① 单击选中标题所在组合单元 A1，执行“格式”→“单元属性”命令，打开“单元格属性”对话框。

② 单击“字体图案”选项卡，设置字体为“黑体”，字号为 28，如图 11－11 所示。

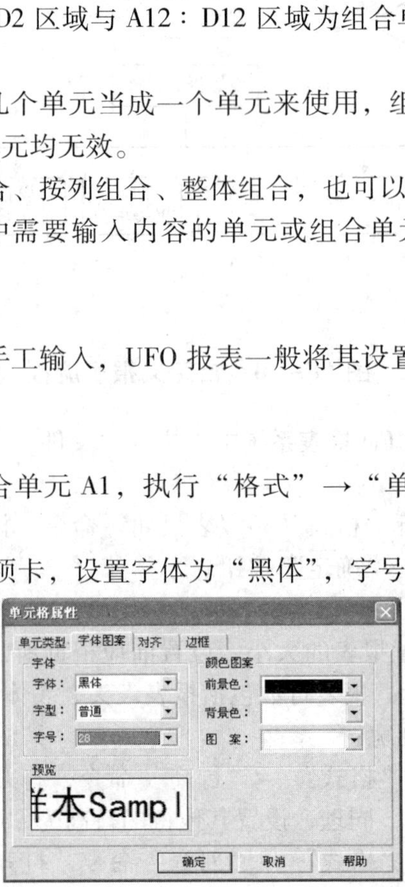

图 11－11　“单元格属性”对话框“字体图案”选项卡

③ 单击“对齐”选项卡，设置对齐方式为水平方向“居中”与垂直方向“居中”，如图 11－12 所示，单击“确定”按钮。

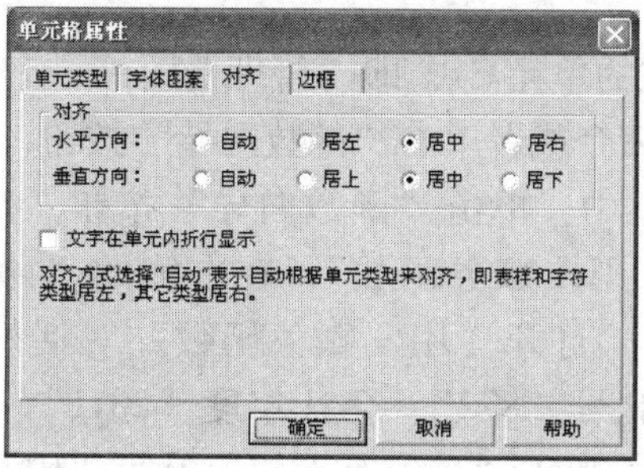

图 11－12　“单元格属性”对话框“单元类型”选项卡

④ 同理，设置 A3：D11 区域的字体为“楷体”，字号为“12”，对齐方式为水平方向“居中”与垂直方向“居中”，单击“确定”按钮。

⑤ 同理，设置 D12 单元格的字体为“宋体”，字号为“10”，对齐方式为水平方向“居右”与垂直方向“居中”；在“单元类型”选项卡下，选择“字符”选项，单击“确定”按钮。

【提示】

● 格式状态下输入内容的单元均默认为表样单元，未输入数据的单元均默认为数值单元，在数据状态下可输入数值。若希望在数据状态下输入字符，应将其定义为字符单元。以下是三种单元类型的区别：

◇ 表样型：

a. 在格式状态下输入和修改。

b. 输入的内容对所有表页都有效。

◇ 字符型：

a. 在数据状态下输入和修改。

b. 内容可以直接输入，也可由单元公式生成；

c. 输入的内容只对本表页有效。

◇ 数值型（默认数据类型）：

a. 在数据状态下输入和修改。

b. 内容可以直接输入，也可由单元公式生成。

c. 输入的内容只对本表页有效。

（8）定义关键字：

① 单击需要输入关键字的组合单元 A2，执行“数据”→“关键字”→“设置”命令，打开“设置关键字”对话框。

② 单击选择“单位名称”，单击“确定”按钮。A2 中显示红色的“单位名称：××××××”。

③ 同理，在 A2 单元中设置关键字“年”与“月”，A2 中可见“年”与“月”两个关键字重叠在一起。

④ 执行“数据”→“关键字”→“偏移”命令，打开“定义关键字偏移”对话框。

在需要调整位置的关键字后面输入偏移量。年“－120”，月“－90”，单击“确定”按钮。

2. 定义自定义报表——“管理费用表”报表公式。

（1）定义单元公式：

① 单击选中需要定义公式的单元 C4，即“管理费用——工资”本月数，执行“数据”→“编辑公式”→“单元公式”命令或者单击“函数向导”按钮，打开“定义公式”对话框。

② 在“定义公式”对话框中，单击“函数向导”按钮，打开“函数向导”对话框。在“函数分类”列表框中选择“用友账务函数”，在右侧的“函数名”列表框中选择“发生(FS)”，单击“下一步”按钮，打开“用友账务函数”对话框。单击“参照”按钮，打开“账务函数”对话框。选择账套号“872”，会计年度“2011”，科目“660201”，期间“月”，方向“借”，如图 11－13 所示。单击“确定”按钮，返回“用友账务函数”对话框。

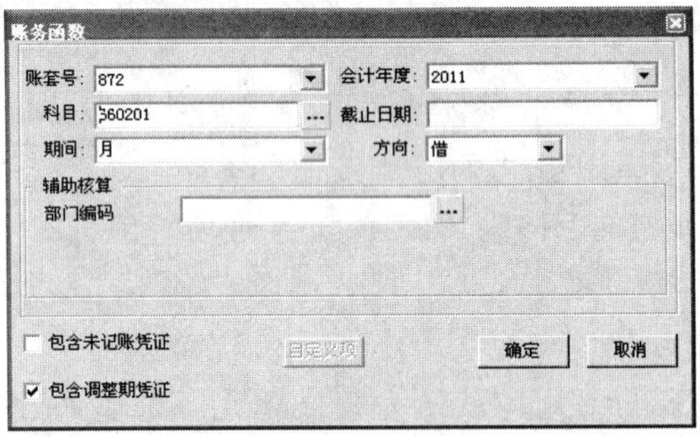

图 11－13　“账务函数”对话框

③ 单击“确定”按钮，返回“定义公式”对话框，再单击“确认”按钮。

④ 同理，输入其他单元公式。

【提示】

- 单元公式是指为报表数据单元进行赋值的公式，单元公式的作用是从账簿、凭证、本表或其他报表等处调用运算所需要的数据，并输入相应的报表单元中。它既可以将数据单元赋值为数值，也可以赋值为字符。
- 计算公式可以利用函数向导参照输入，也可以直接输入。若用户对函数公式熟悉，也可以在“定义公式”对话框中直接输入 FS（" 660201"，月，" 借"，" 872"，2011，""，，）。
- 若当前电脑上的账套只有一个，那么账套号也可以选择“默认”，若用户所使用账套会计年度也只有一年，也可以选择“默认”。
- 必须在英文状态下输入计算公式。
- PTOTAL 为统计函数。

（2）保存报表格式：

① 执行“文件”→“保存”命令。如果是第一次保存，则打开“另存为”对话框。

② 选择保存文件夹的目录，输入报表文件名“自制管理费用表”，选择保存类型为“报表文件（＊. REP）”，单击“另存为”按钮。

【提示】

- 报表格式设置完以后切记要及时将这张表的格式保存下来，以便以后随时调用。
- 如果没有保存就退出，系统会提示“是否保存报表?”信息，以防止误操作。

● . REP 为用友报表文件专用扩展名。

3. 报表数据处理。

（1）打开报表：

① 在 UFO 报表系统中，执行“文件”→“打开”命令，选择“自制管理费用表 . REP”，单击“打开”按钮。

② 单击报表左下角的“格式”按钮，进入报表的“数据”状态窗口。

【提示】

● 打开 UFO 报表既可以在进入 UFO 表之后打开，也可以直接打开。

● 可以在编制报表时反复使用已经设置的报表模板，并在不同的会计期间生成不同结果的报表。

（2）输入关键字值：

① 执行“数据”→“关键字”→“录入”命令，打开“录入关键字”对话框。

② 输入单位名称“智汇科技”，年“2011”，月“9”，单击“确定”按钮。

③ 系统提示“是否重算第 1 页?”单击“是”按钮，系统会自动根据单元公式计算 9 月的管理费用数据，显示计算结果，如图 11 – 14 所示。

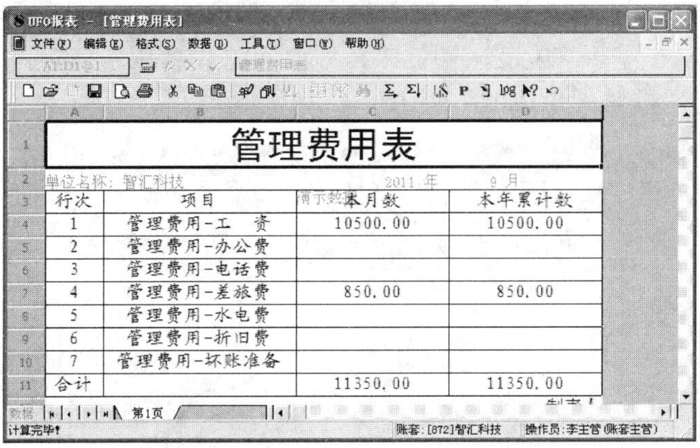

图 11 – 14　管理费用表

【提示】

● 每一张表页均对应不同的关键字值。日期关键字可以确认报表取数的时间范围，即确定数据生成的具体日期，也可以通过修改关键字值生成其他时间的报表。

● 在编制报表时可以选择整表计算或表页计算，整表计算是将该表的所有表页全部进行计算，而表页计算仅是将该表页的数据进行计算。

（3）保存生成报表：

① 执行“文件”→“另存为”命令，打开“另存为”对话框。

② 选择保存文件夹的目录，输入报表文件名“2011 年 9 月管理费用表”，选择保存类型为“ * . REP”，单击“另存为”按钮。

（4）增加表页：

① 执行“编辑”→“追加”→“表页”命令，打开“追加表页”对话框。

② 输入需要增加的表页数 2，单击“确定”按钮。

【提示】

- 追加表页是在最后一张表页后追加 N 张空表页，插入表页是在当前表页后面插入一张空表页。
- 一张报表最多只管理 99999 张表页，演示版软件系统最多只能管理 4 张表页。
- 在报表的数据状态可以插入表页或追加表页。

4. 图表功能。

（1）追加图表显示区域：

① 单击报表左下角的“数据”按钮，进入报表的“格式”状态窗口。执行“编辑”→“追加”→“行”命令，打开“追加行”对话框。

② 输入追加行数 15，单击“确定”按钮。

【提示】

- 追加行或列须在格式状态下进行。

（2）插入图表对象：

① 单击报表左下角的“格式”按钮，进入报表的“数据”状态窗口。选取数据区域 B3：D10，执行“工具”→“插入图表对象”命令，打开“区域作图”对话框。

② 选择数据组“行”，数据范围“当前表页”，输入图表名称“管理费用分析图”，图表标题“管理费用对比”，X 轴标题“项目”，Y 轴标题“金额”，选择图表类型为“成组直方图”，单击“确定”按钮，生成图 11－15。

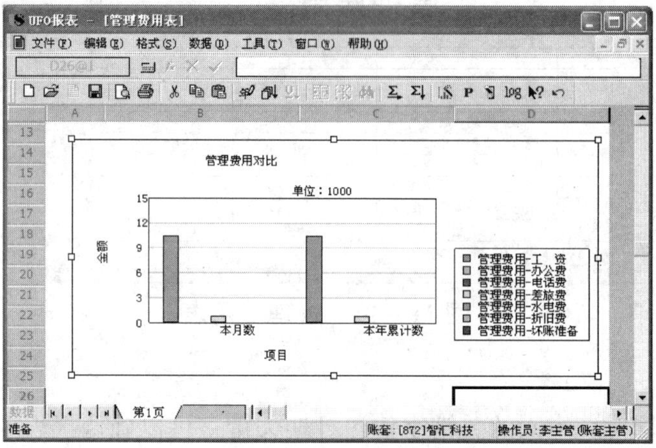

图 11－15　管理费用分析

③ 将图表中的对象调整到合适位置。

【提示】

- 插入的图表对象实际上也属于报表的数据，因此有关图表对象的操作必须在数据状态下进行。
- 选择图表对象显示区域时，区域不能少于 2 行 * 2 列，否则会提示出现错误。

5. 账套备份。

在“D：\ 账套备份”下建立“（11－2）自定义生成报表”文件夹，将账套输出至“D：\ 账套备份\（11－2）自定义生成报表”文件夹中。

第 *12* 章

应收款管理系统

12.1 业务概述

应收款管理系统主要实现企业与客户之间往来账款的核算与管理。在应收款管理系统中，以销售发票、费用单、其他应收单等原始单据为依据，记录销售业务及其他业务所形成的往来款项，处理应收款项的收回、坏账、转账等情况，提供票据处理的功能，实现对应收款的管理。根据对客户往来款项的核算和管理的程度不同，系统提供了“详细核算”与“简单核算”两种应用方案。不同的应用方案，其系统功能、产品接口、操作流程等均不相同。

（1）详细核算——在应收款管理系统核算客户往来款项。若企业应收款核算管理内容比较复杂，需要追踪每一笔业务的应收款、收款等情况，或者需要将应收款核算到产品级，可选该方案。该方案下，所有客户往来的凭证全部由应收款管理系统生成，其他系统不再生成这类凭证。

详细核算方案的主要功能：记录应收款项的形成（包括由商品交易和非商品交易所形成的所有的应收项目）、处理应收项目的收款与转账业务、对应收票据进行记录和管理、在应收项目的处理过程中自动生成凭证并传递给总账管理系统、对外币业务及汇兑损益进行处理、提供多种查询及分析。

（2）简单核算——在总账系统核算客户往来款项。若企业应收款业务比较简单，或者现销业务很多，可选该方案。该方案下，应收账款在总账进行核算制单。

简单核算方案的主要功能：接收销售系统的发票并对其进行审核，对销售发票进行制单处理并传递到总账系统。

具体选择哪一种方案，可在应收款管理系统中通过设置系统选项“应收账款核算模型”进行设置。本章介绍详细核算方案即应收款子系统的功能。应收款管理系统既可独立运行，又可与销售管理系统、总账系统等其他系统结合使用，本章介绍的是应收款管理系统与总账系统的结合使用。

12.1.1 应收款管理系统与其他系统的关系

应收款管理系统与其他系统的数据关系如图 12－1 所示。应收款管理系统接受销售管理系统、出口管理系统的发票，接受合同管理系统的合同结算单，生成凭证传递到总账系统，并对发票进行结算处理，对合同结算单进行核销等处理。此外，应收款管理系统与应付款管理系统间可以进行转账处理，与网上银行进行收款单的导入和导出；可以向 UFO 报表提供应用函数，向资金管理、管理驾驶舱系统、项目管理提供各种分析数据。

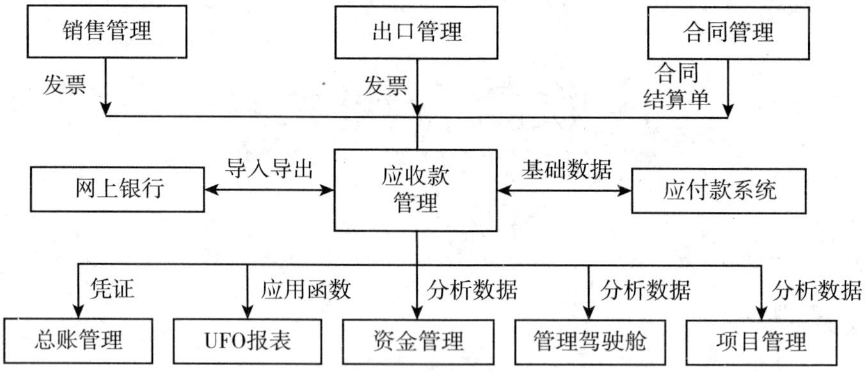

图 12－1　应收款管理系统与其他系统的主要关系

12.1.2　应收款管理系统业务流程

应收款管理系统业务流程图如图 12－2 所示。

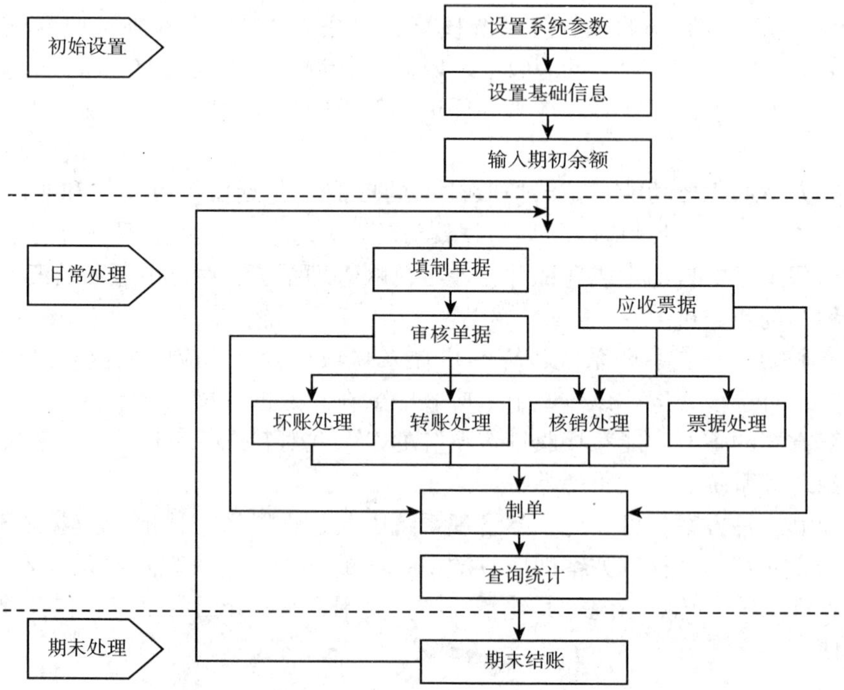

图 12－2　应收款管理系统业务流程

12.2　实验一：应收款管理系统初始化

12.2.1　实验准备

（1）引入光盘中的“实验账套\（9-2）财务基础设置”文件夹中的备份数据。

（2）登录企业应用平台时，选择操作员“0872”（密码为0872），账套名称“[872]智汇科技”，登录日期“2011-09-01”。

12.2.2　实验目的

（1）了解应收款管理系统的基本功能，及其在用友ERP-U8系统中的重要作用。

（2）掌握应收款管理系统的参数设置方法与作用。

（3）掌握应收款管理模块期初余额录入的方法。

12.2.3　实验资料

1. 872账套应收款系统的参数。

（1）单据审核日期依据：单据日期。

（2）坏账处理方式：应收余额百分比法。

（3）代垫费用类型：其他应收单。

（4）应收款核算类型：详细核算。

（5）受控科目制单方式：明细到单据。

（6）非控科目制单方式：汇总方式。

（7）控制科目依据：按客户。

（8）销售科目依据：按存货。

（9）启用客户权限，并且按信用方式根据单据提前7天自动报警。

（10）应收款核销方式：按单据。

2. 基本科目。

（1）应收科目：112201应收账款——人民币。

（2）预收科目：2203预收账款。

（3）销售收入科目：6001主营业务收入。

（4）销售退回科目：6001主营业务收入。

（5）银行承兑科目：1121应收票据。

（6）商业承兑科目：1121应收票据。

（7）票据利息科目：6603财务费用。

（8）票据费用科目：6603财务费用。

（9）收支费用科目：6601主营业务收入。

（10）现金折扣科目：6603财务费用。

（11）代垫运费科目：100201银行存款——工行。

（12）税金科目：22210101应交税费——应交增值税——销项税额。

3. 结算方式科目（见表 12－1）。

表 12－1　结算方式科目

结算方式	币种	科目
现金	人民币	1001
现金支票	人民币	100201
转账支票	人民币	100201
电汇	人民币	100201
商业承兑汇票	人民币	100201
银行承兑汇票	人民币	100201

4. 坏账准备（见表 12－2）。

表 12－2　坏账准备

控制参数	参数设置
提取比例	1%
坏账准备期初余额	114
坏账准备科目	1231 坏账准备
坏账准备对方科目	660207 管理费用——坏账准备

5. 报警级别（见表 12－3）。

表 12－3　报警级别

序号	起止比率	总比率（%）	级别名称
01	0～10%	10	A
02	10%～20%	20	B
03	20%～30%	30	C
04	30%～40%	40	D
05	40%～50%	50	E
06	50%以上		F

6. 期初余额（见表12-4）。

表12-4　　期初余额情况

单据类型	方向	开票日期	票据编号	客户名称	科目	货物编号与名称	数量	含税单价	价税合计
销售专用发票	正	2011.8.17		华宏公司	112201	040101 计算机整机	3	5070	15210
销售专用发票	正	2011.8.21		大地公司	112201	030301 光盘	350	9.8	3430
销售专用发票	正	2011.8.22		华宏公司	112201	040101 计算机整机	5	4680	23400
预收款单（银行汇票）	正	2011.8.15		亨利公司	2203				40000
应收票据	正	2011.8.22	1000001	大地公司	1121				40000

12.2.4　实验指导

1. 设置系统参数。

（1）在企业应用平台"业务工作"选项卡中，执行"财务会计"→"应收款管理"→"设置"→"选项"命令，进入"账套参数设置"对话框。

（2）单击"编辑"按钮，系统提示"系统修改需要重新登录才能生效"，单击"确定"按钮。再单击"常规"选项卡，设置单据审核日期依据"单据日期"，坏账处理方式"应收余额百分比法"，代垫费用类型"其他应收单"，应收款核算类型"详细核算"，如图12-3所示。

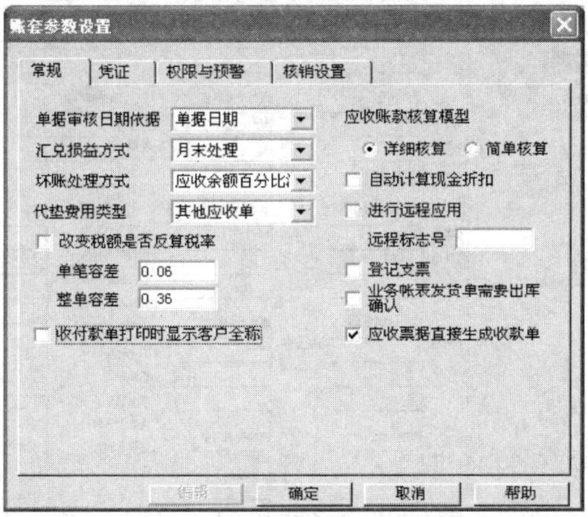

图12-3　"账套参数设置"对话框"常规"选项卡

（3）单击"凭证"选项卡，设置受控科目制单方式"明细到单据"，非控科目制单方式"汇总方式"，控制科目依据"按客户"，销售科目依据"按存货"，如图12-4所示。

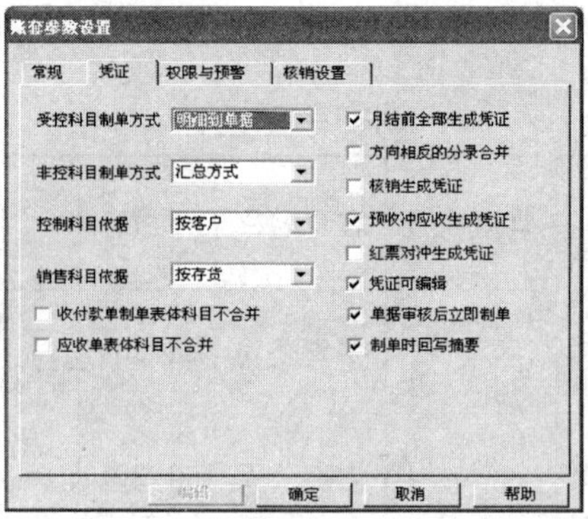

图 12－4　“账套参数设置”对话框“凭证”选项卡

（4）单击“权限与预警”选项卡，选中“启用客户权限”前的复选框，在单据报警栏中，设置按“信用方式”“提前天数”为 7 天自动报警。

（5）单击“核销设置”选项卡，设置应收款核销方式“按单据”。

（6）单击“确定”按钮。

2. 设置基本科目。

（1）在应收款管理系统中，执行“设置”→“初始设置”命令，进入“初始设置”窗口。

（2）执行“设置科目”→“基本科目设置”命令，录入应收科目“112201 应收账款——人民币”、预收科目“2203 预收账款”、销售收入科目“6001 主营业务收入”、销售退回科目“6001 主营业务收入”、商业承兑科目“1121 应收票据”、银行承兑科目“1121 应收票据”、票据利息科目“6603 财务费用”、票据费用科目“6603”、收支费用科目“6601”、现金折扣科目“6603 财务费用”、代垫运费科目“100201”、税金科目“22210101 应交税费——应交增值税——销项税额”，如图 12－5 所示。

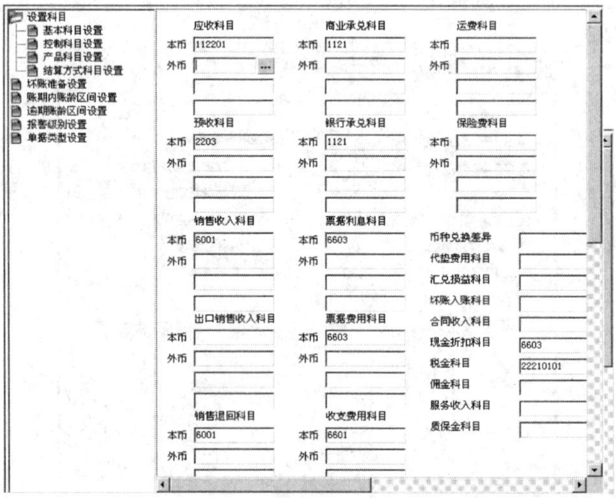

图 12－5　应收款“基本科目设置”对话框

【提示】

● 若企业应收业务类型比较固定，生成的凭证类型也较固定。为了简化凭证生成操作，可以在此处将各业务类型凭证中常用的科目预先设置好。这样，在生成凭证时就能直接生成会计科目，否则生成的凭证中将没有会计科目，相应的会计科目只能由手工输入。

● 在基本科目设置中所设置的应收科目“112201 应收账款——人民币”、预收科目“2203 预收账款”、银行承兑科目与商业承兑科目“1121 应收票据”，应在总账系统中设置其辅助核算内容为“客户往来”，并且其受控系统应为“应收系统”。否则在这里不能被选中。

3. 设置结算方式科目。

（1）在应收款管理系统中，执行“设置”→“初始设置”，进入“初始设置”对话框。执行“设置科目”→“结算方式科目设置”命令。

（2）在“结算方式”栏选择“现金结算”，在“币种”栏选择“人民币”，在“科目”栏录入或选择“1001”，按 Enter 键。

（3）同理，录入其他结算方式科目。如图 12－6 所示。

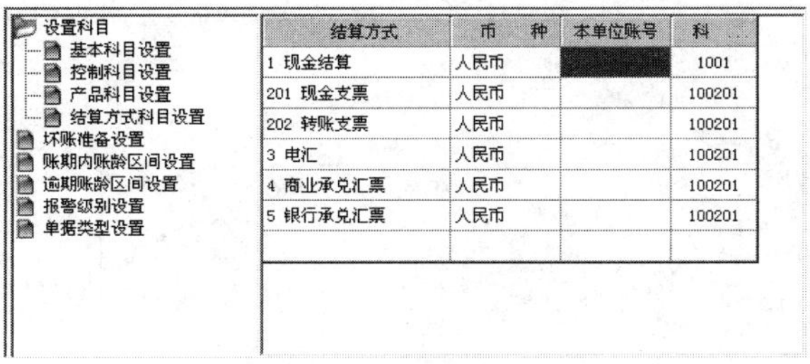

图 12－6　“结算方式科目设置”对话框

（4）单击“退出”按钮。

【提示】

● 结算方式科目设置是针对已经设置的结算方式设置相应的结算科目。即在付款或收款时只要告诉系统结算时使用的结算方式，系统就可以自动生成该种结算方式所使用的会计科目。

● 如果在此不设置结算方式科目，则在付款或收款时需要手工输入不同结算方式对应的会计科目。

4. 设置坏账准备。

（1）在应收款管理系统中，执行“设置”→“初始设置”→“坏账准备设置”命令，录入提取比率“1”，坏账准备期初余额“114”，坏账准备科目“1231”，坏账准备对方科目“660207”，如图 12－7 所示。

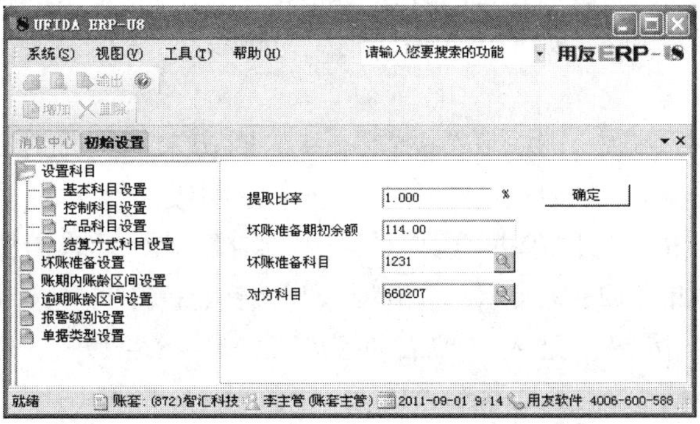

图 12－7　“坏账准备设置”对话框

（2）单击“确定”按钮，系统提示“储存完毕”，单击“确定”按钮。

【提示】

● 如果在坏账处理方式中并未选中“应收余额百分比法”，则在此处就不能录入“应收余额百分比法”所需要的初始设置，即此处的初始设置与坏账处理方式方法的选项是相对应的。

● 坏账准备期初余额被确认后，只要进行了坏账准备的日常业务处理就不允许再修改。

5. 设置报警级别。

（1）在应收款管理系统中，执行“设置”→“初始设置”→“报警级别设置”命令，进入“初始设置”对话框。

（2）在“序号”为“01”行的“总比率”栏录入“10”，在“级别名称”栏录入“A”，按 Enter 键。同理，录入其他行的“总比率”与“级别名称”。如图 12－8 所示。

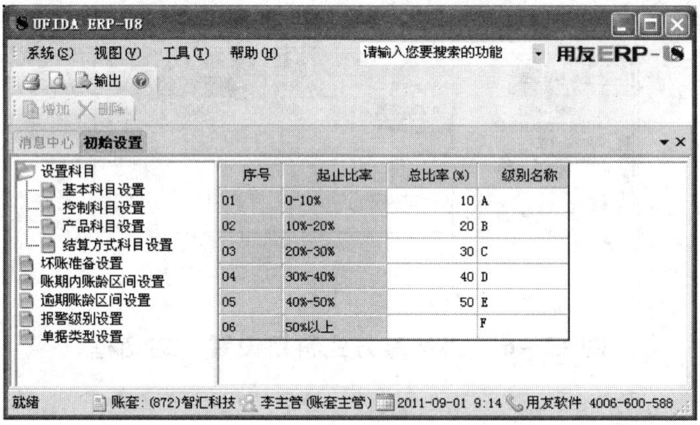

图 12－8　“报警级别设置”对话框

（3）单击“退出”按钮。

【提示】

● 序号由系统自动生成，不能修改和删除。

● 各行的总比率对应的是该区间的最大比率，可以直接输入。

● 单击“增加”按钮，可以在当前级别前插入一个级别。插入一个级别，该级别后的各级别比率会自动调整。

● 删除一个级别后，该级别后的各级别比率会自动调整。

● 最后一个级别为某一比率之上，所在“总比率”栏不能录入比率，否则将不能退出。

● 最后一个比率不能删除，如果录入错误则应先删除上一级比率，再修改最后一级比率。

6. 录入期初销售发票。

（1）在应收款管理系统中，执行“设置”→“期初余额”命令，打开“期初余额——查询”对话框。单击“确定”按钮，打开“期初余额明细表”对话框。

（2）单击“增加”按钮，打开“单据类别”对话框。选择单据名称“销售发票”，单据类型“销售专用发票”，方向“正”，如图 12－9 所示，单击“确定”按钮，打开“销售专用发票”对话框。

（3）单击“增加”按钮，录入开票日期为“2011－8－17”，客户名称“华宏公司”，系统自动带出客户相关信息；录入税率“17”，货物编号“040101”，数量“3”，含税单价“5070”，如图 12－10 所示。单击“保存”按钮。

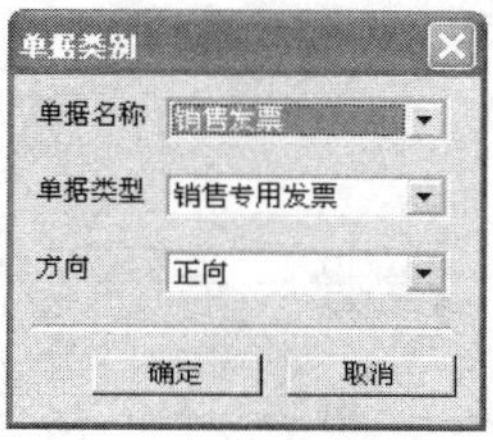

图 12－9　“单据类别”对话框

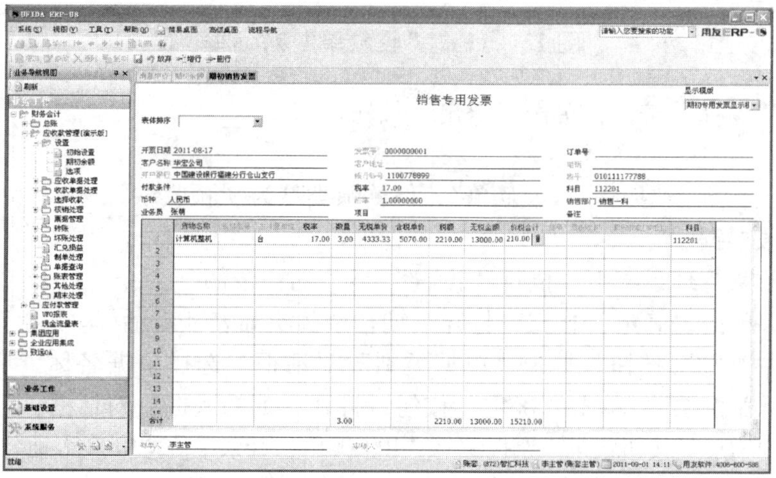

图 12－10　“销售专用发票”对话框

（4）同理，录入其他两张销售专用发票。单击“关闭”按钮。

【提示】

● 初次使用应收款系统时，应将启用应收款系统时未处理完的所有客户的应收账款、预收账款、应收票据等数据录入本系统里。

● 如果启用销售管理系统，则销售发票及代垫费用产生的其他应收单不在应收系统中录入，需要在销售管理系统填制销售发票，复核后，传递给应收款管理系统；若没有启用销售管理系统，则所有应收单据（销售发票、出口发票、应收单）在应收管理系统中进行录入。

● 如果退出录入期初余额的单据对话框，在“期初余额明细表”窗口中没有看到新录入的期初余额，则单击“刷新”按钮，就可以列示所有的期初余额的内容。

● 录入期初余额时一定要注意期初余额的会计科目不要弄错。应收款系统的期初余额应与总账进行对账，如果科目错误将会导致对账错误。

7. 录入预收款单。

（1）在应收款管理系统中，执行“设置”→“期初余额”命令，打开“期初余额——查询”对话框。单击“确定”按钮，打开“期初余额明细表”对话框。

（2）单击“增加”按钮，打开“单据类别”对话框。选择单据名称“预收款”，单据类型“收款单”，单击“确定”按钮，打开“收款单”对话框。

（3）单击“增加”按钮，录入日期“2011－8－15”，客户“0301 亨利公司”，系统自动带出客户相关信息；结算方式录入“5 银行承兑汇票”，在“金额”栏录入“40000”，摘要录入“预收货款”；在收款单下半部分的科目录入“2203 预收账款”，如图 12－11 所示。

图 12－11　“收款单”对话框

（4）单击“保存”按钮，单击“退出”按钮。

【提示】

● 预收款的单据类型也是“收款单”，但款项类型为“预收款”。

8. 录入应收票据。

（1）在应收款管理系统中，执行“设置”→“期初余额”命令，打开“期初余额——查询”对话框。单击“确定”按钮，打开“期初余额明细表”对话框。

（2）单击“增加”按钮，打开“单据类别”对话框。选择单据名称“应收票据”，单据类型“银行承兑汇票”，单击“确定”按钮，打开“期初票据”对话框。

（3）单击“增加”按钮，录入票据编号“1000001”，开票单位“0102 大地公司”，承兑银行“中国建设银行”，票据面值“40000”，科目“1121 应收票据”，签发日期为“2010－08－22”，收到日期为“2011－08－23”，到期日“2012－11－22”，摘要“应收货款”，如图 12－12 所示。

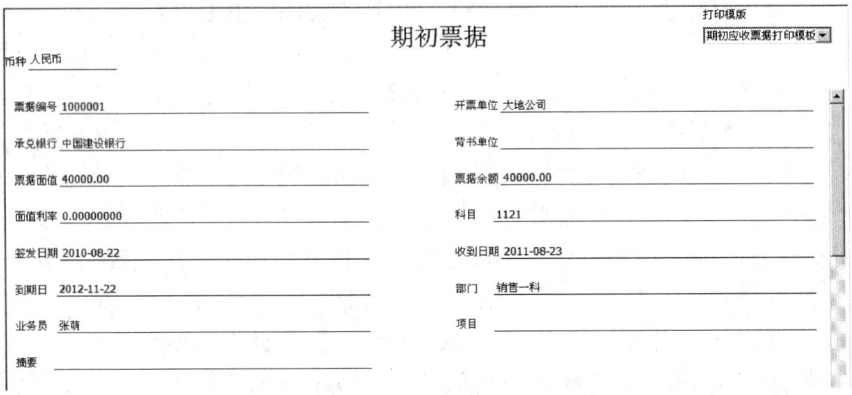

图 12－12　“期初票据”对话框

（4）单击“保存”按钮，单击“退出”按钮。

9. 应收款系统与总账系统期初对账。

（1）在应收款管理系统中，执行“设置”→“期初余额”命令，打开“期初余额明细表”对话框。

（2）单击“对账”按钮，打开“期初对账”对话框，如图 12－13 所示。查看应收款管理系统与总账管理系统的期初余额是否平衡。

（3）单击“关闭”按钮，返回“期初余额明细表”对话框。

科目		应收期初		总账期初		差额	
编号	名称	原币	本币	原币	本币	原币	本币
1121	应收票据	40,000.00	40,000.00	40,000.00	40,000.00	0.00	0.00
112201	人民币	42,040.00	42,040.00	42,040.00	42,040.00	0.00	0.00
2203	预收账款	-40,000.00	-40,000.00	-40,000.00	-40,000.00	0.00	0.00
	合计		42,040.00		42,040.00		0.00

图 12－13　“期初对账”对话框

【提示】

- 应收款系统与总账系统对账，必须要在总账与应收款系统同时启用后才得以进行。
- 当全部应收款期初余额录入后，应通过对账功能将应收系统期初余额与总账系统期初余额进行核对，两者的差额应为零，即两个系统的客户往来科目的期初余额应完全一致。

10. 账套备份。

在“D：\ 账套备份”下建立“（12－1）应收款初始化设置”文件夹，将账套输出至“D：\ 账套备份\（12－1）应收款初始化设置”文件夹中。

12.3　实验二：单据处理

12.3.1　实验准备

（1）引入光盘中的“实验账套\（12－1）应收款初始化设置”文件夹中的备份数据。

（2）登录企业应用平台时，选择操作员“0872”（密码为 0872），账套名称“［872］智汇科技”，登录日期“2011－09－30”。

12.3.2　实验目的

（1）了解单据处理的基本功能，及其在用友 ERP－U8 系统中的重要作用。

（2）掌握销售发票、应收单、收款单的录入、修改、删除的操作。

（3）掌握应收单、收款单的制单、审核操作。

（4）掌握手工单据核销的处理方法。

12.3.3　实验资料

（1）2011 年 9 月 15 日，向华宏公司销售计算机整机 5 台，无税单价 4500 元，增值税税率 17%。

（2）2011 年 9 月 15 日，向亨利公司销售计算机整机 7 台，无税单价 4480 元，增值税税率 17%。

（3）2011 年 9 月 16 日，向兴邦公司销售激光打印机 2 台，无税单价 710 元，增值税税率 17%。以转账支票代垫运费 100 元。

（4）2011 年 9 月 16 日，向华宏公司销售激光打印机 2 台，无税单价 720 元，增值税税率 17%。以现金代垫运费 100 元。

（5）2011 年 9 月 18 日，发现 2011 年 9 月 16 日所填制的向兴邦公司销售激光打印机 2

台的无税单价应为 712 元。

（6）2011 年 9 月 18 日，发现 2011 年 9 月 15 日向华宏公司销售计算机整机 5 台的销售专用发票填制错误，应删除。

（7）2011 年 9 月 22 日，收到银行通知，收到兴邦公司以电汇方式支付购买激光打印机 2 台货税款及代垫运费款 1766.08 元。

（8）2011 年 9 月 22 日，收到华宏公司交来转账支票一张，支付销售激光打印机 2 台的货税款及代垫运费款 1784.80 元。

（9）2011 年 9 月 23 日，发现 2011 年 9 月 22 日所填制的收到兴邦公司销售激光打印机 2 台的货税款 1766.08 元应为 2000 元。

（10）2011 年 9 月 23 日，发现 2011 年 9 月 22 日所填制的收到华宏公司交来转账支票有错误，需删除该收款单。

12.3.4　实验指导

1. 填制第 1 笔业务的销售专用发票。

（1）在企业应用平台的“基础设置”选项中，执行“单据设置”→“单据格式设置”命令，打开“单据格式设置”窗口。在左边窗格中执行“销售管理”→“销售专用发票”→“显示”→“销售专用发票”命令，则右边窗格显示“销售专用发票”，单击“销售类型”按钮，再单击工具栏上“删除”按钮，系统提示“是否删除当前选择项目?”单击“是”按钮，单击“保存”按钮，单击“关闭”按钮。

（2）在企业应用平台的“业务工作”选项中，执行“财务会计”→“应收款管理”→“应收单据处理”→“应收单据录入”命令，打开“单据类别”对话框。

（3）选择单据名称“销售发票”，单据类型“销售专用发票”，单击“确定”按钮，打开“销售专用发票”对话框。

（4）单击“增加”按钮，录入开票日期“2011－09－15”，客户简称“华宏公司”，存货编码“040101”，数量“5”，无税单价“4500 元”，单击“保存”按钮，如图 12－14 所示。

图 12－14　“销售专用发票”对话框

（5）同理，录入第 2 笔、第 3 笔、第 4 笔业务的销售专用发票。

【提示】

● 销售发票与应收单是应收款管理系统日常核算的单据。如果应收款系统与销售系统集成使用，销售发票和代垫费用在销售管理系统中录入并审核，在应收系统中可以对这些单据进行查询、核销、制单等操作。此时应收款系统需要录入的只限于应收单。如果没有使用销售系统，则所有发票和应收单均需在应收款系统中录入、审核。

● 在不启用供应链的情况下，应收款系统只能对销售业务的资金流进行会计核算，即对应收款、已收款及收入实现情况进行核算，而物流的核算即存货出库成本的核算还需在总账系统中手工进行结转。

● 录入销售发票后可以直接进行审核，在直接审核后系统会提示“是否立即制单?”，此时可以直接制单；如果录入销售发票后不直接审核可以在审核功能中审核，再到制单功能中制单。

● 已审核的单据不能修改或删除。但在其进行其他处理之前，可以取消审核后再修改。

2. 填制第 3 笔业务的应收单。

（1）在应收款管理系统中，执行“应收单据处理”→“应收单据录入”命令，打开“单据类别”对话框。

（2）选择单据名称“应收单”，单据类型“其他应收单”，单击“确定”按钮，打开“应收单”对话框。

（3）单击“增加”按钮，录入开票日期“2011－09－16”，客户简称“兴邦公司”，科目“112201 应收账款——人民币”，金额“100”，摘要“代垫运费”，在下半部的“科目”录入“100201 工行”，单击“保存”按钮，如图 12－15 所示。

图 12－15　“应收单”对话框

（4）单击“保存”按钮，再单击“退出”按钮。

（5）同理，录入第 4 笔业务的其他应收单时，其中表体上半部的“科目”为“112201 应收账款——人民币”，下半部分的“科目”为“1001 库存现金”。

【提示】

● 填制应收单，只需录入上半部分的内容，下半部分的内容除对方科目外均由系统自动生成。下半部分的对方科目如果不录入也可以在生成凭证后再手工录入。

● 应收单和销售发票一样可以在保存后直接审核，也可以在“应收单据审核”功能中审核。如果直接审核会问是否制单，如果在审核功能中审核则只能到制单功能中制单。

3. 修改销售专用发票。

（1）在应收款管理系统中，执行“应收单据处理”→“应收单据录入”命令，打开“单据类别”对话框。

（2）选择单据名称“销售发票”，单据类型“销售专用发票”，单击“确定”按钮，打开“销售专用发票”对话框。

（3）单击“下张”按钮，找到发票号为“0000000006”的销售专用发票。单击“修改”按钮，将无税单价改为“712”。单击“保存”按钮，再单击“退出”按钮。

【提示】

● 进入销售专用发票窗口时，系统处于增加状态。如果想查找某张销售专用发票，则应放弃当前的增加操作，进入查询状态，否则不能翻页。

● 销售发票被修改后必须保存。

4. 删除销售专用发票。

（1）在应收款管理系统中，执行“应收单据处理”→“应收单据录入”命令，打开“单据类别”对话框。

（2）选择单据名称“销售发票”，单据类型“销售专用发票”，单击“确定”按钮，打开“销售专用发票”对话框。

（3）单击“放弃”按钮，再单击“下张”按钮，找到发票号为“0000000004”的销售专用发票。单击“删除”按钮，系统提示“单据删除后不能恢复，是否继续?”，单击“是”按钮。再单击“退出”按钮。

5. 查询销售专用发票。

（1）在应收款管理系统中，执行“单据查询”→“发票查询”命令，打开“发票查询”对话框。在“发票类型”栏选择“销售专用发票”，单击“确定”按钮，打开“发票查询”对话框，如图 12－16 所示。

发票查询

记录总数：6

单据日期	单据类型	单据编号	客户	币种	汇率	原币金额	原币余额	本币金额	本币余额
2011-08-17	销售专用发票	0000000001	福建华宏公司	人民币	1.0...	15,210.00	15,210.00	15,210.00	15,210.00
2011-08-21	销售专用发票	0000000002	大地公司	人民币	1.0...	3,430.00	3,430.00	3,430.00	3,430.00
2011-08-22	销售专用发票	0000000003	福建华宏公司	人民币	1.0...	23,400.00	23,400.00	23,400.00	23,400.00
2011-09-15	销售专用发票	0000000005	亨利公司	人民币	1.0...	36,691.20	36,691.20	36,691.20	36,691.20
2011-09-16	销售专用发票	0000000006	兴邦公司	人民币	1.0...	1,666.08	1,666.08	1,666.08	1,666.08
2011-09-16	销售专用发票	0000000007	福建华宏公司	人民币	1.0...	1,684.80	1,684.80	1,684.80	1,684.80
合计						82,082.08	82,082.08	82,082.08	82,082.08

图 12－16　“发票查询”对话框

（2）单击“退出”按钮。

【提示】

● 在发票查询功能中可以分别查询“已审核”“未审核”“已核销”“未核销”的发票。还可以按“发票号”“单据日期”“金额范围”或“余额范围”等条件进行查询。

● 在“发票查询”窗口中，单击“查询”按钮，可以重新输入查询条件；单击“单据”按钮，可以调出原始单据卡片；单击“详细”按钮，可以查看当前单据的详细结算情况；单击“凭证”按钮，可以查询单据所对应的凭证；单击“栏目”按钮，可以设置当前查询列表的显示栏目、栏目顺序、栏目名称、排序方式，可以保存设置内容。

● 收款单的查询与销售专用发票的查询类同，下文不再介绍。

6. 审核应收单据。

（1）在应收款管理系统中，执行“应收单据处理”→“应收单据审核”命令，打开“应收单过滤条件”对话框。单击“确定”按钮，打开“应收单据列表”对话框。

（2）单击“全选”按钮，再单击“审核”按钮，系统提示“本次审核成功单据 5 张”，如图 12－17 所示。

应收单据列表

记录总数：5

选择	审核人	单据日期	单据类型	单据号	客户名称	部门	业务员
	李主管	2011-09-15	销售专用发票	0000000005	亨利公司	销售二科	李辛
	李主管	2011-09-16	其他应收单	0000000001	兴邦公司	销售二科	李辛
	李主管	2011-09-16	其他应收单	0000000002	福建华宏公司	销售一科	张萌
	李主管	2011-09-16	销售专用发票	0000000006	兴邦公司	销售二科	李辛
	李主管	2011-09-16	销售专用发票	0000000007	福建华宏公司	销售一科	张萌
合计							

图 12－17　“应收单据列表”对话框

（3）单击“确定”按钮，再单击“退出”按钮。

【提示】

● 已审核的应收单不能修改、删除。若要修改和删除，必须先取消应收单的审核。

● 在“应收单据列表”对话框中，先选择要取消审核的应收单，再单击“弃审”按钮。

7. 制单。

（1）在应收款管理系统中，执行“制单处理”命令，打开“制单处理”对话框。如图 12－18 所示。

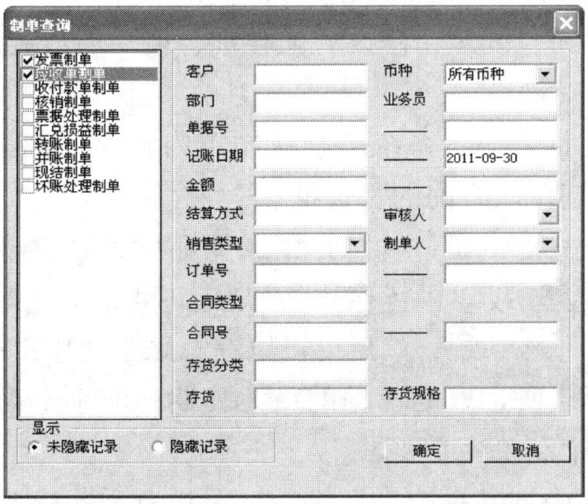

图 12－18　“制单处理”对话框

（2）选中“发票制单”与“应收单制单”复选框，单击“确定”按钮，打开“应收制单”对话框。

（3）单击“全选”按钮，选择“凭证类别”为“转账凭证”，如图 12－19 所示。

选择标志	凭证类别	单据类型	单据号	日期	客户编码	客户名称	部门	业务员	金额
1	转账凭证	销售专...	0000000005	2011-9-15	0301	亨利公司	销售二科	李辛	36,691.20
2	转账凭证	销售专...	0000000006	2011-9-16	0201	兴邦公司	销售二科	李辛	1,666.08
3	转账凭证	销售专...	0000000007	2011-9-16	0101	福建华...	销售一科	张萌	1,684.80
4	转账凭证	其他应收单	0000000001	2011-9-16	0201	兴邦公司	销售二科	李辛	100.00
5	转账凭证	其他应收单	0000000002	2011-9-16	0101	福建华...	销售一科	张萌	100.00

图 12－19　“应收制单”对话框

（4）单击“制单”按钮，生成第 1 张转账凭证，单击“保存”按钮，如图 12－20 所示。

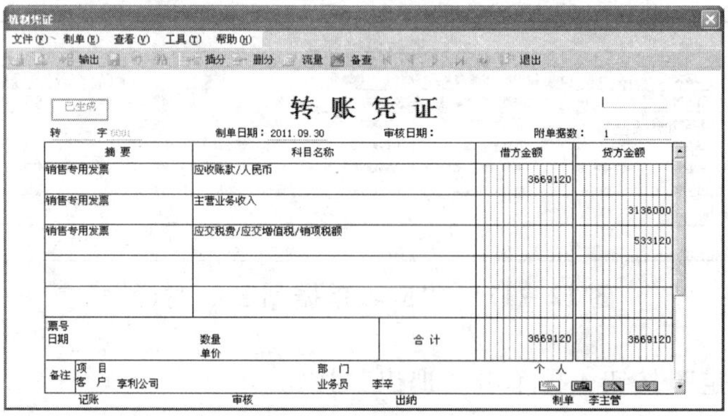

图 12－20　“应收制单”生成的转账凭证

（5）单击“下张”按钮，再单击“保存”按钮。

（6）对于生成的第 4 张凭证，将凭证类别改为“付款凭证”，单击“流量”按钮，打开“现金流量录入修改”对话框，设置“项目编码”为“07”，单击“确定”按钮。单击“保存”按钮。

（7）单击“下张”按钮，同理，修改凭证类别、填写现金流量。

【提示】

● 在“制单处理”对话框中，系统已默认制单内容为“发票制单”。如果需要选取其他内容制单，可以选中要制单内容前的复选框。

● 如果所选择的凭证类型错误，可以在生成凭证后再修改。例如，上述由应收单生成的凭证，由于贷方是“现金”或“银行存款”，则应将凭证类别改为“付款凭证”。

● 凭证经保存传递到总账系统，然后就可以在总账系统中进行审核和记账等。

● 制单日期应大于等于所选取的单据的最大日期，但小于当前业务日期。同时，制单日期应满足总账管理系统中制单序时要求。

● 执行“单据查询”→“凭证查询”命令，可以查看、修改、删除或冲销由应收款系统生成并传递到总账系统中的记账凭证。

- 一张凭证被删除后，它所对应的原始单据及相应的操作内容可以重新制单。
- 只有未在总账系统中审核的凭证才能删除。如果已经在总账系统中进行了出纳签字，应取消出纳签字后再进行删除操作。
- 如果凭证已在总账系统中记账，又需要对形成凭证的原始单据进行修改，则可以通过冲销方式冲销凭证，然后对原始单据进行其他操作后再重新生成凭证。

8. 填制收款单。

（1）在应收款管理系统中，执行“收款单据处理”→“收款单据录入”命令，打开“收款单”对话框。

（2）单击“增加”按钮，录入开票日期为“2011－09－22”，客户“兴邦公司”，结算方式“电汇”，结算科目“100201”，金额“1766.08”，摘要“收到货税款及代垫运费”，单击“保存”按钮，如图 12－21 所示。

图 12－21　“收款单”对话框

（3）单击“增加”按钮，继续录入第 8 笔业务的收款单。

【提示】

- 系统自动生成的结算单据号不能修改。
- 收款单上的结算方式、结算科目及金额不能为空。
- 单击收款单上的“保存”按钮后，系统会自动生成收款单表体的内容。其中，“款项类型”系统默认为“应收款”，可以修改。款项类型还包括“预收款”和“其他费用”。
- 收款单中，若表头客户与表体客户不同，则视表体客户的款项为代付款。
- 填制收款单后，可以直接单击“核销”按钮进行单据核销的操作。
- 如果是退款给客户，可以直接单击“切换”按钮，填制红字收款单。

9. 修改收款单。

（1）在应收款管理系统中，执行“收款单据处理”→“收款单据录入”命令，打开“收款单”对话框。

（2）单击“下张”按钮，找到单据编号为“0000000002”的“收款单”。单击“修改”按钮，将表体上方与下方的金额均改为“2000”。

（3）单击“保存”按钮，再单击“退出”按钮。

10. 删除收款单。

（1）在应收款管理系统中，执行“收款单据处理”→“收款单据录入”命令，打开“收款单”对话框。

（2）单击“下张”按钮，找到单据编号为“0000000003”的“收款单”。单击“删除”按钮，系统提示“单据删除后不能恢复，是否继续?”单击“是”按钮，再单击“退出”按钮。

11. 审核收款单。

（1）在应收款管理系统中，执行“收款单据处理”→“收款单据审核”命令，打开“收款单过滤条件”对话框。单击“确定”按钮，打开“收付款单列表”对话框。

（2）单击“全选”按钮，再单击“审核”按钮，系统提示“本次审核成功单据1张”，结果如图12-22所示。

收付款单列表

记录总数：1

选择	审核人	单据日期	单据类型	单据编号	客户名称	部门	业务员	结算方式	票据号	币种
	李主管	2011-09-22	收款单	0000000002	兴邦公司	销售二科	李辛	电汇		人民币
合计										

图12-22　“收付款单列表”对话框

（3）单击“确定”按钮，再单击“退出”按钮。

12. 核销收款单。

（1）在应收款管理系统中，执行“核销处理”→“手工核销”命令，打开“核销条件”对话框。在“客户”栏中录入“0201兴邦公司”，单击“确定”按钮，打开“单据核销”对话框。

（2）将上半部的“本次结算金额”栏的数据改为“1766.08”，在下半部的“本次结算栏”的第1行录入“100”，第2行录入“1666.08”，如图12-23所示。

单据类型	单据编号	客户	款项类型	结算方式	币种	汇率	原币金额	原币余额	本次结算金额	订
收款单	0000000002	兴邦公司	应收款	电汇	人民币	1.00000000	2,000.00	2,000.00	1,766.08	
							2,000.00	2,000.00	1,766.08	

单据编号	到期日	客户	币种	原币金额	原币余额	可享受折扣	本次折扣	本
0000000001	2011-09-16	兴邦公司	人民币	100.00	100.00	0.00	0.00	
0000000006	2011-09-16	兴邦公司	人民币	1,666.08	1,666.08	0.00	0.00	
				1,766.08	1,766.08	0.00		

图12-23　“单据核销”对话框

（3）单击“保存”按钮，再单击“退出”按钮。

【提示】

- 一次只能对一种结算类型进行核销，即手工核销的情况下需要将收款单和付款单分开核销。
- 核销时，结算单列表中款项类型为应收款的记录，默认本次结算金额为该记录上的原币金额；款项类型为预收款的记录，默认的本次结算金额为空。核销时可以修改本次结算金额，但不能大于该记录的原币金额。

● 手工核销时，一次只能显示一个客户的单据记录，且结算单列表根据表体记录明细显示。当结算单有代付处理时，只显示目前所选取客户的记录。若需要对代付款进行处理，则需要在过滤条件中输入该代付单位，进行核销。

● 手工核销保存时，若结算单列表的本次结算金额不等于被核销单据列表的本次结算金额合计，系统将提示结算金额不相等，不能保存。

● 保存核销内容后，单据核销窗口将不再显示已被核销的内容。

● 在结算单列表中，单击“分摊”按钮，系统将当前结算单列表中的本次结算金额合计自动分摊到被核销单据列表的本次结算栏中，核销顺序依据被核销单据的排序顺序。

● 若发票中同时存在红蓝记录，则核销时先进行单据的内部对冲。

● 如果核销后未进行其他处理，可以执行“其他处理”→“取消操作”命令，取消操作类型为“核销”的操作。

13. 制单。

(1) 在应收款管理系统中，执行“制单处理”命令，打开“制单查询”对话框。选中“收付款单制单”复选框，单击“确定”按钮，打开“收付款单制单”对话框。

(2) 单击“全选”按钮，单击“制单”按钮，生成记账凭证。如图 12－24 所示。单击“流量”按钮，打开“现金流量录入修改”，设置项目编码“01”及金额“1900”、项目编码“03”、金额“100”，如图 12－25 所示，单击“确定”按钮。单击“保存”按钮。

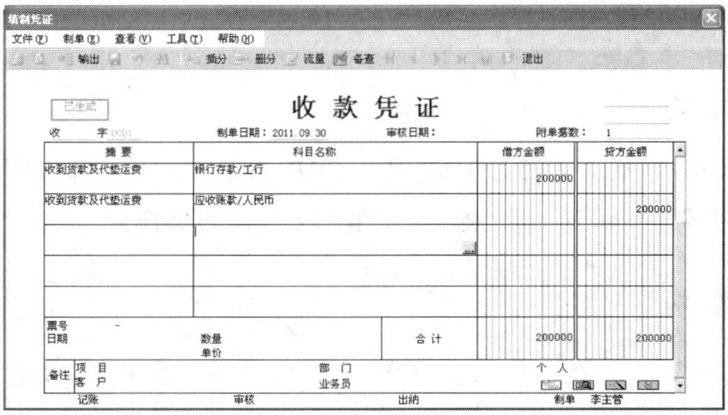

图 12－24　“收款单制单”生成的收款凭证

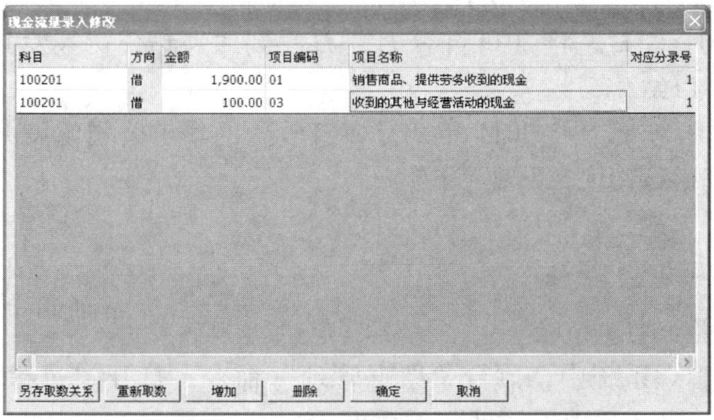

图 12－25　“现金流量录入修改”对话框

（3）系统提示“往来科目：人民币（112201）赤字”，单击“确定”按钮，单击“退出”按钮。

【提示】

- 在“单据查询”窗口中，若只选中“收付款单制单”，则打开“收付款单制单”。若同时选中“发票制单”与“收付款单制单”选项，则打开的制单窗口显示“应收制单”，但两种待制单的单据都会显示出来。
- 在制单功能中可以根据需要进行合并制单。
- 应收账款人民币赤字表示客户支付的金额超过应收账款，可作预收账款。

14. 账套备份。

在“D：\账套备份”下建立“（12－2）应收款单据管理”文件夹，将账套输出至“D：\账套备份\（12－2）应收款单据管理”文件夹中。

12.4 实验三：票据管理

12.4.1 实验准备

（1）引入光盘中的“实验账套\（12－2）应收款单据管理”文件夹中的备份数据。

（2）登录企业应用平台时，选择操作员“0872”（密码为0872），账套名称“［872］智汇科技”，登录日期“2011－09－30”。

12.4.2 实验目的

（1）了解票据处理的基本功能及其在用友 ERP－U8 系统中的重要作用。

（2）掌握商业承兑汇票的填制、贴现、结算及制单的操作。

12.4.3 实验资料

（1）2011 年 9 月 2 日，收到华宏公司签发并承兑的一张商业承兑汇票（No. 000001），面值为 7200 元，到期日为 2011 年 11 月 2 日。

（2）2011 年 9 月 3 日，收到兴邦公司签发并承兑的一张商业承兑汇票（No. 000002），面值为 5000 元，到期日为 2011 年 9 月 23 日。

（3）2011 年 9 月 23 日，将 2011 年 9 月 3 日收到的兴邦公司签发并承兑的商业承兑汇票（No. 000002）予以结算。

（4）2011 年 9 月 30 日，将 2011 年 9 月 2 日收到的华宏公司签发并承兑的商业承兑汇票（No. 000001）到银行贴现，贴现率 6%。

12.4.4 实验指导

1. 填制商业承兑汇票。

（1）在应收款管理系统中，执行“票据管理”命令，打开“过滤条件选择”对话框。单击“过滤”按钮，打开“票据管理”对话框。

（2）单击“增加”按钮，打开“商业汇票”对话框。录入票据类型“商业承兑汇票”，票据编号“000001”，结算方式“商业承兑汇票”，收到日期“2011－09－02”，出票日期“2011－09－02”，到期日“2011－11－02”，出票人“华宏公司”，金额“7200”，在“票据摘要”栏录入“收到商业承兑汇票”，单击“保存”按钮，如图 12－26 所示。

图 12－26　“商业汇票”对话框

（3）同理，录入第 2 张商业承兑汇票。

【提示】

- 在保存一张商业票据后，系统会自动生成一张收款单。这张收款单还需经过审核之后才能生成记账凭证。
- 由票据生成的收款单不能修改。
- 在票据管理功能中可以对商业承兑汇票和银行承兑汇票进行日常业务处理，包括票据的收入、结算、贴现、背书、转出、计息等。
- 商业承兑汇票不能有承兑银行，银行承兑汇票必须有承兑银行。

2. 商业承兑汇票贴现。

（1）在应收款管理系统中，执行“票据管理”命令，打开“过滤条件选择”对话框。单击“过滤”按钮，打开“票据管理”对话框，如图 12－27 所示。

图 12－27　“票据管理”对话框

（2）单击选中 2011 年 9 月 2 日填制的商业承兑汇票，单击“贴现”按钮，打开“票据贴现”对话框。

（3）在“贴现率”栏录入“6”，在“结算科目”栏录入“100201 工行”，如图 12－28 所示。

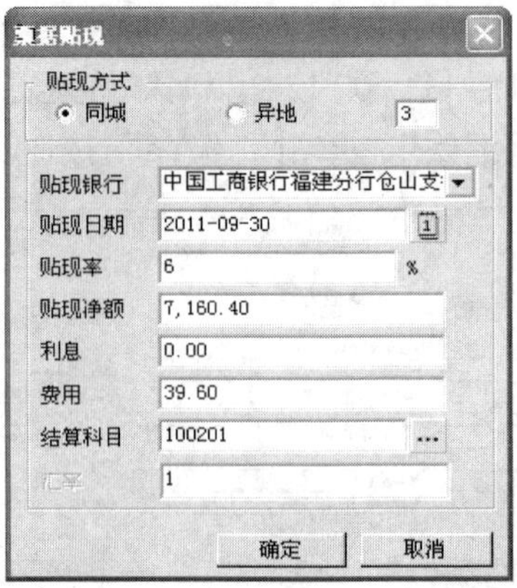

图 12－28　“票据贴现”对话框

（4）单击“确定”按钮，系统提示“是否立即制单?”，单击“是”按钮，生成贴现的记账凭证，单击“流量”按钮，打开“现金流量录入修改”，设置项目编码“01”，单击“确定”按钮，如图 12－29 所示，单击“保存”按钮。

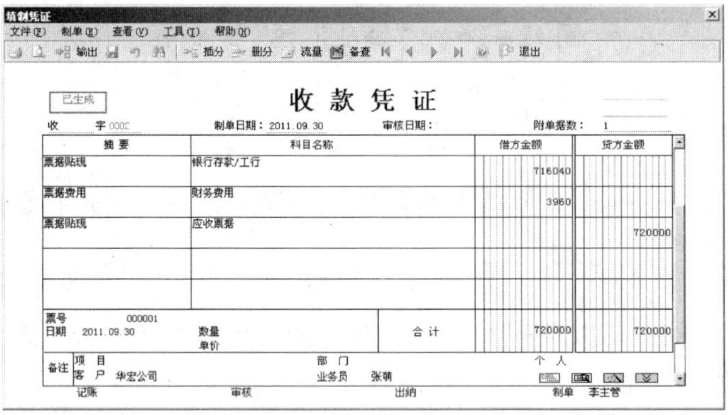

图 12－29　票据贴现生成的收款凭证

（5）系统提示“往来科目：应收票据（1121）赤字”，单击“确定”按钮。

（6）单击“退出”按钮。

【提示】

● 在“票据贴现”对话框，填写了贴现率后，系统会根据票据余额自动生成贴现净额与费用。

● 如果贴现净额大于票据余额，系统自动将其差额作为利息，不能修改；如果贴现净额小于票据余额，系统自动将其差额作为费用，不能修改。

● 票据贴现后，不能对其进行其他处理。若需对其进行其他处理，必须先取消对票据的贴现。执行“其他处理”→“取消操作”命令，取消操作类型为“票据处理”，即可取消票据贴现。

● 应收票据（1121）赤字表示客户支付的金额超过应收账款，可作预收账款。

3. 商业承兑汇票结算。

（1）在应收款管理系统中，执行“票据管理”命令，打开“过滤条件选择”对话框。

单击“过滤”按钮，打开“票据管理”对话框。

（2）单击选中 2011 年 9 月 3 日填制的收到兴邦公司签发并承兑的商业承兑汇票（No. 000002），单击“结算”按钮，打开“票据结算”对话框。

（3）修改“结算日期”为“2011－09－23”，在“结算金额”栏录入“5000”，在“结算科目”栏录入“100201”，如图 12－30 所示。

图 12－30　“票据结算”对话框

（4）单击“确定”按钮，系统提示“是否立即制单?”，单击“是”按钮，生成结算的记账凭证，单击“流量”按钮，打开“现金流量录入修改”，设置项目编码“01”，单击“确定”按钮，如图 12－31 所示。

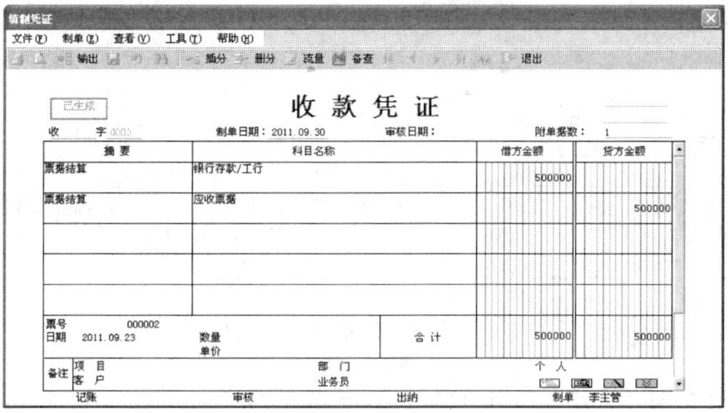

图 12－31　票据结算生成的收款凭证

（5）单击“保存”按钮，系统提示“往来科目：应收票据（1121）赤字”，单击“确定”按钮。

（6）单击“退出”按钮。

【提示】

- 当票据到期持票收款时，执行票据结算处理。
- “票据结算”对话框中的“结算金额”是指通过结算实际收到的金额，“结算金额”－“利息”＋“费用”≤票据余额。
- 票据结算后，不能对其进行其他与票据相关的处理。若需对其进行其他处理，必须先取消对票据的结算。取消步骤类同取消票据贴现。

4. 审核收款单。

（1）在应收款管理系统中，执行“收款单据处理”→“收款单据审核”命令，打开“收款单过滤条件”对话框。单击“确定”按钮，打开“收付款单列表”对话框，如图12-32所示。

收付款单列表

记录总数：2

选择	审核人	单据日期	单据类型	单据编号	客户名称	部门	业务员	结算方式	票据号	币种	汇率	原币金额	本币金额	备注
		2011-09-02	收款单	0000000004	福建华宏...	销售一科	张萌	商业承兑汇票	000001	人民币	1.0...	7,200.00	7,200.00	收到商业承兑汇票
		2011-09-03	收款单	0000000006	兴邦公司	销售二科	李辛	商业承兑汇票	000002	人民币	1.0...	5,000.00	5,000.00	收到商业承兑汇票
合计												12,200.00	12,200.00	

图 12-32　“收付款单列表”对话框

（2）单击“全选”按钮，再单击“审核”按钮，系统提示“本次审核成功单据 2 张”。

（3）单击“确定”按钮，再单击“退出”按钮。

5. 制单。

（1）在应收款管理系统中，执行“制单处理”命令，打开“制单查询”对话框。

（2）选中“收付款单制单”复选框，单击“确定”按钮，打开“收付款单制单”对话框。

（3）修改凭证类别为“转账凭证”，单击“全选”按钮，单击“制单”按钮，生成第 1 张转账凭证，单击“保存”按钮，如图 12-33 所示。

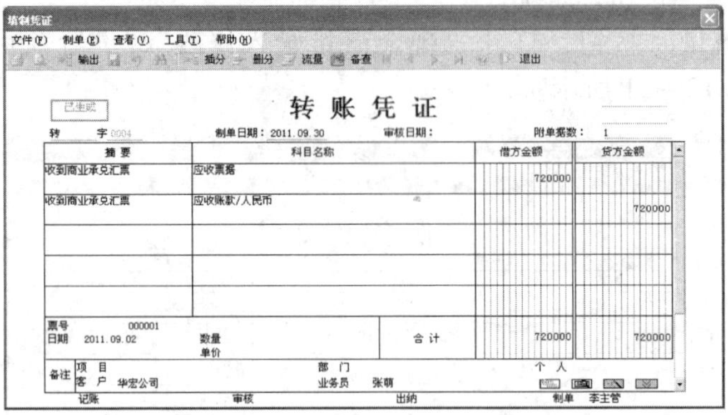

图 12-33　“收付款单制单”生成的转账凭证

（4）单击“下张”按钮，操作同理。系统提示“往来科目：应收票据（1121）赤字”，单击“确定”按钮。

（5）单击“退出”按钮。

6. 账套备份。

在“D：\ 账套备份”下建立“（12-3）应收款票据管理”文件夹，将账套输出至“D：\ 账套备份\（12-3）应收款票据管理”文件夹中。

12.5　实验四：转账处理

12.5.1　实验准备

（1）引入光盘中的“实验账套\（12-3）应收款票据管理”文件夹中的备份数据。

（2）登录企业应用平台时，选择操作员“0872”（密码为0872），账套名称“［872］智汇科技”，登录日期“2011－09－30”。

12.5.2　实验目的

（1）了解转账处理的基本功能及其在用友ERP－U8系统中的重要作用。

（2）掌握应收账款冲抵应收账款的方法。

（3）掌握预收账款冲抵应收账款的方法。

12.5.3　实验资料

（1）2011年9月23日，经三方同意将9月16日形成的应向“华宏公司”收取的货税款及代垫费用款1784.80元转为向兴邦公司的应收账款。

（2）2011年9月30日，经双方同意将亨利公司2011年9月15日购买计算机整机7台的货税款36691.20元用预收款冲抵。

12.5.4　实验指导

1. 将应收账款冲抵应收账款。

（1）在应收款管理系统中，执行“转账”→“应收冲应收”命令，打开“应收冲应收”对话框。

（2）录入日期“2011－09－23”，转出户“0101－福建华宏公司”，转入户“0201－兴邦公司”，单击“过滤”按钮，表中显示转出户的应收账款列表。在单据日期为“2011－09－16”两行的“并账金额”栏分别录入“1684.80”与“100”，如图12－34所示。

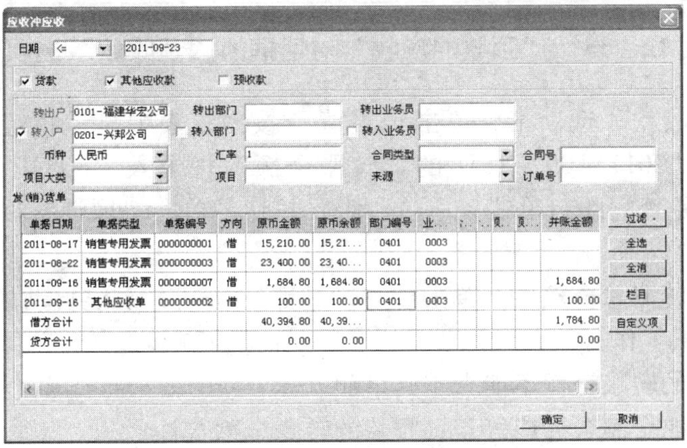

图12－34　“应收冲应收”对话框

（3）单击“确定”按钮，系统提示“是否立即制单?”，单击“否”按钮，单击“取消”按钮。

【提示】

- 应收冲应收功能将应收账款、预收账款在客商之间进行转入、转出，实现应收业务的调整，解决应收款业务在不同客商间入错户或合并户的问题。

● 每笔应收款的转账金额不能大于其余额。

● 每次只能选择一个转入单位。

● 若需取消应收账款冲抵应收账款的操作，执行“其他处理”→“取消操作”，取消操作类型为“应收冲应收”。

2. 将预收账款冲抵应收账款。

（1）在应收款管理系统中，执行“转账”→“预收冲应收”命令，打开“预收冲应收”对话框。

（2）单击“预收款”选项卡，在“客户”栏录入“0301 - 亨利公司”。单击“过滤”按钮，表中显示指定客户的预收账款列表。在单据日期为“2011 - 08 - 15”的“转账金额”栏录入“36691. 20”，如图 12 - 35 所示。

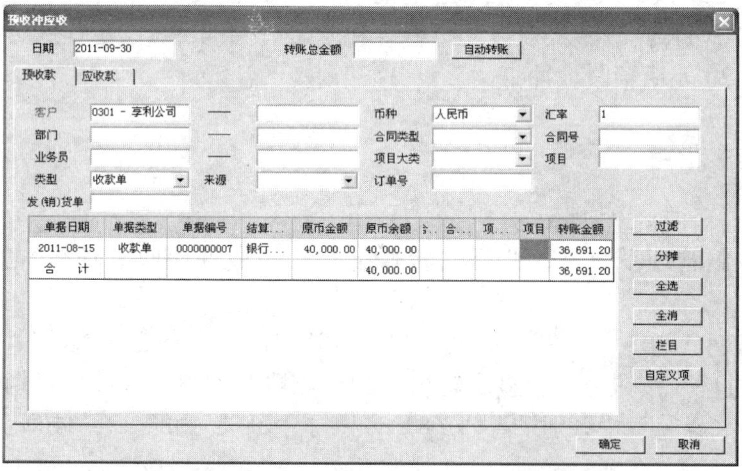

图 12 - 35　“预收冲应收”对话框的“预收款”选项卡

（3）单击“应收款”选项卡，单击“过滤”按钮，表中显示指定客户的应收账款列表。在单据日期为“2011 - 09 - 15”的“转账金额”栏录入“36691. 20”，单击“确定”按钮，系统提示“是否立即制单?”，单击“否”按钮，单击“取消”按钮。

【提示】

● 可以在输入转账总金额后，单击“自动转账”按钮，系统自动根据过滤条件进行成批的预收冲抵应收款工作。

● 每笔应收款的转账金额不能大于其余额。

● 应收款的转账金额合计应等于预收款的转账金额合计。

● 若需取消预收账款冲抵应收账款的操作，执行“其他处理”→“取消操作”，取消操作类型为“预收冲应收”。

3. 制单。

（1）在应收款管理系统中，执行“制单处理”命令，打开“制单查询”对话框。

（2）选中“转账制单”和“并账制单”复选框，单击“确定”按钮，打开“应收制单”对话框，如图 12 - 36 所示。

图 12 －36　“应收制单”对话框

（3）单击“全选”按钮，选择凭证类别为“转账凭证”，单击“制单”按钮，生成第 1 张记账凭证，单击“保存”按钮，如图 12 －37 所示。

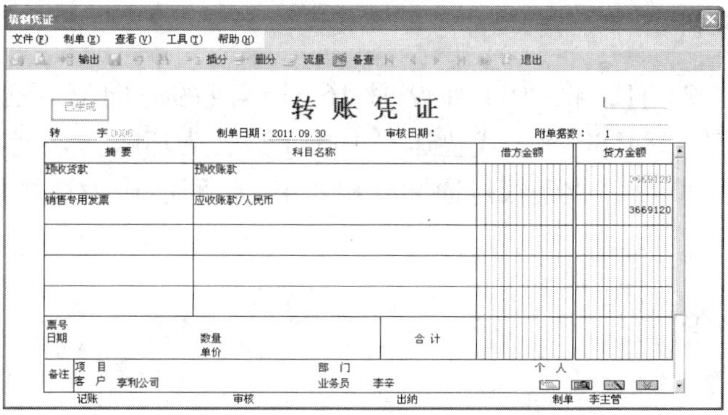

图 12 －37　预收冲应收生成的转账凭证

（4）单击“下张”按钮，同理操作，如图 12 －38 所示。

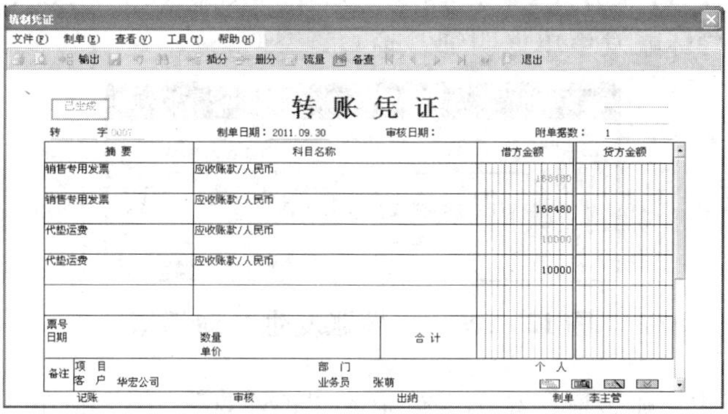

图 12 －38　应收冲应收生成的转账凭证

（5）单击“退出”按钮。

4. 账套备份。

在“D：\ 账套备份”下建立“（12 －4）应收款转账处理”文件夹，将账套输出至“D：\ 账套备份\（12 －4）应收款转账处理”文件夹中。

12.6　实验五：坏账处理与查询

12.6.1　实验准备

（1）引入光盘中的“实验账套\（12 －4）应收款转账处理”文件夹中的备份数据。

（2）登录企业应用平台时，选择操作员“0872”（密码为0872），账套名称“[872] 智汇科技”，登录日期“2011－09－30”。

12.6.2 实验目的

（1）掌握坏账发生与坏账收回业务的处理。

（2）掌握科目账表、业务账表的查询。

（3）掌握欠款分析等统计分析。

12.6.3 实验资料

（1）2011 年 9 月 24 日，将 2011 年 9 月 16 日形成的应向兴邦公司收取的应收账款 1784.80 元（其中货款 1684.80 元，代垫运费 100 元）转为坏账。

（2）2011 年 9 月 30 日，收到银行通知（电汇），收回已作为坏账处理的应向兴邦公司收取的应收账款。

12.6.4 实验指导

1. 发生坏账。

（1）在应收款管理系统中，执行“坏账处理”→“坏账发生”命令，打开“坏账发生”对话框。

（2）录入日期“2011－09－24”，客户“0201－兴邦公司”，如图 12－39 所示。单击“确定”按钮，进入“坏账发生单据明细”窗口。

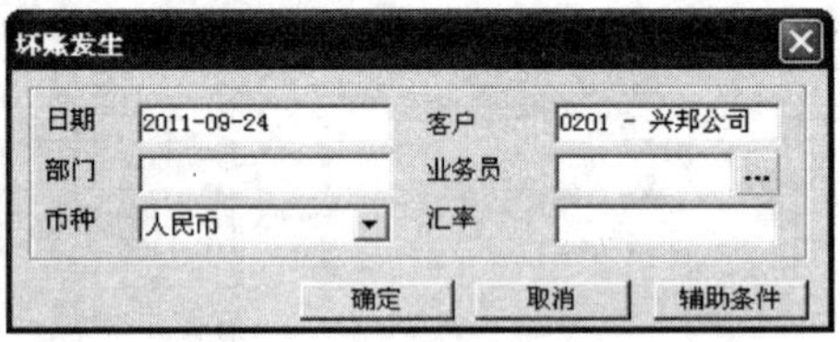

图 12－39 “坏账发生”对话框

（3）在“本次发生坏账金额”栏第 1 行录入“1684.80”，第 2 行录入“100”，如图 12－40 所示。

坏账发生单据明细

单据类型	单据编号	单据日期	合同号	合同...	到期日	余...	部门	业务员	本次发生坏账金额
销售专用发票	0000000007	2011-09-16			2011-0...	1,684.80	销售一科	张萌	1684.80
其他应收单	0000000002	2011-09-16			2011-0...	100.00	销售一科	张萌	100
合　计						1,784.80			1,784.80

图 12－40 “坏账发生单据明细”窗口

（4）单击“OK 确认”按钮，系统提示“是否立即制单?”，单击“是”按钮，生成发生坏账的记账凭证，修改凭证类别为“转账凭证”，单击“保存”按钮，如图 12－41 所示。

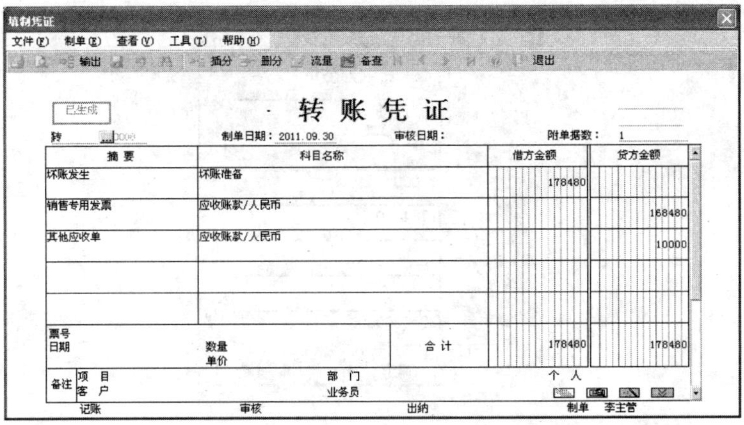

图 12－41　坏账发生生成的转账凭证

（5）单击“退出”按钮。

【提示】

- 坏账发生金额只能小于等于单据金额。

2. 填制收款单。

（1）在应收款管理系统中，执行“收款单据”→“收款单据录入”命令，打开“收款单”对话框。

（2）单击“增加”按钮，录入客户“0201 兴邦公司”，结算方式“3 电汇”，结算科目“100201”，金额“1784. 80”，摘要“收回已做坏账处理的应收账款”。单击“保存”按钮，如图 12－42 所示。

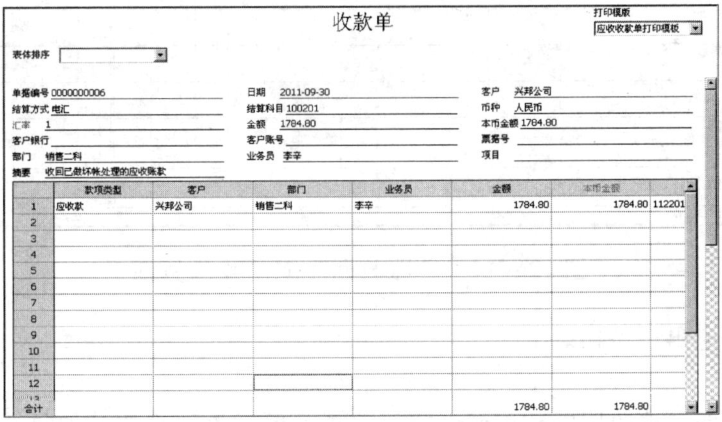

图 12－42　“收款单”对话框

（3）单击“退出”按钮。

3. 坏账收回。

（1）在应收款管理系统中，执行“坏账处理”→“坏账收回”命令，打开“坏账收回”对话框。

（2）录入客户“0201－兴邦公司”，结算单号“0000000006”，如图 12－43 所示。

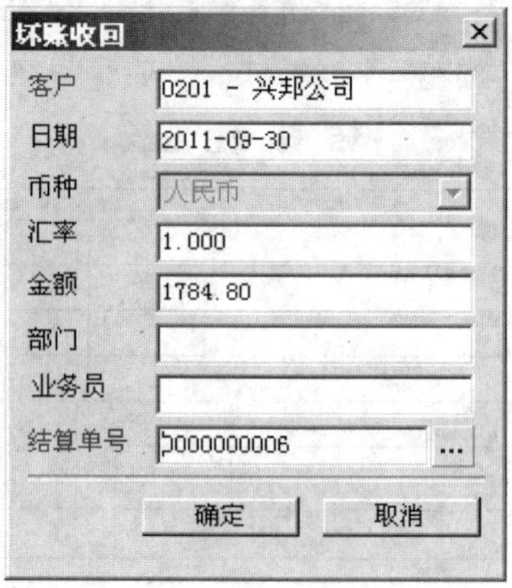

图 12－43　“坏账收回”对话框

（3）单击“确定”按钮，系统提示“是否立即制单?”，单击“是”按钮，生成一张收款凭证，单击“流量”按钮，打开“现金流量录入修改”，设置项目编码“01”，单击“确定”按钮，单击“保存”按钮，如图 12－44 所示。

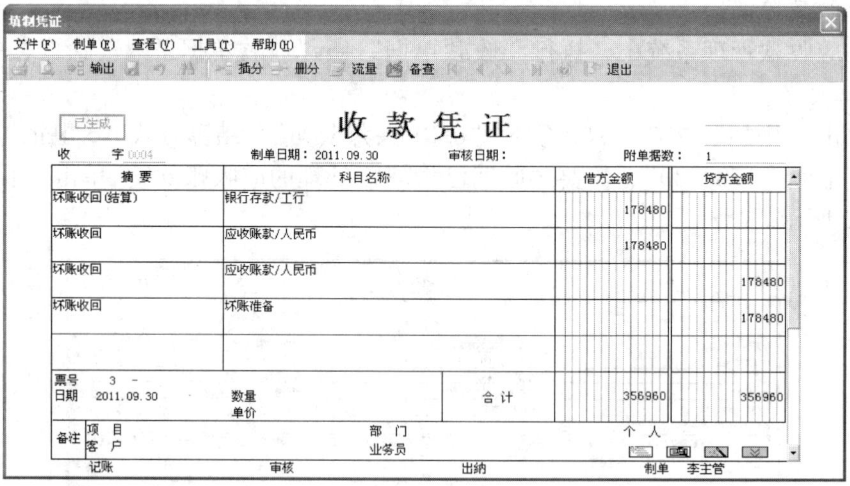

图 12－44　坏账收回生成的收款凭证

（4）单击“退出”按钮。

【提示】

- 在录入一笔坏账收回的款项时，应该注意不要把该客户的其他收款业务与该笔坏账收回业务录入到一张收款单中。
- 坏账收回时制单不受系统选项中“方向相反是否合并”选项控制。

4. 欠款分析。

（1）在应收款管理系统中，执行“账表管理”→“统计分析”→“欠款分析”命令，打开“欠款分析”对话框。

（2）选中“显示百分比”与“显示报警级别”，单击“确定”按钮，打开“欠款分析”对话框，如图 12－45 所示。

图 12 – 45　“欠款分析”对话框

（3）单击“退出”按钮。

【提示】

• 欠款分析是分析截至一定日期，客户、部门或业务员的欠款金额，以及欠款组成情况。

• 在“统计分析”功能中，可以按定义的账龄区间，进行一定期间内应收款账龄分析、收款账龄分析、往来账龄分析，了解各个客户应收款周转天数、周转率，了解各个账龄区间内应收款、收款及往来情况，及时发现问题，加强对往来款项动态的监督管理。

5. 查询业务总账。

（1）在应收款管理系统中，执行“账表管理”→“业务账表”→“业务总账”命令，打开“过滤条件选择_应收总账表”对话框。单击“过滤”按钮，打开“应收总账表”对话框，如图 12 – 46 所示。

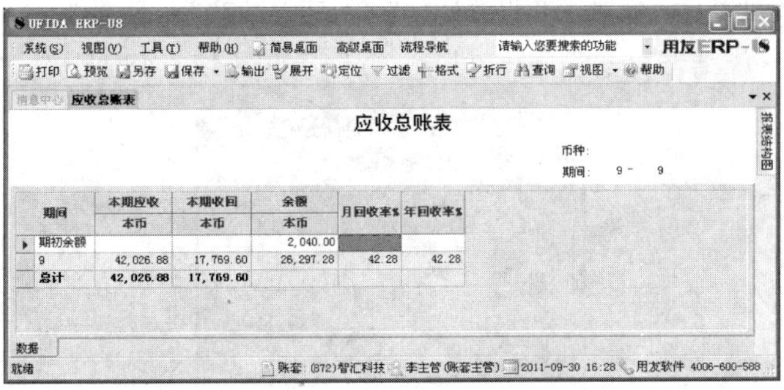

图 12 – 46　“应收总账表”对话框

（2）单击“退出”按钮。

【提示】

• 业务总账查询是对一定期间内应收款汇总情况的查询。在业务总账查询的应收总账表中不仅可以查询“本期应收款”、“本期收回”应收款及应收款的“余额”情况，还可以查询到应收款的月回收率及年回收率。

• 通过业务账表查询，可以及时地了解一定期间内期初应收款结存汇总情况，应收款发生、收款发生的汇总情况、累计情况及期末应收款结存汇总情况；还可以了解各个客户期初应收款结存明细情况，应收款发生、收款发生的明细情况，累计情况及期末应收款结存明细情况，及时发现问题，加强往来款项的监督管理。

6. 查询科目余额表。

（1）在应收款管理系统中，执行“账表管理”→“科目账查询”→“科目余额表”命令，打开“客户往来科目余额表”对话框。单击“确定”按钮，打开“科目余额表”对话框，如图 12 – 47 所示。

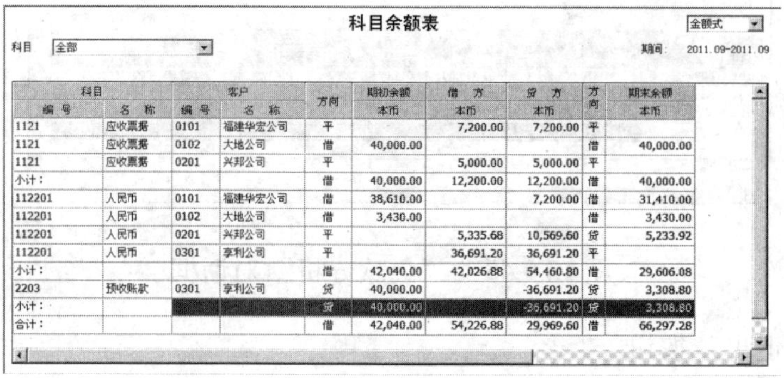

科目		客户		方向	期初余额	借　方	贷　方	方向	期末余额
编　号	名　称	编　号	名　称		本币	本币	本币		本币
1121	应收票据	0101	福建华宏公司	平		7,200.00	7,200.00	平	
1121	应收票据	0102	大地公司	借	40,000.00			借	40,000.00
1121	应收票据	0201	兴邦公司	平		5,000.00	5,000.00	平	
小计：				借	40,000.00	12,200.00	12,200.00	借	40,000.00
112201	人民币	0101	福建华宏公司	借	38,610.00		7,200.00	借	31,410.00
112201	人民币	0102	大地公司	借	3,430.00			借	3,430.00
112201	人民币	0201	兴邦公司	平		5,335.68	10,569.60	贷	5,233.92
112201	人民币	0301	亨利公司	平		36,691.20	36,691.20	平	
小计：				借	42,040.00	42,026.88	54,460.80	借	29,606.08
2203	预收账款	0301	亨利公司	贷	40,000.00		-36,691.20	贷	3,308.80
小计：				贷	40,000.00		-36,691.20	贷	3,308.80
合计：				借	42,040.00	54,226.88	29,969.60	借	66,297.28

图 12 – 47　“科目余额表”对话框

（2）单击“退出”按钮。

【提示】

● 科目账查询包括科目明细账和科目余额表。

● 科目余额表查询可以查询应收受控科目各个客户的期初余额、本期借方发生额合计、本期贷方发生额合计、期末余额。细分为科目余额表、客户余额表、三栏余额表、部门余额表、项目余额表、业务员余额表、客户分类余额表及地区分类余额表。

7. 结账。

（1）在应收款管理系统中，执行“期末处理”→“月末结账”命令，打开“月末处理”对话框。

（2）双击 9 月份“结账标志”栏，显示“Y”，如图 12 – 48 所示。

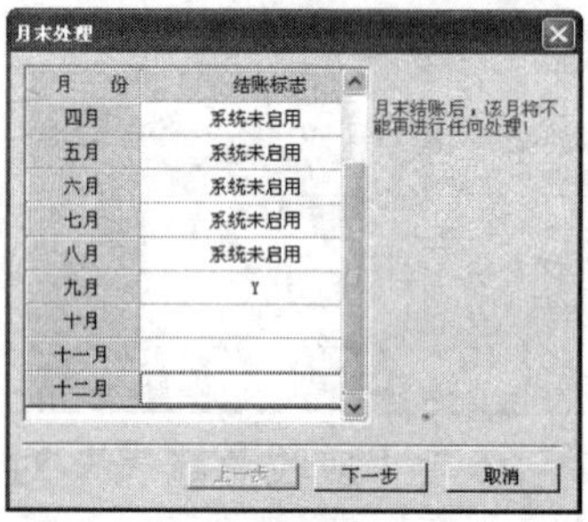

图 12 – 48　“月末处理”对话框

（3）单击“下一步”按钮，打开“月末处理”表，如图 12 – 49 所示。

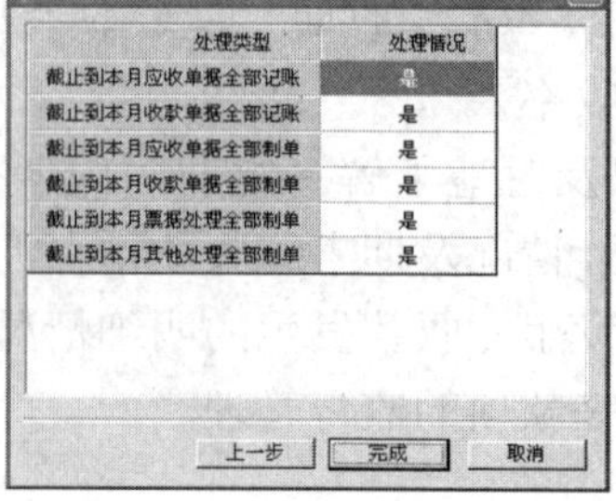

图 12 – 49　“月末处理”对话框

（4）单击“完成”按钮，系统提示“9 月份结账成功”，单击“确定”按钮。

【提示】

- 本月的单据在结账前应该全部审核、核销。
- 当月业务全部处理完毕，应进行月末结账。只有当月结账后，才能开始下月的工作。
- 月末处理时，一次只能选择一个月进行结账。若前一个月未结账，则本月不能结账。
- 在执行了月末结账后，该月将不能再进行任何处理。
- 应收款管理系统结账后，总账管理系统才能结账。
- 应收款管理系统与销售管理系统集成使用，应在销售管理系统结账后，才能对应收款管理系统进行结账处理。

8. 账套备份。

在“D：\ 账套备份”下建立“（12 – 5）应收款坏账处理”文件夹，将账套输出至“D：\ 账套备份\（12 – 5）应收款坏账处理”文件夹中。

第 13 章

应付款管理系统

13.1 业务概述

应付款管理系统，主要实现企业与供应商之间业务往来款项的核算和管理。在应付款管理系统中，以采购发票、其他应付单、付款单为依据，记录采购、进口业务及其他业务所形成的往来账款，处理应付款项的支付、转账等情况，提供票据处理的功能，实现对应付款的管理。根据对供应商往来款项核算和管理的程度不同，系统提供了应付款“详细核算”和“简单核算”两种应用方案。不同的应用方案，其系统功能、产品接口、操作流程等均不相同。

（1）详细核算——在应付款管理系统核算供应商往来款项。若企业应付款核算管理内容比较复杂，需要追踪每一笔业务的应付款、付款等情况，或者需要将应付款核算到产品级，可选该方案。该方案下，应付账款在应付系统进行核算，包括记录应付账款的形成及偿还的全过程；所有供应商往来的凭证全部由应付款管理系统生成，其他系统不再生成这类凭证。

详细核算方案的主要功能：记录应付款项的形成（包括由商品交易和非商品交易所形成的所有的应付项目）、处理应付项目的付款及转账情况、对应付票据进行记录和管理、在应付项目处理过程中自动生成凭证并传递给总账管理系统、对外币业务及汇兑损益进行处理、提供多种查询及分析。

（2）简单核算——在总账系统核算供应商往来款项。如果企业采购业务及应付款业务量少，或者企业现结业务较多，可选该方案。该方案下，应付账款在总账中进行核算制单。

简单核算方案的主要功能：接收采购系统的发票并对其进行审核、对采购发票进行制单处理并传递到总账系统。

具体选择哪一种方案，可在应付款管理系统中通过设置系统选项“应付账款核算模型”进行设置。本章介绍详细核算方案即应付款子系统的功能。应付款管理系统既可独立运行，又可与采购管理系统、总账系统等其他系统结合使用，本章介绍的是应付款管理系统与总账系统的结合使用。

13.1.1　应付款管理系统与其他系统的关系

应付款管理系统与其他系统的数据关系如图 13－1 所示。应付系统接受采购管理系统、进口管理系统、委外管理系统的发票，接受合同管理系统的合同结算单，生成凭证传递到总账系统，并对发票与合同结算单进行核销、转账等处理。此外，应付款管理系统与应收款管理系统间可以进行转账处理，与网上银行进行付款单的导入和导出；可以向 UFO 报表提供应用函数，向资金管理与管理驾驶舱系统提供各种分析数据。

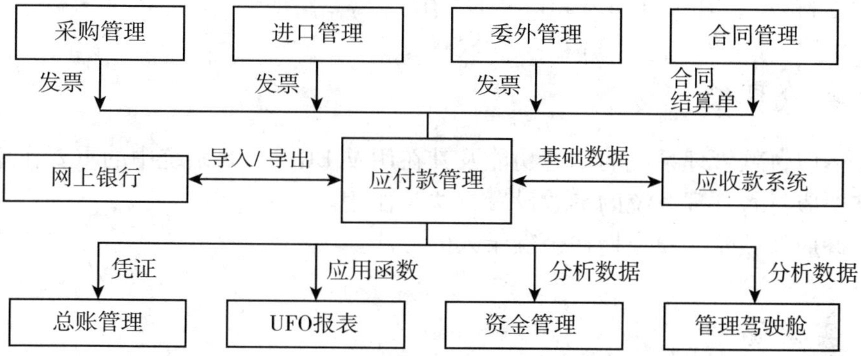

图 13－1　应付款管理系统与其他系统的关系

13.1.2　应付款管理系统业务流程

应付款管理系统业务流程图如图 13－2 所示。

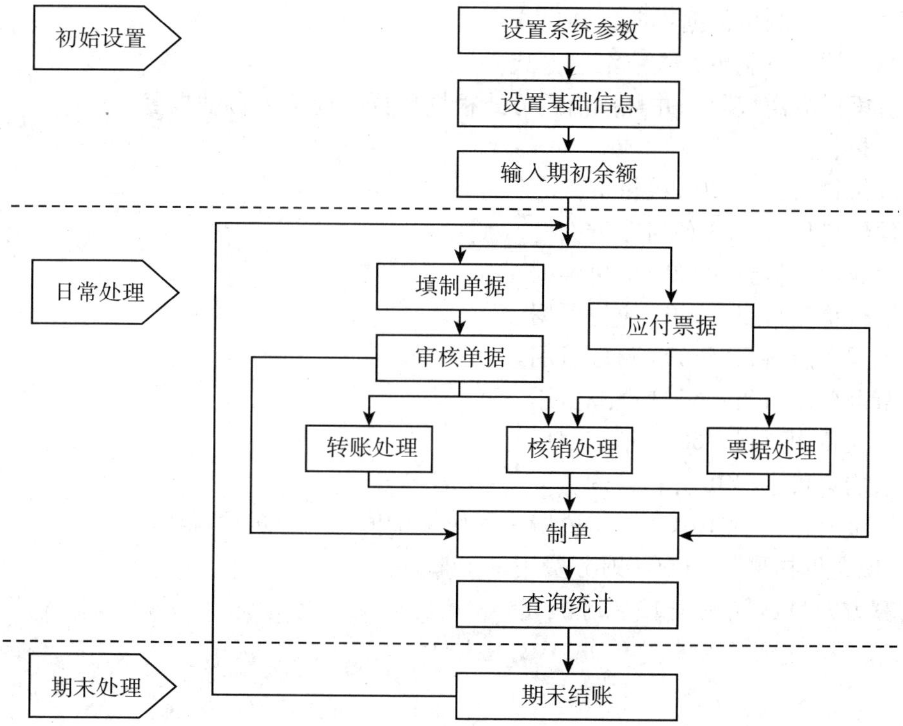

图 13－2　应付款管理系统业务流程

13.2 实验一：应付款管理系统初始化

13.2.1 实验准备

（1）引入光盘中的“实验账套\（9－2）财务基础设置”文件夹中的备份数据。

（2）登录企业应用平台时，选择操作员账套主管“0872”（密码为 0872），账套名称“［872］智汇科技”，登录日期“2011－09－01”。

13.2.2 实验目的

（1）了解应付款管理系统的基本功能及其在用友 ERP－U8 系统中的重要作用。

（2）掌握应付款管理系统的参数设置方法与作用。

（3）掌握应付款管理模块期初余额录入的方法。

13.2.3 实验资料

1. 872 账套应付款管理系统的参数。

（1）单据审核日期依据：业务日期。

（2）应付款核算类型：详细核算。

（3）应付款核销方式：按单据。

（4）受控科目制单依据：明细到供应商。

（5）非受控科目制单方式：汇总方式。

（6）启用供应商权限，并且按信用方式根据单据提前 7 天自动报警。

2. 基本科目。

（1）应付科目：220201 应付货款。

（2）预付科目：1123 预付账款。

（3）商业承兑科目：2201 应付票据。

（4）银行承兑科目：2201 应付票据。

（5）票据利息科目：6603 财务费用。

（6）票据费用科目：6603 财务费用。

（7）收支费用科目：6601 销售费用。

（8）采购科目：1401 材料采购。

（9）税金科目：22210102 应交税费——应交增值税——进项税额。

（10）现金折扣科目：6603 财务费用。

3. 结算方式科目（见表 13－1）。

表 13－1　**结算方式科目**

结算方式	币种	科目
现金	人民币	1001
现金支票	人民币	100201
转账支票	人民币	100201
电汇	人民币	100201
商业承兑汇票	人民币	100201
银行承兑汇票	人民币	100201

4. 账龄区间（见表 13－2）。

表 13－2　**账龄区间**

序号	起止天数（天）	总天数
01	0～30	30
02	31～60	60
03	61～90	90
04	91 以上	

5. 报警级别（见表 13－3）。

表 13－3　**报警级别**

序号	起止比率	总比率（%）	级别名称
01	0～10%	10	A
02	10%～20%	20	B
03	20%～30%	30	C
04	30%～40%	40	D
05	40%～50%	50	E
06	50% 以上		F

6. 期初余额（见表 13－4）。

表 13－4　**期初余额情况**

单据类型	方向	开票日期	发票号	供应商名称	采购部门	科目	货物名称	数量	价税合计
采购专用发票	正	2011. 8. 12		大昌公司	采购部	220201	2T 硬盘	27	50000
采购专用发票	正	2011. 8. 22		启德公司	采购部	220201	激光打印机	10	8500
预付款单	正	2011. 8. 24	222	大昌公司	采购部	1123			20000

13.2.4　实验指导

1. 设置系统参数。

（1）在“业务工作”选项卡中，执行“财务会计”→“应付款管理”→“设置”→“选项”命令，进入“账套参数设置”对话框。

（2）单击“编辑”按钮，系统提示“系统修改需要重新登录才能生效”，单击“确定”按钮。

（3）单击“常规”选项卡，设置单据审核日期依据“业务日期”，应付款核算模型“详细核算”；单击“凭证”选项卡，设置受控科目制单方式为“明细到供应商”，非受控科目制单方式为“汇总方式”；单击“权限与预警”选项卡，选中“启用供应商权限”，在单据报警栏中，设置按“信用方式”“提前天数”为7天自动报警；单击“核销设置”选项卡，设置应付款核销方式“按单据”。

（4）单击“确定”按钮。

2. 设置基本科目。

（1）在应付款管理系统中，执行“设置”→“初始设置”命令，进入“初始设置”对话框。

（2）执行“设置科目”→“基本科目设置”命令，录入应付科目“2202 应付账款”、预付科目“1123 预付账款”、商业承兑科目“2201 应付票据”、银行承兑科目“2201 应付票据”、票据利息科目“6603 财务费用”、票据费用科目“6603 财务费用”、收支费用科目“6601 销售费用”、采购科目“1401 材料采购”、税金科目“22210102 应交税费——应交增值税——进项税额”、现金折扣科目“6603 财务费用”，如图 13－3 所示。

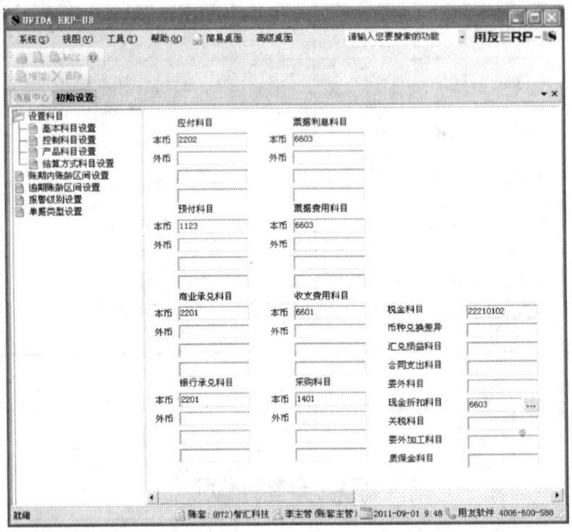

图 13－3　“基本科目设置”对话框

（3）单击“退出”按钮。

【提示】

- 在基本科目设置中所设置的应付科目“2202 应付账款”、预付科目“1123 预付账款”及“2201 应付票据”，应在总账系统中设置其辅助核算内容为“供应商往来”，并且其受控系统为“应付系统”。否则在这里不能被选中。

● 只有在这里设置了基本科目，在生成凭证时才能直接生成凭证中的会计科目，否则生成的凭证中将没有会计科目，相应的会计科目只能手工录入。

● 如果应付科目、预付科目按不同的供应商或供应商分类设置，则可在“控制科目设置”中设置，在此可以不设置。

● 如果针对不同的存货分别设置采购核算科目，则在此不用设置，可以在“产品科目设置”中进行设置。

3. 设置结算方式科目。

（1）在应付款管理系统中，执行“设置”→“初始设置”，进入“初始设置”对话框。执行“设置科目”→“结算方式科目设置”命令。

（2）在“结算方式”栏选择“现金结算”，在“币种”栏选择“人民币”，在“科目”栏录入或选择“1001”，按回车键。

（3）同理，录入其他结算方式科目，如图 13－4 所示。

图 13－4　“结算方式科目设置”对话框

（4）单击“退出”按钮。

【提示】

● 结算方式科目设置是针对已经设置的结算方式设置相应的结算科目。即在付款或收款时只要告诉系统结算时使用的结算方式，系统就可以自动生成该种结算方式所使用的会计科目。

● 如果在此不设置结算方式科目，则在付款或收款时需要手工输入不同结算方式对应的会计科目。

4. 设置账龄区间。

（1）在应付款管理系统中，执行“设置”→“初始设置”，进入“初始设置”对话框，执行“账期内账龄区间设置”命令。

（2）录入第一行总天数“30”，回车。同理，录入其他行的“总天数”，如图 13－5 所示。

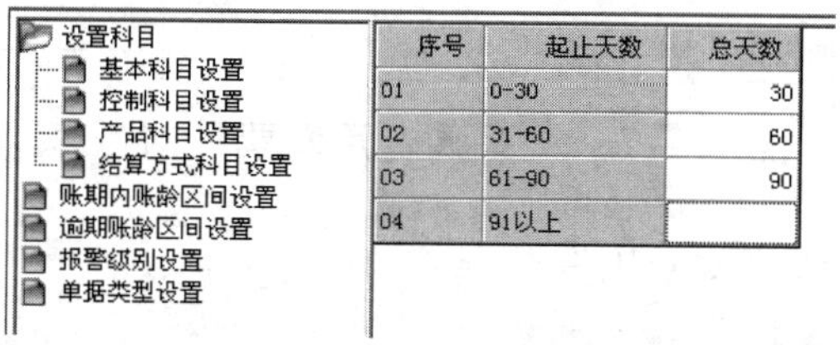

图 13－5　“账期内账龄区间设置”对话框

（3）单击“退出”按钮。

5. 设置报警级别。

（1）在应付款管理系统中，执行“设置”→“初始设置”，进入“初始设置”对话框，执行“报警级别设置”命令。

（2）在第一行录入总比率“10”与级别名称“A”，回车。同理，录入其他行的“总比率”与“级别名称”，如图 13－6 所示。

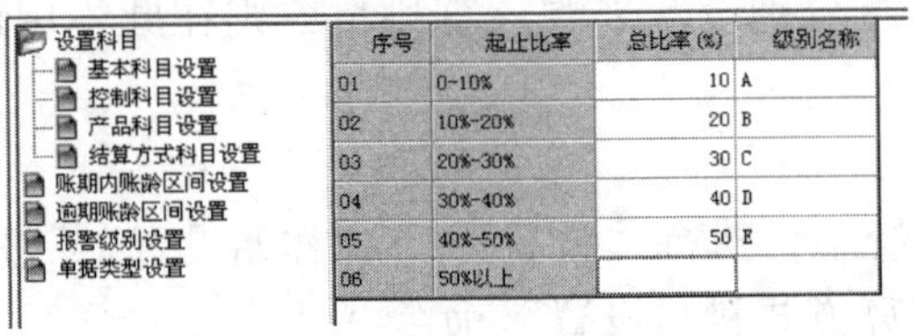

图 13－6　“报警级别设置”对话框

（3）单击“退出”按钮。

6. 录入期初采购发票。

（1）在应付款管理系统中，执行“设置”→“期初余额”命令，打开“期初余额——查询”对话框。单击“确定”按钮，打开“期初余额明细表”对话框。

（2）单击“增加”按钮，打开“单据类别”对话框。选择单据名称“采购发票”，单据类型“采购专用发票”，方向选择“正”，单击“确定”按钮，打开“采购专用发票”对话框。

（3）单击“增加”按钮，录入开票日期为“2011－8－12”，供应商“0101 大昌公司”，系统自动带出供应商相关信息；录入存货编号“010102012T 硬盘”，数量“27”，原币价税合计“50000”，如图 13－7 所示。单击“保存”按钮。

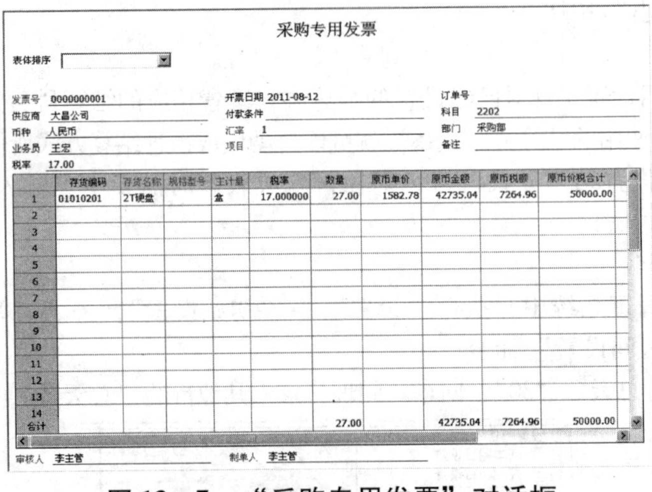

图 13－7　“采购专用发票”对话框

（4）同理，录入另一张采购专用发票。

【提示】

● 初次使用应付款管理系统时，应将启用应付款管理系统时未处理完的所有供应商的应付账款、预付账款、应付票据等数据录入本系统里。进入第二年度时，系统将上一年度未处理完的单据转为下一年度的期初余额。在下一年度的第一会计期间，可以进行期初余额的调整。

● 如果退出录入期初余额的单据，在“期初余额明细表”窗口中没有看到新录入的期初余额，应单击“刷新”按钮，就可以列示所有的期初余额的内容。

- 录入期初余额时一定要注意期初余额的会计科目不要弄错。应付款管理系统的期初余额应与总账进行对账，如果科目错误将会导致对账错误。
- 如果未设置允许修改采购专用发票的编号，则在填制采购专用发票时不允许修改采购专用发票的编号。其他单据的编号也一样，系统默认的状态为不允许修改。
- 在日常业务中，可对期初发票、应付单、预付款、票据进行后续的核销、转账处理。

7. 录入预付款单。

（1）在“期初余额明细表”对话框中，单击“增加”按钮，打开“单据类别”对话框。选择单据名称“预付款”，“单据类型”选择“付款单”，单击“确定”按钮，打开“付款单”对话框。

（2）单击“增加”按钮，录入日期为“2011. 8. 24”，供应商“0101 大昌公司”，结算方式“转账支票”，在“金额”栏录入“20000”，在“摘要”栏录入“预付货款”，确认付款单下半部分的“科目”栏录入“1123 预付账款”，如图 13－8 所示。

图 13－8 “付款单”对话框

（3）单击“保存”按钮，单击“退出”按钮。

【提示】

- 预付款的单据类型也是“付款单”，但款项类型为“预付款”。

8. 应付款管理系统与总账系统期初对账。

（1）在“期初余额明细表”对话框中，单击“对账”按钮，打开“期初对账”对话框，如图 13－9 所示。

科目		应付期初		总账期初		差额	
编号	名称	原币	本币	原币	本币	原币	本币
1123	预付账款	-20,000.00	-20,000.00	-20,000.00	-20,000.00	0.00	0.00
2201	应付票据	0.00	0.00	0.00	0.00	0.00	0.00
2202	应付账款	58,500.00	58,500.00	58,500.00	58,500.00	0.00	0.00
	合计		38,500.00		38,500.00		0.00

图 13－9 “期初对账”对话框

（2）查看应付款管理系统与总账管理系统的期初余额是否平衡。

（3）关闭“期初对账”对话框，返回“期初余额明细表”对话框。

【提示】

● 应付款管理系统与总账系统对账，必须要在总账与应付系统同时启用后才得以进行。

● 当全部应付款期初余额录入后，应通过对账功能将应付系统期初余额与总账系统期初余额进行核对，两者的差额应为零，即两个系统的供应商往来科目的期初余额应完全一致。

9. 账套备份。

在“D：\ 账套备份”下建立“（13－1）应付款系统初始化”文件夹，将账套输出至“D：\ 账套备份\（13－1）应付款系统初始化”文件夹中。

13.3 实验二：单据处理

13.3.1 实验准备

（1）引入光盘中的“实验账套\（13－1）应付款初始化设置”文件夹中的备份数据。

（2）登录企业应用平台时，选择操作员账套主管“0872”（密码为 0872），账套名称“[872] 智汇科技”，登录日期“2011－09－30”。

13.3.2 实验目的

（1）了解单据处理的基本功能及其在用友 ERP－U8 系统中的重要作用。

（2）掌握单据处理的主要操作流程。

（3）掌握采购发票、应付单、付款单的录入、修改、删除的操作。

（4）掌握应付单、付款单的制单、审核操作。

（5）掌握手工单据核销的处理方法。

13.3.3 实验资料

（1）2011 年 9 月 7 日，从大昌公司采购 2T 硬盘 40 盒，原币单价为 1350 元，增值税税率 17%。

（2）2011 年 9 月 8 日，从启德公司采购联想键盘 400 个，原币单价 55 元，增值税税率 17%，运费 60 元。

（3）2011 年 9 月 8 日，从大昌公司采购 2T 硬盘 50 盒，原币单价为 1340 元，增值税税率 17%。

（4）2011 年 9 月 10 日，从大昌公司采购 2T 硬盘 10 盒，原币单价为 1360 元，增值税税率 17%。

（5）2011 年 9 月 22 日，以转账支票向大昌公司支付 9 月 7 日购买的 2T 硬盘 40 盒的货税款 63180 元，实际支付 65000 元，余款作为预付款。

（6）2011 年 9 月 22 日，以转账支票支付向启德公司购买联想键盘的货税款 25740 元。

13.3.4　实验指导

1. 填制第 1 笔业务的采购专用发票。

（1）在应付款管理系统中，执行“应付单据处理”→“应付单据录入”命令，打开“单据类别”对话框。

（2）选择“单据名称”为“采购发票”，“单据类型”为“采购专用发票”，单击“确定”按钮，打开“专用发票”对话框。

（3）单击“增加”按钮，录入开票日期“2011－09－07”，供应商“大昌公司”，在表体下半部分录入存货编码“01010201”，数量“40”，原币单价“1350.00”，单击“保存”按钮，如图 13－10 所示。

图 13－10　“采购专用发票”对话框

（4）同理，录入第 2 笔、第 3 笔、第 4 笔业务的采购专用发票。

【提示】

- 采购发票与应付单是应付款管理系统日常核算的单据。如果应付款管理系统与采购系统集成使用，采购发票和代垫费用在采购管理系统中录入并审核，在应付系统中可以对这些单据进行查询、核销、制单等操作。此时应付款管理系统需要录入的只限于应付单。如果没有使用采购系统，则所有发票和应付单均需在应付款管理系统中录入、审核。
- 在不启用供应链的情况下，应付款管理系统只能对采购业务的资金流进行会计核算，即对应付款、已收款及收入实现情况的核算，而物流的核算即存货出库成本的核算还需在总账系统中手工进行结转。
- 录入采购发票后可以直接进行审核，在直接审核后系统会提示“是否立即制单?”，此时可以直接制单；如果录入采购发票后不直接审核可以在审核功能中审核，再到制单功能中制单。
- 已审核的单据不能修改或删除。但在其进行其他处理之前，可以取消审核后再修改。
- 已生成凭证或进行过核销的单据在单据界面不再显示。

2. 填制第 2 笔业务的普通采购发票。

（1）在应付款管理系统中，执行“应付单据处理”→“应付单据录入”命令，打开“单据类别”对话框。选择单据名称“采购发票”，单据类型“采购普通发票”，单击“确定”按钮，打开“普通发票”对话框。

（2）单击“增加”按钮，录入开票日期“2011－09－08”，供应商“启德公司”，税率“7”，在表体下半部录入存货编码“0501 运输费”，原币金额“60”，单击“保存”按钮，如图 13－11 所示。

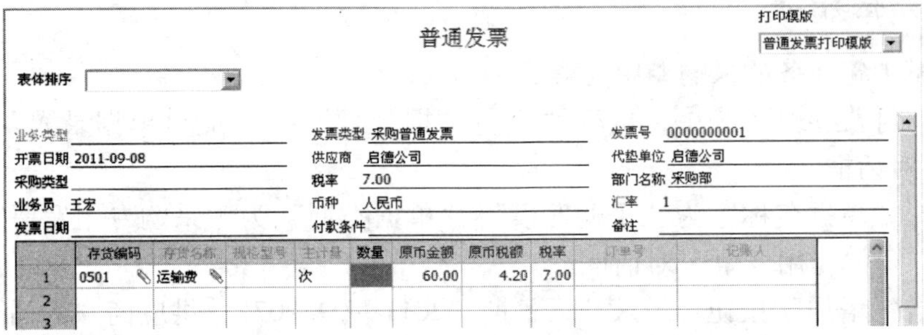
打印模版

普通发票

普通发票打印模版

表体排序

业务类型		发票类型	采购普通发票	发票号	0000000001
开票日期	2011-09-08	供应商	启德公司	代垫单位	启德公司
采购类型		税率	7.00	部门名称	采购部
业务员	王宏	币种	人民币	汇率	1
发票日期		付款条件		备注	

	存货编码	存货名称	规格型号	主计量	数量	原币金额	原币税额	税率	订单号	记账人
1	0501	运输费		次		60.00	4.20	7.00		
2										
3										

图 13－11　“普通发票”对话框

（3）单击“保存”按钮，再单击“退出”按钮。

3. 审核应付单据。

（1）在应付款管理系统中，执行“应付单据处理”→“应付单据审核”命令，打开“应付单过滤条件”对话框。单击“确定”按钮，打开“应付单据列表”对话框。

（2）单击“全选”按钮，如图 13－12 所示。再单击“审核”按钮，系统提示“本次审核成功单据 5 张”。

应付单据列表

记录总数：5

选择	单据类型	单据号	供应商名称	部门	业务员	制单人	币种	汇率	原币金额	本币金额
Y	采购专用发票	0000000003	大昌公司	采购部	王宏	李主管	人民币	1.000...	63,180.00	63,180.00
Y	采购专用发票	0000000004	启德公司	采购部	王宏	李主管	人民币	1.000...	25,740.00	25,740.00
Y	采购普通发票	0000000001	启德公司	采购部	王宏	李主管	人民币	1.000...	60.00	60.00
Y	采购专用发票	0000000005	大昌公司	采购部	王宏	李主管	人民币	1.000...	78,390.00	78,390.00
Y	采购专用发票	0000000006	大昌公司	采购部	王宏	李主管	人民币	1.000...	15,912.00	15,912.00
合计									183,282.00	183,282.00

图 13－12　“应付单据列表”对话框

（3）单击“确定”按钮，再单击“退出”按钮。

4. 采购发票制单。

（1）在应付款管理系统中，执行“制单处理”命令，打开“制单查询”对话框。选中“发票制单”复选框，单击“确定”按钮，打开“采购发票制单”对话框。

（2）单击“全选”按钮，选择“凭证类别”为“转账凭证”，如图 13－13 所示。

采购发票制单

凭证类别　转账凭证　　制单日期　2011-09-30　　共 5 条

选择标志	凭证类别	单据类型	单据号	日期	供应商编码	供应商名称	部门	业务员	金额
1	转账凭证	采购专用发票	0000000003	2011-09-30	0101	大昌公司	采购部	王宏	63,180.00
2	转账凭证	采购专用发票	0000000004	2011-09-30	0102	启德公司	采购部	王宏	25,740.00
3	转账凭证	采购普通发票	0000000001	2011-09-30	0102	启德公司	采购部	王宏	60.00
4	转账凭证	采购专用发票	0000000005	2011-09-30	0101	大昌公司	采购部	王宏	78,390.00
5	转账凭证	采购专用发票	0000000006	2011-09-30	0101	大昌公司	采购部	王宏	15,912.00

图 13－13　“采购发票制单”对话框

（3）单击“制单”按钮，生成第1张转账凭证，单击“保存”按钮。如图13－14所示。

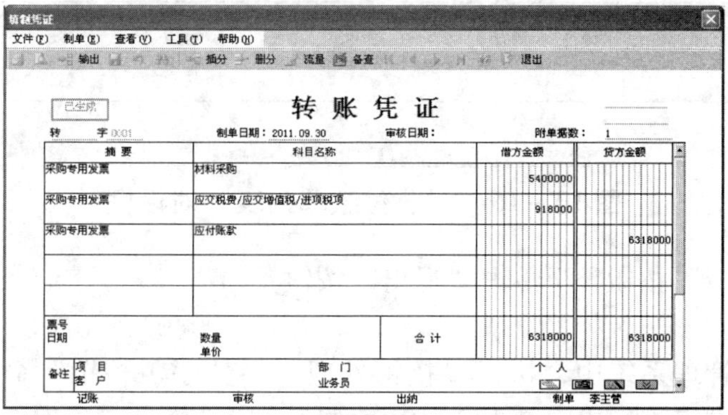

图13－14　采购发票制单生成的转账凭证

（4）单击“下张凭证”按钮，再单击“保存”按钮，完成全部单据的制单。

5. 填制付款单。

（1）在应付款管理系统中，执行“付款单据处理”→“付款单据录入”命令，打开“付款单”对话框。

（2）单击“增加”按钮，录入开票日期为“2011－09－22”，供应商“大昌公司”，结算方式“转账支票”，金额“65000.00”，摘要“支付40盒2T硬盘的货税款”，单击“保存”按钮，如图13－15所示。

图13－15　“付款单”对话框

（3）单击“增加”按钮，继续录入第6笔业务的收款单。

6. 审核付款单。

（1）在应付款管理系统中，执行“付款单据处理”→“付款单据审核”命令，打开“付款单过滤条件”对话框。单击“确定”按钮，打开“收付款单列表”对话框。

（2）单击“全选”按钮，如图13－16所示。再单击“审核”按钮，系统提示“本次审核成功单据2张”。

收付款单列表

记录总数：2

选择	审核人	单据日期	单据类型	单据编号	供应商	部门	业务员	结算方式	票据号	币种	汇率
	李主管	2011-09-22	付款单	0000000002	大昌公司	采购部	王宏	转账支票		人民币	1.00000000
	李主管	2011-09-22	付款单	0000000003	启德公司	采购部	王宏	转账支票		人民币	1.00000000
合计											

图 13－16　“收付款单列表”对话框

（3）单击“确定”按钮，再单击“退出”按钮。

7. 核销收款单。

（1）在应付款管理系统中，执行“核销处理”→“手工核销”命令，打开“核销条件”对话框。在“供应商”栏中录入“0101 大昌公司”，单击“确定”按钮，打开“单据核销”对话框。

（2）将上半部单据编号为“0000000002”的本次结算金额改为“63180”，在下半部单据编号为“0000000003”的本次结算中录入“63180”，如图 13－17 所示。

单据日期	单据类型	单据编号	供应商	款项类型	结算方式	币种	汇率	原币金额	原币余额	本次结算	订单号
2011-08-24	付款单	0000000001	大昌公司	预付款	转账支票	人民币	1.0...	20,000.00	20,000.00		
2011-09-22	付款单	0000000002	大昌公司	应付款	转账支票	人民币	1.0...	65,000.00	65,000.00	63,180.00	
合计								85,000.00	85,000.00	63,180.00	

单据日期	单据类型	单据编号	到期日	供应商	币种	原币金额	原币余额	可享受折扣	...	本次结算	订...	凭证号
2011-08-12	采购专用发票	0000000001	2011-08-12	大昌公司	人民币	50,000.00	50,000.00	0.00				
2011-09-07	采购专用发票	0000000003	2011-09-07	大昌公司	人民币	63,180.00	63,180.00	0.00	..	63,180.00		转-0001
2011-09-08	采购专用发票	0000000005	2011-09-08	大昌公司	人民币	78,390.00	78,390.00	0.00				转-0004
2011-09-10	采购专用发票	0000000006	2011-09-10	大昌公司	人民币	15,912.00	15,912.00	0.00				转-0005
合计						207,482.00	207,482.00	0.00		63,180.00		

图 13－17　“单据核销”对话框

（3）单击“保存”按钮。

（4）同理，对启德公司进行手工核销，将 9 月 22 日的付款 25740 元与 9 月 8 日的货税款 25740 元核销。

（5）单击“退出”按钮。

【提示】

● 结算单列表显示的是款项类型为应付款和预付款的记录，款项类型为其他费用的记录不允许在此作为核销记录。

● 核销时，结算单列表中款项类型为应付款的记录，默认本次结算金额为该记录上的原币金额；款项类型为预付款的记录，默认的本次结算金额为空。核销时可以修改本次结算金额，但不能大于该记录的原币金额。

● 保存核销内容后，单据核销窗口将不再显示已被核销的内容。

8. 收付款单制单。

（1）在应付款管理系统中，执行“制单处理”命令，打开“制单查询”对话框。选中“收付款单制单”复选框，单击“确定”按钮，打开“收付款单制单”对话框。

（2）单击“全选”按钮，修改凭证类别为“付款凭证”，单击“制单”按钮，生成第 1

张付款凭证。如图 13－18 所示。单击“流量”按钮，打开“现金流量录入修改”，设置项目编码“04”，单击“确定”按钮。单击“保存”按钮。

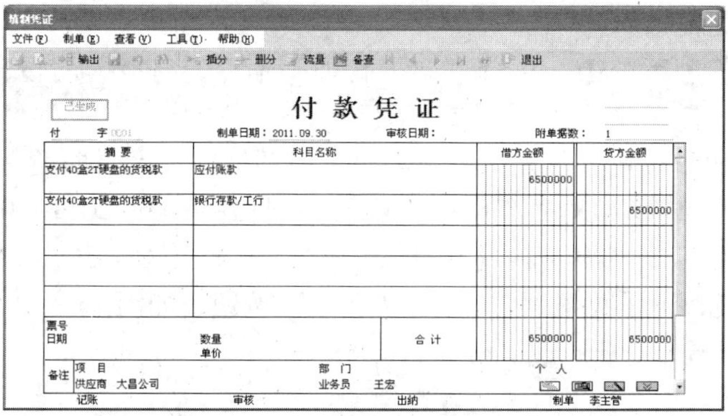

图 13－18　付款单制单生成的付款凭证

（3）单击“下张凭证”按钮，填写现金流量，再单击“保存”按钮，完成全部单据的制单。

（4）单击“退出”按钮。

9. 账套备份。

在“D：\ 账套备份”下建立“（13－2）应付款单据处理”文件夹，将账套输出至“D：\ 账套备份 \（13－2）应付款单据处理”文件夹中。

13.4　实验三：票据管理

13.4.1　实验准备

（1）引入光盘中的“实验账套 \（13－2）应付款单据处理”文件夹中的备份数据。

（2）登录企业应用平台时，选择操作员账套主管“0872”（密码为 0872），账套名称“［872］智汇科技”，登录日期“2011－09－30”。

13.4.2　实验目的

（1）了解票据处理的基本功能及其在用友 ERP－U8 系统中的重要作用。

（2）掌握商业承兑汇票的填制、结算及制单的操作。

13.4.3　实验资料

（1）2011 年 9 月 8 日，向启德公司签发并承兑商业承兑汇票一张（票据编号：000001），面值为 50000 元，到期日为 2011 年 9 月 28 日。

（2）2011 年 9 月 12 日，向大昌公司签发并承兑商业承兑汇票一张（票据编号：000002），面值为 80000 元，到期日为 2011 年 11 月 12 日。

（3）2011 年 9 月 28 日，将 2011 年 9 月 8 日向启德公司签发并承兑的商业承兑汇票予以结算。

13.4.4　实验指导

1. 填制商业承兑汇票。

（1）在应付款管理系统中，执行“票据管理”命令，打开“过滤条件选择”对话框。单击“过滤”按钮，打开“票据管理”对话框。

（2）单击“增加”按钮，打开“商业汇票”对话框。录入票据类型“商业承兑汇票”，票据编号“000001”，结算方式“商业承兑汇票”，收到日期“2011 - 09 - 08”，出票日期“2011 - 09 - 08”，到期日“2011 - 09 - 28”，收款人“启德公司”，金额“50000.00”，票据摘要“签发并承兑商业承兑汇票”，单击“保存”按钮，如图 13 - 19 所示。

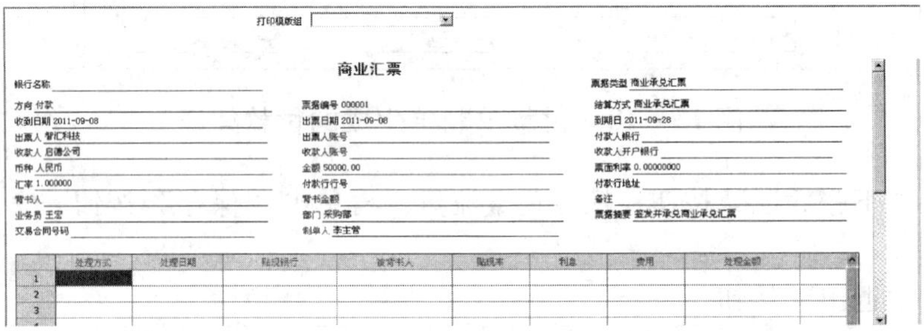

图 13 - 19　“商业汇票”对话框

（3）同理，录入第 2 张商业承兑汇票。

2. 商业承兑汇票结算。

（1）在应付款管理系统中，执行“票据管理”命令，打开“过滤条件选择”对话框。单击“过滤”按钮，打开“票据管理”对话框。

（2）单击选中票据编号为“000001”的商业承兑汇票，单击“结算”按钮，打开“票据结算”对话框。

（3）录入结算日期“2011 - 09 - 28”，结算金额“50000”，结算科目“100201 工行”，如图 13 - 20 所示。

图 13 - 20　“票据结算”对话框

（4）单击“确定”按钮，系统提示“是否立即制单?”，单击“是”按钮，生成结算的记账凭证，修改凭证类别为“付款凭证”，单击“流量”按钮，打开“现金流量录入修改”，设置项目编码“04”，单击“确定”按钮，单击“保存”按钮，如图 13 - 21 所示。

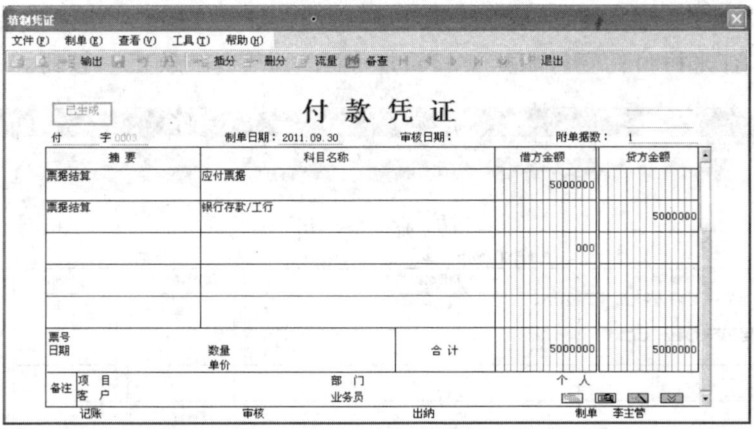

图 13 - 21　票据结算生成的付款凭证

（5）单击“保存”按钮，系统提示“往来科目：应付票据（2201）赤字”，单击“确定”按钮。

（6）单击“退出”按钮。

【提示】

- 应付票据（2201）赤字表示向供应商支付的金额超过应付账款，可作预付账款。

3. 审核付款单。

（1）在应付款管理系统中，执行“付款单据处理”→“付款单据审核”命令，打开“付款单过滤条件”对话框。单击“确定”按钮，打开“收付款单列表”对话框，如图 13 - 22 所示。

收付款单列表

记录总数：2

选择	审核人	单据日期	单据类型	单据编号	供应商	部门	业务员	结算方式	票据号	币种	汇率	原币金额	本币金额	备注
	李主管	2011-09-08	付款单	0000000004	启德公司	采购部	王宏	商业承…	000001	人民币	1.00000000	50,000.00	50,000.00	签发并承兑商业承兑汇
	李主管	2011-09-12	付款单	0000000005	大昌公司	采购部	王宏	商业承…	000002	人民币	1.00000000	80,000.00	80,000.00	签发并承兑商业承兑汇
合计												130,000.00	130,000.00	

图 13 - 22　“收付款单列表”对话框

（2）单击“全选”按钮，再单击“审核”按钮，系统提示“本次审核成功单据 2 张”。

（3）单击“确定”按钮，再单击“退出”按钮。

4. 制单。

（1）在应付款管理系统中，执行“制单处理”命令，打开“制单查询”对话框。

（2）选中“收付款单制单”复选框，单击“确定”按钮，打开“收付款单制单”对话框。修改凭证类别为“转账凭证”，单击“全选”按钮，如图 13 - 23 所示。

收付款单制单

凭证类别 转账凭证　制单日期 2011-09-30　共 2 条

选择标志	凭证类别	单据类型	单据号	日期	供应商编码	供应商名称	部门	业务员	金额
1	转账凭证	付款单	0000000004	2011-09-08	0102	启德公司	采购部	王宏	50,000.00
2	转账凭证	付款单	0000000005	2011-09-12	0101	大昌公司	采购部	王宏	80,000.00

图 13 - 23　“收付款单制单”对话框

（3）单击“制单”按钮，生成第 1 张转账凭证，如图 13－24 所示。单击“保存”按钮，系统提示“往来科目：应付账款（2202）赤字”，单击“确定”按钮。

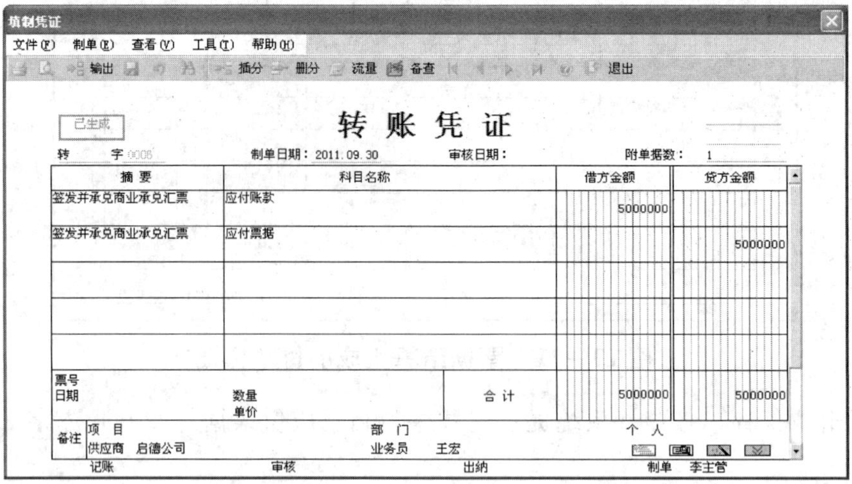

图 13－24　付款单生成的转账凭证

（4）单击“下张凭证”按钮，同理操作。

（5）单击“退出”按钮。

【提示】

- 应付账款（2202）赤字表示向供应商支付的金额超过应付账款，可作预付账款。

5. 账套备份。

在“D：\ 账套备份”下建立“（13－3）应付款票据管理”文件夹，将账套输出至“D：\ 账套备份\（13－3）应付款票据管理”文件夹中。

13.5 实验四：转账处理

13.5.1 实验准备

（1）引入光盘中的“实验账套\（13－3）应付款票据管理”文件夹中的备份数据。

（2）登录企业应用平台时，选择操作员账套主管“0872”（密码为 0872），账套名称“[872] 智汇科技”，登录日期“2011－09－30”。

13.5.2 实验目的

（1）了解转账处理的基本功能及其在用友 ERP－U8 系统中的重要作用。

（2）掌握应付账款冲抵应付账款的方法。

（3）掌握预付账款冲抵应付账款的方法。

13.5.3 实验资料

（1）2011 年 9 月 23 日，经三方同意将 2011 年 9 月 8 日形成的应向大昌公司支付的货税款 78390 元转为向启德公司的应付账款。

（2）2011 年 9 月 29 日，经双方同意将 2011 年 9 月 10 日形成的应向大昌公司支付的货税款 15912 元用预付款冲抵。

13.5.4　实验指导

1. 将应付账款冲抵应付账款。

（1）在应付款管理系统中，执行“转账”→“应付冲应付”命令，打开“应付冲应付”对话框。

（2）录入日期“2011－09－23”，转出户“0101－大昌公司”，转入户“0201－启德公司”，单击“过滤”按钮，表中显示转出户的应付账款列表。在单据日期为“2011－09－08”行的“并账金额”栏录入“78390”，如图 13－25 所示。

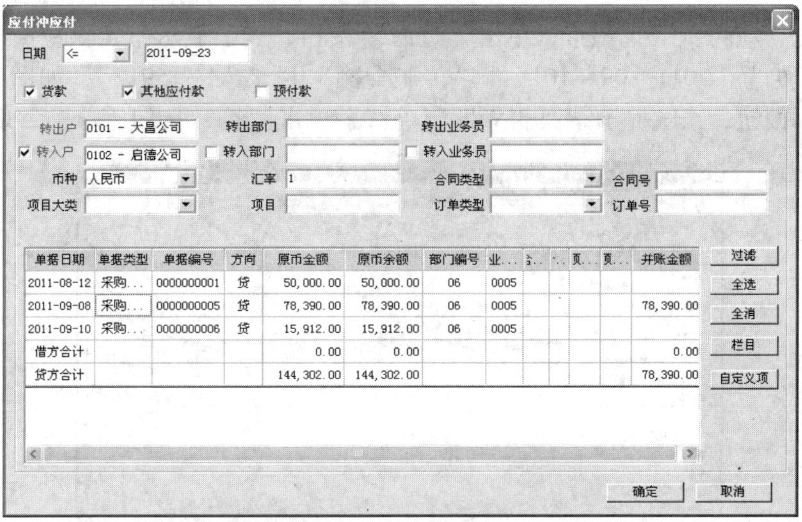

图 13－25　“应付冲应付”对话框

（3）单击“确定”按钮，系统提示“是否立即制单?”，单击“否”按钮，单击“取消”按钮。

【提示】

- 应付冲应付功能将应付款业务在供应商之间进行转入、转出，实现应付业务的调整，解决应付款业务在不同供应商间入错户或合并户的问题。
- 每笔应付款的转账金额不能大于其余额。
- 每次只能选择一个转入单位。

2. 将预付账款冲抵应付账款。

（1）在应付款管理系统中，执行“转账”→“预付冲应付”命令，打开“预付冲应付”对话框。

（2）单击“预付款”选项卡，在“供应商”栏录入“0101－大昌公司”。单击“过滤”按钮，表中显示向指定供应商的预付账款列表。在单据日期为“2011－08－24”的“转账金额”栏录入“15912”，如图 13－26 所示。

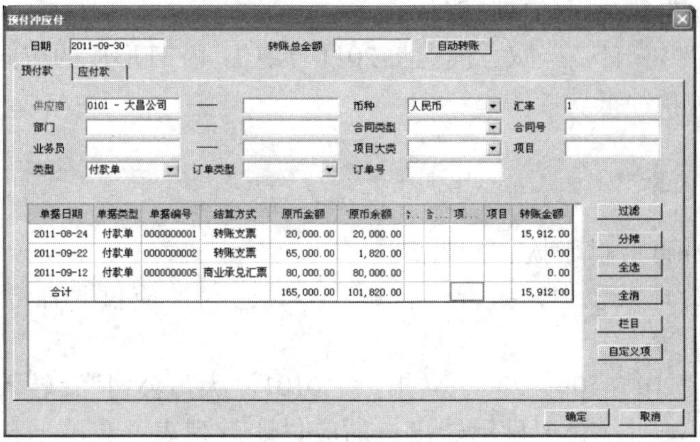

图 13－26　“预付冲应付”对话框的“预付款”选项卡

（3）单击“应付款”选项卡，单击“过滤”按钮，表中显示指定供应商的应付账款列表。在单据日期为“2011－09－10”的“转账金额”栏录入“15912”，如图 13－27 所示，单击“确定”按钮，系统提示“是否立即制单?”，单击“否”按钮，单击“取消”按钮。

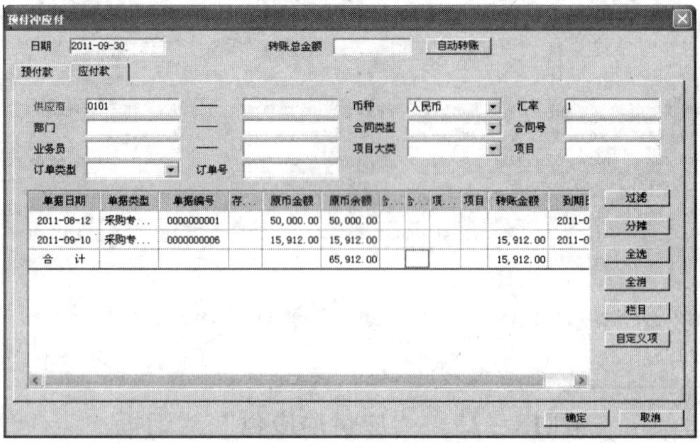

图 13－27　“预付冲应付”对话框的“应付款”选项卡

3. 制单。

（1）在应付款管理系统中，执行“制单处理”命令，打开“制单查询”对话框。

（2）选中“转账制单”和“并账制单”复选框，单击“确定”按钮，打开“应付制单”对话框。如图 13－28 所示。

图 13－28　“应付制单”对话框

（3）单击“全选”按钮，选择凭证类别为“转账凭证”，单击“制单”按钮，生成第 1 张记账凭证，单击“保存”按钮。如图 13－29 所示。

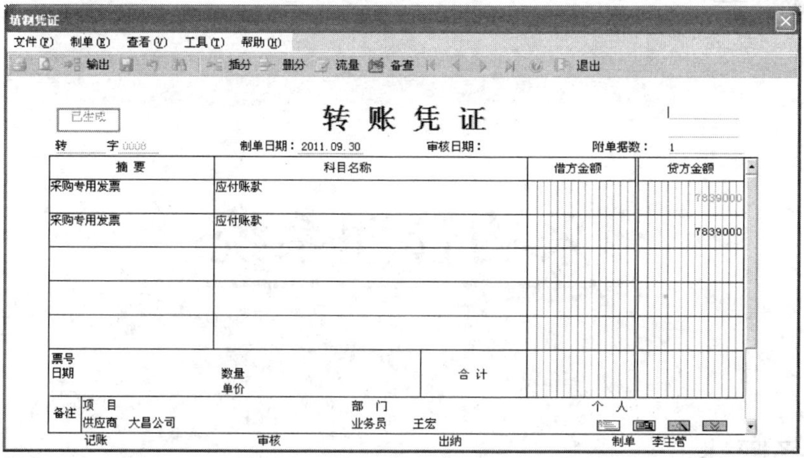

图 13－29　“应付冲应付”生成的转账凭证

（4）单击“下张凭证”按钮，同理操作。

（5）单击“退出”按钮。

4. 结账。

（1）在应付款管理系统中，执行“期末处理”→“月末结账”命令，打开“月末处理”对话框。

（2）双击 9 月份“结账标志”栏，显示“Y”，单击“下一步”按钮，单击“完成”按钮，系统提示“9 月份结账成功”，单击“确定”按钮。

5. 账套备份。

在“D：\ 账套备份”下建立“（13－4）应付款转账处理”文件夹，将账套输出至“D：\ 账套备份\（13－4）应付款转账处理”文件夹中。

第 *14* 章

采购管理系统

14.1 业务概述

用友 ERP－U8 采购管理系统，提供对普通采购、直运采购、受托代销采购等采购流程进行有效的控制和管理，以便帮助企业降低采购成本，提升企业竞争力。

采购管理系统的主要功能包括：

（1）对供应商进行有效管理。通过对供应商进行分类管理，维护供应商档案信息和供应商存货对照表，便于企业与供应商建立长期稳定的采购渠道。同时，系统还可以对供应商的交货时间、货物质量、供应价格等进行分析评价，确定审查合格的供应商，并调整供应商档案。

（2）严格管理采购价格。供应链管理系统可以对采购价格进行严格管理，为企业降低采购成本提供依据。

（3）采购流程管理。企业根据采购计划、请购单、销售订单生成采购订单，也可以手工输入请购单、采购订单；采购业务可以从请购开始，也可以直接从采购订单开始；还可以在收到采购货物时直接输入采购到货单，或者根据采购订单拷贝采购到货单；质量检验部门对货物验收后，还要输入采购入库单，或者根据采购到货单生成采购入库单。可以选择的采购流程，为企业对不同采购业务进行不同管理提供了方便。

（4）及时进行采购结算。接收供应商开具的采购发票后，直接将采购发票与采购入库单进行采购结算，并将结算单直接转给财务部门进行相应的账务处理，便于及时支付货款。

（5）采购执行情况分析。可以对采购订单的执行情况进行分析，便于分清责任，及时发现、解决采购过程中出现的问题，以便及时组织采购，保证生产顺利进行，并能保持较低的库存，为降低成本提供保证。

采购管理系统与其他各系统的数据关系如图 14－1 所示。采购管理系统可接收来自 MRP 运算后的采购计划、库存管理系统的 ROP（再订货点）运算后的采购计划、销售管理系统的销售订单生成采购订单（直运业务）；然后将采购到货单传递到库存管理系统，经审核形成采购入库单；而采购发票则传递到应付款管理系统，经审核形成应付账款。

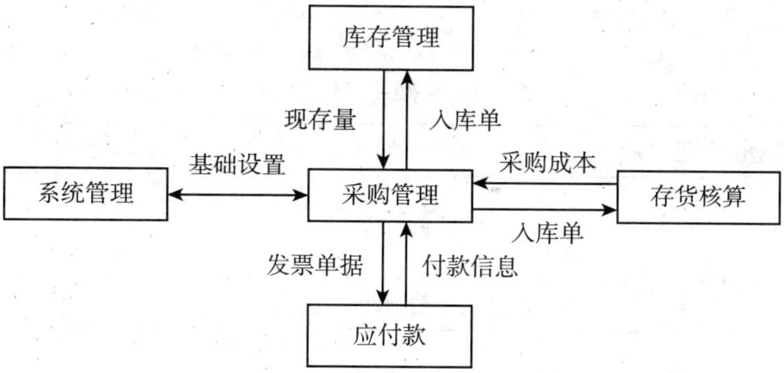

图 14－1　采购管理数据关系图

14.2　实验一：采购管理系统初始化

14.2.1　实验准备

（1）引入光盘中“实验账套\供应链基础资料准备”文件夹中的备份数据。

（2）登录企业应用平台时，选择操作员账套主管“0872”（密码为空）①，账套名称“[872] 智汇科技”，登录日期“2011－09－01”。

（3）启用采购管理、销售管理、库存管理、存货核算、总账、应收款管理、应付款管理等系统。

14.2.2　实验目的

（1）了解采购管理系统初始化在用友 ERP－U8 系统中的重要作用。

（2）掌握采购管理、库存管理、存货核算系统的参数设置方法。

（3）掌握采购管理、库存管理、存货核算系统模块的期初余额录入方法。

（4）掌握采购管理系统与存货核算系统的期初记账。

14.2.3　实验资料

1. 设置收发类别（见表 14－1）。

表 14－1　收发类别

一级编码及名称	二级编码及名称	一级编码及名称	二级编码及名称
1 入库收发标志：收	11 采购入库	2 出库收发标志：发	21 销售出库
	12 采购退货		22 销售退货
	13 盘盈入库		23 盘亏出库
	14 调拨入库		24 调拨出库
	15 其他入库		25 其他出库

① 为方便企业应用平台的登录操作，本章所有操作员密码设置为空。

2. 设置采购类型（见表 14 – 2）。

表 14 – 2 采购类型

采购类型编码及名称	入库类别
01 厂商采购	采购入库
02 代销商进货	
03 采购退回	采购退货

3. 设置仓库档案（见表 14 – 3）。

表 14 – 3 仓库档案

仓库编码及名称	计价方式
01 原材料仓库	先进先出法
02 自制件仓库	全月平均法
03 外购商品仓库	移动平均法
04 产成品仓库	全月平均法

4. 设置费用分类及费用项目（见表 14 – 4）。

表 14 – 4 费用分类及费用项目

费用项目分类编码及名称	费用项目编码	费用项目名称
1 无分类	101	运输费
	102	装卸费
	103	包装费
	104	业务招待费

5. 设置采购管理系统参数。
（1）不允许超订单到货及入库。
（2）订单 \ 到货单 \ 发票单价录入方式：手工录入。
（3）专用发票默认税率：17%。
6. 设置库存管理系统参数。
（1）有组装业务。
（2）采购入库审核时改现存量。
（3）销售出库审核时改现存量。
（4）其他出入库审核时改现存量。
（5）自动带出单价的单据包括销售出库单、材料出库单、其他出库单、调拨单。

（6）出入库检查可用量。

（7）其他设置由系统默认。

7. 设置存货核算系统参数。

（1）核算方式：按仓库核算。

（2）暂估方式：单到回冲。

（3）销售成本核算方式：按销售发票。

（4）委托代销成本核算方式：按普通销售核算。

（5）零成本出库按参考成本价核算。

（6）结算单价与暂估单价不一致需要调整出库成本。

（7）其他设置由系统默认。

8. 录入采购期初暂估数据。

2011 年 8 月 15 日，采购部王宏收到大昌公司提供的硬盘 100 盒，单价为 1300 元（不含税价），商品已验收入原材料仓库，至今尚未收到发票。

9. 录入库存期初数据（见表 14－5）。

表 14－5　库存系统期初数

仓库名称	存货编码和名称	数量	单价（元）
原材料仓库	01010101 双核芯片	200	600
	010102012T 硬盘	200	1300
	010201 液晶显示器	300	1500
	010301 键盘	200	50
	010401 鼠标	200	50
外购商品仓库	030101 激光打印机	300	620
产成品仓库	040101 计算机整机	100	4000

10. 采购系统期初记账。

11. 存货核算系统期初取数与记账。

14.2.4　实验指导

1. 设置收发类别。

（1）在企业应用平台“基础设置”选项卡中，执行“基础档案”→“业务”→“收发类别”命令，打开“收发类别”窗口。

（2）单击“增加”按钮，录入收发类别编码“1”，收发类别名称“入库”，设置收发标志为“收”，单击“保存”按钮。

（3）同理，录入其他收发类别编码及收发类别名称，结果如图 14－2 所示。

（4）再单击“退出”按钮。

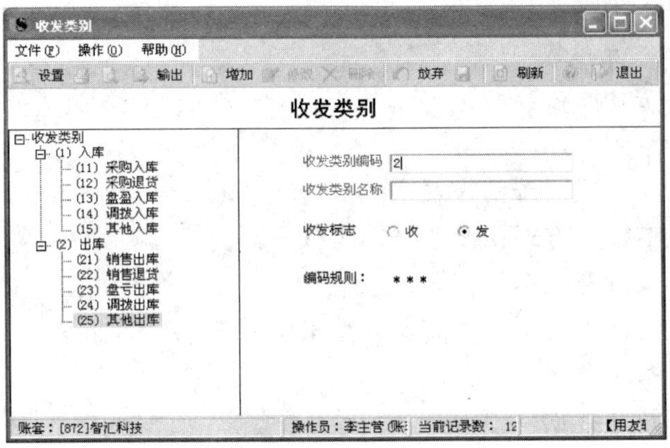

图 14－2　“收发类别”窗口

【提示】

● 每个仓库必须选择一种计价方式。系统提供 6 种计价方式，工业企业为计划价法、全月平均法、移动平均法、先进先出法、后进先出法和个别计价法；商业企业为售价法、全月平均法、移动平均法、先进先出法、后进先出法和个别计价法。

2. 设置采购类型。

（1）在企业应用平台“基础设置”选项卡中，执行“基础档案”→“业务”→“采购类型”命令，打开“采购类型”窗口。

（2）单击“增加”按钮，录入采购类型编码“01”，采购类型名称“厂商采购”，选择入库类别“采购入库”。

（3）同理，按实验资料增加其他采购类型，结果如图 14－3 所示，再单击“退出”按钮。

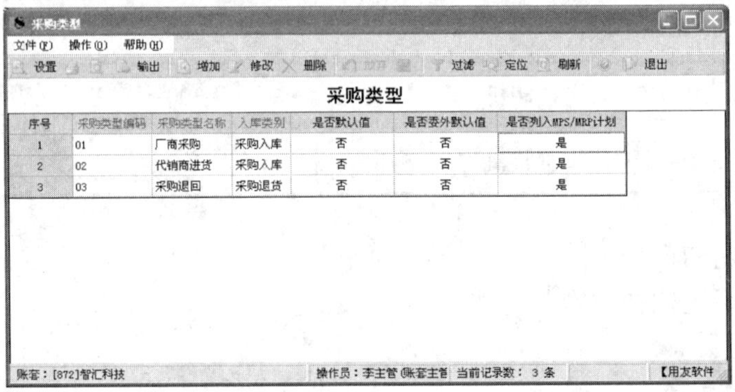

图 14－3　“采购类型”窗口

3. 设置仓库档案。

（1）在企业应用平台“基础设置”选项卡中，执行“基础档案”→“业务”→“仓库档案”命令，打开“仓库档案”窗口。

（2）单击“增加”按钮，弹出“增加仓库档案”对话框，录入仓库编码“01”，仓库名称“原材料仓库”，选择计价方式“先进先出法”。

（3）同理，按实验资料增加其他仓库档案，结果如图 14－4 所示，再单击“退出”按钮。

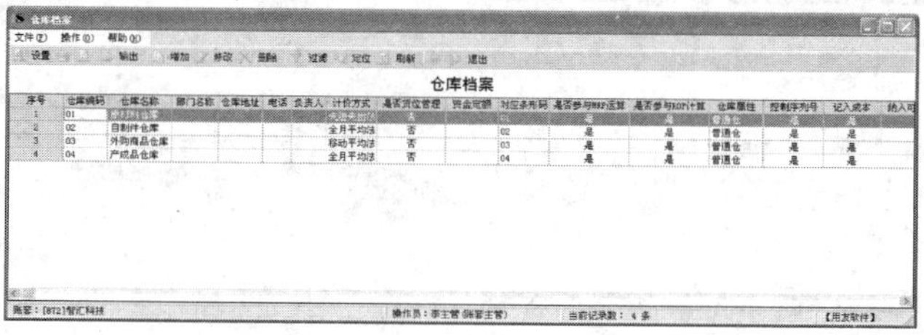

图 14－4　“仓库档案”窗口

4. 设置费用分类及费用项目。

（1）在企业应用平台“基础设置”选项卡中，执行“基础档案”→“业务”→“费用项目分类”命令，打开“费用项目分类”窗口。单击“增加”按钮，录入分类编码“1”，费用项目分类名称“无分类”，单击“退出”按钮。

（2）再执行“基础档案”→“业务”→“费用项目”命令，打开“费用项目”窗口。单击“增加”按钮，录入费用项目编码“101”，费用项目名称“运输费”，在费用项目分类名称栏中单击参照选择“无分类”，单击“保存”按钮。同理，录入其他费用项目，结果如图 14－5 所示。

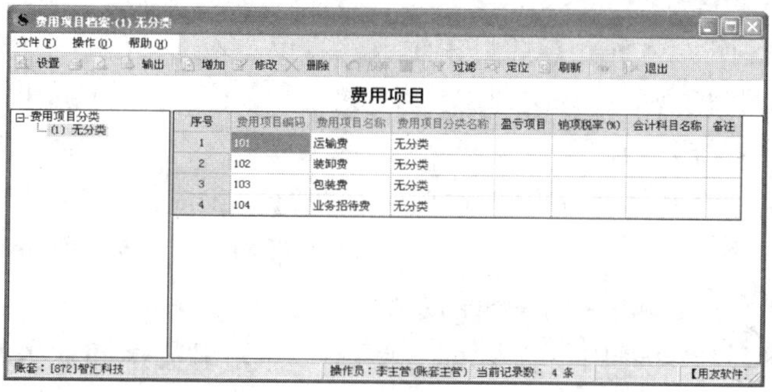

图 14－5　“费用项目档案”窗口

（3）单击“退出”按钮。

5. 设置采购管理系统参数。

在企业应用平台“业务工作”选项卡中，执行“供应链”→“采购管理”→“设置”→“采购选项”命令，打开“采购选项”对话框。在“业务及权限控制”选项卡取消“允许超订单到货及入库”，如图 14－6 所示。

【提示】

● 普通业务必有订单：即所有的业务都参照订单生成，这样才能建立起采购订单与后期业务（如到货、入库和开票）之间的连接，便于跟踪整个业务流程，查询分析采购订单的执行情况。

● 启用受托代销：先销售后结算的采购模式，指其他企业委托本企业代销其商品，代销商品的所有权仍归委托方；代销商品销售后，本企业与委托方进行结算，开具正式的销售发票，商品所有权转移。受托代销是与委托代销相对应的一种业务模式，可以节省商家的库存资金，降低经营风险。适用于有受托代销业务的商业企业，如连锁超市、大型仓储超市等。

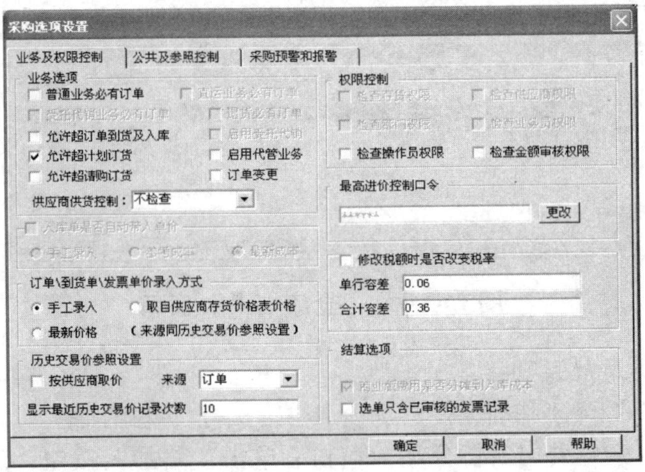

图 14－6　“采购选项设置”对话框“业务及权限控制”选项卡

• 只有在建立账套时选择企业类型为“商业”，并且采购选项勾选了“启用受托代销”时，才能使用受托代销业务，采购系统菜单中才会出现有关受托代销的单据、受托代销结算功能和受托代销统计功能。

• 不允许超订单到货及入库：参照订单生成到货单、入库单时，不可超订单数量。对于一次订货，多次到货、入库的业务，每次到货、入库之后，系统会自动递减可以到货、入库的数量。

6. 设置库存管理系统参数。

（1）在企业应用平台“业务工作”选项卡，执行“供应链”→“库存管理”→“初始设置”→“选项”命令，打开“库存选项设置”对话框。库存选项设置包括通用设置、专用设置、可用量控制设置和可用量检查设置。

（2）按实验资料设置“通用设置”页，复选“有无组装拆卸业务、采购入库审核时改现存量、销售出库审核时改现存量、其他出入库审核时改现存量”，如图 14－7 所示。

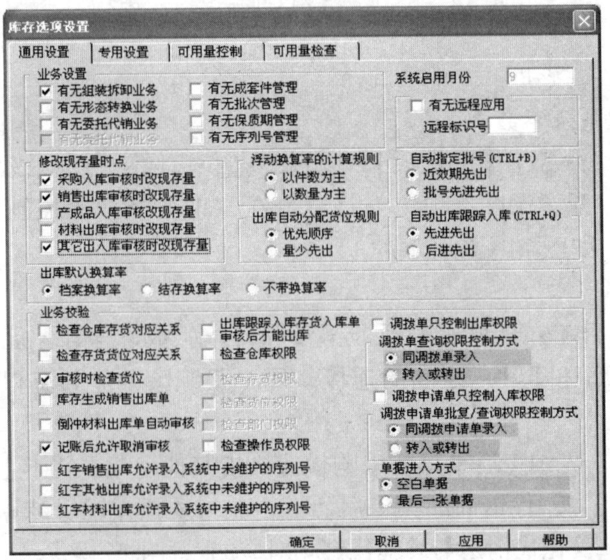

图 14－7　“库存选项设置”对话框“通用设置”选项卡

（3）按实验资料设置“专用设置”页，“自动带出单价的单据”复选包括销售出库单、材料出库单、其他出库单、调拨单。

（4）按实验资料设置“可用量检查”页，选中“出入库检查可用量”复选框。

（5）单击“确定”按钮。

【提示】

● 修改库存选项前，应确定系统相关功能没有使用，否则系统提示警告信息。

● 相关业务开始后，最好不要随意修改业务控制参数。

● 业务设置：在此设置企业仓库管理中的业务类型，勾选的业务类型会在库存管理系统中进行处理。

● 修改现存量时点：根据实际业务的需要，有些单据在保存时进行实物出入库，而有些单据在审核时才进行实物出入库。为了解决单据和实物出入库的时间差问题，用户可以根据不同的单据制定不同的现存量更新时点。

● 入库单成本—出库单成本：默认为按计价方式取单价，但只有存货核算系统启用时才能选择按计价方式取单价。填制出入库单据时，按照当前设置带入单价，可修改。

7. 设置存货核算系统参数。

（1）在企业应用平台“业务工作”选项卡，执行“供应链”→“存货核算”→“初始设置”→“选项”→“选项录入”命令，打开“选项录入”对话框。选项录入包括核算方式、控制方式、最低最高控制。

（2）按实验资料设置“核算方式”页，核算方式设置“按仓库核算”，暂估方式为“单到回冲”，销售成本核算方式为“销售发票”，委托代销成本核算方式为“按普通销售核算”，零成本出库选择“参考成本”，如图 14－8 所示。

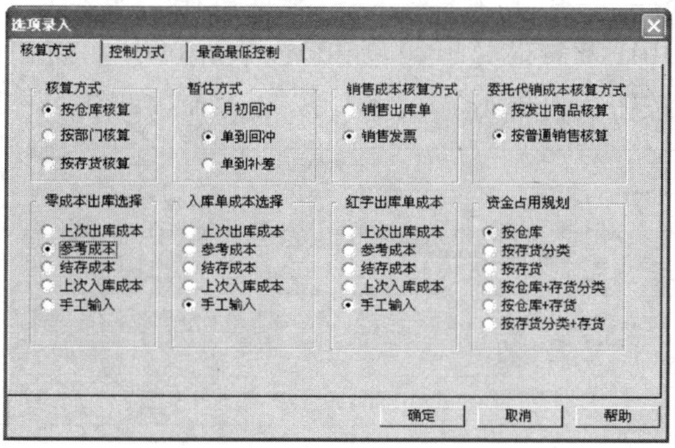

图 14－8　存货核算系统“选项录入”对话框“核算方式”选项卡

（3）按实验资料设置“控制方式”页，选中“结算单价与暂估单价不一致是否调整出库成本”复选框。其他选项由系统默认。

（4）单击“确定”按钮，保存存货核算系统参数的设置。

8. 录入采购期初货到票未到的暂估数据。

（1）在企业应用平台“业务工作”选项卡，执行“供应链”→“采购管理”→“采购入库”→“采购入库单”命令，打开“期初采购入库单”窗口。

（2）单击工具栏“增加”按钮，录入入库日期为“2011－08－15”，参照选择仓库为

“原材料仓库”，供货单位“大昌公司”，在下窗格存货编码参照选择为“01010201 2T 硬盘”，录入数量“100”和本币单价“1300”。

（3）单击“保存”按钮，确认入库信息，如图 14－9 所示。

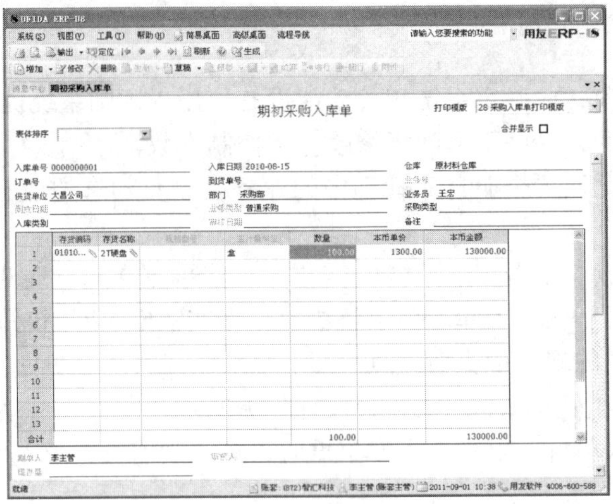

图 14－9　期初暂估采购入库单

（4）单击“关闭”按钮退出。

9. 录入库存期初数据。

（1）在企业应用平台“业务工作”选项卡，执行“供应链”→“库存管理”→“初始设置”→“期初结存”命令，打开“库存期初”窗口。在窗口右上角选择需要录入期初结存的仓库“01 原材料仓库”，单击工具栏“修改”按钮，输入实验资料中的仓库期初数，如“原材料仓库、01010101 双核芯片、数量 200、单价 600”。将该仓库所有存货信息输入完毕后，单击“保存”按钮，再单击“批审”按钮，结果如图 14－10 所示。

图 14－10　原材料仓库期初库存

（2）同理，按实验资料录入其他仓库期初数据，并分别完成“保存”“批审”操作。

【提示】

● 期初结存：即对启用库存管理系统前的库存现状进行盘点，然后将盘点数据输入库存管理系统中。

● 库存期初结存数据必须按仓库分别录入。

● 保存期初数后发现数据有错，单击“修改”按钮可直接录入；如果已经审核了单据，先“弃审”再“修改”。

● 如果有日常业务发生（如已经填制了其他的出入库单据），则期初结存不能弃审。

● 库存管理系统期初结存数据录入有两种方法：一是在库存管理系统直接录入；二是从存货核算系统取数。单击工具栏上“取数”按钮，因为两个系统的期初数是一致的。再单击“对账”按钮，将库存管理的期初数据与存货核算系统相同月份的期初数据核对，并显示核对不上的数据。

● 只有第一次启用时，才能使用“取数”功能；以后年度结转上年后，取数功能不能使用，系统自动结转期初数据。

● 库存管理和存货核算的期初数据可分别录入处理，先后启用。也可以相互“取数”，不必录入两次。

10. 分别对采购管理与存货核算系统进行期初记账。

（1）先对采购管理系统进行期初记账，在企业应用平台“业务工作”选项卡，执行“供应链”→“采购管理”→“设置”→“采购期初记账”命令，弹出对话框单击“记账”按钮，系统提示“期初记账完毕”。

【提示】

● 如果采购货物尚未到达但发票已经收到，则可以录入期初采购发票，表示在途货物；待货物运达后，再办理采购结算。

● 采购管理系统期初记账前，采购管理系统的“采购入库”只能录入期初入库单。期初记账后，采购入库单需要在库存管理系统录入或生成。

● 采购管理系统期初记账前，期初入库单可以修改、删除，期初记账后，则不允许修改、删除。

● 如果供应链管理系统的各个子系统集成使用，期初记账应遵循一定的顺序：采购管理系统先记账；库存管理系统所有仓库的所有存货必须“审核”确认；最后存货核算系统记账。

（2）再对存货核算系统进行期初记账，执行“供应链”→“存货核算”→“初始设置”→“期初数据”→“期初余额”命令，打开“期初余额”窗口。仓库选择“原材料仓库”，单击工具栏“取数”按钮，系统自动从库存管理系统取出该仓库的全部存货信息，如图 14－11 所示。同理，对外购商品仓库和产成品仓库进行取数操作。

存货编码	存货名称	规格型号	计量单位	数量	单价	金额	计划价	计划金额	存货科...	存货科目
01010101	双核芯片		盒	200.00	600.00	120000.00				
01010201	2T硬盘		盒	200.00	1300.00	260000.00				
010201	液晶显示器		台	300.00	1500.00	450000.00				
010301	键盘		个	200.00	50.00	10000.00				
010401	鼠标		个	200.00	50.00	10000.00				
合计：				1,100.00		850,000.00				

图 14－11　“原材料仓库期初余额”窗口

（3）单击工具栏“对账”按钮，弹出“库存与存货期初对账查询条件”对话框，如图14－12所示，单击“全选”按钮选择所有仓库，系统自动对存货核算与库存管理系统的存货数据进行核对。单击“确定”按钮，系统提示“对账成功”。

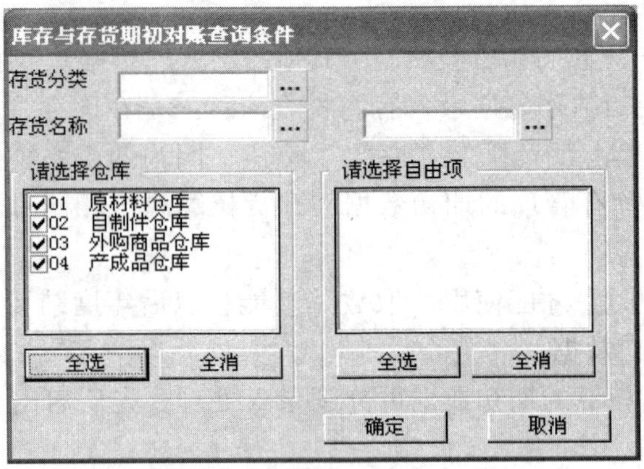

图 14－12 “库存与存货期初对账查询条件”对话框

（4）在存货核算“期初余额”窗口（见图14－11）中，单击工具栏“记账”按钮，系统弹出“期初记账成功”信息提示框。单击“确定”按钮，完成期初记账工作。

【提示】

- 如果已经进行业务核算，则不能恢复记账。
- 在供应链期初记账之前或处理日常业务之前，整个供应链管理的系统参数可以修改或重新设置；在期初记账或处理日常业务之后，有的参数不允许修改。

11. 账套备份。

在“D：\账套备份”下建立“（14－1）采购管理初始化设置”文件夹，将账套输出至“D：\账套备份\（14－1）采购管理初始化设置”文件夹中。

14.3 实验二：普通采购业务

14.3.1 实验准备

（1）引入光盘中“实验账套\（14－1）采购管理初始化设置”文件夹中的备份数据。

（2）登录企业应用平台时，选择操作员“账套主管（0872）”，日期选择“2011－09－01”，账套名称选择“［872］智汇科技”。

14.3.2 实验目的

（1）掌握企业在日常业务中如何通过软件来处理采购入库、结算业务。

（2）掌握普通采购业务的一般流程，如图14－13所示。

（3）掌握采购订货执行情况和出货、采购的统计查询。

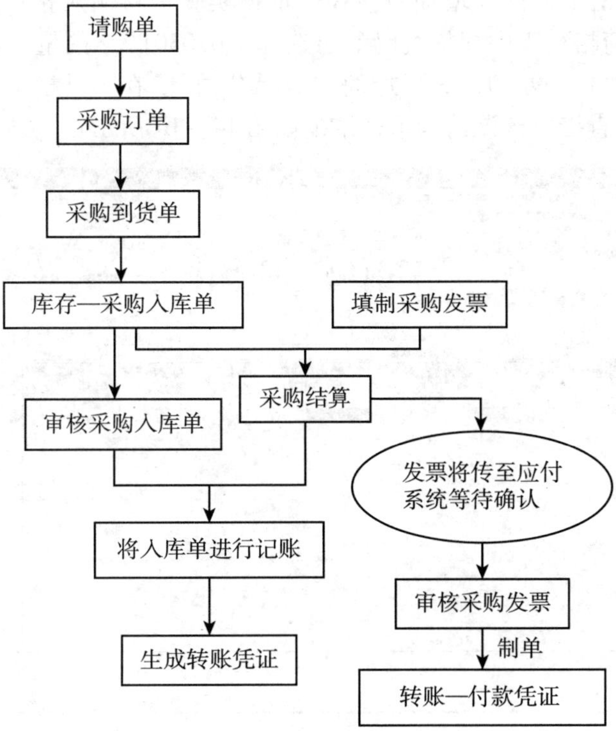

图 14－13　普通采购业务流程

14.3.3　实验资料

（1）2011 年 9 月 1 日，采购部业务员王宏向大昌公司询问键盘的价格（45 元/个，无税单价），觉得价格合适，随后向公司上级主管提出请购要求，要求到货日期为 2011 年 9 月 3 日，请购数量为 300 个。

（2）2011 年 9 月 2 日，上级采购主管（0501 李明）同意向大昌公司订购键盘 300 个，单价为 45 元。

（3）2011 年 9 月 3 日，收到所订购的键盘 300 个，将所收到的货物验收入原材料仓库。当天收到该笔货物的专用发票一张，并附有一张运输费发票，费用 300 元由本公司承担。

（4）采购部门将采购发票交给财务部门，财务部门确认此业务所涉及的应付账款及采购成本。

14.3.4　实验指导

1. 填制并审核请购单。

（1）在“业务工作”选项卡执行“供应链”→“采购管理”命令，进入“采购管理”系统。

（2）在采购管理系统中，执行“采购管理”→“请购”→“请购单”命令，打开“采购请购单”窗口。单击工具栏“增加”按钮，依据实验资料输入相关信息，参照选择请购人员“王宏”，在下窗格列表中存货编码参照选择“010301”，数量录入“300”，本币单价“45”，需求日期“2011－09－03”，供应商“大昌公司”。在工具栏单击“保存”按钮，再单击“审核”按钮，直接审核该请购单，结果如图 14－14 所示。

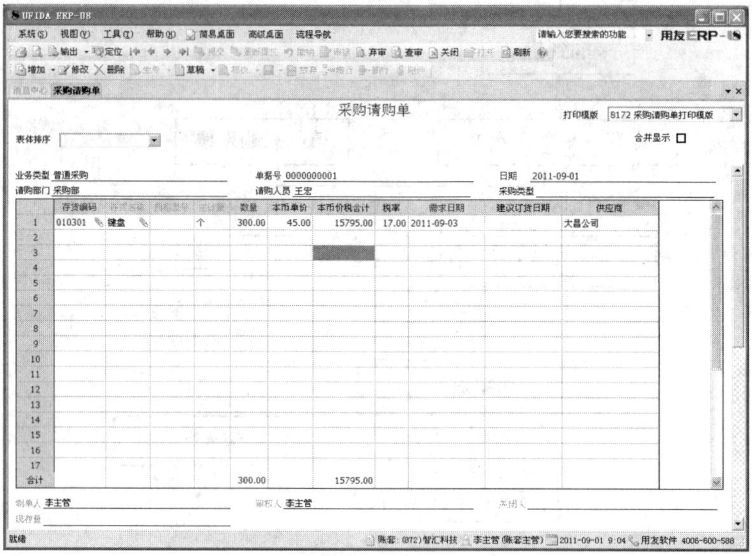

图 14－14　采购请购单

（3）单击“退出”按钮，完成请购单的填制与审核工作。

【提示】

- 工具栏“关闭”按钮，表示结束表单后续业务，将导致不被参照。
- 请购单的制单人与审核人可以为同一人。
- 审核后的请购单不能直接修改，需要先“弃审”，再“修改”，修改后单击“保存”按钮确认并保存修改信息。
- 没有审核的请购单可以直接删除，已经审核的请购单需要先“弃审”才能“删除”。
- 查询采购请购单，可以查看“请购单列表”，双击单据记录可以打开该请购单，也可以在此执行“弃审”“删除”操作。
- 如果采购管理系统与生产制造系统集成使用，请购单可以由 MRP－MPS 计划生成，在“新增”请购单界面，单击鼠标右键选择“拷贝 MPS－MRP 计划”。

2. 填制并审核采购订单。

（1）重新注册企业应用平台，更换操作员为“采购主管（0501 李明）”，登录日期为“2011－09－02”。

（2）打开“采购管理”系统，执行“采购管理”→“采购订货”→“采购订单”命令，打开“采购订单”窗口，单击工具栏“增加”按钮。单击工具栏“生单→请购单”命令，打开“过滤条件选择”对话框，单击“过滤”按钮，打开“拷贝并执行”窗口，在“订单拷贝请购单表头列表”选择栏双击选中“2011－09－01”的请购单，选择栏显示“Y”选中标志，如图 14－15 所示。

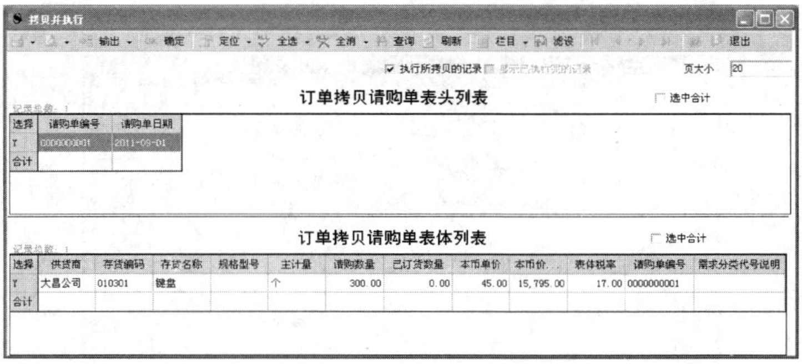

图 14－15　“订单拷贝请购单并执行”窗口

（3）单击工具栏“OK 确定”按钮，选中的请购单资料自动传递到采购订单中，返回采购订单窗口单击“保存”按钮，再单击“审核”按钮，如图 14－16 所示。

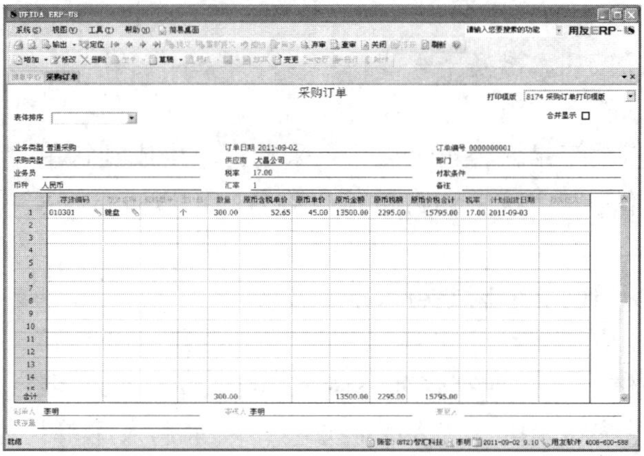

图 14－16　采购订单

（4）单击“关闭”按钮。

【提示】

● 要取消“拷贝并执行”窗口中的选择，可以在“Y”处双击取消。

●“采购订单”必须经过审核才形成有效订单。未审核或已关闭订单无法被参照生成采购入库单或采购发票。

● 工具栏上的“变更”按钮用于修改已审核未关闭的采购订单，无须再次审核。

● 如果需要按计划批量生单，执行“采购订货”→“计划批量生单”命令。

3. 填制到货单。

（1）重新注册企业应用平台，操作员为“采购主管（0501 李明）”，登录日期为“2011－09－03”。在“采购管理”系统中，执行“采购到货”→“到货单”命令，打开“到货单”窗口。

（2）单击“增加”按钮，再单击工具栏“生单→采购订单”按钮，打开“过滤条件选择”对话框，单击“过滤”按钮，在“拷贝并执行”窗口“到货单拷贝订单表头列表”选择栏双击选中“2011－09－02”的采购单，单击工具栏“OK 确定”按钮，系统自动生成到货单。在“到货单”窗口参照或录入部门“06 采购部”，最后分别单击工具栏“保存”和

“审核”按钮，结果如图14－17所示。

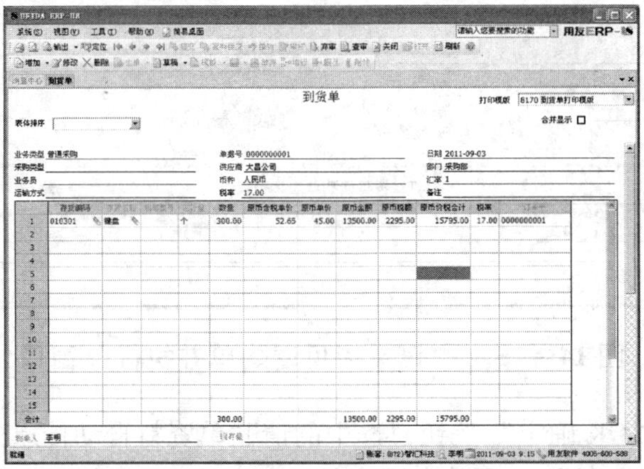

图14－17　采购到货单

（3）单击“退出”按钮，准备下一步操作。

【提示】

● 采购到货单可以手工录入，也可以拷贝采购订单生成到货单。

● 如果采购到货不是完全按采购订单信息到货，可以直接据实录入到货单信息，或者直接修改生成的到货单信息。

4. 在库存管理系统填制并审核采购入库单。

（1）重新注册企业应用平台，更换操作员为“雷磊（0601）”，登录日期为“2011－09－03”，执行“供应链”→“库存管理”命令，进入库存管理系统。

（2）在库存管理系统中，执行“入库业务”→“采购入库单”命令，打开“采购入库单”窗口。单击工具栏上“生单→采购到货单（蓝字）”，在弹出的“过滤条件”窗口中单击“过滤”按钮，打开“到货单生单列表”窗口，双击选中“2011－09－03大昌公司”的到货单。单击“OK确定”按钮。在“采购入库单”窗口表头“仓库”参照选择“原材料仓库”，分别单击“保存”和“审核”按钮，结果如图14－18所示。

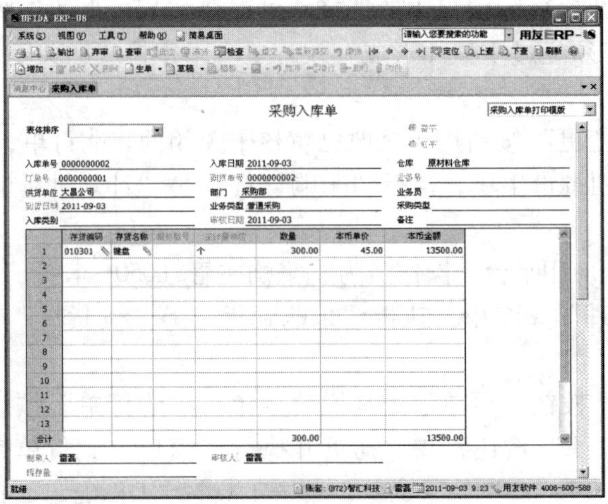

图14－18　库存管理采购入库单

(3) 单击“关闭”按钮。

【提示】

- 采购入库单可以拷贝采购订单生成，也可以拷贝采购到货单生成。
- 采购入库单必须在库存管理系统中录入或生成。如需手工录入采购入库单，可以在库存管理系统中打开采购入库单窗口，单击“增加”直接录入采购入库信息。
- 在库存管理系统中录入或生成的采购入库单，可以在采购管理系统中查看，但不能修改或删除。
- 如果在采购选项中设置了“普通业务必有订单”，则采购入库单不能手工录入，只能参照生成。如果需要手工录入采购入库单，则需要先取消“普通业务必有订单”选项。
- 查询采购入库单，可以在采购系统中查看“采购入库单列表”。

5. 填制采购专用发票。

(1) 重新注册企业应用平台，更换操作员为“采购主管（0501 李明）”，登录日期为“2011－09－03”。在采购管理系统中，执行“采购发票”→“专用采购发票”命令，打开“专用发票”窗口，单击“增加”按钮，选择工具栏“生单→入库单”，在弹出的“过滤条件”窗口中单击“过滤”按钮，打开“发票拷贝入库单表头列表”窗口，双击选中参照入库日期为“2011－09－03”的采购入库单。

(2) 单击“OK 确定”按钮，系统将自动生成采购专用发票，返回专用发票窗口，单击“保存”按钮，如图 14－19 所示。

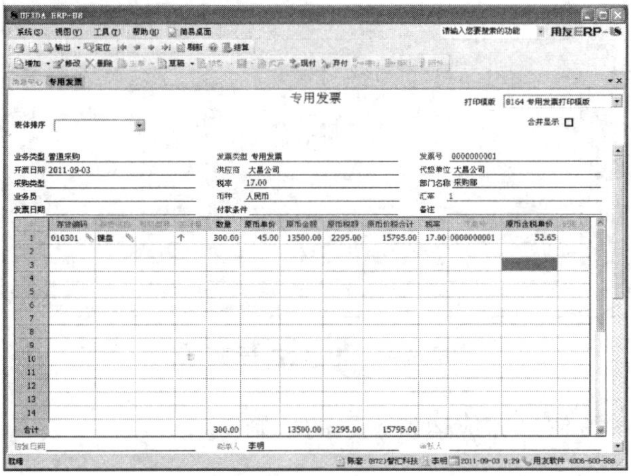

图 14－19　采购专用发票

(3) 单击“关闭”按钮，此时采购发票就传递到应付款管理系统。

【提示】

- 采购发票可以手工输入，也可以根据采购订单、采购入库单参照生成。
- 如果手工录入采购专用发票，需要先在基础档案中设置有关开户银行信息，否则只能录入普通发票。
- 采购发票包括采购专用发票、采购普通发票、采购运费发票和采购红字发票。
- 采购专用发票的单价为无税单价，金额为无税金额；普通发票、运费发票的单价为含税单价，金额为价税合计。

● 若收到供应商开具的发票但没收到货物，可以对发票压单处理，等货物运达后，再输入采购入库单并进行采购结算；也可以先将发票输入系统，以便实时统计在途物资。

● 在实际现付业务中，当采购业务发生时，立即付款开发票给本单位采购人员。在采购发票保存后，单击“现付”按钮，选择结算方式，录入结算金额、票据号、银行账号等信息，完成现付款处理。已现付的发票，发票上显示“已现付”。已审核的发票不能做现付处理。

● 无论是否做采购结算都可以进行现付，现付处理后在应付款管理系统中做付款核销处理。已审核记应付账的采购发票不能进行现付；已现付的采购发票记账后不能“弃付”。

6. 填制运费发票。

（1）在采购管理系统中，执行“采购发票”→“运费发票”命令，单击“增加”按钮，打开“运费发票”窗口。手工输入一张运费发票，供应商及代垫单位都参照选择“0101 大昌公司”。在下窗格输入表体内容，存货编码为“0501 运输费”，原币金额“300”，单击“保存”按钮，如图 14－20 所示。

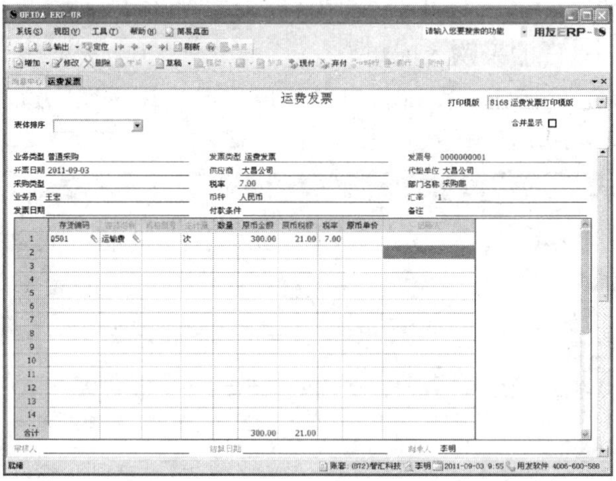

图 14－20　运费发票

（2）单击“关闭”按钮，完成运费发票的填制。

【提示】

● 采购运费发票只能手工录入，并将运输费用视为一项“存货”。

● 运费发票上如果载明是市外运输费，则可以按市外运输费的7%计入进项增值税，按93%计入采购材料成本。

7. 采购结算（手工结算）。

（1）在采购管理系统中，执行“采购结算”→“手工结算”命令，系统弹出“手工结算”窗口。

（2）单击“选单”按钮，再单击工具栏“过滤”按钮，弹出“结算选单”窗口，在“结算选发票列表”双击选中开票日期为“2011－09－03”的键盘采购发票和运费发票，在“结算选入库单列表”中双击选中入库日期为“2011－09－03”的采购入库单，结果如图 14－21所示。

图 14－21　结算选单

(3) 单击工具栏“确定”按钮，系统提示“所选单据扣税类别不同，是否继续?”，单击“是”按钮。

(4) 返回“手工结算”窗口，在“选择费用分摊方式”中单击“按数量”单选按钮，如图 14－22 所示。

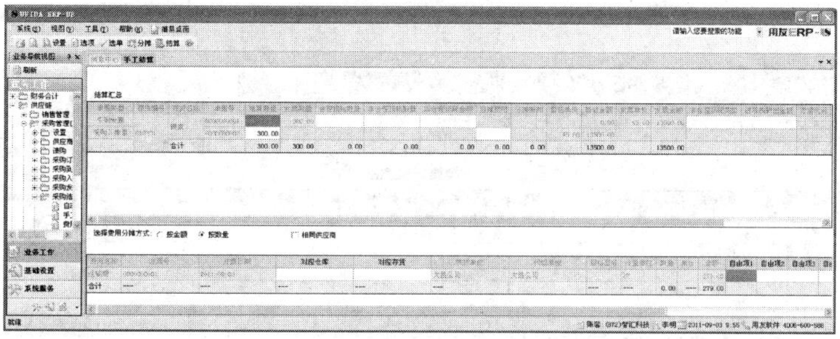

图 14－22　采购费用按数量分摊结算

(5) 单击工具栏“分摊”按钮，系统提示“选择按数量分摊，是否开始计算?”单击“是”按钮，系统再提示“费用分摊（按数量）完毕”，单击“确定”按钮。再单击工具栏“结算”按钮，系统提示完成分摊结算。单击“关闭”按钮。

(6) 在采购管理系统中，执行“结算单列表”命令，弹出“采购结算单过滤条件”窗口。单击“过滤”按钮，打开“结算单列表”窗口，可以查看结算单内容，键盘暂估单价为 45 元，结算单价为 45.93 元，即为分摊运费后的单价，如图 14－23 所示。

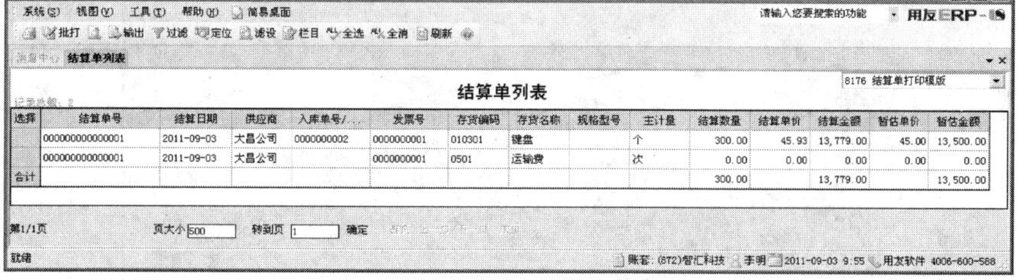

图 14－23　采购结算单列表

(7) 单击“关闭”按钮。

【提示】

- 采购结算就是采购报账，相当于发票报销处理，确认材料的入库成本。
- 采购结算分为自动结算和手工结算。自动结算由系统自动将符合条件的采购入库单记录和采购发票记录进行结算。

- 采购订单、运费发票与采购发票之间只能通过手工结算完成采购结算。
- 采购运费可以按金额分摊，也可以按数量分摊。
- 采购结算后，由系统自动计算入库存货的采购成本。
- 执行采购结算后的单据不能进行修改、删除操作。
- 如果需要删除已经结算的发票或采购入库单，可以在“结算单列表”中打开该结算单并删除，这样才能对采购发票或采购入库单执行相关的修改、删除操作。
- 采购结算可以在业务结束后进行，也可定期（月末）批量处理。

8. 在存货核算系统进行入库单记账及生成入库凭证。

（1）重新注册企业应用平台，更换操作员为“雷磊（0601）”，登录日期为“2011－09－03”。打开“存货核算”系统，执行“业务核算”→“正常单据记账”命令，单击“过滤”按钮，打开“正常单据记账列表”窗口，单击工具栏“全选”按钮，选择栏显示“Y”，如图 14－24 所示。

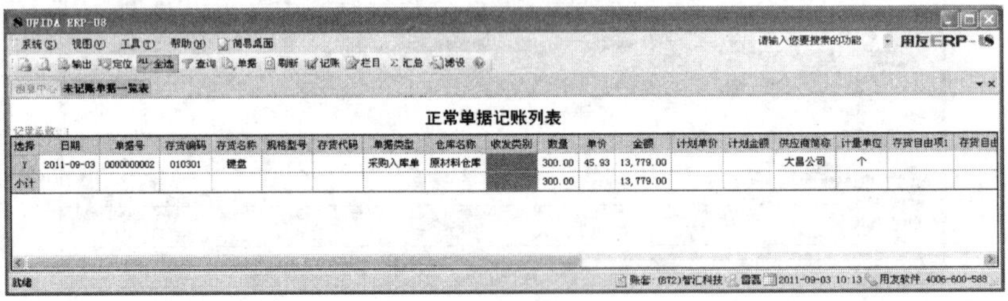

图 14－24　采购单据记账

（2）单击工具栏“记账”按钮，将采购入库单记账成功。单击“关闭”按钮。

（3）在“存货核算”系统中，执行“财务核算”→“生成凭证”命令，打开“生成凭证”窗口，单击工具栏“选择”按钮，打开“查询条件”对话框，选中“采购入库单（报销记账）”查询条件，如图 14－25 所示。

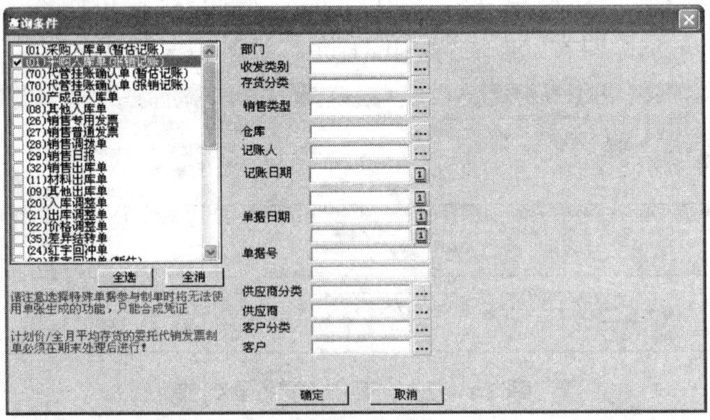

图 14－25　“生成凭证查询条件”对话框

（4）单击“确定”按钮，打开“未生成凭证单据一览表”窗口，单击工具栏“全选”按钮选中待生成凭证的单据。

（5）单击工具栏“确定”按钮，返回“生成凭证”窗口，表头“凭证类别”修改为

“转账凭证”，分别录入“存货科目编码”1405，“对方科目编码”1401，如图 14－26 所示。

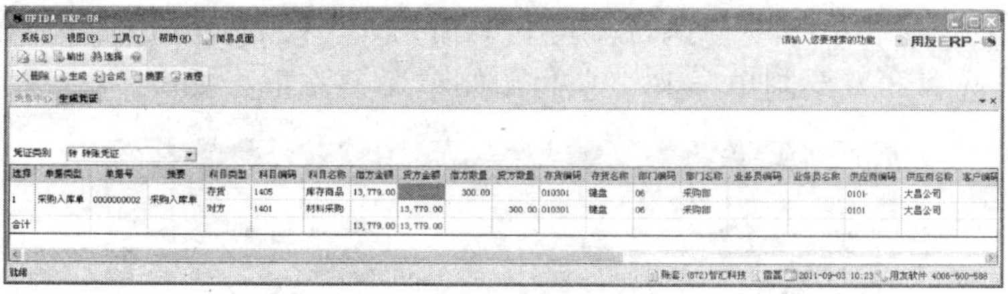

图 14－26　“生成凭证”窗口

（6）单击工具栏“生成”按钮，生成一张转账凭证，核对凭证金额，单击“保存”按钮，凭证记下字号，显示“已生成”标志，如图 14－27 所示。

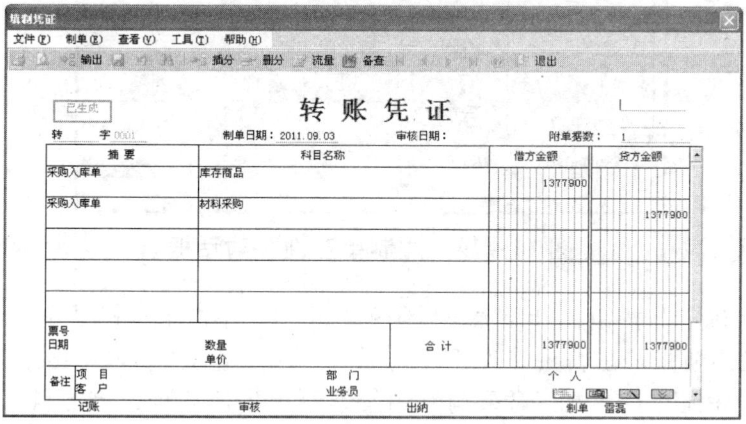

图 14－27　存货入库的转账凭证

（7）单击“退出”按钮，完成采购成本核算。

9. 在应付款管理系统确认应付账款。

（1）重新注册企业应用平台，更换操作员为“账套主管（0872）”，登录日期为“2011－09－03”。在“业务工作”选项卡，执行“财务会计”→“应付款管理”命令，打开“应付款管理”系统模块。

（2）在应付款管理系统中，执行“应付单据处理”→“应付单据审核”命令，打开“应付单过滤条件”窗口，选择“已审核”复选框，再单击“确定”按钮，打开“应付单据列表”窗口，单击工具栏“全选”按钮，选中发票单据（采购专用发票和运费发票），单击“审核”按钮，如图 14－28 所示，再单击“关闭”按钮退出。

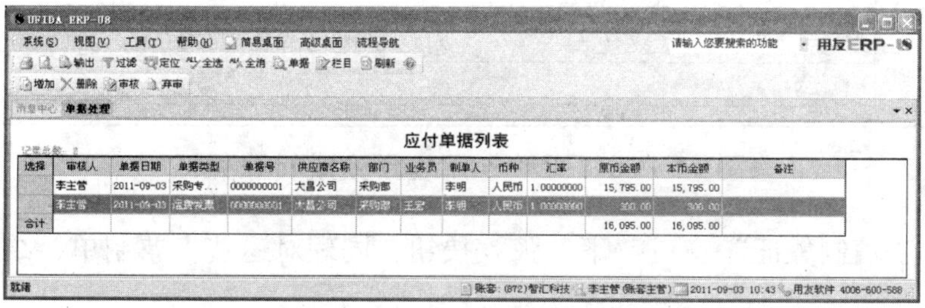

图 14－28　应付单据审核

（3）重新注册，企业应用平台更换操作员为“代方（0801）”，注册日期选择“2011－09－03”，在应付款管理系统中，执行“应付款管理”→“制单处理”命令，打开“制单查询”对话框，选中“发票制单”和“应付单制单”复选框，如图 14－29 所示。

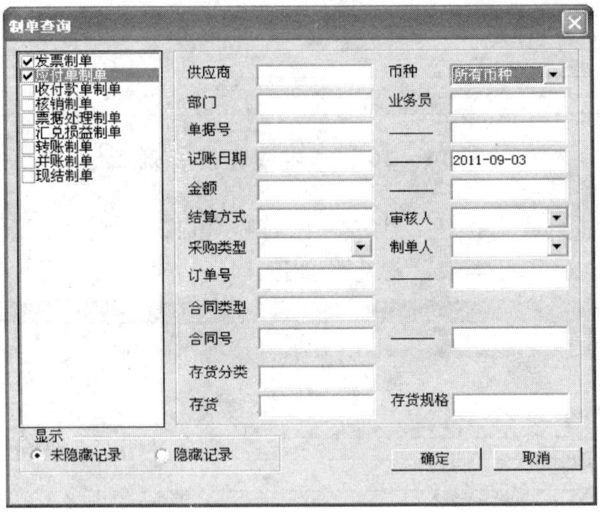

图 14－29　“制单查询”对话框

（4）单击“确定”按钮，打开“应付制单”窗口，单击工具栏“全选”按钮，选中采购发票和运费发票两张，在表头修改凭证类别为“转账凭证”。再单击工具栏“制单”按钮，打开“填制凭证”对话框，对采购专用发票制单生成凭证，借方科目设置为“1401”和“22210102”，贷方科目设置为“2202”，辅助项设置供应商为“大昌公司”，业务员为“王宏”。单击“保存”按钮，系统显示“已生成”标志，并记下凭证字号，结果如图 14－30 所示。

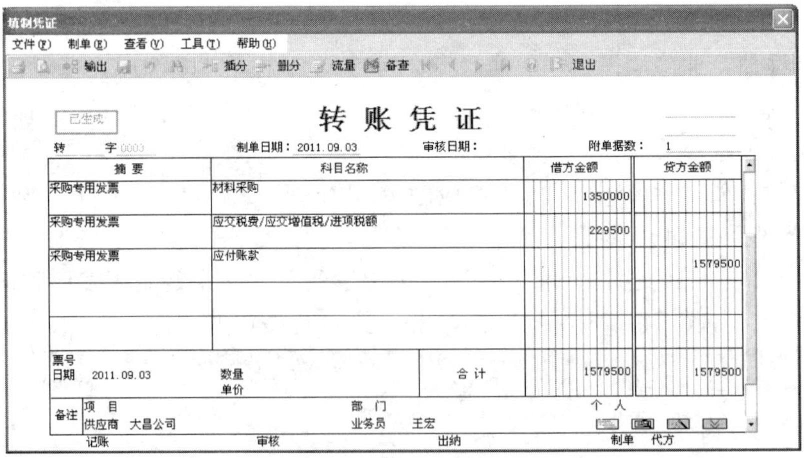

图 14－30　采购专用发票生成转账凭证

（5）单击“填制凭证”窗口“下一张”按钮，同理对运费发票制单，结果如图 14－31 所示。

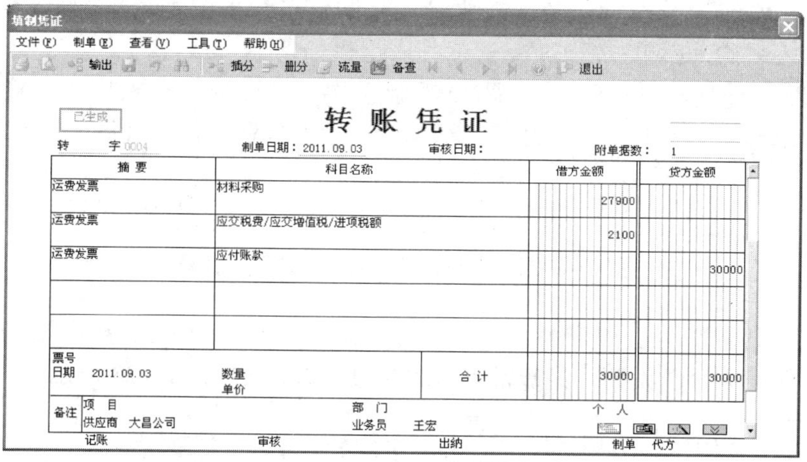

图 14－31　运费发票生成转账凭证

【提示】

- 应付科目可以在应付款系统的初始设置中设置，也可以在生成凭证后补充填入。
- 只有采购结算后的采购发票才能自动传递到应付款管理系统，并且需要在应付款管理系统中审核确认，才能形成应付账款。
- 采购专用发票制单生成转账凭证时，如果未设置贷方科目“2202 应付账款”为“应付系统”受控科目，可用账套主管（0872）身份于“2011－09－01”日期重新注册系统，在“基础设置”→“基础档案”→“财务”→“会计科目”中进行修改。
- 在应付款管理系统中可以根据采购发票制单，也可以根据应付单或其他单据（如运费单）制单。
- 在应付款管理系统中可以根据一条记录制单，也可以根据多条记录合并制单。
- 可以在采购结算后针对每笔业务立即制单，也可以月末一次制单。
- 采购发票制单前要先在存货核算系统中记账，也可以在发票记账前制单。

10. 账套备份。

在“D：\ 账套备份”下建立“（14－2）普通采购业务”文件夹，将账套输出至“D：\ 账套备份\ （14－2）普通采购业务”文件夹中。

14.4　实验三：采购退货业务

14.4.1　实验准备

（1）引入光盘中“实验账套\ （14－2）普通采购业务”文件夹中的备份数据。

（2）登录企业应用平台时，选择操作员“采购主管（0501 李明）”，日期选择“2011－09－17”，账套名称选择“［872］智汇科技”。

14.4.2　实验目的

（1）掌握采购退货业务的一般流程。

（2）掌握入库前部分退货业务，需要录入采购订单、采购到货单和退货单，并根据实际入库数量输入采购入库单。

（3）掌握结算前全部退货业务，需要填制退货单、红字采购入库单、红字专用发票，进行红蓝入库单和采购发票的手工结算。结算前全部退货业务流程如图 14－32 所示。

图 14－32　结算前全部退货业务流程

（4）掌握结算前部分退货业务，在退货时填制红字到货单和红字采购入库单，并按合格商品实际数量输入采购发票。结算前部分退货业务流程如图 14－33 所示。

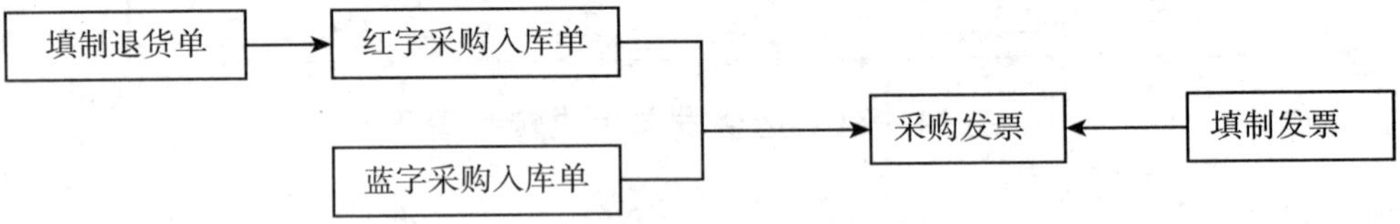

图 14－33　结算前部分退货业务流程

（5）掌握结算后退货业务，需要输入到货退回单、红字采购入库单和红字采购发票，并进行手工结算。结算后退货业务流程如图 14－34 所示。

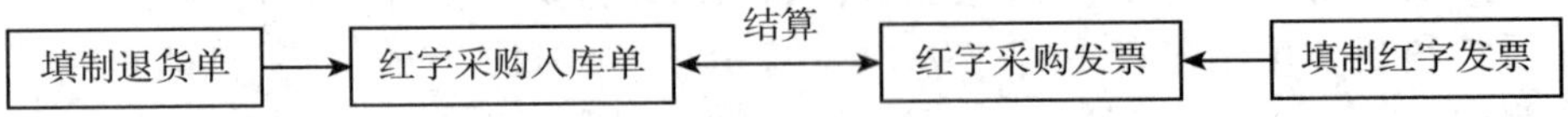

图 14－34　结算后退货业务流程

14.4.3　实验资料

（1）2011 年 9 月 17 日收到启德公司发来的鼠标 100 个，单价为 40 元，全部到货并办理了入库手续。

（2）2011 年 9 月 22 日发现 2011 年 9 月 17 日入库的启德公司鼠标两个有质量问题，经协调，对方同意退货。同时收到票号为 665218 的专用发票一张。

14.4.4　实验指导

本笔业务属于结算前部分退货业务，先输入采购订单，再生成到货单和采购入库单；在退货时输入红字到货单和红字采购入库单，并按合格的实际数量输入采购发票，最后进行采购手工结算。如果业务涉及采购成本核算，应在“存货核算”系统进行“正常单据记账”与“生成凭证”操作；如果涉及财务部确认应付款，应在“应付款管理”系统进行“发票审核”与“制单处理”操作。

1. 填制采购订单。

（1）在采购管理系统中，执行“采购订货”→“采购订单”命令，单击“增加”按钮，按实验资料录入信息，供应商“启德公司”，鼠标存货编码“010401”，数量“100”，原币单价“40”，单击“保存”按钮，再单击“审核”按钮，结果如图 14－35 所示。

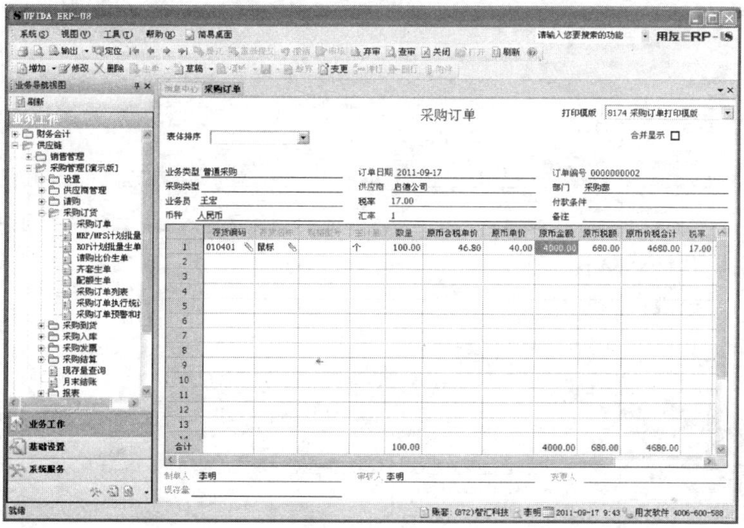

图 14-35 采购订单

（2）单击“关闭”按钮。

2. 收到货物时在采购管理系统中填制到货单。

（1）在采购管理系统中，执行“采购到货”→“到货单”命令，打开“到货单”窗口。

（2）单击“增加”按钮，选择工具栏“生单”→“采购订单”命令，在过滤条件选择对话框，单击“过滤”按钮，打开“拷贝并执行”窗口，在“到货单拷贝订单表头列表”中“选择”栏双击“2011-09-17”的采购订单，如图 14-36 所示。

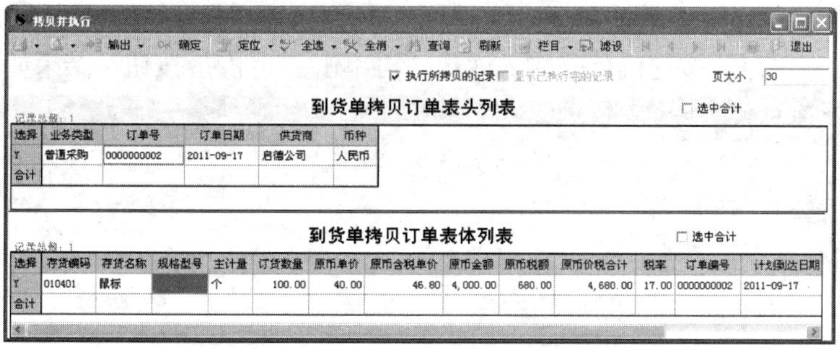

图 14-36 “拷贝并执行”窗口

（3）单击工具栏“OK 确定”按钮，执行生成采购到货单，返回“到货单”窗口，单击工具栏“保存”按钮，再单击“审核”按钮，完成后结果如图 14-37 所示。

（4）单击“关闭”按钮，准备下一步操作。

【提示】

• 如果采购选项中没有设置“普通业务必有订单”，可以手工录入到货单；否则入库单、到货单必须根据订单生成，同样，红字采购入库单必须根据红字到货单生成。

• 结算前的退货业务如果只是录入到货单，则只需开具到货退回单，不用进行采购结算，按照实际入库数量录入采购入库单。

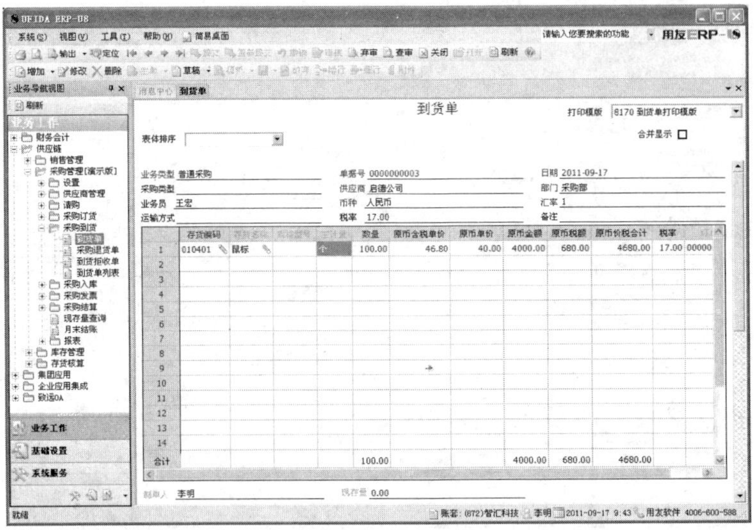

图 14－37　参照采购订单生成到货单

3. 在库存管理系统办理入库手续。

（1）重新注册企业应用平台，更换操作员为“雷磊（0601）”，登录日期为“2011－09－17”，进入库存管理系统。执行“入库业务”→“采购入库单”命令，打开“采购入库单”窗口，单击“生单”按钮，选择“采购到货单（蓝字）”。

（2）在“过滤条件”对话框单击“过滤”按钮，弹出“到货单生单列表”窗口，双击选中“2011－09－17”到货单。

（3）单击“OK 确定”系统生单成功。返回“采购入库单”窗口，参照输入表头仓库“原材料仓库”，单击“保存”按钮确认采购入库单，再单击“审核”按钮，结果如图 14－38 所示。

图 14－38　库存管理采购入库单

（4）单击“关闭”按钮。

【提示】

● 如果退货时已经录入采购入库单，但还没有收到发票，则只需要根据退货数量录入红字入库单，对红、蓝入库单进行自动结算。

4. 退货时在采购管理系统中参照采购到货单生成退货单。

（1）重新注册企业应用平台，更换操作员为“采购主管（0501 李明）”，登录日期为“2011－09－22”。

（2）在采购管理系统中，执行“采购到货”→“采购退货单”命令，打开“采购退货单”窗口。单击“增加”按钮新增一张空白退货单，执行工具栏“生单”→“到货单”命令，参照选择“2011－09－17”的到货单，单击工具栏“OK 确定”按钮，系统自动生成一张采购退货单。依据质量验收结果，修改退货数量为“－2”，单击工具栏“保存”按钮，再单击“审核”按钮，结果如图 14－39 所示。

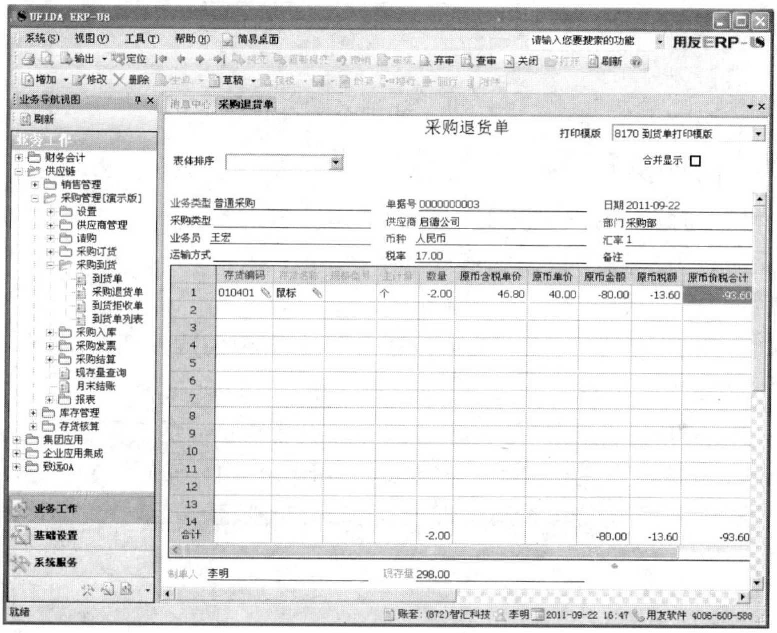

图 14－39　采购退货单

（3）单击“关闭”按钮。

5. 在库存管理系统参照退货单生成红字入库单。

（1）重新注册企业应用平台，更换操作员为“雷磊（0601）”，登录日期为“2011－09－22”，进入库存管理系统。执行“入库业务”→“采购入库单”命令，打开“采购入库单”窗口，单击选择工具栏“生单”→“采购到货单（红字）”命令，弹出过滤条件选择对话框，单击“过滤”按钮。

（2）在“到货单生单列表”窗口双击选中“2011－09－22”的到货单，单击“OK 确定”按钮，返回“采购入库单”窗口，系统显示由退货单生成的“红字采购入库单”，在表头“仓库”参照选择“原材料仓库”，单击“保存”和“审核”按钮，如图 14－40 所示。

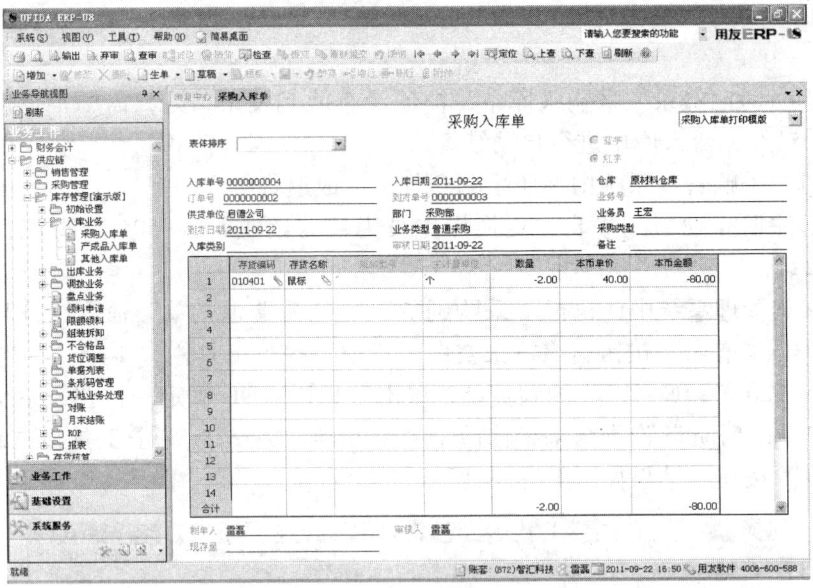

图 14－40　红字采购入库单

（3）单击“关闭”按钮。

6. 收到退货发票时在采购管理系统中填制采购发票。

（1）重新注册企业应用平台，更换操作员为“采购主管（0501 李明）”，登录日期为“2011－09－22”。

（2）在采购管理系统中，执行“采购发票”→“专用采购发票”命令，打开“专用发票”窗口，单击“增加”按钮，修改专用发票号为“665218”，参照录入供应商“启德公司”，存货编码“010401”，数量为原入库数量扣除退货数量后的实际数量“98”，原币单价 40 元，单击“保存”按钮，保存采购专用发票，如图 14－41 所示。

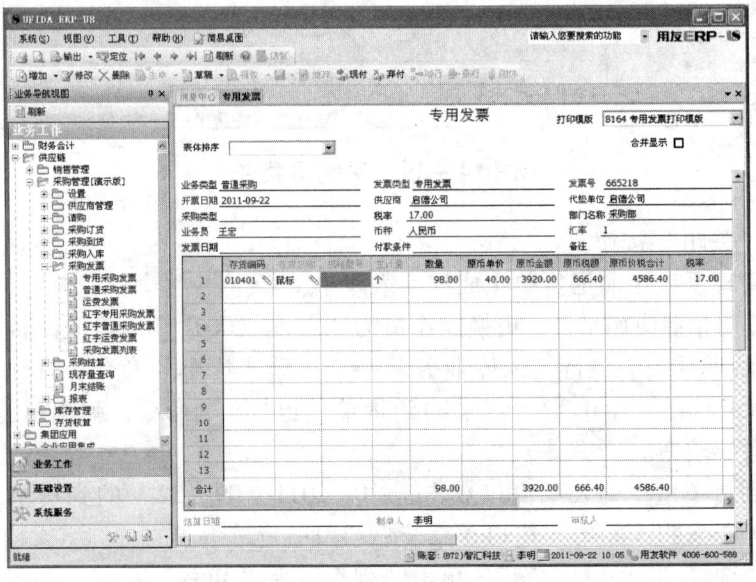

图 14－41　采购专用发票

（3）单击“关闭”按钮。

【提示】

● 专用发票号一般是系统自动按顺序带出，也可以手动修改。需由账套主管（0872）于“2011－09－01”日期登录企业应用平台，在“基础设置”选项卡，执行“单据设置”→“单据编号设置”命令，打开“单据编号设置”对话框，在左栏选择“采购管理”→“采购专用发票”单据类型，单击右侧“修改”图标，选中详细信息中“手工改动，重号时自动重取”复选框，如图 14－42 所示。修改完毕，单击“保存”图标，再单击“退出”按钮完成设置。

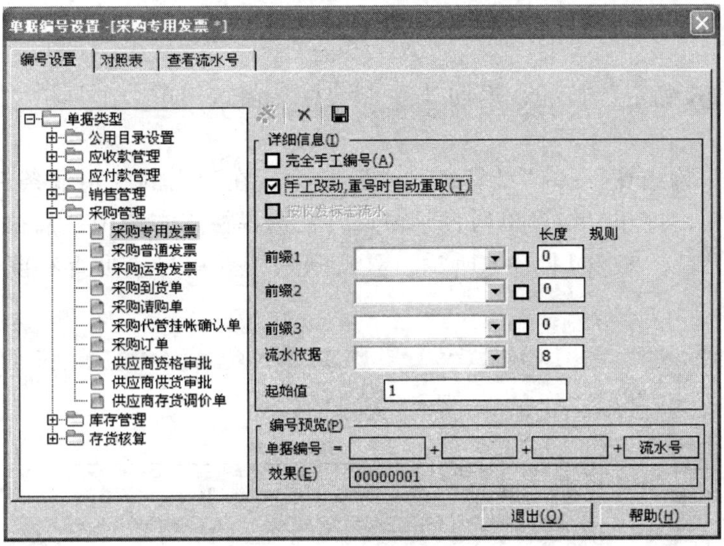

图 14－42　“单据编号设置”对话框

● 采购专用发票也可参照采购入库单生成，可以将蓝字和红字采购入库单一起参照生成一张专用发票。

● 如果已经录入采购入库单，同时退货时已经收到采购发票，则需要根据退货数量录入红字采购入库单，并录入采购发票，其中发票上的数量＝原入库单数量－红字入库单数量。这时需要采用手工结算方式将红字采购入库单与原采购入库单、采购发票进行采购结算，以冲抵原入库数量。

7. 在采购系统中执行采购结算（手工结算）。

（1）在采购管理系统中，执行“采购结算”→“手工结算”命令，打开“手工结算”窗口。

（2）单击工具栏“选单”按钮，打开“结算选单”窗口，单击工具栏“过滤”按钮，双击选中发票号为“665218”的采购发票，再双击选中“结算选入库单列表”中“2011－09－17”和“2011－09－22”的两张“鼠标”入库单，如图 14－43 所示，采用手工结算方式将红字采购入库单与原蓝字采购入库单和采购发票进行结算，冲抵原入库数量。

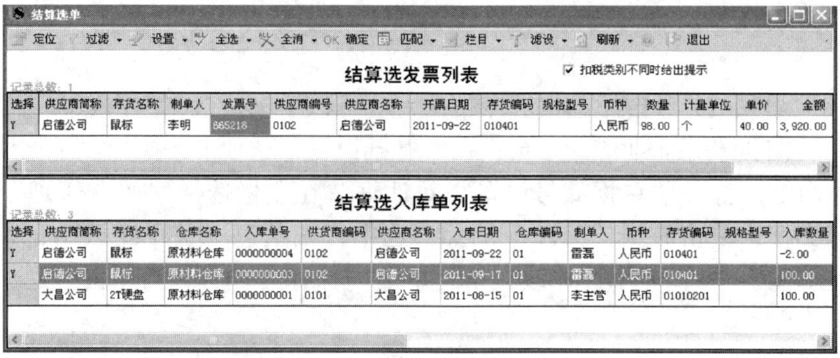

图 14－43　“结算选单”窗口

（3）单击“OK 确定”按钮，返回“手工结算”窗口，单击工具栏“结算”按钮。单击关闭按钮。

（4）执行“采购结算”→“结算单列表”命令，在弹出的“过滤条件选择”对话框，单击“过滤”按钮，打开“结算单列表”窗口，在选择栏双击选中“启德公司”相同结算单号的两条结算记录，如图 14－44 所示。双击采购结算单号，可查看该采购退货结算单明细。

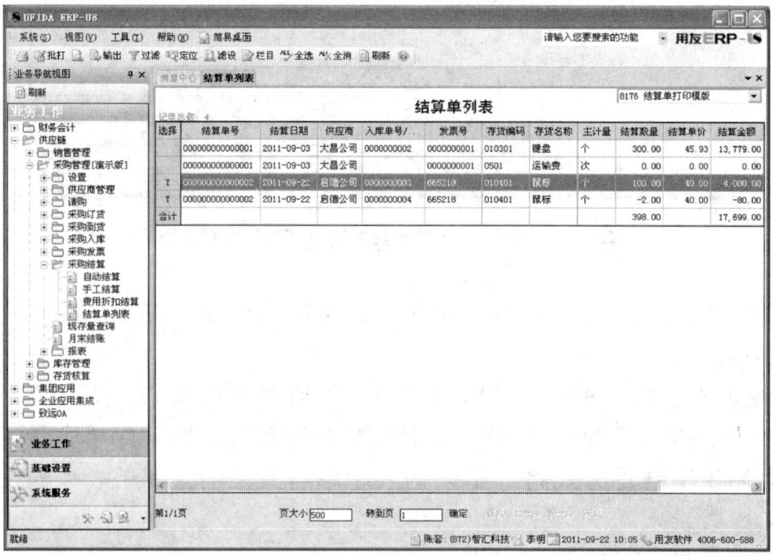

图 14－44　结算单列表

8. 账套备份。

在“D：\ 账套备份”下建立“（14－3）采购退货业务”文件夹，将账套输出至“D：\ 账套备份\（14－3）采购退货业务”文件夹中。

第 15 章

销售管理系统

15.1 业务概述

销售是企业经营货物的中心，是企业生产经营的实现过程。销售部门在企业供应链中处于市场与企业接口的位置，其主要职能就是为客户提供产品及其服务，从而实现企业的资金周转并获取利润，为企业提供生存与发展的动力。

销售管理系统主要提供对企业销售业务全流程的管理。销售管理系统支持以销售订单为核心的业务模式，支持普通批发销售、分批出库销售、分期收款销售、直运销售业务、销售现结业务、委托代销业务和销售调拨等多种类型的销售业务，满足不同用户需求，用户可以根据实际情况构建自己的销售管理平台。

销售管理的主要功能包括：

（1）有效管理客户。对客户进行分类管理，维护客户档案，制定针对客户的价格政策，建立长期稳定的销售渠道。

（2）根据市场需求信息，进行产品销售预测。

（3）编制销售计划。销售计划的编制是按照客户订单、市场预测情况和企业生产情况，对一定时期内企业的销售品质、各品种的销售量与销售价格做出安排。企业也可以根据某个部门或某个业务员制订销售计划。

（4）销售订单管理。根据客户的订单数量，输入、修改、查询、审核销售订单，了解订单的执行或未执行情况。

（5）销售物流管理。根据销售订单填制或生成销售发货单，并根据销售发货单生成销售出库单，在库存管理系统办理出库。

（6）销售资金流管理。依据销售发货单开具销售发票，发票审核后即可确认收入，形成应收账款，在应收款管理系统中可以查询和制单，并据此收款。

（7）销售计划管理。以部门、业务员、存货、存货类及其组合为对象，考核销售的计划数与定额数的完成情况，并进行考核评估。

（8）价格政策。系统能够提供历次售价、最新成本加成和按价格政策定价三种价格依据；同时，按价格政策定价时，支持商品促销价，可以按客户定价，也可以按存货定价。按存货定价时还支持按不同自由项定价。

（9）信用管理。系统提供了针对信用期限和信用额度两种管理制度，同时，既可以针对客户进行信用管理，又可以针对部门、业务员进行信用额度和信用期限的管理。如果超过信用额度，可以逐级向上审批。

（10）批次与追踪管理。对于出库跟踪入库属性的存货，在销售开单时，可以手工选择明细的入库记录，并提供先进先出、后进先出两种自动跟踪的方法。

销售管理系统与其他系统之间的数据关系，如图 15－1 所示。

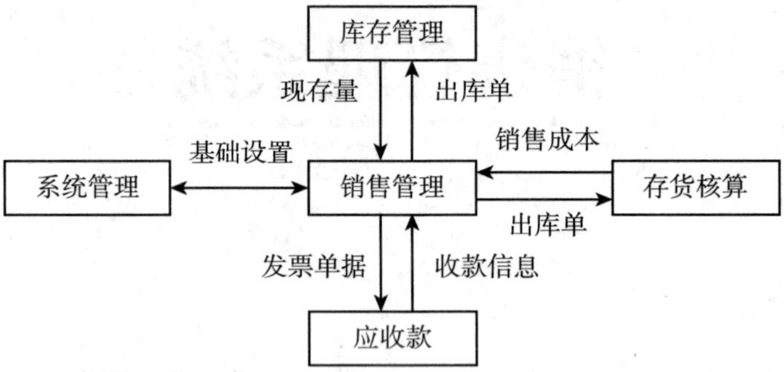

图 15－1　销售管理系统数据关系图

15.2　实验一：销售管理系统初始化

15.2.1　实验准备

（1）引入光盘中“实验账套\（14－3）采购退货业务”文件夹中的备份数据。

（2）登录企业应用平台时，选择操作员账套主管“0872”①，账套名称“[872] 智汇科技”，登录日期“2011－09－01”。

15.2.2　实验目的

（1）了解销售管理系统初始化在用友 ERP－U8 系统中的重要作用。

（2）掌握销售管理系统的参数设置方法，以及销售期初余额录入的过程。

15.2.3　实验资料

1. 设置销售类型（见表 15－1）。

表 15－1　销售类型

销售类型编码及名称	出库类别
01 批发销售	销售出库
02 经销商批发	

① 为方便企业应用平台的登录操作，本章所有操作员密码设置为空。

续表

销售类型编码及名称	出库类别
03 销售退回	销售退货
04 门市零售	销售出库

2. 设置销售管理系统参数。

（1）有零售日报业务。

（2）有委托代销业务。

（3）有分期收款业务。

（4）有直运销售业务。

（5）销售生成出库单。

（6）分期收款必有订单。

（7）直运销售必有订单。

（8）新增退货单、新增发票参照发货单生成。

（9）其他设置由系统默认。

3. 销售管理系统期初数（销售系统价格均为不含税价）。

（1）填写期初发货单：2011 年 8 月 18 日销售一科向华宏公司批发销售计算机整机 10 台，报价为 4500 元，由产成品仓库发货。该发货单尚未开票。

（2）填写分期收款发出商品期初数：2011 年 8 月 25 日，给大地公司发出激光打印机 50 台，单价 700 元，属于外购商品仓库，销售部门为销售一科，销售类型为经销商批发。

15.2.4 实验指导

1. 设置销售类型。

（1）在企业应用平台“基础设置”选项卡中，执行“基础档案”→“业务”→“销售类型”命令，打开“销售类型”窗口。

（2）单击“增加”按钮，录入销售类型编码“01”，销售类型名称“批发销售”，选择出库类别“销售出库”，单击“保存”按钮。

（3）同理，按实验资料增加其他销售类型，结果如图 15－2 所示，再单击“退出”按钮。

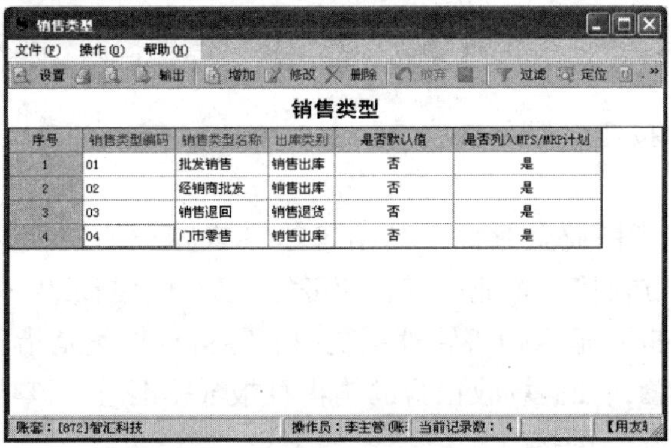

图 15－2　“销售类型”窗口

2. 设置销售管理系统参数。

（1）在企业应用平台中，在“业务工作”选项卡中，执行“供应链”→“销售管理”→“设置”→“销售选项”命令，弹出“销售选项”对话框。

（2）打开“业务控制”选项卡，选中“有零售日报业务、有分期收款业务、有直运销售业务、销售生成出库单、分期收款必有订单、直运销售必有订单”复选框，如图 15 -3 所示。

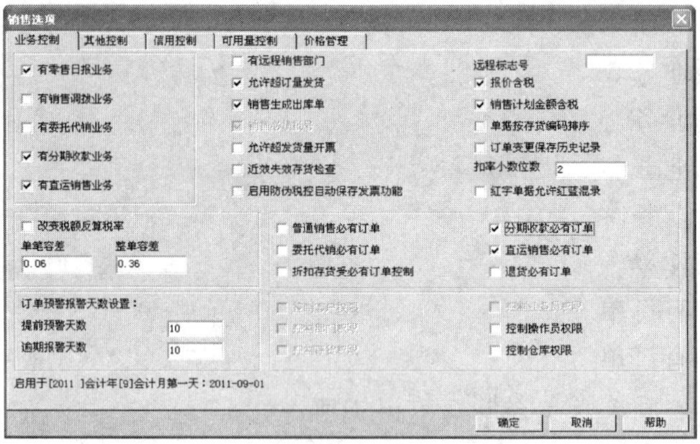

图 15 -3　“销售选项”对话框“业务控制”选项卡

（3）打开“其他控制”选项卡，选中新增退货单、新增发票分别参照发货生成，如图 15 -4 所示。

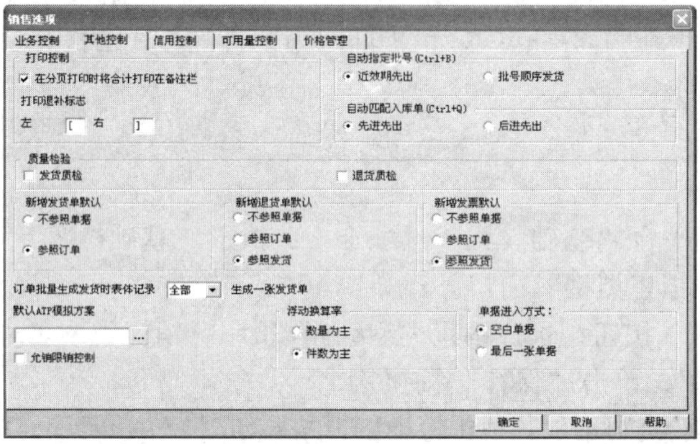

图 15 -4　“销售选项”对话框“其他控制”选项卡

（4）单击“确定”按钮，保存参数设置。

【提示】

- 零售日报业务，指商业企业将商品销售给零售客户的销售方式，如商场、超市等。该功能通过零售日报的方式接收企业的零售业务原始数据。当发生零售业务时，应将相应的销售票据作为“零售日报”输入销售管理系统中。零售日报不是指每一笔原始的销售单据，是零售业务数据的日汇总，如商场收银台的销售日报数据汇总。该功能常用作与商场销售收款系统（如商场收银系统）的接口。
- 零售日报业务处理流程与普通销售业务类似，销售订单为“零售日报”形式，销售类型选择“门市零售”；根据复核后的零售日报生成发货单、销售出库单；根据销售出库单进行记账、结转销售成本；审核后的零售日报作为销售发票，在应收款管理系统形成收款单并制单，生成收款凭证。

● 委托代销业务，指企业将商品委托他人进行销售但商品所有权仍归本企业的销售方式。委托代销商品销售后，受托方与企业进行结算，并开具正式的销售发票，形成销售收入，商品所有权转移，没有卖完的商品可退还企业。库存管理系统和销售管理系统集成使用时，才能在库存管理系统中应用委托代销业务。委托代销业务只能先发货后开票，不能开票直接发货。

● 分期收款销售业务，指将货物提前一次发给客户，分期收回货款。其特点是一次发货，分次收款。分期收款销售业务的订货、发货、出库、开票等处理与普通销售业务相同，只是业务类型选择“分期收款”。分期收款时，开具销售发票，在应收款管理系统中分次录入收款单并制单，生成收款凭证。在存货核算系统进行“发出商品记账”后再结转销售成本。

● 直运销售业务，指商品无须入库即可完成购销业务，将采购的商品由供应商直接发给客户；结算时，由供应商和客户分别与企业结算。

● 销售生成出库单，则销售管理系统的发货单、销售发票、零售日报、销售调拨单在审核—复核时，自动生成销售出库单，并传递到库存管理系统和存货核算系统，库存管理系统不可修改出库数量，即一次发货全部出库。

● 普通销售必有订单，表示完成该业务，必须参照销售订单生成，没有订单就不能执行后期的业务操作。类似的还有“委托代销必有订单”、“分期收款必有订单”、“直运销售必有订单”。

3. 录入销售管理系统期初余额。

（1）在企业应用平台“业务工作”选项卡中，执行“供应链”→“销售管理”→“设置”→“期初录入”→“期初发货单”命令，打开“期初发货单”窗口。

（2）单击“增加”按钮，录入发货日期“2011－08－18”，销售类型参照选择“批发销售”，客户简称参照选择“华宏公司”，销售部门参照选择“销售一科”。在下窗格仓库名称参照选择“产成品仓库”，存货编码参照选择“040101”，录入数量“10”和报价“4500”。

（3）单击“保存”按钮，再单击“审核”按钮，确认发货单信息，结果如图 15－5 所示。

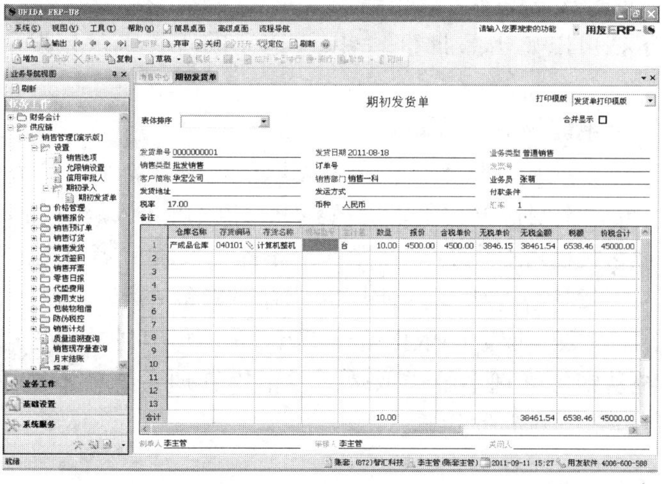

图 15－5 期初发货单

（4）在“期初发货单”窗口，再单击“增加”，录入发货日期为“2011－08－25”，参照选择业务类型为“分期收款”，销售类型为“经销商批发”，客户简称“大地公司”，销售部门“销售一科”。在下窗格仓库名称参照选择“外购商品仓库”，存货编码参照选择“030101”，录入数量“50”和报价“700”。

（5）单击“保存”按钮，再单击“审核”按钮，确认发货单信息，如图 15－6 所示。

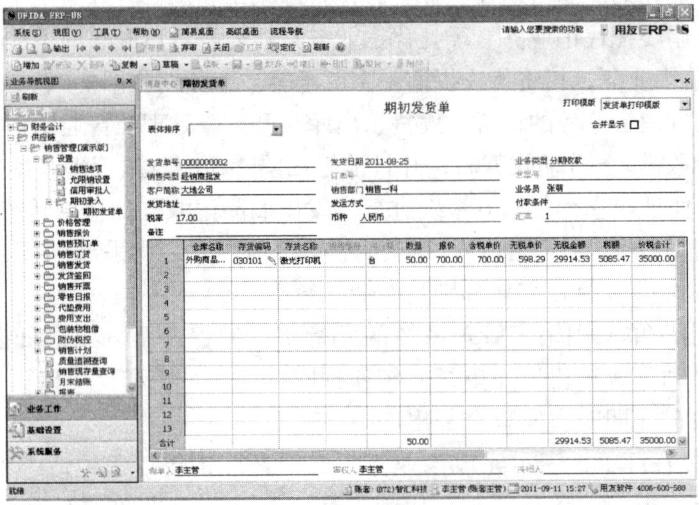

图 15－6　分期收款期初发货单

（6）单击“退出”按钮，完成期初分期收款发货单录入与审核工作。

【提示】

● 在销售管理系统启用时间之前，对于已经发货尚未开票的货物，应该作为期初发货单录入销售管理系统的期初数据中，以便将来开具发票后，进行发票复核，即销售结算。

● 在实际业务执行过程中，审核常常是对当前业务完成的确认。有的单据只有经过审核，才是有效单据，才能进入下一个流程，才能被其他单据参照或被其他功能、其他系统使用。例如，只有审核后的发货单才可在销售发票录入时用于参照。

● 对发货单的审核可以单击“批审”，以快速完成所有未审核发货单的一次全部审核工作。

● 审核后的发货单不能被修改或删除。

● 如果要修改或删除期初发货单，则必须先取消审核，即单击“弃审”。如果发货单已经被下游单据参照生成，该期初发货单不能被弃审，也不能被修改或删除。

● 如果销售管理系统已经执行月末结账，也不能对发货单等单据执行“弃审”。

● 当销售系统与存货核算系统集成使用时，存货核算系统中分期收款发出商品的期初余额从销售管理系统中取数，取数的依据就是已经审核的分期收款期初发货单。

● 存货核算系统从销售管理系统中取数后，销售管理系统就不能再录入存货核算系统启用日期前的分期收款发出商品发货单。

4. 账套备份。

在“D：\ 账套备份”下建立“（15－1）销售管理初始化设置”文件夹，将账套输出至“D：\ 账套备份 \（15－1）销售管理初始化设置”文件夹中。

15.3　实验二：普通销售业务

15.3.1　实验准备

（1）引入光盘中“实验账套 \（15－1）销售管理初始化设置”文件夹中的备份数据。

（2）登录企业应用平台时，操作员选择“销售主管李小飞（0201）”，日期选择“2011－09－14”账套名称选择“［872］智汇科技”。

15.3.2　实验目的

（1）掌握普通销售业务的一般流程，如图 15－7 所示。

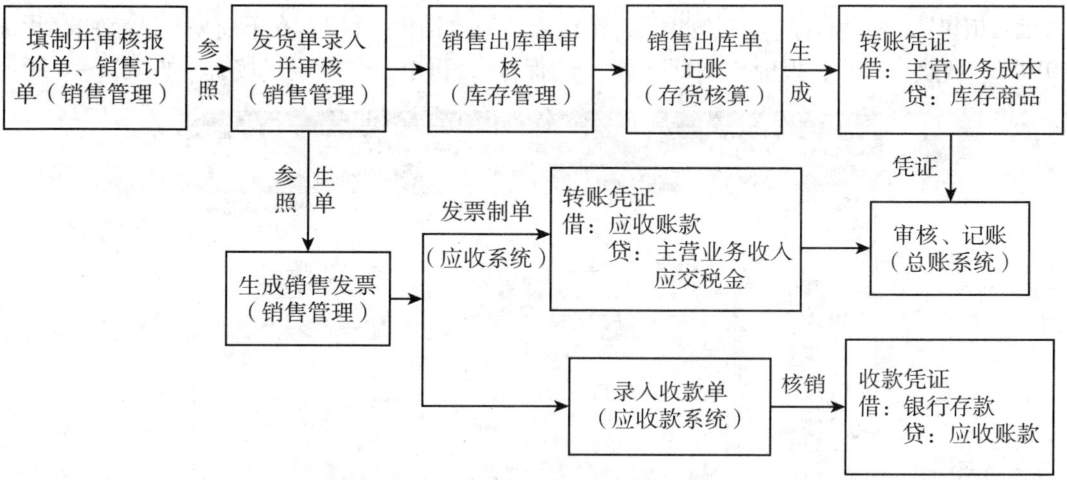

图 15－7　普通销售业务流程

（2）掌握不同存货核算方式对销售成本结转的影响。

（3）掌握企业在日常业务中如何通过软件来处理销售出库业务。

（4）掌握销售订货执行情况和发货、销售的统计查询。

15.3.3　实验资料

（1）2011 年 9 月 14 日华宏公司想批发购买 110 台计算机整机，向销售一科业务员张萌了解价格，报价为 4600 元/台。

（2）2011 年 9 月 15 日该客户了解情况后，与本公司协商，要求批发销售 100 台，含税单价为 4500 元/台，要求发货日期为 2011 年 9 月 17 日，双方最终达成销售订单。

（3）2011 年 9 月 17 日销售一科从产成品仓库向华宏公司发出其所订货物，本公司以现金代垫运费 500 元。开具专用销售发票一张，发票号为 ZYFP0917，同时收到对方的转账支票（ZZZP0045），全额支付本次货款。

（4）2011 年 9 月 19 日销售部将销售发票交给财务部，财务部确认、收取应收款项。

15.3.4 实验指导

普通销售业务主要是先发货后开票的销售业务，需要先处理报价单、销售订单、发货单等单据，发货单审核后系统自动生成销售出库单。如果存货采用先进先出法核算，可以随时结转销售成本。销售发票开具后，若立即收到货款，可根据发票现结处理；若尚未收到货款，需要确认为应收账款。

1. 填制并审核报价单。

（1）在企业应用平台“业务工作”选项卡中，执行“供应链”→“销售管理”命令，进入销售管理系统模块。

（2）在销售管理系统中，执行“销售管理”→“销售报价”→“销售报价单”命令，打开“销售报价单”窗口。

（3）单击“增加”按钮，按实验资料录入报价信息，如业务类型为“普通销售”，销售类型为“批发销售”，客户简称“华宏公司”，销售部门为“销售一科”。在下窗格录入参照存货编码“040101”，数量“110”，报价“4600”。单击“保存”，再单击“审核”按钮，如图 15－8 所示。

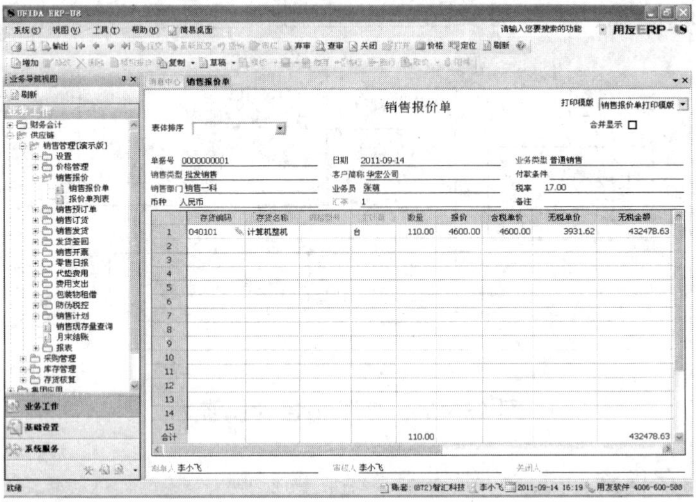

图 15－8　销售报价单

（4）单击“关闭”按钮，完成销售报价单录入与审核工作。

【提示】

● 销售报价单只能手工输入。

● 销售报价单没有审核前，可以单击“修改”按钮进行修改；如果已经审核，则必须先“弃审”才能修改。

● 录入单据信息时，可通过“参照”按钮直接参照已经在基础档案中设置好的信息，避免再次输入错误。如“业务类型”、“销售类型”、“销售部门”、“客户简称”、“存货编码”等。

2. 填制并审核销售订单。

（1）以“销售主管李小飞（0201）”、注册日期“2011－09－15”重新登录企业应用平台。

（2）在销售管理系统中，执行“销售管理”→“销售订货”→“销售订单”命令，打开“销售订单”窗口。

（3）单击“增加”，再单击工具栏“生单”按钮，选择“报价”，系统自动显示“订单参照报价单”过滤窗口。单击“过滤”按钮，打开“参照生单”窗口，在“选择”栏双击“2011－09－14”通过审核的华宏公司的报价单，选择栏显示为“Y”。此时，下半部窗格的“订单参照报价单”自动显示所选择的报价详情，如图 15－9 所示。

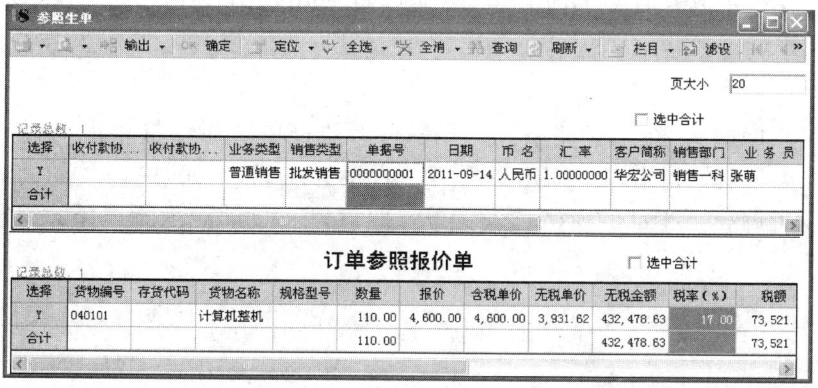

图 15－9 “参照生单”窗口

（4）单击工具栏“OK 确定”按钮，系统根据报价单自动生成一张销售订单。修改订单与报价单不一致的信息，如数量“100”、含税单价“4500”、预发货日期“2011－09－17”等。信息确认后单击“保存”按钮，再单击“审核”按钮，如图 15－10 所示。

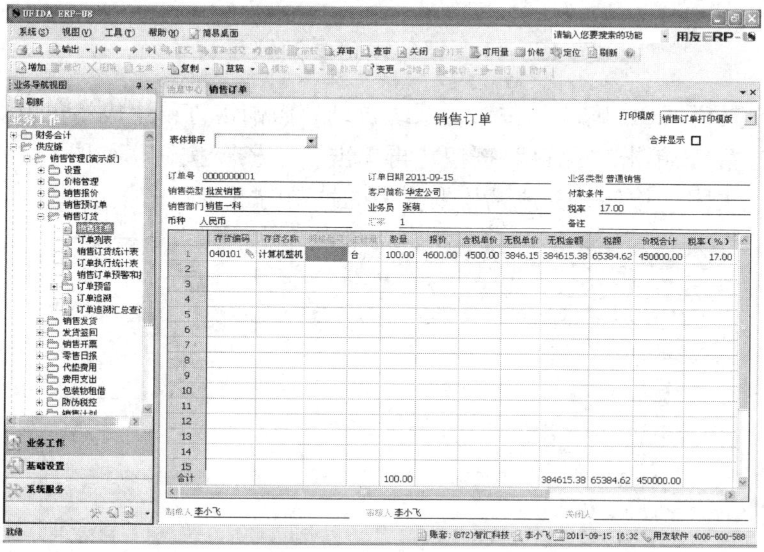

图 15－10 销售订单

（5）单击“关闭”按钮，完成销售订单生成与审核工作。

【提示】

- 销售订单可以手工输入，也可以根据销售报价单参照生成。
- 被参照后的报价单与销售订单不建立关联，即审核后的报价单也可以删除。

● 参照报价单生成的销售订单，所有从报价单带入的信息均可修改。同时还可以在销售订单上增行、删行。

● 已保存的销售订单可以在订单列表中查询。

● 已审核的销售订单可以修改。在订单列表中，打开该销售订单，单击“变更”进行修改。

3. 填制并审核销售发货单。

（1）以“销售主管李小飞（0201）”、注册日期“2011－09－17”重新登录企业应用平台。

（2）在销售管理系统中，执行“销售管理”→“销售发货”→“发货单”命令，打开“发货单”窗口。

（3）单击“增加”，在“过滤条件选择——参照订单”对话框单击“过滤”按钮，系统自动显示“参照生单”窗口，双击选择订单日期为“2011－09－15”的销售订单，选择栏显示“Y”。此时，下半部的窗格“发货单参照订单”自动显示所选择的销售订单和存货详情，如图 15－11 所示。

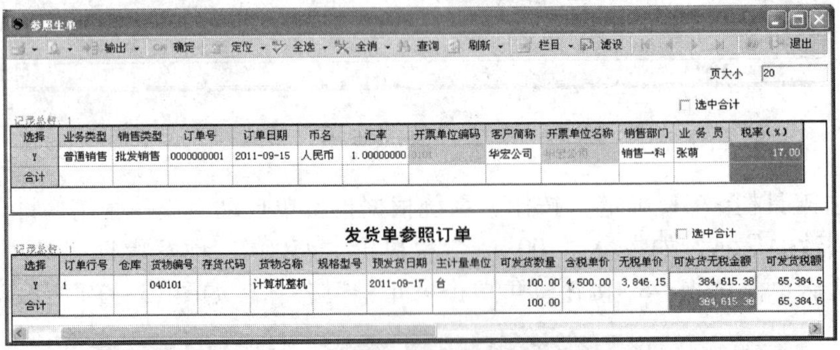

图 15－11 销售发货参照销售订单

（4）单击工具栏“OK 确定”按钮，系统自动参照销售订单生成销售发货单。录入发货仓为“产成品仓库”。单击“保存”按钮，再单击“审核”按钮，如图 15－12 所示。

（5）单击“关闭”按钮，完成销售发货单的填制与审核工作。

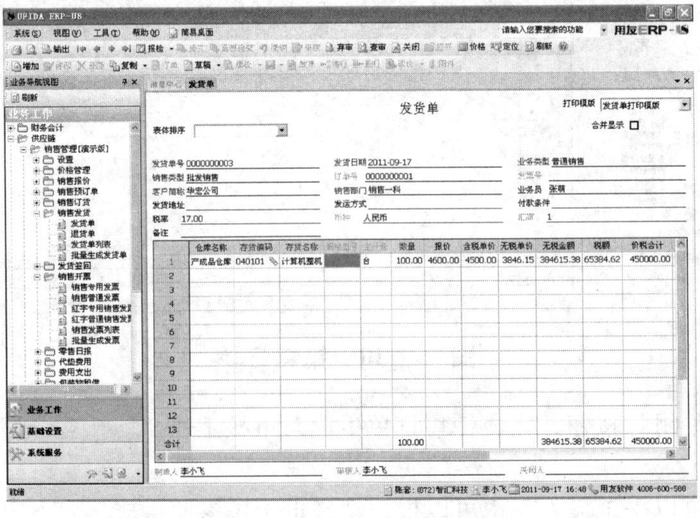

图 15－12 销售发货单

【提示】

● 销售发货单可以手工输入，也可以根据销售订单参照生成。如果销售系统选项中设置了“普通销售必有订单”，则只能参照生成。

● 如果库存管理系统中现存量不足，系统提示销售发不了货，应在库存管理系统检查“期初结存”是否“批审”成功。若确实现存量不足，然后再进行“库存管理”→“入库业务”操作，自行填写入库需要的数量。

4. 在库存管理系统中审核销售出库单。

（1）选择操作员“雷磊（0601）”、注册日期选择“2011－09－17”重新登录企业应用平台。在企业应用平台“业务工作”选项卡中，执行“供应链”→“库存管理”命令，进入库存管理系统模块。

（2）在库存管理系统中，执行“库存管理”→“出库业务”→“销售出库单”命令，打开“销售出库单”窗口。在工具栏单击“末页”按钮，可查看到“2011－09－17”的销售出库单，确认出库日期，单击“审核”按钮，如图 15－13 所示。

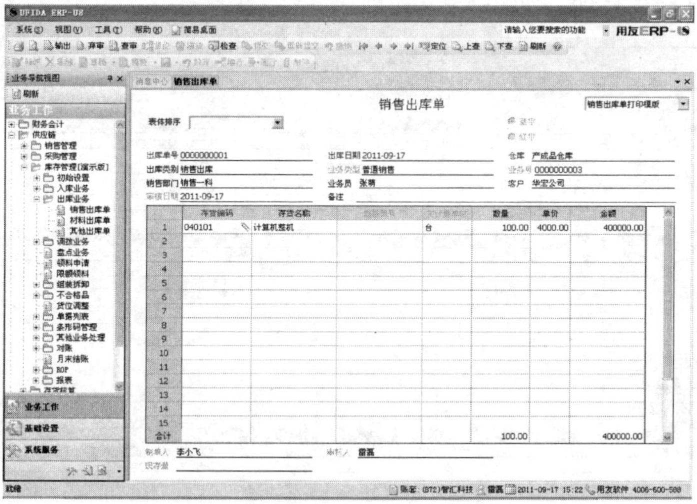

图 15－13　销售出库单

（3）单击“关闭”按钮，完成库存出库审核操作。

【提示】

● 在销售管理系统选项中设置了“销售生成出库单”，则系统根据销售发货单，在库存管理系统自动生成销售出库单。

● 如果没有设置“销售生成出库单”，则在库存管理系统的销售出库单窗口单击“生单”下三角按钮，选中“销售生单”，在过滤窗口输入过滤条件，选择相应的发货信息生成销售出库单。

● 如果是分批出库业务，可根据发货情况，分次生成销售出库单，并修改出库存货的数量与日期。

● 销售发货单与销售出库单是两个不同的概念，销售发货单是销售管理系统中生成以确认可以发货的单据，而销售出库单则是库存管理系统依据销售管理系统传过来的单据，经库存管理人员确认，将商品出库的单据。

- 在销售管理系统选项中设置了“销售生成出库单”，则系统根据销售发货单自动生成出库单。
- 系统自动生成的销售出库单不能修改，可以直接审核。

5. 根据发货单填制并复核销售发票。

（1）以“销售主管李小飞（0201）”、注册日期“2011 - 09 - 17”重新登录企业应用平台。

（2）在销售管理系统中，执行“销售管理”→“销售开票”→“销售专用发票”命令，打开“销售专用发票”窗口。单击“增加”按钮，弹出销售发票参照订单窗口，点击“取消”按钮。

（3）选择工具栏“生单”→“参照发货单”命令，打开“参照生单”窗口，双击选中发货日期为“2011 - 09 - 17”的发货单，再单击工具栏“OK 确定”按钮，系统自动参照销售发货单生成一张销售专用发票，修改发票号为“ZYFP0917”。

（4）单击“保存”按钮，如图 15 - 14 所示。

图 15 - 14　销售专用发票

【提示】

- 销售专用发票号一般是系统自动按顺序带出，也可以手动修改。需由账套主管（0872）于“2011 - 09 - 01”日登录企业应用平台，在“基础设置”选项卡，执行“单据设置”→“单据编号设置”命令，打开“单据编号设置”对话框，修改“销售管理”→“销售专用发票”单据类型的详细信息为“手工改动，重号时自动重取”。
- 销售专用发票可以参照发货单自动生成，也可以手工输入。
- 如果需要手工输入销售专用发票，则必须取消销售系统选项中“普通销售必有订单”。
- 同一日期发生的多张发货单可以开具一张销售发票。

6. 根据销售专用发票现结款项。

（1）在“销售专用发票”窗口，单击工具栏“现结”按钮，系统自动弹出“销售现结”对话框，输入结算方式“转账支票”、结算号“ZZZP0045”、结算金额“450 000”等信息，如图 15 - 15 所示。

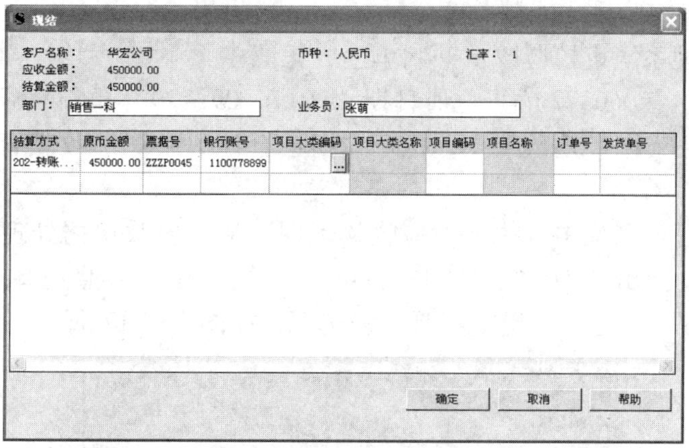

图 15－15　“销售专用发票现结”对话框

（2）单击“确定”按钮，返回“销售专用发票”窗口，并显示“现结”字样。再单击工具栏“复核”按钮。

7. 填制并审核代垫费用单。

（1）在“销售专用发票”窗口，单击工具栏上的“代垫”按钮录入代垫费用单详情，费用项目参照选择“运输费”，代垫金额录入“500”，存货编码参照选择“040101”。

（2）单击“保存”按钮，再单击“审核”按钮，完成代垫费用单的填制与审核工作，如图 15－16 所示。

图 15－16　销售代垫费用单

（3）再单击“关闭”按钮，完成销售专用发票及相关代垫费用单的录入与审核工作。

【提示】

- 代垫费用单可以在销售管理系统的专用发票窗口输入，生成销售专用发票保存后，单击“代垫”按钮，调出“代垫费用单”窗口，输入代垫费用单。也可以在销售管理系统，执行“代垫费用”→“代垫费用单”命令，打开“代垫费用单”窗口进行录入。
- 代垫费用单保存后自动生成其他应收单并传递至应收款管理系统。
- 销售管理系统只能记录代垫费用，但不能对代垫费用制单。其凭证需要在应收款管理系统中审核代垫费用单后才能制单。

8. 在应收款管理系统审核应收单并制单生成凭证。

（1）以“账套主管（0872）”、注册日期“2011－09－19”重新登录企业应用平台。在企业应用平台“业务工作”选项卡中，执行“财会会计”→“应收款管理”命令进入应收款管理系统模块。

（2）在应收款管理系统中，执行“应收款管理”→“应收单据处理”→“应收单据审核”命令，系统自动弹出“应收单过滤条件”对话框，客户参照选择“0101 福建华宏公司”，选中“未审核”、“包含已现结发票”复选框，如图 15－17 所示。

图 15－17　“应收单过滤条件”对话框

（3）单击“确定”按钮，出现“应收单据列表”，在记录的选择栏处双击选择需要审核的“华宏公司”2 张应收单据。

（4）单击“审核”按钮，系统提示审核成功 2 张单据，单击“确定”按钮。

（5）重新注册，更换操作员“代方（0801）”，注册日期选择“2011－09－19”，在应收款管理系统中，执行“应收款管理”→“制单处理”命令，系统自动打开“制单查询”对话框，设置单据过滤条件，选中“应收单制单”和“现结制单”复选框，如图 15－18 所示。

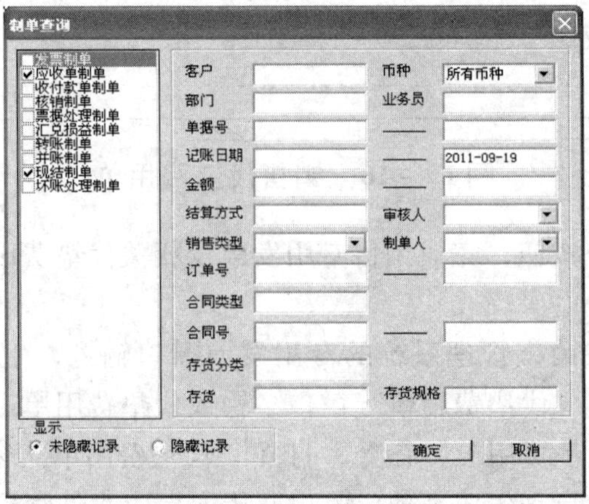

图 15－18　“制单查询”对话框

（6）单击“确定”按钮，弹出“应收制单”窗口，如图 15－19 所示，单击工具栏“全选”按钮，再单击“制单”按钮，弹出“填制凭证”对话框。

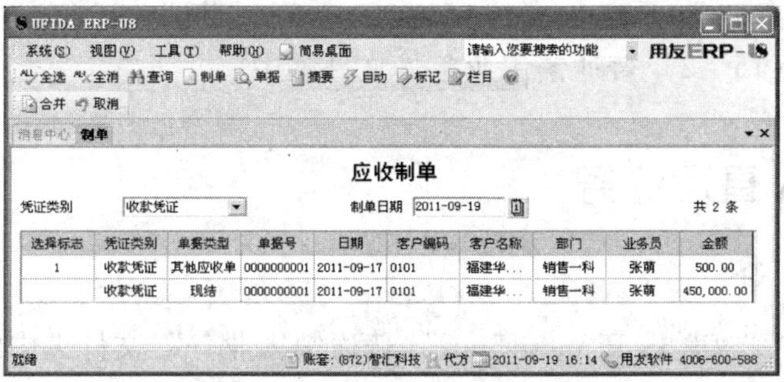

图 15－19　“应收制单”窗口

（7）通过工具栏“下一张”按钮查找“现结单据（450 000 元销售收入）”并制单，单击凭证头“字…”修改为“收款凭证”，借方科目设置为“100201”（现金流入项目编码 01 销售商品、提供劳务收到的现金），贷方科目为“6001”　（部门为“销售一科”）、“22210101”。单击“保存”按钮，系统显示“已生成”标志，如图 15－20 所示。

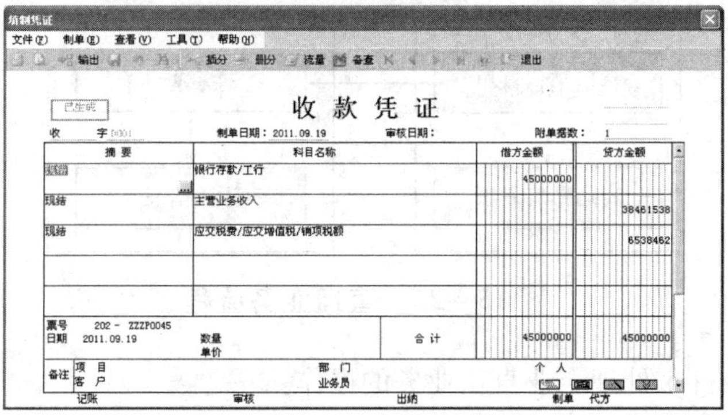

图 15－20　销售收款凭证

（8）对其他应收单（500 元的运输费），修改凭证类别为“付款凭证”，借方科目为“112201”贷方科目为“1001”（客户为华宏公司，现金流出项目编码 07“支付的与其他经营活动有关的现金”）。单击“保存”按钮，如图 15－21 所示。

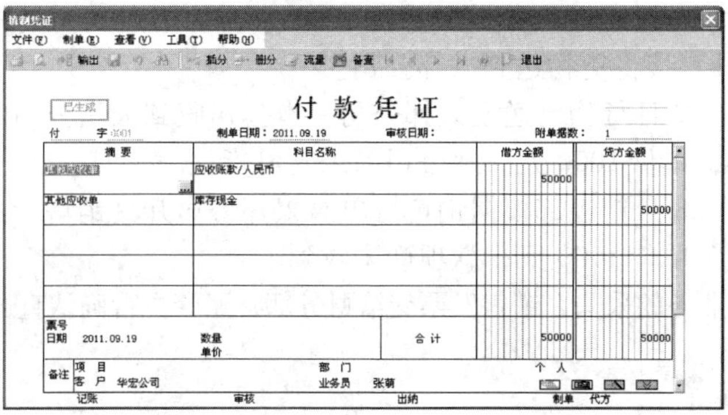

图 15－21　销售付款凭证

（9）制单完毕，单击“退出”按钮。

9. 账套备份。

在“D：\ 账套备份”下建立“（15－2）普通销售业务”文件夹，将账套输出至“D：\ 账套备份\（15－2）普通销售业务”文件夹中。

15.4 实验三：直运业务

15.4.1 实验准备

（1）引入光盘中“实验账套\（15－2）普通销售业务”文件夹中的备份数据。

（2）登录企业应用平台时，操作员选择“销售主管李小飞（0201）”，日期选择“2011－09－25”，账套名称选择“［872］智汇科技”。

15.4.2 实验目的

（1）掌握直运业务的一般流程：填制并审核直运采购和直运销售订单与发票——直运业务应收应付款的确认——直运单据记账并结转成本，如图 15－22 所示。

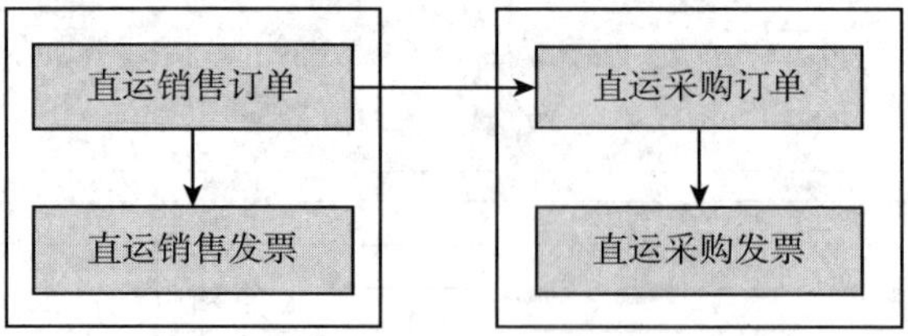

图 15－22 直运业务流程

（2）掌握通过软件来处理企业直运业务的操作。

15.4.3 实验资料

（1）2011 年 9 月 25 日销售二科业务员李辛接到经销商批发的直运业务信息，兴邦公司想购买液晶显示器 200 台。经协商以无税单价 1500 元成交，增值税税率为 17% 预发货日期 9 月 27 日。随后，销售主管填制相应的销售订单。

（2）2011 年 9 月 26 日销售二科经联系以 1000 元的价格向大昌公司发出采购订单，并要求对方于当月 27 日直接将货物送到兴邦公司。

（3）2011 年 9 月 27 日货物已送至兴邦公司。本公司收到大昌公司的专用发票，发票载明 200 台液晶显示器，单价 1000 元。本公司尚未支付货款。

（4）2011 年 9 月 28 日销售部根据销售订单给兴邦公司开具销售专用发票一张，发票载明 200 台液晶显示器，单价 1500 元，款项尚未收到。

（5）销售部将此业务的采购、销售发票交给财务部，账套主管确认直运业务的应收应付款。

15.4.4 实验指导

直运业务流程描述：客户向本公司订购商品，双方签订购销合同；本公司向供应商采购客户所需商品，与供应商签订采购合同；供应商直接将商品发运给客户；结算时，由购销双方分别与本公司结算。直运业务包括直运销售业务和直运采购业务，没有实物的出入库，财务结算通过直运销售发票、直运采购发票进行。直运业务适用于大型电器、汽车和设备等产品的销售，因为入库再出库会增加仓库周转成本。

1. 填制并审核直运销售订单。

在销售管理系统中，执行“销售订货”→“销售订单”命令，打开“销售订单”窗口，单击“增加”输入直运销售订单，注意选择业务类型为“直运销售”，销售类型“经销商批发”，存货编码“010201”，数量“200”，无税单价“1500”，单击“保存”按钮并“审核”该销售订单，如图 15－23 所示。

图 15－23　销售订单

2. 生成并审核直运采购订单。

（1）以“采购主管李明（0501）”、登录日期“2011－09－26”重新注册企业应用平台。

（2）在采购管理系统，执行“采购订货”→“采购订单”命令，打开“采购订单”窗口。单击“增加”按钮，选择业务类型为“直运采购”，单击工具栏“生单”按钮，选择“销售订单”，打开“过滤条件选择——销售订单列表过滤”对话框。

（3）单击“过滤”按钮，弹出“拷贝并执行”窗口，在表头列表选择栏中双击订单日期为“2011－09－25”的销售订单，如图 15－24 所示。

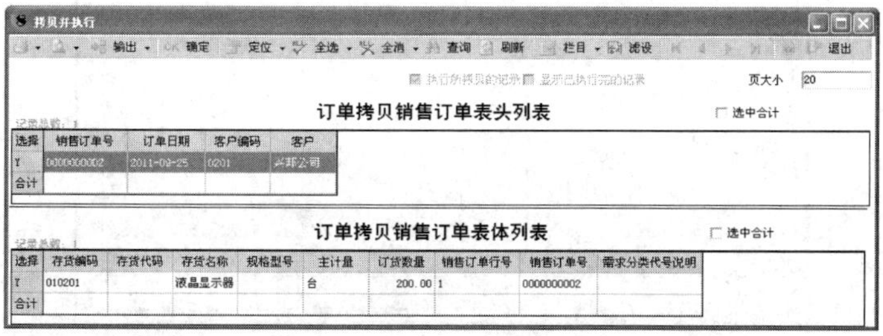

图 15－24　拷贝销售订单生成采购订单

（4）单击工具栏“OK 确定”按钮，拷贝销售订单生成采购订单，表头供应商选择“大昌公司”，表体中输入原币单价“1000”，计划到货日期为“2011－09－27”。单击工具栏“保存”并“审核”这张采购订单，如图 15－25 所示。

3. 填制直运采购发票。

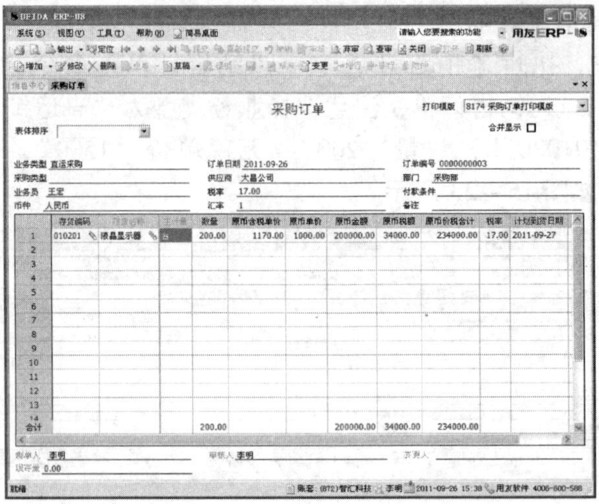

图 15－25　“采购订单”窗口

（1）以“采购主管李明（0501）”、登录日期“2011－09－27”重新注册企业应用平台。

（2）在采购管理系统中，执行“采购发票”→“专用采购发票”命令，打开“专用采购发票”窗口。单击“增加”按钮，修改业务类型为“直运采购”，单击工具栏“生单”→“采购订单”按钮，打开“过滤条件选择——销售订单列表过滤”对话框。

（3）单击“过滤”按钮，弹出“拷贝并执行”窗口，在表头列表选择栏中双击订单日期为“2011－09－26”的采购订单。

（4）单击“OK 确定”按钮，拷贝采购订单生成采购专用发票，返回“专用采购发票”窗口，检查发票上载明的存货、数量与单价，单击“保存”按钮，如图 15－26 所示。

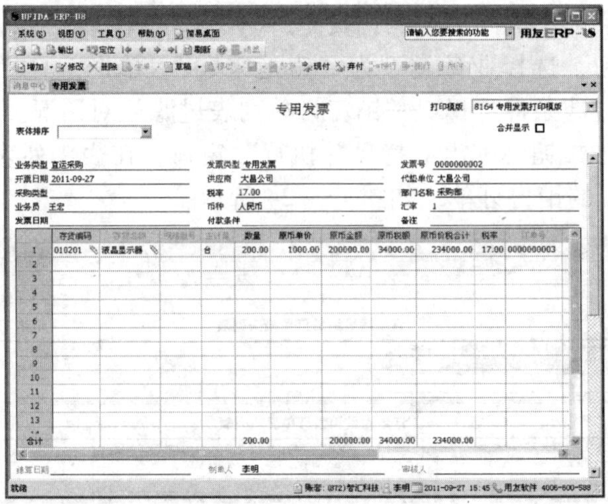

图 15－26　直运采购发票

4. 填制并复核销售发票。

（1）以“销售主管李小飞（0201）”、登录日期“2011－09－28”重新注册企业应用平台。

（2）在销售管理系统中，执行“销售开票”→“专用销售发票”命令，打开“销售专用发票”窗口。单击“增加”按钮，再单击“取消”按钮关闭“过滤条件选择－发票参照发货单”过滤对话框。

（3）单击工具栏上“生单”→“参照订单”按钮，打开“过滤条件选择－参照订单”对话框，设置业务类型为“直运销售”，客户为“兴邦公司”，如图 15－27 所示。

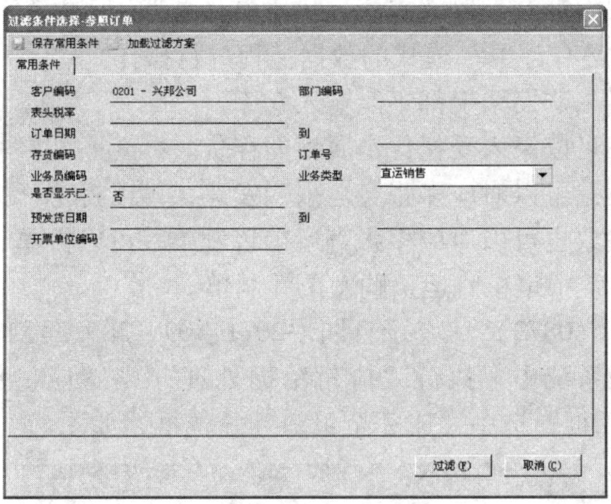

图 15－27　“过滤条件选择－参照订单”对话框

（4）单击“过滤”按钮，双击选择“2011－09－25”直运销售订单和明细行，单击“OK 确定”按钮生成销售专用发票，检查发票上载明的存货、数量与单价，单击“保存”按钮，再单击“复核”按钮，确认完成直运销售业务，结果如图 15－28 所示。

图 15－28　销售专用发票

【提示】

- 对于直运业务的销售订单、采购订单、采购发票、销售发票，其采购类型为直运采购，销售类型为直运销售。

● 需要开具销售专用发票的客户，必须在客户档案中输入税号，否则只能开具普通销售发票。

● 如果选择了“直运销售必有订单”，则直运销售发票和直运采购发票都只能参照销售订单生成发票；如果需要手工开具发票，则应先取消“直运销售必有订单”，同时还必须删除销售订单。

● 如果在销售选项中没有设置“直运销售必有订单”，在销售管理系统中没有输入销售订单，这种直运模式下直运采购发票和直运销售发票可以互相参照。

● 如果在销售选项中没有设置“直运销售必有订单”，但是已经输入了销售订单，则仍然需要按照“直运销售必有订单”模式的数据流程进行操作。

● 直运销售与直运采购发票上都不能输入仓库。

● 直运销售发票不可以录入受托代销属性的存货。

● 一张直运销售发票可以对应多张直运采购发票，可以拆单、拆记录。

● 一张直运采购发票也可以对应多张直运销售发票，可以拆单、拆记录。

5. 在应付款管理系统中审核直运采购发票并制单。

（1）以“账套主管（0872）”、登录日期“2011－09－28”重新注册企业应用平台。

（2）在应付款管理系统中，执行“应付单据处理”→“应付单据审核”命令，打开“应付单过滤条件”对话框，选中“未完全报销”复选框，如图 15－29 所示。

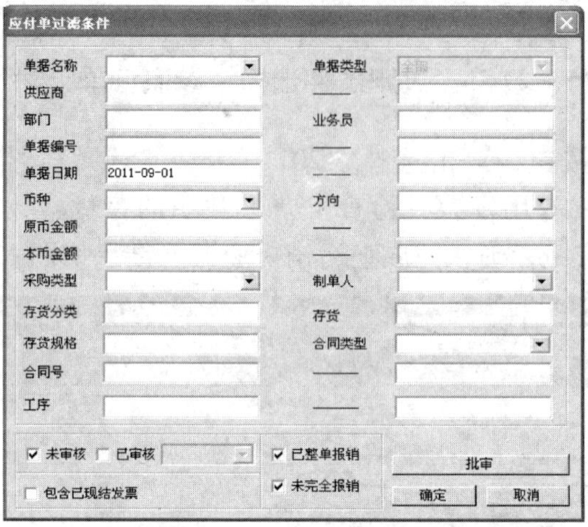

图 15－29　“应付单过滤条件”对话框

（3）单击“确定”按钮，在“应付单据列表”中选择“2011－09－27”直运采购专用发票，在“选择”栏双击出现“Y”，如图 15－30 所示。

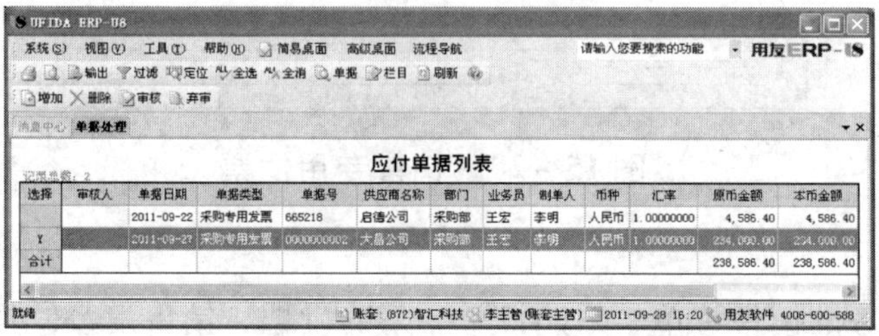

图 15－30　审核应付单据

（4）单击工具栏“审核”按钮，系统提示“本次审核成功单据 1 张”。确认直运采购的应付款项后，单击“确定”按钮，再单击“关闭”按钮退出。

6. 在应收款管理系统中审核直运销售发票并制单。

（1）在应收款管理系统中，执行“应收单据处理”→“应收单据审核”命令，弹出“应收单过滤条件”对话框，单击“确定”按钮，打开“应收单据列表”窗口。

（2）双击“选择”栏“2011－09－28”直运销售专用发票，再单击工具栏“审核”按钮。审核完毕，单击“关闭”按钮退出。

（3）在应收款管理系统中，执行“应收款管理”→“制单处理”命令，打开“制单查询”对话框，选中“发票制单”复选框，单击“确定”按钮，打开“销售发票制单”窗口，在“2011－09－28”销售专用发票的“选择标志”栏输入“1”，如图 15－31 所示。

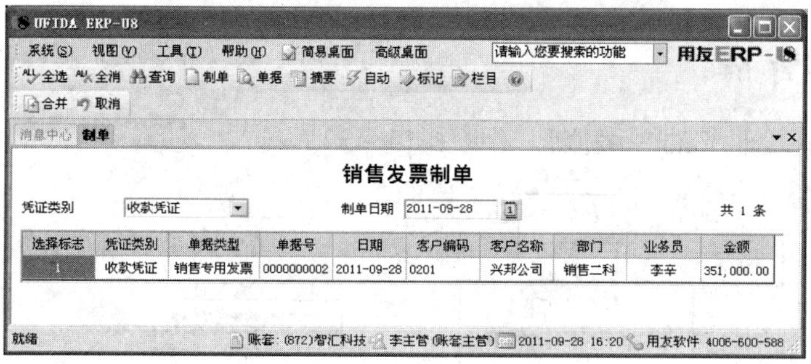

图 15－31　销售发票制单

（4）单击工具栏“制单”按钮，生成直运销售凭证，打开“填制凭证”窗口，修改表头凭证类型为“转账凭证”，单击“保存”按钮，如图 15－32 所示。

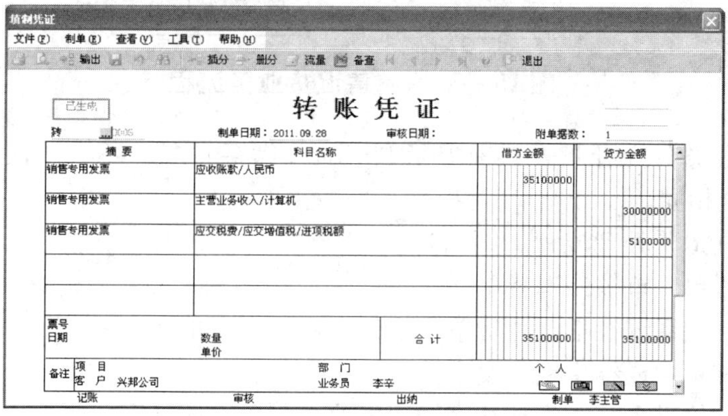

图 15－32　直运销售转账凭证

【提示】

● 直运采购业务生成的直运采购发票在应付款管理系统中审核，但不能在此制单，其制单操作在存货核算系统中进行。

● 直运销售业务生成的直运销售发票在应收款管理系统中审核并制单，其销售成本的结转需要在存货核算系统中进行。

7. 账套备份。

在“D：\ 账套备份”下建立“（15 –3）直运业务”文件夹，将账套输出至“D：\ 账套备份\ （15 –3）直运业务”文件夹中。

15.5　实验四：销售退货业务

15.5.1　实验准备

（1）引入光盘中“实验账套\ （15 –3）直运业务”文件夹中的备份数据。

（2）登录企业应用平台时，操作员选择“销售主管李小飞（0201）”，日期选择“2011 –09 –26”，账套名称选择“［872］智汇科技”。

15.5.2　实验目的

1. 掌握销售退货业务的一般流程（见图 15 –33）。

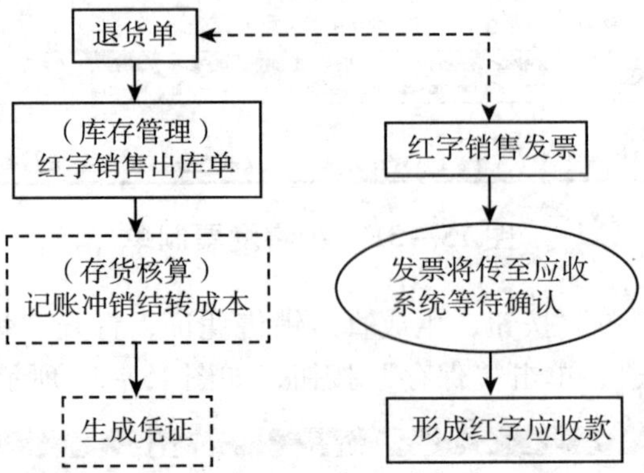

图 15 –33　销售退货业务流程

2. 销售退货业务分为开具发票前退货和开具发票后退货，不同阶段发生的退货业务，其处理流程不完全相同。

3. 开具发票前退货处理流程。

（1）填制退货单，审核该退货单。

（2）在库存管理系统，根据退货单生成红字销售出库单。

（3）根据退货单生成红字销售发票。

（4）在应收款管理系统，复核红字销售发票，制单生成红字应收款凭证。

（5）在存货核算系统，根据红字销售出库单记账，进行成本核算。

4. 开具发票后退货处理流程。

（1）填制红字销售发票，复核后自动生成退货单。

（2）在库存管理系统，生成红字销售出库单。

（3）在应收款管理系统，复核红字销售发票，制单生成红字应收款凭证。

（4）在存货核算系统，根据红字销售出库单记账，进行成本核算。

5. 掌握企业在日常退货业务中如何通过软件来处理。

15.5.3　实验资料

2011 年 9 月 26 日销售一科销售给华宏公司的计算机整机因质量问题，被要求退回 2 台，单价为 4500 元，本公司同意退货收回产成品仓库。2011 年 9 月 30 日账套主管审核红字销售发票并形成红字应收款。注：该批商品已于当月 17 日发货并开具了销售专用发票，发票号为 ZYFP0917。

15.5.4　实验指导

实验资料提供的业务属于开具销售发票后退货的业务，是本章“实验二、普通销售业务”的延续。

1. 填制并审核退货单。

（1）在销售管理系统中，执行“销售发货”→“退货单”命令，打开“退货单”窗口。

（2）单击工具栏“增加”按钮，系统自动弹出“过滤条件选择—参照订单”对话框，单击“取消”按钮，选择工具栏“生单”→“订单”命令，打开“参照生单”窗口，在“选择”栏双击选中“华宏公司 2011－09－15”的订单，同时“发货单参照订单”自动选中预发货日期“2011－09－17”的发货单，如图 15－34 所示。

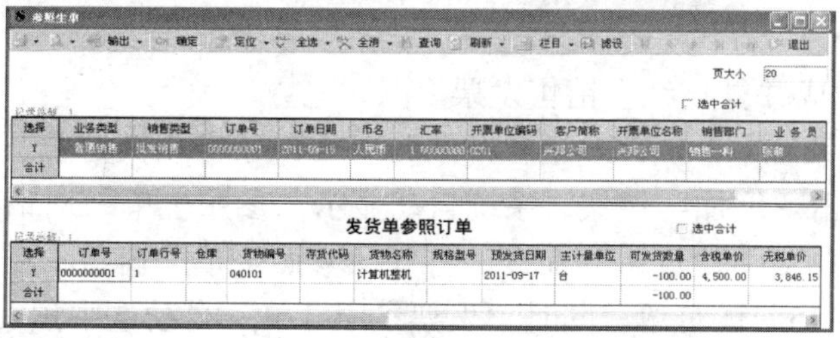

图 15－34　“参照生单”窗口

（3）单击工具栏“OK 确定”按钮，系统自动生成退货单，参照录入仓库名称“产成品仓库”，修改退货数量为“－2”。再单击“保存”、“审核”按钮，如图 15－35 所示。

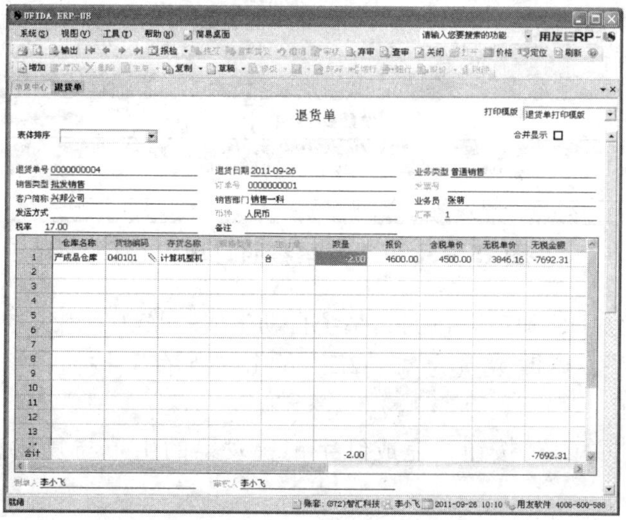

图 15－35　销售退货单

（4）单击窗口“关闭”按钮，完成退货单录入与审核工作。

【提示】

● 退货单是发货单的红字单据，可以处理客户的退货业务。也可以处理换货业务，货物发出后客户要求换货，则用户先按照客户要求退货的货物开退货单，然后再按照客户所换的货物开发货单。

● 如果销售选项中设置了“销售生成出库单”，则发货单审核时自动生成销售出库单；退货单审核时自动生成红字销售出库单。

● 退货单的退货数量一定为负数，退货单上的金额可以小于或等于零。

● 退货单可以手工输入，也可以参照销售订单、发货单生成。只有使用了退货业务参照拷贝销售订单或销售发货单生成，才能单击“订单”或“发货”按钮，系统弹出销售订单或销售发货单过滤窗口，选择该订单或发货单的原有业务数据进行参照。

● 参照销售订单生成的退货单或手工输入的退货单可以生成红字发票。

● 参照发货单生成的退货单直接冲减原发货单数量，因而该退货单无法生成红字销售发票，但该退货单可以在“发货单列表”中查询。

● 审核后的退货单，被传递到库存管理系统中生成销售出库单（数量为负），由库管人员对该张单据和所退货物进行比照、审核，确认无误后，完成存货入库业务（即退货入库）。

2. 根据退货单生成并复核红字销售发票。

（1）在销售管理系统中，执行“销售开票”→“红字专用销售发票”命令，打开“销售专用发票”窗口。单击“增加”按钮，系统自动显示“参照生单”对话框，单击“取消”按钮，选择工具栏“生单”→“订单”命令，打开“参照生单”窗口，在“选择”栏双击选中“兴邦公司 2011 – 09 – 15”的订单，同时“发票参照订单”自动选中预发货日期“2011 – 09 – 17”的发票，如图 15 – 36 所示。

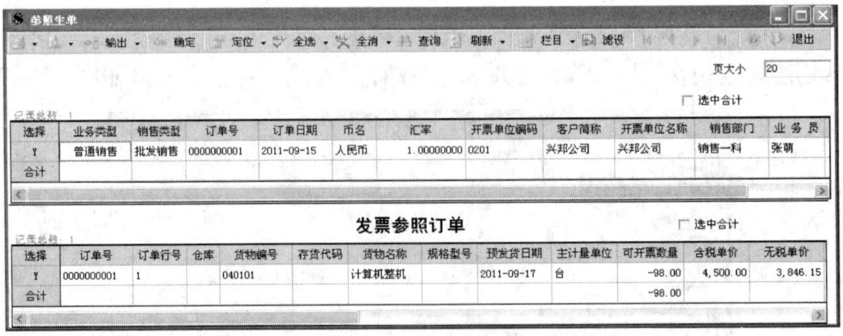

图 15 – 36　“发票参照订单”窗口

（2）单击工具栏“OK 确定”按钮，系统自动生成一张红字销售专用发票，参照录入仓库名称“产成品仓库”，修改数量为“ – 2”。单击“保存”按钮，再单击“复核”按钮，结果如图 15 – 37 所示。

（3）单击窗口“关闭”按钮，完成红字销售发票的生单与复核工作，退出销售管理系统。

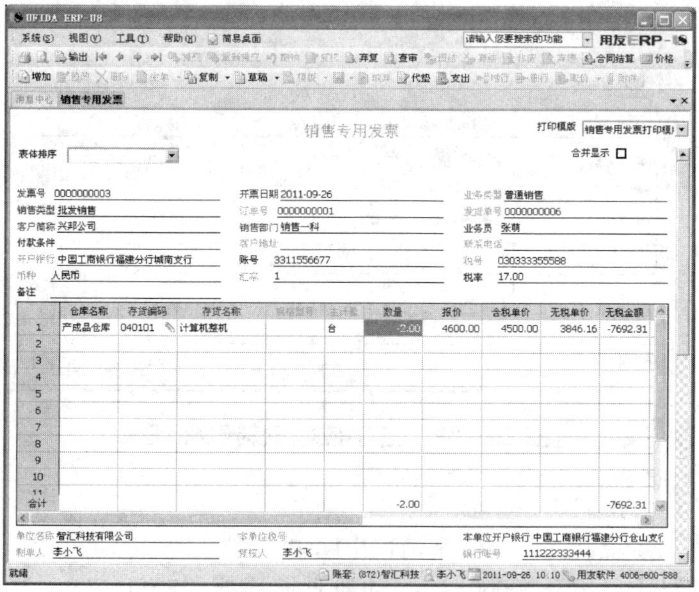

图 15－37　红字销售发票

【提示】

● 如果退货业务前已经现结收取款项，那么需要冲减收入和收取的款项。在生成的“红字专用销售发票”中，先单击“保存”按钮，再单击“现结”按钮，在“现结”对话框中，输入结算方式、结算号，并输入负数结算金额为退款金额。输入完毕单击“确定”按钮后，再单击发票上“复核”按钮，确认红字专用发票。

3. 在应收款管理系统审核红字销售发票，制单生成红字冲销凭证。

（1）以“账套主管（0872）”、登录日期“2011－09－30”重新注册企业应用平台。

（2）在应收款管理系统中，执行“应收单据处理”→“应收单据审核”命令，系统自动弹出“应收单过滤条件”对话框，单击“确定”按钮，打开“应收单据列表”窗口，在“选择”栏双击选中需要审核的“兴邦公司”红字销售专用发票。

（3）单击工具栏“审核”按钮，系统提示“审核成功单据 1 张”，单击“确定”按钮，结果见图 15－38。

应收单据列表

记录总数：1

选择	审核人	单据日期	单据类型	单据号	客户名称	部门	业务员	制单人	币种	汇率	原币金额	本币金额
Y	李主管	2011-09-26	销售专用发票	0000000003	兴邦公司	销售一科	张萌	李小飞	人民币	1.00000000	-9,000.00	-9,000.00
合计											-9,000.00	-9,000.00

图 15－38　应收单据列表

（4）关闭应收单据列表窗口，再执行“应收款管理”→“制单处理”命令，设置单据过滤条件为“发票制单”，单击“确定”按钮，打开“销售发票制单”窗口。

（5）在红字销售专用发票记录前的“选择标志”栏输入“1”，选择凭证类型为“转账凭证”，单击工具栏“制单”按钮，系统生成一张红字冲销凭证，单击“保存”按钮，如图 15－39 所示。

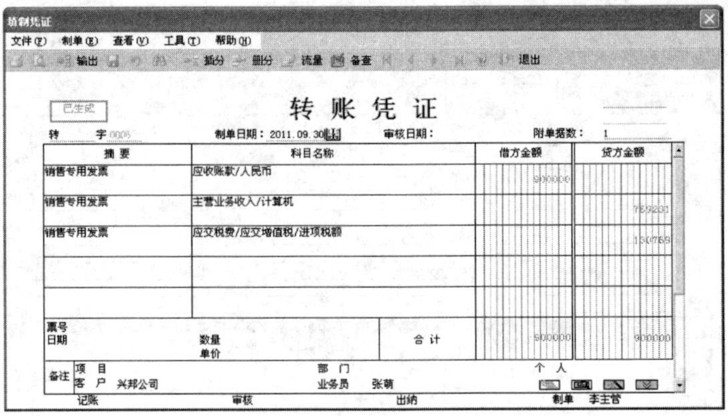

图 15－39　红字应收款转账凭证

（6）制单完毕，单击“退出”按钮。

4. 在库存管理系统填制并审核红字销售出库单。

（1）更换操作员为“雷磊（0601）”，注册日期选择“2011－09－26”，重新登录企业应用平台。

（2）在库存管理系统中，执行“出库业务”→“销售出库单”命令，打开“销售出库单”窗口。在工具栏单击“末页”按钮，可查看“2011－09－26”的销售出库单，确认出库信息，单击工具栏“审核”按钮，结果如图 15－40 所示。

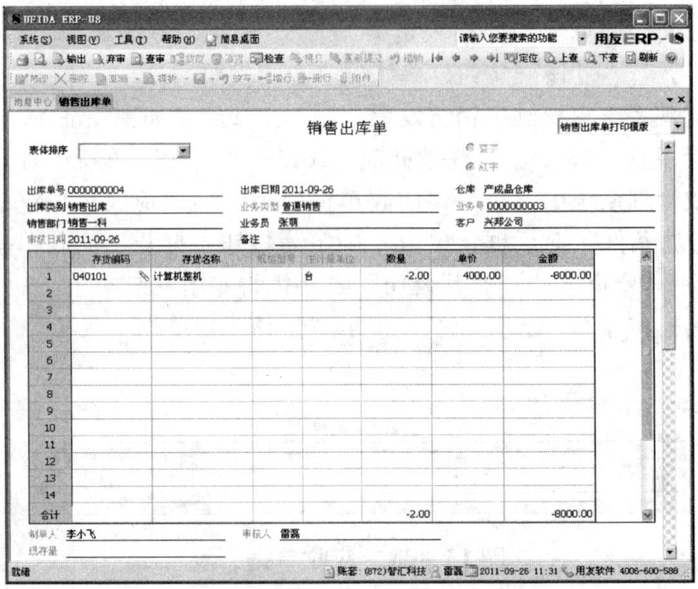

图 15－40　销售退货出库单

（3）单击“关闭”按钮，完成库存出库审核操作。

【提示】

- 如果业务是先开票后发货的普通销售业务，已经给对方开出发货单，但尚未出库，此时需退货，只需输入退货单，开具红字专用销售发票，由于尚未生成销售出库单，所以不必生成红字销售出库单。

5. 账套备份。

在“D：\ 账套备份”下建立“（15 –4）销售退货业务”文件夹，将账套输出至“D：\ 账套备份\ （15 –4）销售退货业务”文件夹中。

第 16 章

库存管理系统

16.1 业务概述

库存管理是在物流过程中对商品数量的管理，它接收采购部门从供应商采购来的材料或商品，并且支配着生产的领料、销售的出库等。库存管理在量化的管理基础上，最好的管理办法是零库存。库存多，占用资金多，利息负担加重；当然也要避免过分降低库存而出现断档。

用友 ERP－U8 供应链提供的库存管理产品，可以实现以下功能：采购入库、销售出库、产成品入库、材料出库、其他出入库、盘点管理和形态转换等，提供仓库货位管理、批次管理、保质期管理、出库跟踪、入库管理和可用量管理等全面的业务应用。

库存管理可以单独使用，也可以与采购管理、销售管理、物料需求计划、存货核算集成使用。库存管理系统与其他系统之间的数据关系，如图 16－1 所示。

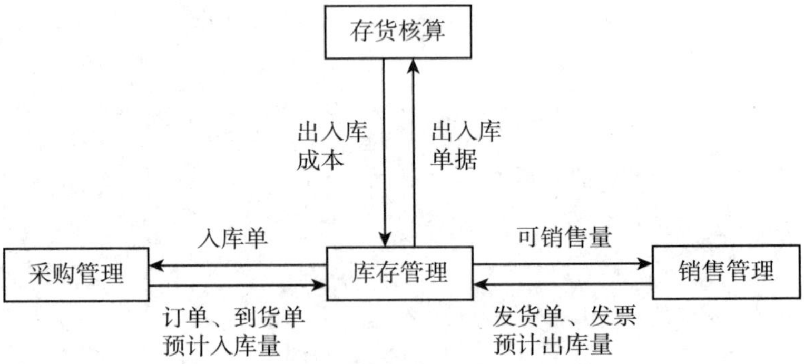

图 16－1　库存管理系统数据关系

库存管理系统可以参照采购管理系统的采购订单、采购到货单生成采购入库单，库存管理系统将入库情况反馈到采购管理系统。采购管理系统向库存管理系统提供预计入库量。

根据选项设置，销售出库单可以在库存管理系统填制、生成，也可以在销售管理系统生成后传递到库存管理系统，库存管理系统再实行审核。如果在库存管理系统生成，则需要参照销售管理系统的发货单、销售发票。销售管理系统为库存管理系统提供预计出库量。库存管理系统为销售管理提供可用于销售的存货可用量。

库存管理系统为存货核算系统提供各种出入库单据。所有出入库单均由库存管理系统填制，存货核算系统只能填写出入库单的单价、金额，并可对出入库单进行记账操作，核算出入库的成本。

本章从掌握库存管理的各种出入库业务、盘点业务和一些特殊业务等入手，进而了解库存管理与采购管理、销售管理、存货核算模块之间的关系，认识 ERP 系统库存管理的重要作用。库存管理的日常出入库业务主要指采购入库、产成品入库、销售出库、材料出库等业务，库存管理系统主要是对这些业务进行单据的填制和审核，我们已经分别在本书第 14 章采购管理和第 15 章销售管理讲解过操作步骤，在此不再赘述。

16.2　实验一：仓库调拨

16.2.1　实验准备

（1）引入光盘中“实验账套\（15 – 4）销售退货业务”文件夹中的备份数据。

（2）登录企业应用平台时，操作员选择“雷磊（0601）”①，日期选择“2011 – 09 – 28”，账套名称选择“［872］智汇科技”。

16.2.2　实验目的

（1）了解调拨业务流程，如图 16 – 2 所示。

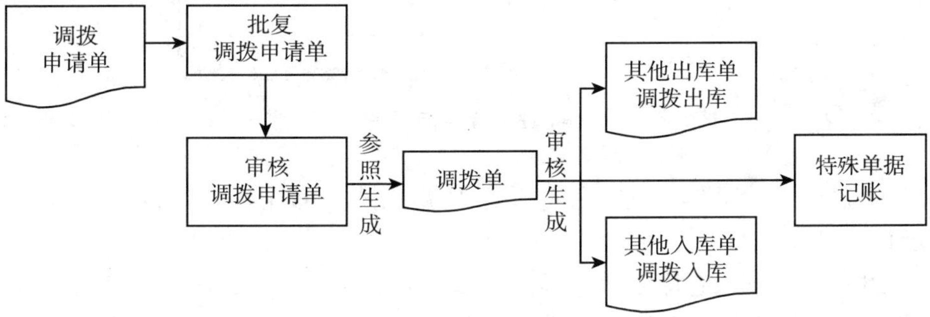

图 16 – 2　库存调拨业务流程

（2）了解调拨业务生成的下游单据，以及生成单据的时点。

16.2.3　实验资料

2011 年 9 月 28 日，由于外购商品仓库进行养护维修，将该仓库中的所有 250 台激光打印机转移到产成品仓库。

① 为方便企业应用平台的登录操作，本章所有操作员密码设置为空。

16.2.4　实验指导

1. 填制调拨单并审核。

（1）在企业应用平台“业务工作”选项卡中，执行“供应链”→“库存管理”命令，进入库存管理系统模块。

（2）在库存管理系统中，执行“调拨业务”→“调拨单”命令，打开调拨单窗口。单击“增加”按钮，依据实验资料输入转出仓库“外购商品仓库”、转入仓库“产成品仓库”、出库类别“调拨出库”、入库类别“调拨入库”、存货编码“030101”等信息。

（3）单击工具栏“保存”按钮，再单击“审核”按钮，如图 16－3 所示。

图 16－3　调拨单

（4）单击窗口“关闭”按钮，完成调拨单的填制与审核工作。

【提示】

• 调拨单指用于记录仓库之间存货的转库业务或部门之间的存货调拨业务的单据。同一张调拨单上，如果转出部门和转入部门不同，表示部门之间的调拨业务；如果转出部门和转入部门相同，但转出仓库和转入仓库不同，表示仓库之间的转库业务。

• 在同一个业务日期，相同的转入仓库并且相同的转出仓库的所有存货可以填在一张调拨单上，完成调拨业务的账面调动。

• 调拨单参照其他单据（生产订单、委外订单和调拨申请单）生成时，用户需要在单据设计中增加调拨单的表头“订单类型”、“订单号”和“调拨申请单号”项目。

• 手工录入调拨单时，可参照物料清单（BOM）展开。参照 BOM 展开时，用户需要在单据设置中增加调拨单表头“产品结构”“产量”和“版本号/替代标识”项目。

2. 审核调拨单生成的其他出入库单。

（1）在库存管理系统中，执行“出库业务”→“其他出库单”命令，打开“其他出库单”窗口。在工具栏单击“末页”按钮，系统自动显示由“2011－09－28”调拨单生成的其他出库单，确认出库信息，单击工具栏“审核”按钮，结果如图 16 – 4 所示。单击窗口“关闭”按钮。

图 16 – 4　调拨单生成其他出库单

（2）在库存管理系统中，执行“入库业务”→“其他入库单”命令，同上操作，审核相应的调拨入库生成的“其他入库单”，如图 16 – 5 所示。

图 16 – 5　调拨入库生成其他入库单

（3）单击窗口“关闭”按钮，完成调拨产生的其他出入库单的审核工作。

【提示】

● 调拨单审核之后系统自动根据调出或调入，生成其他出库单和对应的其他入库单，并且对应的其他出入库单据处于审核状态后，不允许弃审和修改。如果调拨单被弃审，那么相应的其他出入库单自动被删除。

- 调拨业务同时涉及出库和入库，一般情况下，按顺序先办理出库，再办理入库。
- 调拨业务也常用在各办事处之间调货使用，办事处之间出库与入库中间有时间差（即货物在途问题），为了便于账表统计，一般情况下是设置一个虚拟仓库（在途仓库），出库时，做调拨入在途仓库处理；入库时，做从在途仓库调入目的仓库处理，便于查询调拨在途的货物。

3. 账套备份。

在“D：\ 账套备份”下建立“(16－1) 仓库调拨”文件夹，将账套输出至“D：\ 账套备份\ (16－1) 仓库调拨”文件夹中。

16.3 实验二：仓库盘点

16.3.1 实验准备

（1）引入光盘中“实验账套\ (16－1) 仓库调拨”文件夹中的备份数据。

（2）登录企业应用平台时，选择操作员“雷磊0601”，账套名称“［872］智汇科技”，登录日期“2011－09－30”。

16.3.2 实验目的

（1）了解盘点的业务流程，如图16－6所示。

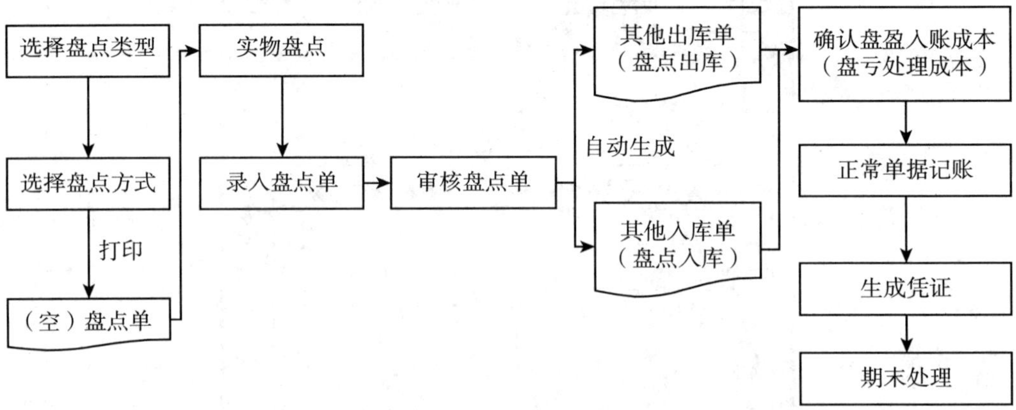

图16－6　仓库盘点流程

（2）了解盘点单生成的单据和生成单据的时点。

16.3.3 实验资料

2011年9月30日，仓储部对原材料仓库中的所有存货进行盘点。仓库中的实际数量如表16－1所示，发现双核芯片多出3盒。经确认，双核芯片的成本为600元/盒。

表 16 -1　　　　仓库中的实际数量

仓库名称	存货名称	主计量单位	现存数量
原材料仓库	01010101 双核芯片	盒	203.00
	010102012T 硬盘	盒	200.00
	010201 液晶显示器	台	300.00
	010301 联想键盘	个	500.00
	010401LG 鼠标	个	298.00

16.3.4 实验指导

盘点是指将仓库中存货的实际数量和账面数量进行核对。根据记录的所有业务得到账面数量，再手工录入实际库存数量即盘点数量，系统根据它们之间的差异，通过填制盘点单判断盘亏或盘盈，再自动生成其他出入库单。

1. 填制盘点单并审核。

（1）在库存管理系统中，执行“库存管理”→“盘点业务”命令，打开“盘点单”窗口。

（2）单击“增加”按钮，进入新增盘点业务操作界面，依据实验资料输入表头信息：盘点日期为“2011 -09 -30”，选择盘点仓库为“原材料仓库”，出入库类别分别为“盘亏出库”和“盘盈入库”，结果如图 16 -7 所示。

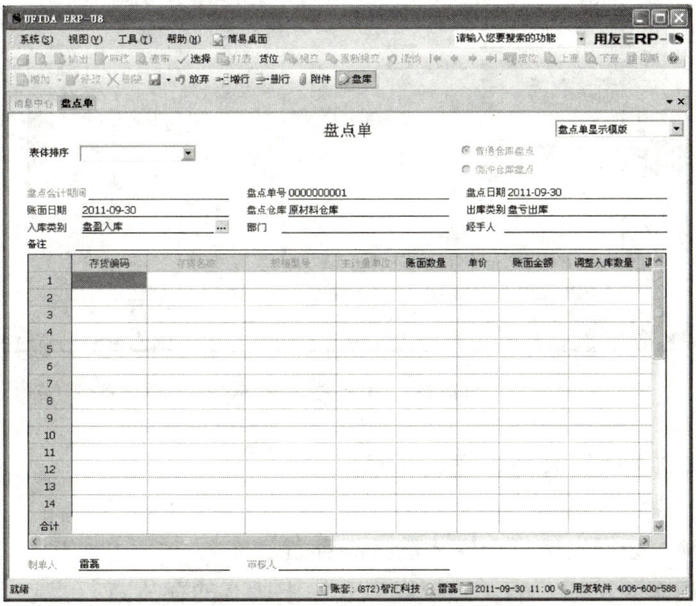

图 16 -7　仓库盘点单

（3）单击工具栏“盘库”按钮，系统提示“盘库将删除未保存的所有记录，是否继续”，单击“是”按钮，表示将表体内容清空，弹出“盘点处理”对话框，盘点方式选择

"按仓库盘点"，盘点选项选中"账面为零时是否盘点"复选框，如图 16－8 所示。

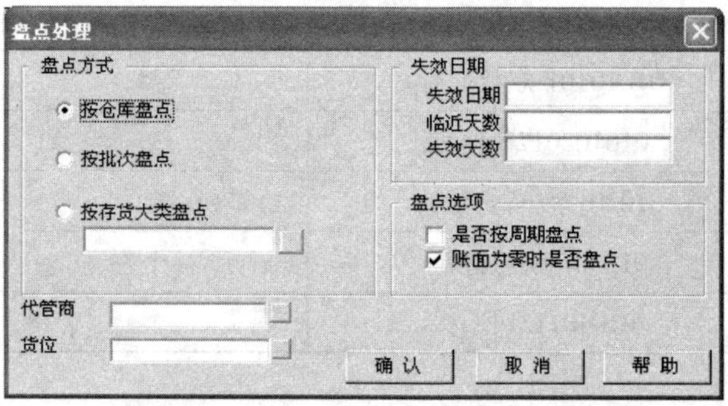

图 16－8　"盘点处理"对话框

（4）单击"确认"按钮，系统自动将该仓库中存货的账面数量逐一列出，再依据表16－1 盘点库存中存货的实际数量，在存货"双核芯片"对应盘点单"单价"栏填入"600"、"盘点数量"栏填入"203"。分别单击"保存"和"审核"按钮，结果如图 16－9 所示。

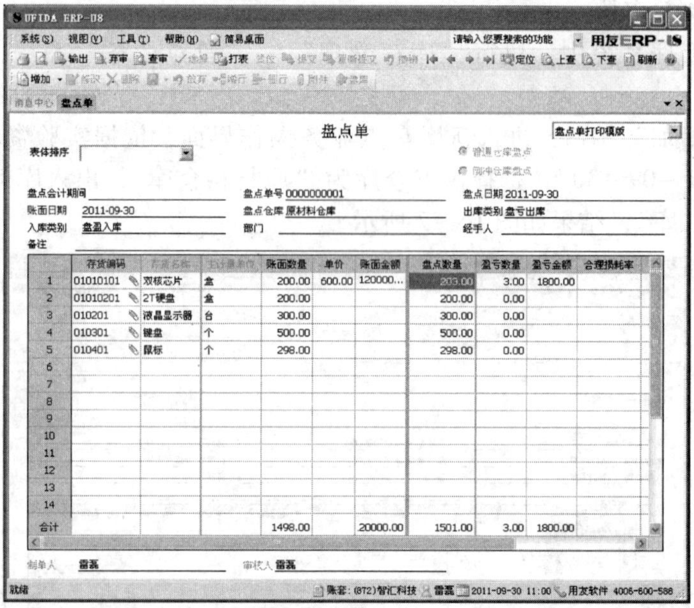

图 16－9　盘点结果

（5）单击窗口"关闭"按钮，完成仓库盘点。

【提示】

● 盘点存货时，必须先选择仓库才能选择存货。

● 工具栏"盘库"按钮，表示选择盘点仓库中所有的存货进行盘点；单击"选择"按钮，表示按存货分类批量选择存货进行盘点。

● 盘点单中输入的盘点数量是实际库存盘点的现存数量。

● 盘点时在日常业务中允许零出库（即允许账面负结存），盘库时选择"账面为零时是否盘点"选项。或者在表体内容中找出是结存的存货记录，先将其删除，待后期账面为正数时再对其进行盘点。

- 存货可以设置盘点周期和盘点时间，盘点时可以按周期进行盘点。
- 盘点单审核后，系统自动生成相应的其他入库单和其他出库单。

2. 根据盘亏或盘盈，系统自动生成其他出入库单并审核。

（1）对于盘点单上有盘盈的存货“双核芯片”，在库存管理系统中，执行“入库业务”→“其他入库单”命令，打开“其他入库单”窗口。在工具栏单击“末页”按钮，系统自动显示由“2011－09－30”盘盈生成的其他入库单，单击“审核”按钮，如图 16－10 所示。

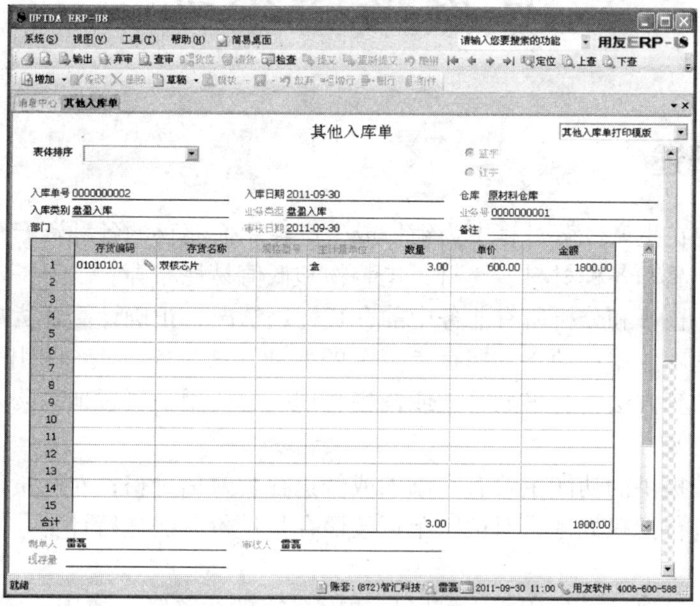

图 16－10　盘盈入库单

（2）再单击窗口“关闭”按钮退出。

【提示】

- 盘点单上如果有盘亏的存货，则在库存管理系统中，执行“出库业务”→“其他出库单”命令，单击“审核”按钮。

3. 账套备份。

在“D:\ 账套备份”下建立“（16－2）仓库盘点”文件夹，将账套输出至“D:\ 账套备份\（16－2）仓库盘点”文件夹中。

第 *17* 章

存货核算系统

17.1 业务概述

存货是指企业在生产经营过程中为销售或生产耗用而储存的各种资产，包括商品、产成品、半成品、在产品和各种材料、燃料、包装物和低值易耗品等。

存货核算用于核算和分析所有业务中的存货耗用情况，正确计算存货购入成本，为企业提供成本核算的基础数据；动态掌握存货资金的变动，减少库存资金积压，加速资金周转；支持工商业多种核算方法；与采购管理或销售管理一起使用，可暂估采购入库或销售出库的成本核算。

存货核算系统提供的功能主要有：添加或修正存货暂估价格；对存货价格、价值进行调整；对业务单据进行记账处理；对记账单据按照存货计价方法进行计算，为成本计算提供数据等。

存货核算系统可以单独使用，也可以只和库存管理系统联合使用，还可以和采购管理、销售管理、库存管理集成使用。与其他系统集成使用时，它们之间的主要数据关系如图17－1所示。

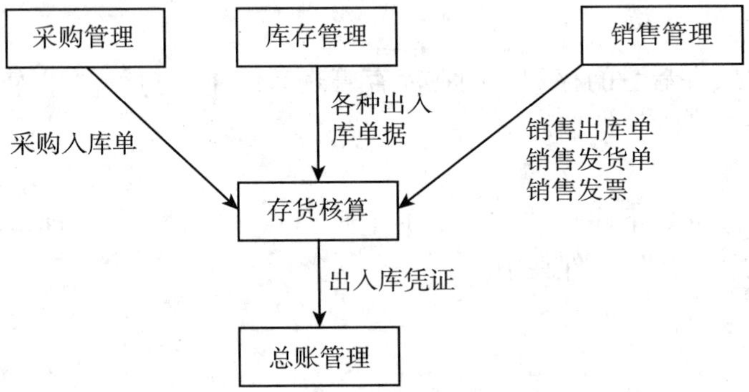

图 17－1　存货核算系统数据关系

存货核算系统可以对采购管理系统生成的采购入库单记账，对采购暂估入库单进行暂估报销处理。存货核算系统可以对库存管理系统生成的各种出入库单据记账核算。企业发生的正常销售业务的销售成本可以在存货核算系统根据所选的计价方式自动计算；企业发生分期收款业务和委托代销业务时，存货核算系统可以对销售管理系统生成的发货单和发票记账并确认成本。在存货核算系统，进行了出入库成本记账的单据可以生成一系列的物流凭证传入总账管理系统，实现财务和业务的一体化。

17.2　实验一：暂估业务

17.2.1　实验准备

（1）引入光盘中“实验账套\（16－2）仓库盘点”文件夹中的备份数据。

（2）登录企业应用平台时，操作员选择“李明（0501）”①，日期选择“2011－09－30”，账套名称选择“［872］智汇科技”。

17.2.2　实验目的

（1）以采购业务为例，了解暂估业务涉及的采购管理与存货核算两个系统之间的关系。

（2）掌握对于上月暂估业务，本月收到发票的暂估结算处理。

（3）掌握对于本月末采购商品已到但发票未到的暂估处理。

17.2.3　实验资料

（1）（暂估结算业务）2011 年 9 月 30 日收到大昌公司提供的 8 月 15 日已验收入库的 100 盒硬盘的专用发票一张，票号为 ZYFP0930，发票单价为 1300 元。

（2）（暂估录入业务）2011 年 9 月 30 日收到启德公司提供的激光打印机 100 台，入产成品仓库。由于到了月底发票仍未收到，故确认该批货物的暂估成本单价为 650 元。

17.2.4　实验指导

17.2.4.1　暂估结算业务

暂估结算业务属于上月末的暂估业务，本月需填制采购发票，执行采购结算，进行暂估处理，确认采购成本。

1. 在采购管理系统填制采购发票。

（1）进入采购管理系统，执行“采购发票”→“专用采购发票”命令，打开“专用发票”窗口。

（2）单击“增加”按钮，执行工具栏“生单”→“入库单”命令，弹出“过滤条件选择－采购入库单列表过滤”对话框。

（3）单击“过滤”按钮，打开“拷贝并执行”窗口，在“发票拷贝入库单表头列表”的“选择”栏双击选中“2011－08－15 大昌公司”的入库单，在“表体列表”系统自动选中相应的存货，如图 17－2 所示。

---

① 为方便企业应用平台的登录操作，本章所有操作员密码设置为空。

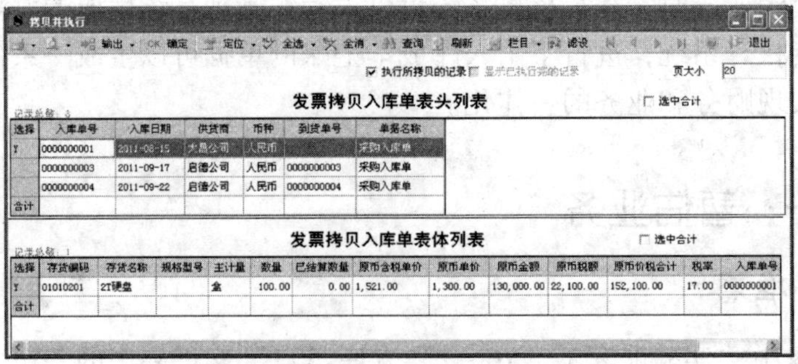

图 17 – 2　“发票拷贝采购入库单”窗口

（4）单击“OK 确定”按钮，系统将自动生成采购专用发票，修改发票号为ZYFP0930，单击“保存”按钮，如图 17 – 3 所示。

图 17 – 3　采购专用发票

（5）单击窗口“关闭”按钮退出。

2. 在采购管理系统执行采购结算。

（1）在采购管理系统中，执行“采购结算”→“手工结算”命令，打开“手工结算”窗口。

（2）单击工具栏“选单”按钮，弹出“过滤条件选择—采购手工结算”对话框，单击“过滤”按钮，弹出“结算选单”窗口。

（3）在“结算选发票列表”双击选中“大昌公司 ZYFP0930”的采购发票，相应地在“结算选入库单列表”双击选中“大昌公司 2011 – 08 – 15 入库的 2T 硬盘”，如图 17 – 4 所示。

（4）单击“OK 确定”按钮，返回“手工结算”窗口，单击工具栏“结算”按钮进行结算。

【提示】

● 若发票数量与入库单数量不同，须通过手工结算修改结算数量。

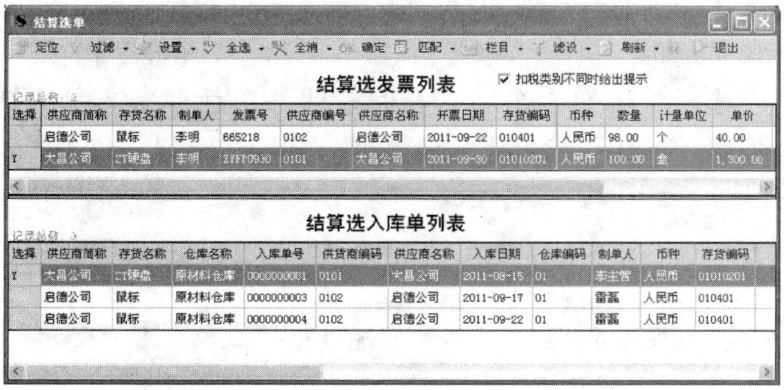

图 17－4　手工结算选发票和入库单

3. 在存货核算系统执行结算成本处理。

（1）操作员选择“雷磊（0601）”，注册日期选择“2011－09－30”登录企业应用平台。在存货核算系统，执行“业务核算”→“结算成本处理”命令，打开“暂估处理查询”对话框。选择“原材料仓库”，选中“未全部结算的单据是否显示”复选框，如图 17－5 所示。

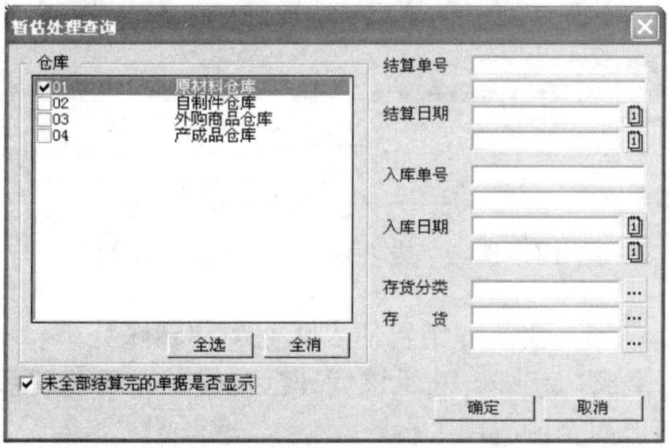

图 17－5　“暂估处理查询”对话框

（2）单击“确定”按钮，打开“结算成本处理”窗口，选中要暂估结算成本的入库单“2011－08－15 入库 2T 硬盘”，如图 17－6 所示。

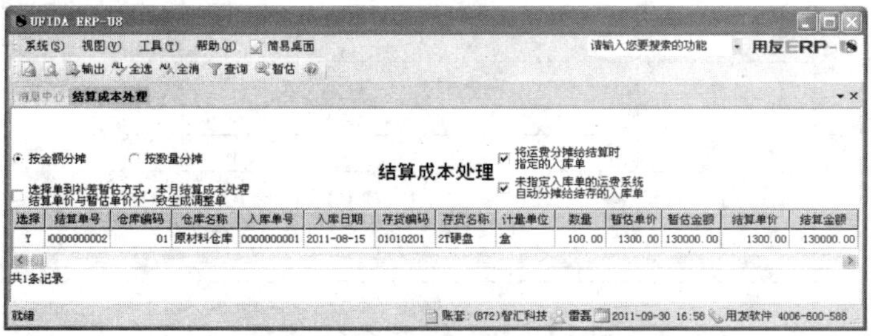

图 17－6　“结算成本处理”窗口

（3）单击工具栏的“暂估”按钮，完成结算成本处理。

（4）单击窗口“关闭”按钮退出。

4. 在存货核算系统分别对红字回冲单、蓝字回冲单（报销）生成凭证。

（1）在存货核算系统中，执行“财务核算”→“生成凭证”命令，打开“生成凭证”窗口。单击工具栏“选择”按钮，弹出“查询条件”对话框，选中“红字回冲单”复选框，单击“确定”按钮，打开“未生成凭证单据一览表”窗口，单击工具栏“全选”按钮选中待生成凭证的单据，如图 17－7 所示。

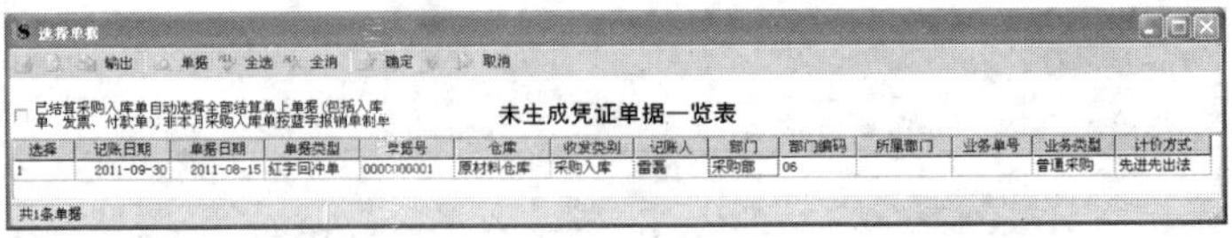

图 17－7　选中未生成凭证单据——红字回冲单

（2）单击工具栏“确定”按钮，返回“生成凭证”窗口，修改凭证类别为“转账凭证”，分别录入或参照选择“存货科目编码 1405”“应付暂估科目编码 220202”，如图 17－8 所示。

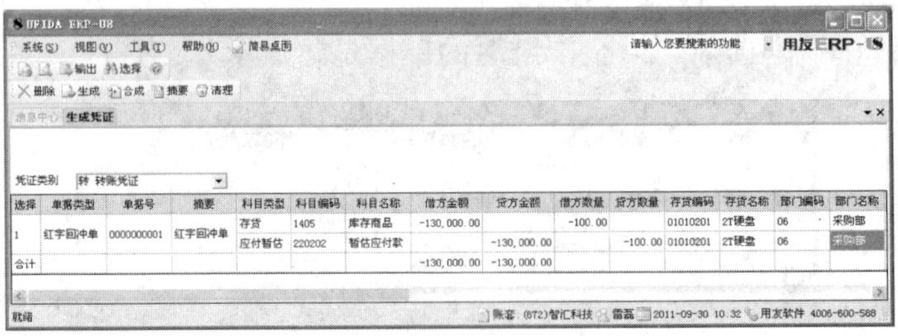

图 17－8　生成凭证——设置凭证科目

（3）单击“生成”按钮，生成冲销暂估入账业务的转账凭证，单击“保存”按钮，凭证左上角出现红色“已生成”字样，表示该凭证已传递到总账管理系统，如图 17－9 所示。单击窗口“关闭”按钮退回企业应用平台。

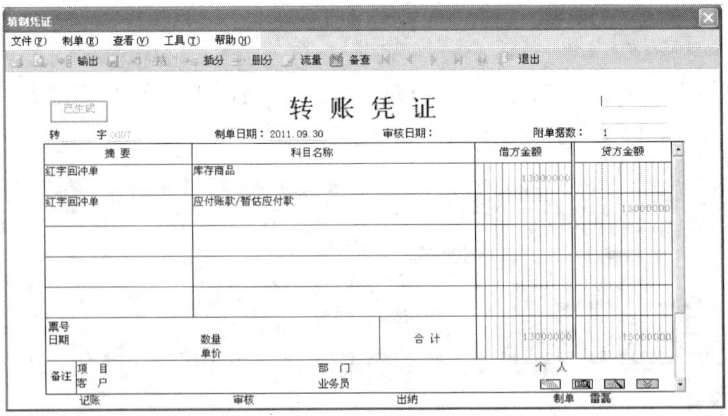

图 17－9　红字暂估凭证

（4）重复步骤（1）～步骤（3），选择“蓝字回冲单（报销）”查询单据，在“生成凭证”窗口录入存货科目编码 1405 和对方科目编码 1401，生成一张转账凭证，如图 17－10 所示。

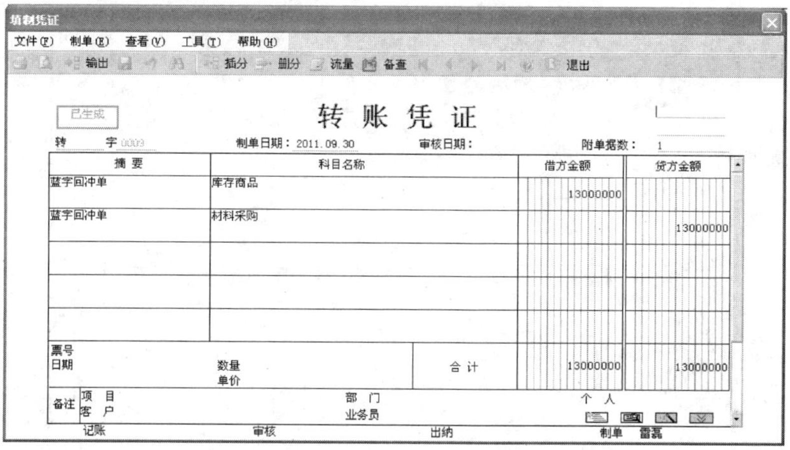

图 17－10　蓝字冲销凭证

（5）系统自动生成的“红字回冲单”和“蓝字回冲单”，可通过执行“存货核算”→“日常业务”→“单据列表”命令进行查询。

【提示】

● 红字回冲单上的金额是暂估金额，蓝字回冲单是结算报销金额。

● 红字回冲先回冲以前暂估的金额，蓝字回冲是按照发票结算的金额再把此存货正式入库。

● 如果会计科目中找不到“220202 暂估应付款”末级科目，在财务核算生成凭证前应先以账套主管 0872 身份于 2011 年 9 月 1 日重注册企业应用平台，在“基础设置”→“基础档案”→“财务”→“会计科目”增加“220201 应付货款”科目并设置辅助核算为“供应商往来”；增加“220202 暂估应付款”科目。

17.2.4.2　暂估录入业务

暂估录入业务是外购入库的货物发票未到，在不知道具体单价时，财务人员期末暂时按估计价格入账，下月用红字予以冲回的业务。本笔业务在本月末只需要输入采购订单、到货单、采购入库单；下月收到发票并填制后，系统自动执行“单到回冲”；执行采购结算，并在存货核算系统中执行暂估处理（如本实验暂估结算业务操作步骤），系统自动改写账簿记录。

1. 在库存管理系统中，填制并审核采购入库单。

（1）操作员以“雷磊（0601）”于注册日期“2011－09－30”登录企业应用平台。进入库存管理系统，执行“入库业务”→“采购入库单”命令，打开“采购入库单”窗口。单击“增加”按钮，在表头输入仓库“产成品仓库”，供货单位“启德公司”，在表体参照选择存货为“激光打印机”，输入数量“100”。

（2）单击工具栏“保存”按钮，再单击“审核”按钮确认采购入库单，如图 17－11 所示。

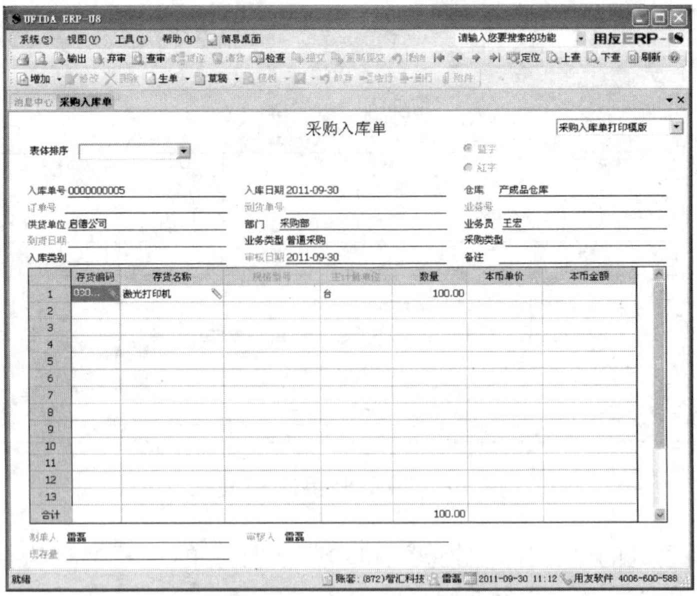

图 17－11　采购入库单

（3）单击窗口"关闭"按钮退出。

【提示】

● 库存管理系统中采购入库单，可以只有数量。

2. 在存货核算系统录入暂估入库成本，执行正常单据记账，并生成凭证。

（1）在存货核算系统中，执行"业务核算"→"暂估成本录入"命令，打开"采购入库单成本成批录入查询"对话框，仓库选择"产成品仓库"，如图 17－12 所示。

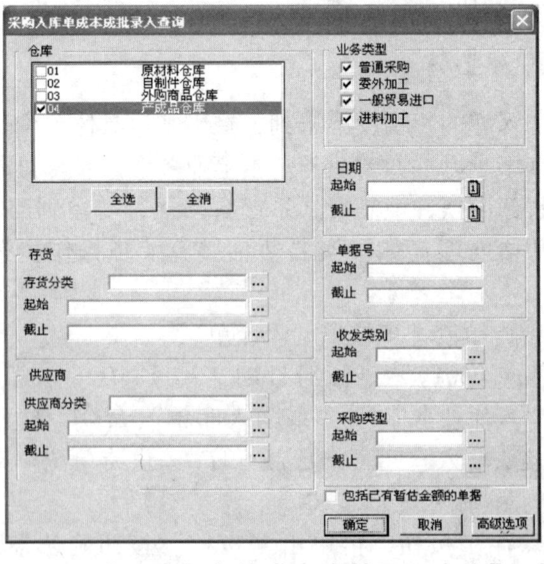

图 17－12　"采购入库单成本成批录入查询"对话框

（2）单击"确定"按钮，打开"暂估成本录入"窗口，将暂估单价录入相应的入库单，如图 17－13 所示。单击工具栏“保存”按钮，再单击窗口“关闭”按钮退出。

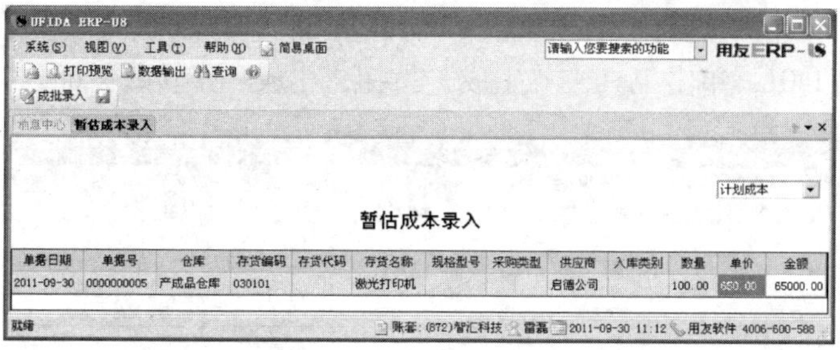

图 17－13　“暂估成本录入”窗口

（3）执行“业务核算”→“正常单据记账”命令，弹出“过滤条件选择”对话框，设置仓库条件为“产成品仓库”，如图 17－14 所示。

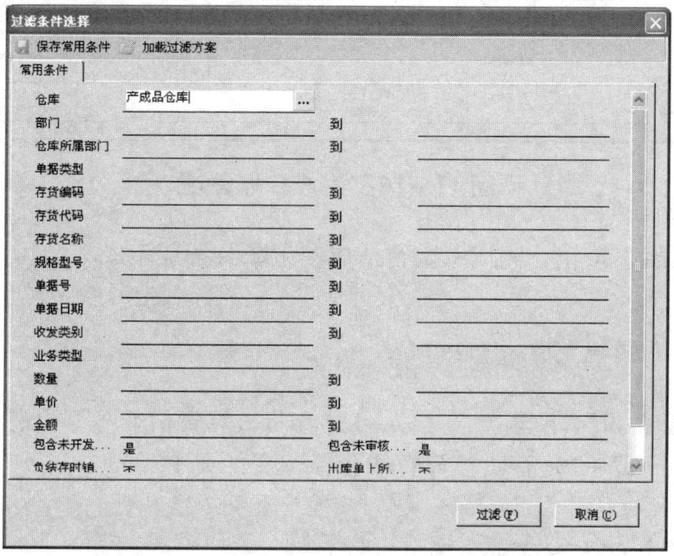

图 17－14　“过滤条件选择”窗口

（4）单击“过滤”按钮，打开“正常单据记账列表”窗口，双击选中“2011－09－30 采购入库单”，如图 17－15 所示。单击工具栏“记账”按钮，完成记账工作。再单击窗口“关闭”按钮。

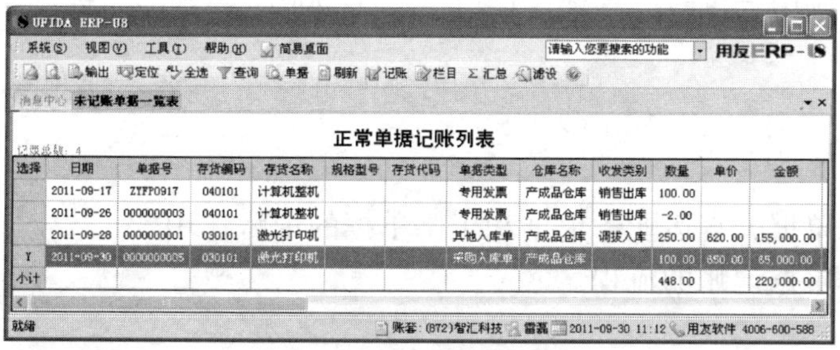

图 17－15　正常单据记账

（5）执行“财务核算”→“生成凭证”命令，单击工具栏“选择”按钮，在弹出的“查询条件”对话框，选中“采购入库单（暂估记账）”查询条件。单击“确定”按钮，打开“未生成凭证单据一览表”窗口，单击工具栏“全选”按钮，选中待生成凭证的单据。单击“确定”按钮，在“生成凭证”窗口选择凭证类型为“转账凭证”，分别录入或参照选择存货科目编码1405、对方科目编码1401，单击工具栏“生成”按钮，生成一张转账凭证，如图17－16所示。

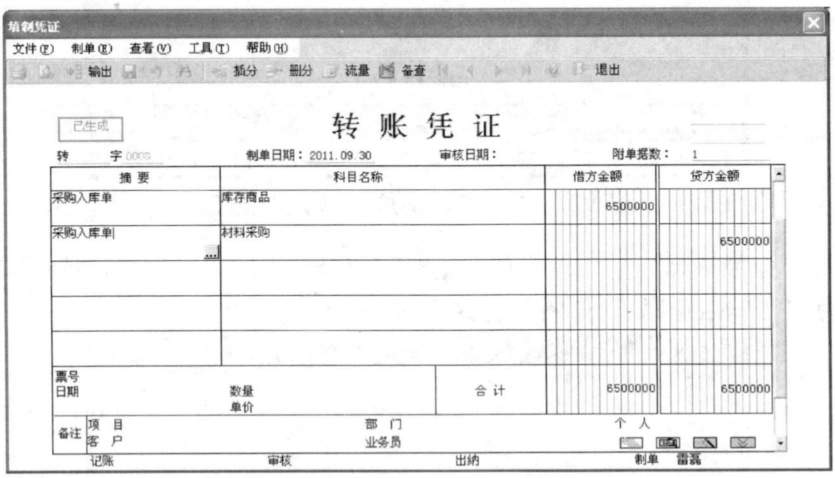

图17－16　生成转账凭证

（6）单击“退出”按钮，完成采购暂估成本记账及凭证生成。

【提示】

● 本月没有结算的入库单均为暂估入库。

3. 账套备份。

在“D：\账套备份”下建立“（17－1）存货核算暂估业务”文件夹，将账套输出至“D：\账套备份\（17－1）存货核算暂估业务”文件夹中。

17.3　实验二：单据记账

17.3.1　实验准备

（1）引入光盘中“实验账套\（17－1）存货核算暂估业务”文件夹中的备份数据。

（2）登录企业应用平台时，选择操作员“雷磊0601”，账套名称“［872］智汇科技”，登录日期“2011－09－30”。

17.3.2　实验目的

（1）了解特殊单据、直运业务单据和正常单据的记账作用。

（2）了解各种单据记账的流程。

17.3.3　实验资料

（1）2011年9月30日，进行特殊单据记账，将所有的其他出入库等特殊业务进行单据记账。

（2）2011 年 9 月 30 日，进行正常单据记账，将所有的采购入库业务和销售出库业务进行单据记账。

17.3.4　实验指导

单据记账是登记存货明细账、盘点明细账、差异明细账—差价明细账、受托代销商品明细账和受托代销商品差价账，同时是对除全月平均法外的其他几种存货计价方法，进行出库成本的计算。

特殊单据记账是针对调拨单、形态转换、组装单据的，它的特殊性在于这类单据都是出入库单据对应的，并且其入库的成本数据来源于该存货原仓库按照存货计价方法计算出的出库成本。

1. 特殊单据记账。

（1）在存货核算系统，执行“业务核算”→“特殊单据记账”命令，系统弹出“特殊单据记账条件”对话框，设置单据类型为“调拨单”，选中“出库单上系统已填写的金额记账时重新计算”复选框，如图 17－17 所示。

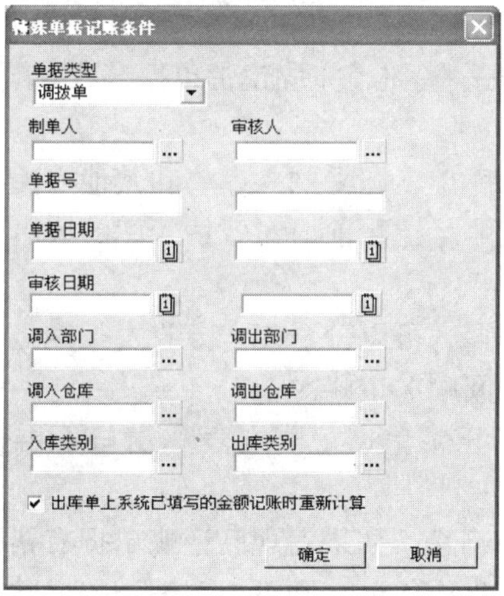

图 17－17　“特殊单据记账条件”对话框

（2）单击“确定”按钮，进入“特殊单据记账”窗口，单击“全选”按钮，如图 17－18 所示。

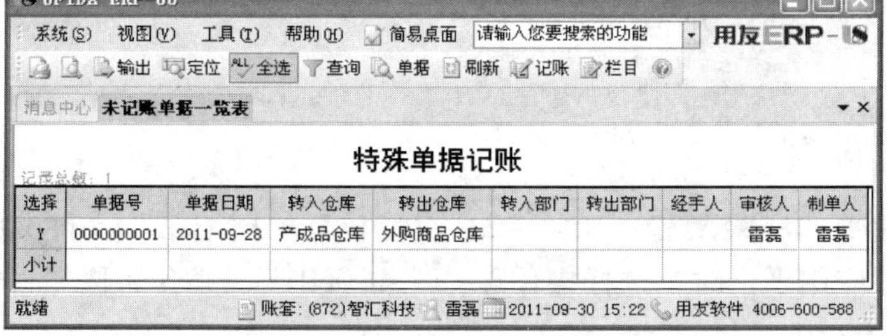

图 17－18　“特殊单据记账”窗口

（3）单击工具栏“记账”按钮，对调拨单据进行记账。

2. 正常单据记账。

（1）在存货核算系统中，执行“业务核算”→“正常单据记账”命令，弹出“过滤条件选择”对话框，“未开发票的出库单”和“包含未审核单据”都选择“是”，单击“过滤”按钮表示选择所有的仓库和所有的单据类型。

（2）打开“正常单据记账列表”窗口，单击工具栏“全选”按钮，如图 17-19 所示。

图 17-19　“正常单据记账列表”窗口

（3）再单击工具栏“记账”按钮，完成正常单据记账。

【提示】

- 记账前应先检查所有入库单，即采购入库单和其他入库单是否有单价。
- 无单价的入库单不能记账，记账前应对暂估入库的成本、产成品入库单的成本进行确认或修改。
- 记账时，如果单据特别多，可以分仓库、分收发类别进行记账。
- 各个仓库的单据应按时间顺序记账。
- 正常单据记账后，在“正常单据记账列表”窗口不再显示，可以执行“取消记账”操作，恢复到记账前状态。
- 已记账单据不能修改和删除。如果发现已记账单据有错误，在本月未结账状态下可以取消记账。如果已记账单据已生成凭证，则不能取消记账，除非先删除相关凭证。

3. 账套备份。

在“D：\账套备份”下建立“（17-2）存货核算单据记账”文件夹，将账套输出至“D：\账套备份\（17-2）存货核算单据记账”文件夹中。

17.4 实验三：凭证处理

17.4.1 实验准备

（1）引入光盘中“实验账套\（17-2）存货核算单据记账”文件夹中的备份数据。

（2）登录企业应用平台时，选择操作员“雷磊 0601”，账套名称“［872］智汇科技”，登录日期“2011-09-30”。

17.4.2　实验目的

（1）掌握存货核算系统中存货科目及对方科目的设置方法。

（2）了解各种出入库单据生成财务凭证的流程。

17.4.3　实验资料

（1）在存货核算系统中设置存货科目（见表 17－1）和存货对方科目（见表 17－2）。

表 17－1　　存货科目

存货编码及名称	存货科目编码及名称	差异科目编码及名称	分期收款发出商品科目编码及名称
010101 芯片	1405 库存商品	1404 材料成本差异	1405 库存商品
0104 鼠标			
0301 打印机			
0401 计算机整机			

表 17－2　　存货对方科目

收发类别编码及名称	对方科目编码及名称	暂估科目编码及名称
11 采购入库	1401 材料采购	220202 暂估应付款
21 销售出库	6401 主营业务成本	
13 盘盈入库	1901 待处理财产损溢	
23 盘亏出库	1901 待处理财产损溢	

（2）2011 年 9 月 30 日，将所有采购入库业务、销售出库业务以及其他出入库业务生成凭证。

17.4.4　实验指导

生成凭证是将所有经济业务最终以会计凭证的形式体现，以保障把所有的业务都在会计账簿上体现，便于财务做报表，分析本期盈亏和经营状况等。

1. 在存货核算系统中设置存货科目、存货对方科目。

（1）在存货核算系统，执行“初始设置”→“科目设置”→“存货科目”命令，打开“存货科目”窗口，单击工具栏“增加”按钮，按照实验资料对“010101 芯片”选择参照或输入“存货科目编码 1405、差异科目编码 1404、分期收款发出商品科目编码 1405”。同理，参照或输入其他存货分类的存货科目。最后，单击工具栏“保存”按钮，如图 17－20 所示。单击“退出”按钮。

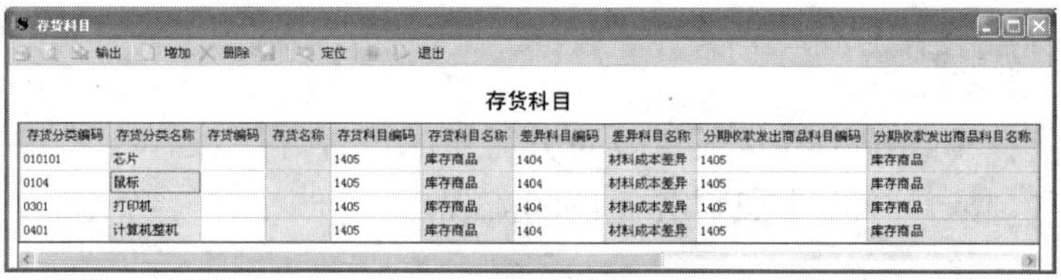

存货科目

存货分类编码	存货分类名称	存货编码	存货名称	存货科目编码	存货科目名称	差异科目编码	差异科目名称	分期收款发出商品科目编码	分期收款发出商品科目名称
010101	芯片			1405	库存商品	1404	材料成本差异	1405	库存商品
0104	鼠标			1405	库存商品	1404	材料成本差异	1405	库存商品
0301	打印机			1405	库存商品	1404	材料成本差异	1405	库存商品
0401	计算机整机			1405	库存商品	1404	材料成本差异	1405	库存商品

图 17－20　“存货科目”窗口

（2）在存货核算系统，执行“初始设置”→“科目设置”→“对方科目”命令，打开“对方科目”窗口，单击工具栏“增加”按钮，按照实验资料选择参照或输入“收发类别编码、对方科目编码、暂估科目编码”等信息，如图 17－21 所示。输入完毕，单击工具栏“退出”按钮。

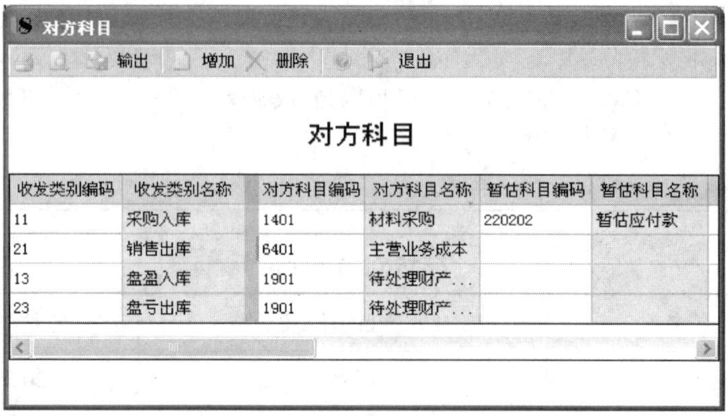

对方科目

收发类别编码	收发类别名称	对方科目编码	对方科目名称	暂估科目编码	暂估科目名称
11	采购入库	1401	材料采购	220202	暂估应付款
21	销售出库	6401	主营业务成本		
13	盘盈入库	1901	待处理财产...		
23	盘亏出库	1901	待处理财产...		

图 17－21　“对方科目”窗口

2. 设置生成凭证查询条件，生成凭证。

（1）在存货核算系统，执行“财务核算”→“生成凭证”命令，在“生成凭证”窗口，将凭证类别改为“转账凭证”。

（2）单击工具栏“选择”按钮，在“查询条件”对话框，单击“全选”按钮。再单击“确定”按钮，打开“未生成凭证单据一览表”窗口，再单击工具栏“全选”按钮，如图 17－22 所示。

未生成凭证单据一览表

选择	记账日期	单据日期	单据类型	单据号	仓库	收发类别	记账人	部门	部门编码	所属部门	业务单号	业务类型	计价方式
1	2011-09-30	2011-09-17	采购入库单	0000000003	原材料仓库		雷磊	采购部	06			普通采购	先进先出法
1	2011-09-30	2011-09-17	专用发票	ZYFP0917	产成品仓库	销售出库	雷磊	销售一科	0401			普通销售	全月平均法
1	2011-09-30	2011-09-22	采购入库单	0000000004	原材料仓库		雷磊	采购部	06			普通采购	先进先出法
1	2011-09-30	2011-09-26	专用发票	0000000003	产成品仓库	销售出库	雷磊	销售一科	0401			普通销售	全月平均法
1	2011-09-30	2011-09-28	其他出库单	0000000001	外购商品仓库	调拨出库	雷磊				0000000001	调拨出库	移动平均法
1	2011-09-30	2011-09-28	其他入库单	0000000001	产成品仓库	调拨入库	雷磊				0000000001	调拨入库	全月平均法
1	2011-09-30	2011-09-30	其他入库单	0000000002	原材料仓库	盘盈入库	雷磊					盘盈入库	先进先出法

图 17－22　“未生成凭证单据一览表”窗口

（3）单击“确定”按钮，返回生成凭证窗口，补充其他出库单和其他入库单对方科目为“1403 原材料”，采购入库单应付暂估科目为“220202 暂估应付款”，专用发票借方与贷方金额“4500＊数量”，如图 17－23 所示。

凭证类别　转 转账凭证

选择	单据类型	单据号	摘要	科目类型	科目编码	科目名称	借方金额	贷方金额	借方数量	贷方数量	存货编码	存货名称	部门编码	部门名称	业务员编码	业务员名称
	其他出库单	0000000001	其他出库单	对方	1403	原材料	155,000.00		250.00		030101	激光打印机				
				存货	1405	库存商品		155,000.00		250.00	030101	激光打印机				
	其他入库单		其他入库单	存货	1405	库存商品	155,000.00		250.00		030101	激光打印机				
				对方	1403	原材料		155,000.00		250.00	030101	激光打印机				
		0000000002		存货	1405	库存商品	1,800.00		3.00		01010101	双核芯片				
				对方	1901	待处理财产损溢		1,800.00		3.00	01010101	双核芯片				
	采购入库单	0000000003	采购入库单	存货	1405	库存商品	4,000.00		100.00		010401	鼠标	06	采购部	0005	王宏
1				应付暂估	220202	暂估应付款		4,000.00		100.00	010401	鼠标	06	采购部	0005	王宏
	专用发票		专用发票	对方	6401	主营业务成本	9,000.00				040101	计算机整机	0401	销售一科	0003	张萌
				存货	1405	库存商品		9,000.00		-2.00	040101	计算机整机	0401	销售一科	0003	张萌
	采购入库单	0000000004	采购入库单	存货	1405	库存商品	-80.00		-2.00		010401	鼠标	06	采购部	0005	王宏
				应付暂估	220202	暂估应付款		-80.00		-2.00	010401	鼠标	06	采购部	0005	王宏
	专用发票	ZYFP0917	专用发票	对方	6401	主营业务成本	450,000.00				040101	计算机整机	0401	销售一科	0003	张萌
				存货	1405	库存商品		450,000.00		100.00	040101	计算机整机	0401	销售一科	0003	张萌
合计							315,720.00	315,720.00								

图 17－23　补充科目编码及金额

（4）科目设置完毕后，单击“生成”按钮生成七张凭证，分别对每张凭证单击“保存”按钮，记“已生成”标志。

【提示】

• 存货核算系统必须执行正常单据记账后，才能确认销售出库的成本，并生成结转销售成本凭证。

• 可以根据每笔业务单据执行“记账”→“生成凭证”命令，生成结转凭证；也可以月末进行一次记账，集中结转，合并生成结转凭证。

• 如果存货科目和对方科目没有事先设置，则在生成凭证界面可以手工补充输入会计科目或修改会计科目，以便保证生成的凭证完全正确。

• 设置凭证会计科目，对于系统调整单或出入库调整单，先记入待处理财产损溢，待确认处理后转出。

• “生成”是指生成凭证时，一笔业务对应一张凭证，即在选择单据生成凭证时，对于不同的选择号可以生成在不同的凭证上。

• “合成”是将所有选择号一样的单据生成一张凭证，即可以按照不同的收发类别分开合成生成。

• 如果有业务单据没有设置收发类别，此处可能部分单据不能自动带出预设的会计科目。因此，对于涉及特殊单据的其他出入库单，应设置详细的收发类别，以便于包含所有经济业务，使得在预设会计科目时能包含这些科目。

• 存货采用先进先出法、后进先出法等方法核算，可以随时结转成本。如果存货采用全月加权平均法，则只能在月末计算存货单位成本和结转销售成本。

• 查询生成的结转销售成本凭证，可执行“财务核算”→“凭证列表”，打开列表查找。

3. 账套备份。

在“D：\ 账套备份”下建立“（17－3）存货核算凭证处理”文件夹，将账套输出至“D：\ 账套备份\（17－3）存货核算凭证处理”文件夹中。

17.5 实验四：月末处理

17.5.1 实验准备

（1）引入光盘中“实验账套\（17－3）存货核算凭证处理”文件夹中的备份数据。

（2）登录企业应用平台时，操作员选择“雷磊（0601）”，日期选择“2011－09－30”，账套名称选择“［872］智汇科技”。

17.5.2 实验目的

（1）了解存货核算系统的月末处理包含的工作内容。

（2）了解期末处理的作用。

（3）了解各种存货计价方法下期末处理的计算原理。

（4）了解期末处理其他各模块的状态。

17.5.3 实验资料

（1）2011 年 9 月 30 日，在存货核算系统对所有仓库进行期末处理。

（2）2011 年 9 月 30 日，分别对采购管理系统、销售管理系统、库存管理系统进行月末结账。

（3）2011 年 9 月 30 日，与总账系统对账。

17.5.4 实验指导

1. 在存货核算系统进行期末处理。

（1）进入存货核算系统，执行“业务核算”→“期末处理”命令，打开“期末处理”窗口，在“未期末处理仓库”页面中单击“全选”按钮，并选中“结存数量为零金额不为零生成出库调整单”复选项，如图 17－24 所示。

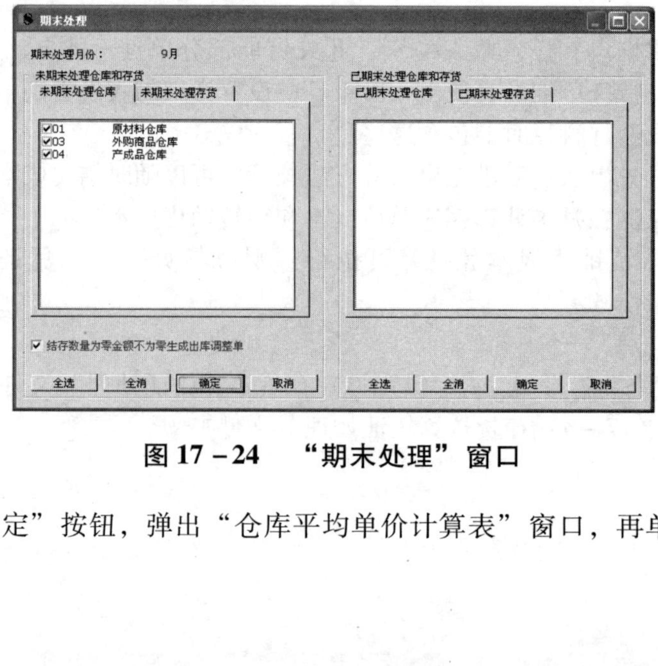

图 17－24 “期末处理”窗口

（2）单击“确定”按钮，弹出“仓库平均单价计算表”窗口，再单击工具栏“确定”

按钮。系统提示“期末处理完毕”，单击“确定”按钮返回。

（3）单击窗口“关闭”按钮，完成存货核算系统期末处理。

2. 在采购管理系统进行月末结账。

（1）企业应用平台重注册，更换操作员“李明（0501）”。日期选择“2011－09－30”。打开采购管理系统，执行“月末结账”命令，系统弹出“月末结账”对话框，在“选择标记”栏选中会计月份 9 月份，如图 17－25 所示。

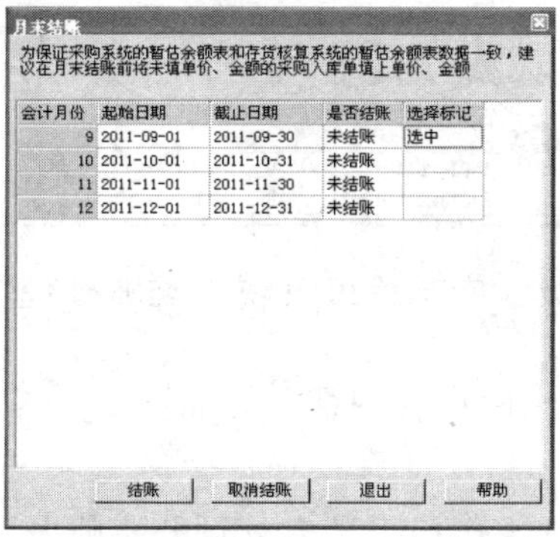

图 17－25　采购管理系统“月末结账”对话框

（2）单击“结账”按钮，系统弹出“月末结账完毕”信息提示对话框，单击“确定”按钮，对话框 9 月份“是否结账”处显示“已结账”。单击“退出”按钮退出采购管理月末结账界面。

3. 在销售管理系统进行月末结账。

（1）操作员选择“李小飞（0201）”，注册日期选择“2011－09－30”，登录企业应用平台。

（2）在销售管理系统，执行“月末结账”命令，进入“销售月末结账”对话框，蓝色显示当前会计月，单击“月末结账”按钮，最后 9 月份“是否结账”处显示“是”，如图 17－26 所示。

（3）单击“退出”按钮退出销售管理月末结账界面。

4. 在库存管理系统进行月末结账。

（1）操作员选择“雷磊（0601）”，注册日期选择“2011－09－30”，登录企业应用平台。

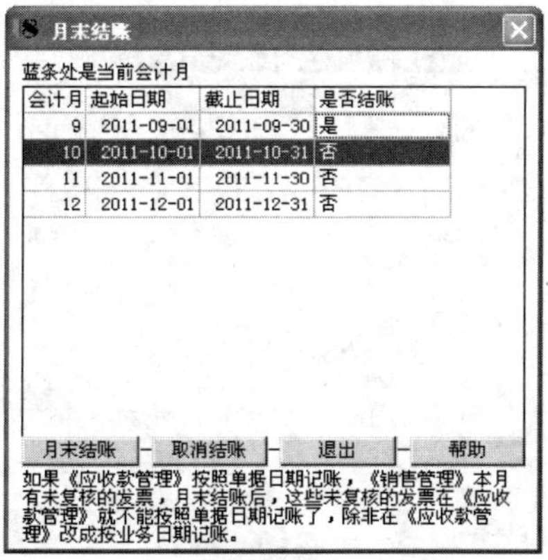

图 17－26　“销售月末结账”对话框

（2）在库存管理系统，执行“月末结账”命令，进入“库存结账处理”对话框，蓝色显示当前会计月，单击“结账”按钮，9 月份“已经结账”处显示“是”，如图 17 – 27 所示。

图 17 – 27　库存管理系统“结账处理”对话框

（3）单击“退出”按钮退出库存管理结账界面。

【提示】

- 存货核算系统的月末处理工作包括期末处理和结账两部分。
- 期末处理之前应检查需要记账的单据是否已全部记账。
- 如果存货成本按全月平均法或计划价/售价方式核算，当月日常业务全部完成后，要进行“期末处理”。系统自动计算全月平均单价及本会计月出库成本，自动计算差异率（差价率）以及本会计月的分摊差异/差价，并对已完成日常业务的仓库/部门/存货作处理标志。
- 存货核算系统期末处理完成后，就可以进行月末结账。如果是集成应用模块，存货核算月末结账需要在采购管理、销售管理、库存管理系统结账后进行。
- 为保证业务与财务数据的一致性，需要进行对账。即存货核算系统记录的存货明细账数据与总账管理系统存货科目和差异科目的结存金额和数量进行核对。

5. 在总账系统进行对账。

（1）操作员选择“代方（0801）”，注册日期选择“2011 – 09 – 30”，登录企业应用平台。

（2）在总账系统，执行“期末”→“对账”命令，进入“对账”对话框，双击“2011.09”月份“是否对账”栏，如图 17 – 28 所示，再单击工具栏“对账”按钮，对话框显示对账日期及对账结果。

图 17 – 28　“总账对账”对话框

（3）单击工具栏“退出”按钮退出总账对账界面。

（4）再执行“凭证”→“查询凭证”命令，弹出“凭证查询”对话框，选中“来源”复选框选择“存货核算系统”，如图 17－29 所示。

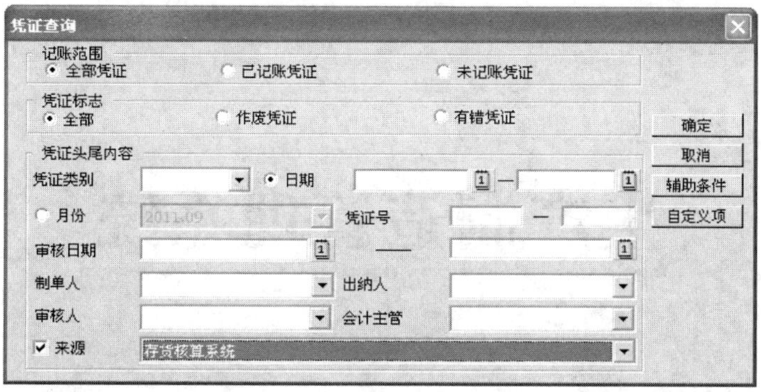

图 17－29 “凭证查询”对话框

（5）单击“确定”按钮可查询到如图 17－30 所示的所有凭证。

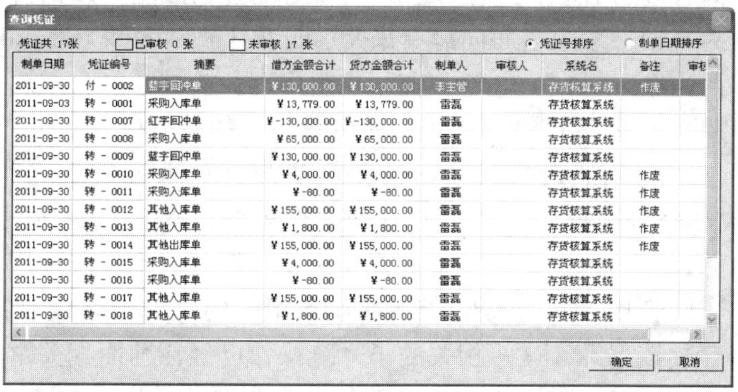

图 17－30 存货核算系统生成的凭证传递到总账

6. 账套备份。

在“D：\ 账套备份”下建立“（17－4）月末处理”文件夹，将账套输出至“D：\ 账套备份\ （17－4）月末处理”文件夹中。

第 18 章

生产制造管理系统

18.1 业务概述

生产制造管理系统是企业信息化管理核心的和有效的方法和工具，它面向离散型和半离散型的制造企业资源管理的需求，遵循以客户为中心的经营战略，以销售订单及市场预测需求为导向，以计划为主轴，覆盖了面向订单采购、订单生产、订单装配和库存生产四种制造业生产类型，并广泛应用于机械、电子、食品、制药等行业。

本章主要介绍用友 ERP 生产管理系统中质量管理、物料清单、主生产计划、产能管理、需求规划、生产订单、车间管理等模块。这些模块与其他系统模块之间的数据关系如图 18－1所示。因此，本章所进行的生产经营管理工作需要以 0872 李主管身份启用以下子系统：销售管理、采购管理、库存管理、质量管理、物料清单、主生产计划、需求规划、生产订单、产能管理、车间管理。其他与生产制造业务相关的财务子系统有：总账、应收款管理、应付款管理、存货核算等，这些相关的子系统操作已经在前面相关章节中介绍过，这里就不再赘述。在完成本章三个实验之后，完整的生产制造业务还应包括“销售发货”、“开票制单”、“财务核算”、“期末处理”等，这些操作可参照前面相关章节的操作指导自行完成，本章不再赘述。

“主生产计划”（master production schedule，MPS）是以客户销售订单和市场预测为需求数据来源，考虑到现有库存和未关闭订单，以企业生产的产品为对象，说明什么时间生产什么产品以及生产多少的计划安排。MPS 是产销协调的依据，是所有作业计划的根源，制造、委外和采购三种活动的细化日程都是依据 MPS 的日程计算而得。MPS 根据客户合同和市场预测，把经营计划或生产大纲中的产品系列具体化，使之成为展开物料需求计划的主要依据，起到从综合计划向具体计划过渡的承上启下作用。

“物料需求计划”（material requirements planning，MRP）是指依据 MPS 或客户订单及需求预测，利用 BOM，同时考虑现有库存量信息及有效订单（如请购单、采购订单、生产订单、委外订单等）的供应量，来计算物料净需求，并提出新的供应计划。因此，运算 MRP 之前，必须依据 MPS、BOM 和库存信息。MRP 的基本任务是：（1）从最终产品的 MPS（独立需求）导出相关物料（原材料、零部件等）的供需量和供需时间（相关需求）；（2）根据物料的需求时间和生产（或采购订货）周期来确定其开始生产（或采购订货）的时间。

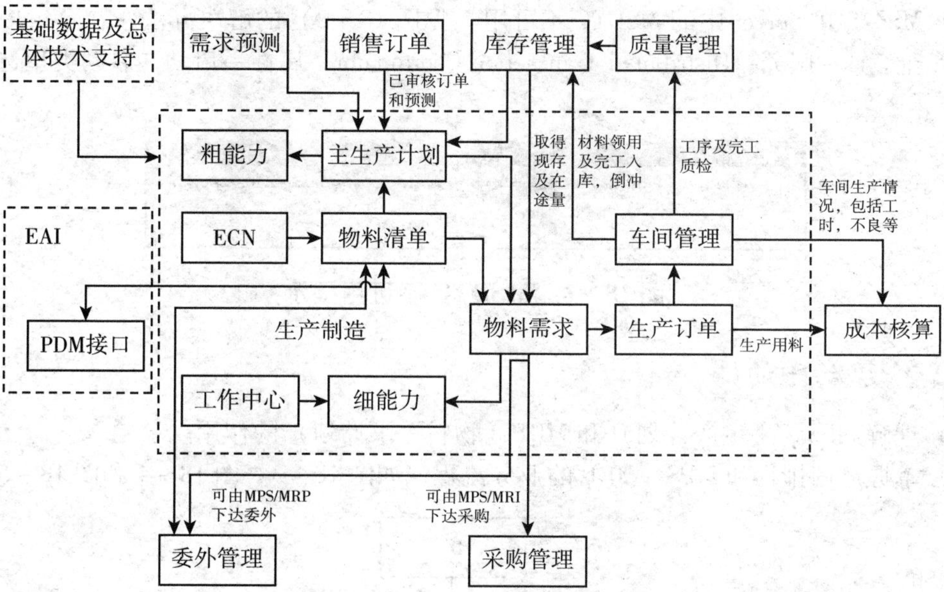

图 18－1 生产制造模块之间数据关系

“产能管理”从资源需求计划、粗能力需求计划和能力需求计划三个方面，对企业的工作中心和资源的产能与负载情况进行计算，以确保有足够的生产能力来满足企业的生产需求。主要是根据生产订单工序资料中各工序经过的工作中心和资源，以及各工序的开工时间和完工时间，计算生产订单所需的产能，然后对比该工作中心该资源所能提供的产能及负载情况，进行产能检核，以便进行产能调整，保证生产活动顺利进行。

“生产订单管理”是对生产订单业务进行处理，完成生产订单的生成、生产领料、生产完工入库的工作。主要功能包括针对主生产计划及需求规划生成的建议生产量，提供分批计划功能或手动建立生产订单资料，使生产计划作业更具弹性；提供生产订单锁定和审核功能，有效地控制计划执行过程；提供各种角度的跟催资料，有效地掌握生产进度；提供生产订单缺料模拟分析，作为调整生产进度参考；提供按生产订单设定特殊用料功能，供替代料及特殊用料使用；提供生产订单用料分析，以有效地掌握各生产订单的用料及成本差异资料。

18.2 实验一：排程业务

18.2.1 实验准备

（1）引入光盘中“实验账套\ 生产制造基础资料数据准备”文件夹中的备份数据。

（2）修改计算机系统日期为“2011－09－01”。

（3）登录企业应用平台时，操作员选择“李小飞（0201）”①，账套名称选择“［872］智汇科技”。

① 为方便企业应用平台的登录操作，本章所有实验操作员密码设置为空。

（4）MS－SQL Server 中的 MSDTC 不可用（见图 18－2）的解决办法：在 Windows 控制面板→管理工具→服务→Distributed Transaction Coordinator→属性→启动，启动类型选择手动或自动。

图 18－2　MSDTC 不可用提示

18.2.2　实验目的

（1）理解 MPS（主生产计划）和 MRP（物料需求计划）的作用。

（2）掌握产销排程和 MPS、MRP 的业务流程，如图 18－3、图 18－4 和图 18－5 所示。

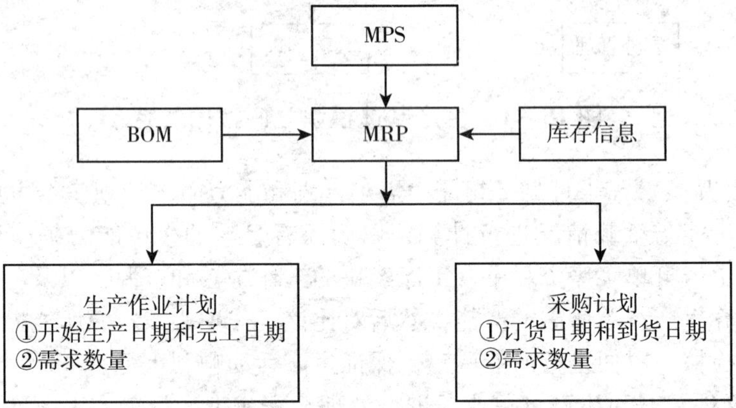

图 18－3　排程业务模块之间的关系

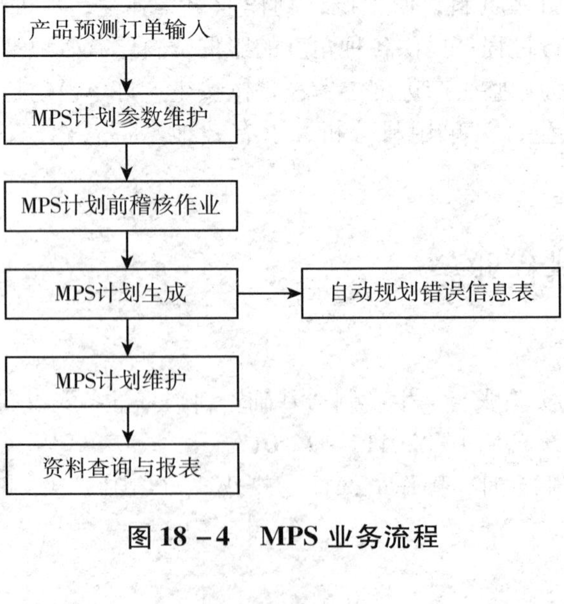

图 18－4　MPS 业务流程

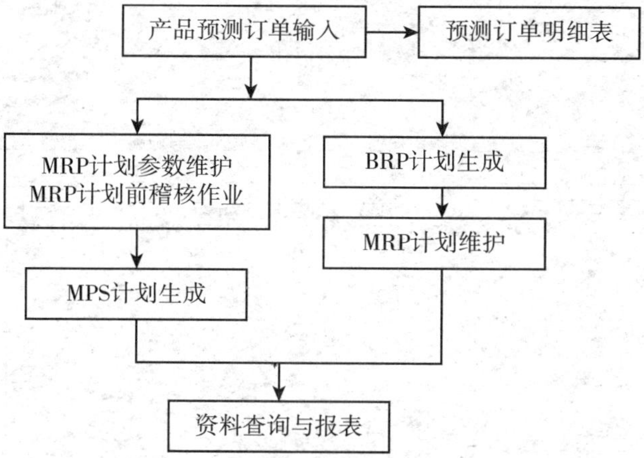

图 18－5　MRP 业务流程

18.2.3　实验资料

（1）2011 年 8 月 25 日华宏公司与本公司协商后确定以无税单价 140 元购买“040201－机箱（XGB）”1800 台，商定发货日期为 2011 年 10 月 28 日，销售订单编号 SO201108008。销售部要求这批产品在 2011 年 10 月 26 日前完工。

（2）2011 年 9 月 1 日计划部王兵开始安排近两个月的 MPS。将 2011 年 9 月 1 日至 2011 年 10 月 31 日之间的需求全部按时栅 01 进行计划编排。重复制造的物料按月收集汇总需求。

（3）计划部王兵根据前面安排的生产计划，安排相关的 MRP。将 2011 年 9 月 1 日至 2011 年 10 月 31 日之间的需求全部按时栅 01 进行计划编排。重复制造的物料按月收集汇总需求。

18.2.4　实验指导

1. 销售部填制销售订单。

（1）在销售管理系统中，执行“销售管理”→“销售订货”→“销售订单”命令，打开“销售订单”窗口，单击工具栏“增加”按钮新增一张销售订单。在表头将订单号更改为“SO201108008”，订单日期修改为“2011－08－25”，销售类型选择“批发销售”，客户简称选择“华宏公司”。在表体选择参照存货“040201－机箱（XGB）”，数量为 1800 台，无税单价为 140 元，预发货日期为2011－10－28，预完工日期为2011－10－26。

（2）单击工具栏“保存”按钮，再单击“审核”按钮，结果如图 18－6 所示。

2. 计划部进行 MPS 计划。

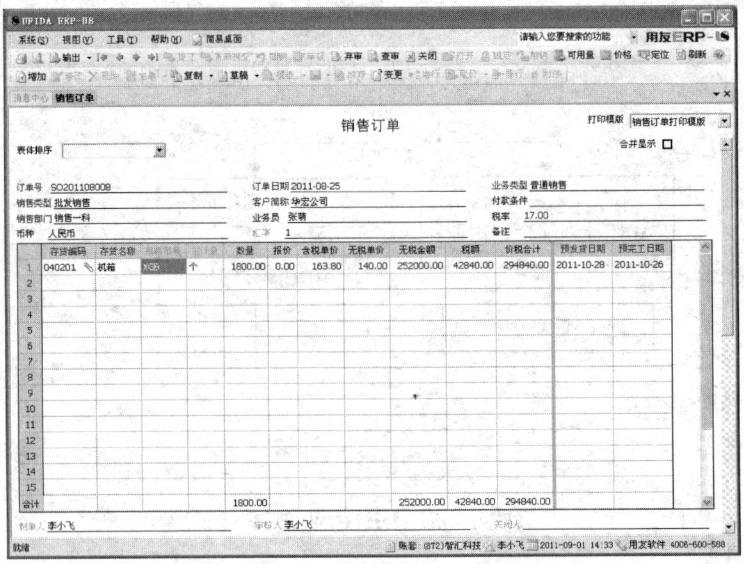

图 18－6　“销售订单”窗口

（1）操作员选择“王兵（0301）”登录企业应用平台。在“业务工作”选项卡，执行“生产制造”→“主生产计划”命令，进入“生产制造系统——主生产计划”模块。

（2）在主生产计划模块，执行“MPS 计划前稽核作业”→“累计提前天数推算”命令，系统弹出“运行本作业，以计算各物料的累计提前天数”对话框，单击“执行”按钮，系统提示“处理成功”，单击“确定”按钮。

（3）执行“MPS 计划前稽核作业”→“库存异常状况查询”命令，在“过滤条件选择”对话框中单击“过滤”按钮，查询是否有负库存情况。若无异常情况，表体内容为空，如图 18－7 所示。

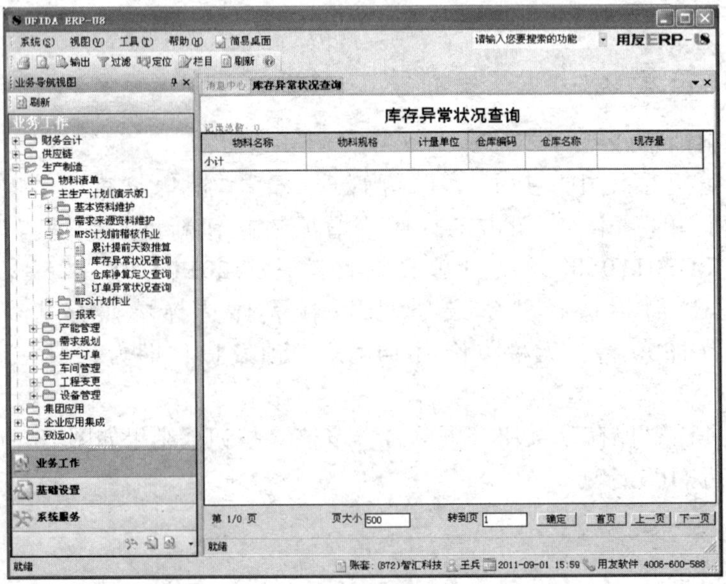

图 18－7　库存异常状况查询

（4）执行“基本资料维护”→“MPS 计划参数维护”命令，弹出“MPS 计划参数维护”对话框，设置“预测版本为 01”“需求时栅为 01”“重复计划时格代号为 02”“计划代号为 0001”，选中“是否生效”“计划期间起始时期为 2011 - 09 - 01”“截止日期为 2011 - 10 - 31”“来源 MPS 计划代号为 0001”“供需追溯”，结果如图 18 - 8 所示。单击“确定”按钮保存参数设置。

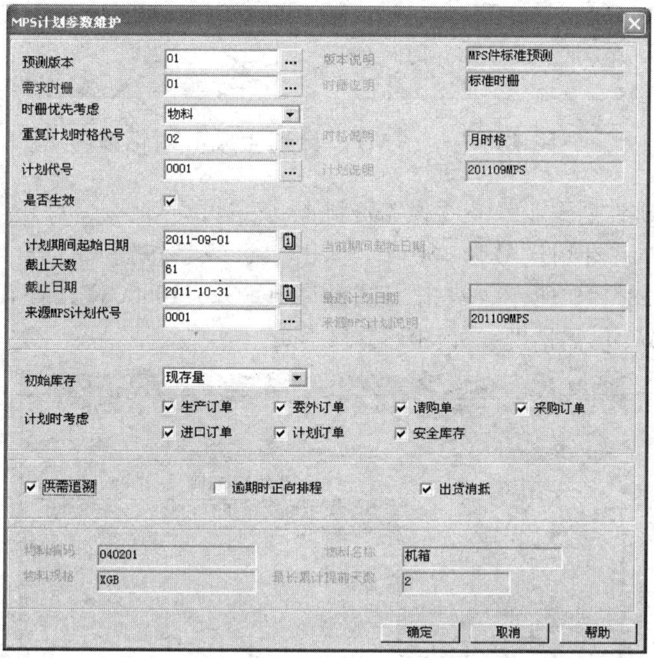

图 18 - 8　“MPS 计划参数维护”对话框

【提示】

- 选中“是否生效”，表示执行“MPS 计划生成”时的 MPS 计划代号立即生效。
- 初始库存选择“现存量”，表示 MPS 计算净需求时将考虑期初库存现存量。
- “逾期时正向排程”选项是指用于设置计划订单的排程方式。若未选中，系统总以物料的需求日反向推算计划订单的开始日，而不论计划订单是否逾期；若选中，则当计划订单开工日期逾期时，系统自动将该计划订单以系统日作为开始日进行正向排程，而不论是否满足需求日期。
- “供需追溯”选项是指由 MPS 自动规划后，各订单（计划订单、生产订单、请购单、采购订单、进口订单、委外订单）的需求来源资料，以及根据销售订单追踪其相关供应资料。若未选中，则 MPS 计算时不记录供需追踪资料，提高运算效率；若选中，则可在供需追溯资料查询功能中查询到需求来源资料，或按照物料查询时，在供需资料明细查询表体中，单击鼠标右键可以查询该订单的供需追溯资料。

（5）执行“MPS 计划作业”→“MPS 计划生成”命令，弹出如图 18 - 9 所示的对话框，参照输入“来源 MPS 计划代号为 0001”，单击“执行”按钮，完成 MPS 计划生成。系统弹出“处理成功”提示，单击“确定”按钮。

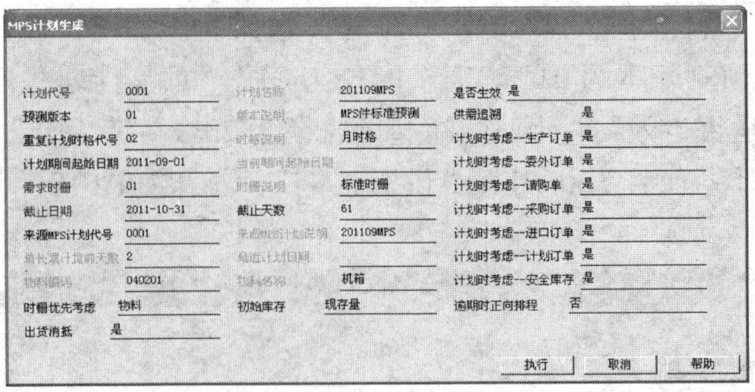

图 18－9　“MPS 计划生成”对话框

（6）执行“MPS 计划作业”→“供需资料查询—订单”命令，打开“过滤条件选择”对话框，设置常用条件“计划代号为 0001”，单击“过滤”按钮。打开“供需资料查询——订单”窗口，如图 18－10 所示，双击“销售订单 SO201108008”，查看对应“供需资料查询——明细（订单）”供需情况，如图 18－11 所示。

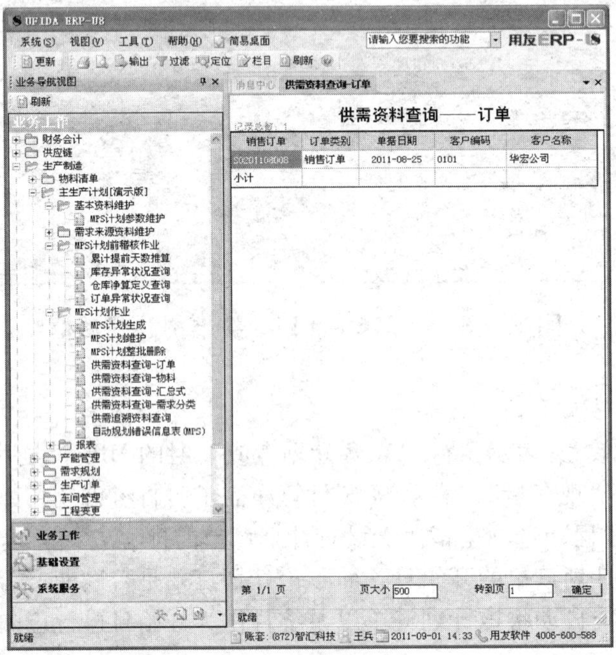

图 18－10　供需资料查询——订单

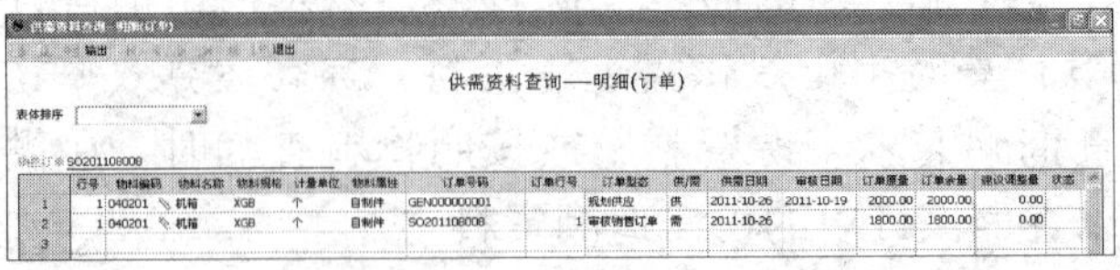

图 18－11　供需资料查询——明细（订单）

（7）同理，执行“MPS 计划作业”→“供需资料查询—物料”命令可打开“供需资料查询—物料”窗口，双击“机箱”物料可查看“供需资料查询—明细（物料）”供需情况，如图 18 - 12 所示。

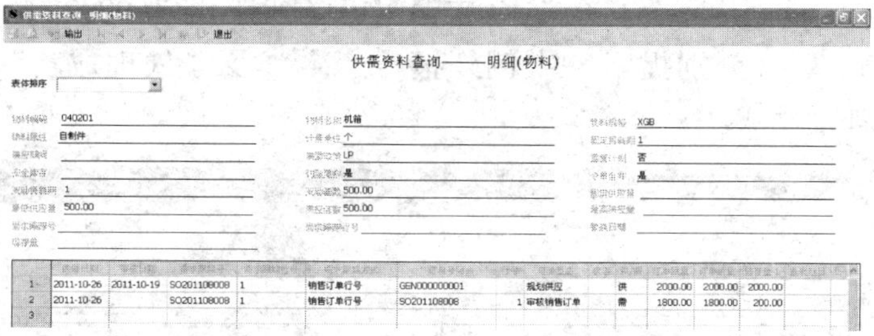

图 18 - 12　物料供需明细查询

3. 计划部进行 MRP 计划。

（1）在企业应用平台“业务工作”选项卡，执行“生产制造”→“需求规划”命令，进入“生产制造系统——需求规划”模块。

（2）在需求规划模块，执行“MRP 计划前稽核作业”→“累计提前天数推算”命令，系统弹出“运行本作业，以计算各物料的累计提前天数”对话框，单击“执行”按钮，系统提示“处理成功”，单击“确定”按钮，系统自动计算出 MRP 物料的累计提前期。

（3）执行“MRP 计划前稽核作业”→“库存异常状况查询”命令，在“过滤条件选择”对话框单击“过滤”按钮，查询是否有负库存情况。若无异常情况，表体内容为空。

（4）执行“基本资料维护”→“MRP 计划参数维护”命令，打开“MRP 计划参数维护”对话框，设置“预测版本为 11”“时栅代号为 01”“重复计划时格代号为 02”“计划代号为 0002”，选中“是否生效”“计划期间起始时期为 2011 - 09 - 01”“截止日期为 2011 - 10 - 31”“来源 MPS 计划代号为 0001”“来源 MRP 计划代号为 0002”“计划时考虑”“供需追溯”，如图 18 - 13 所示。单击“确定”按钮保存参数设置。

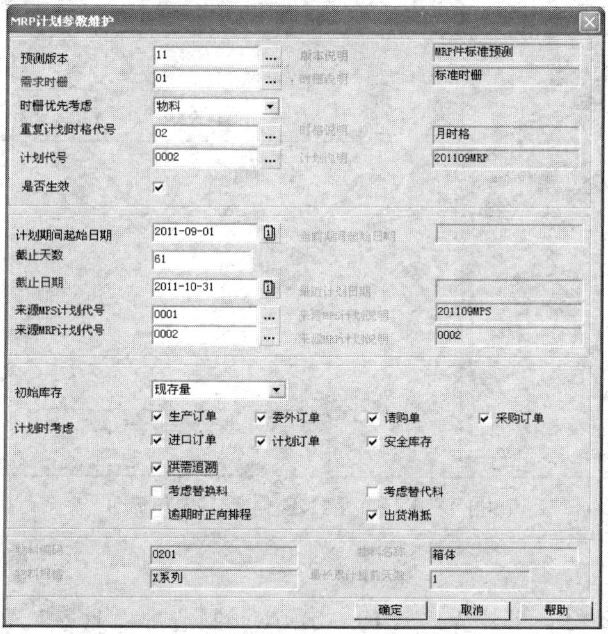

图 18 - 13　“MRP 计划参数维护”对话框

（5）执行“计划作业”→“MRP 计划生成”命令，弹出“MRP 计划生成”对话框，参照输入“来源 MPS 计划代号为 0001”，“来源 MRP 计划代号为 0002”，如图 18－14 所示。单击“执行”按钮，系统分别提示“有例外报告产生”及“处理成功”，都单击“确定”按钮，完成 MRP 计划生成。

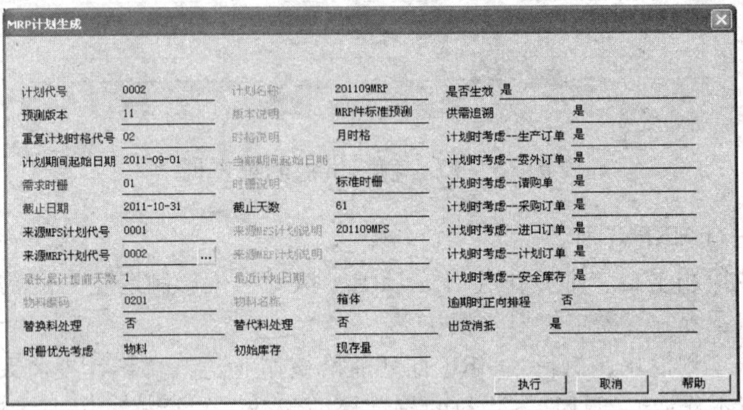

图 18－14　“MRP 计划生成”对话框

（6）执行“计划作业”→“供需资料查询—物料”命令，设置过滤条件选择“计划代号”为“0002－201109MRP”，单击“过滤”按钮，打开“供需资料查询—物料”窗口，如图 18－15 所示。双击各物料可查询物料明细的供需日期与数量情况。

图 18－15　MRP 供需物料查询

4. 账套备份。

在“D：\ 账套备份”下建立“（18－1）生产制造排程业务”文件夹，将账套输出至“D：\ 账套备份 \（18－1）生产制造排程业务”文件夹中。

18.3　实验二：产能管理

18.3.1　实验准备

（1）修改系统时间为“2011－09－01”。

（2）引入光盘中“实验账套\（18－1）生产制造排程业务”文件夹中的备份数据。

（3）登录企业应用平台时，操作员选择“王兵（0301）”，账套名称选择“［872］智汇科技”。

18.3.2　实验目的

（1）了解产能管理的含义，理解产能管理的作用，掌握产能管理的功能操作。

（2）熟悉产能管理日常业务流程，如图 18－16 所示。

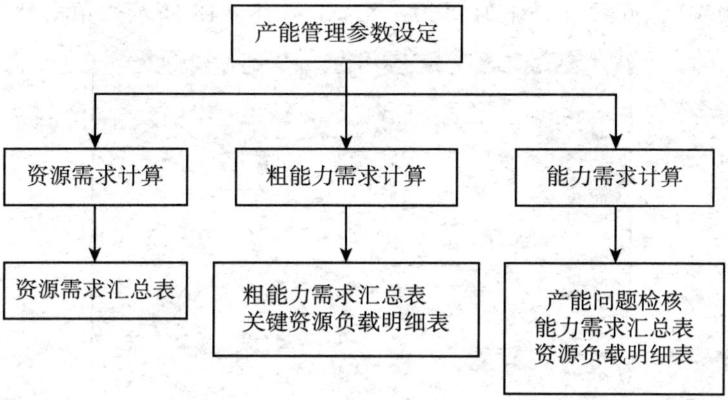

图 18－16　产能管理业务流程

18.3.3　实验资料

（1）计划部王兵将安排好的生产计划进行粗能力检验，将能力需求按月为时间间隔（月时格）进行汇总，超过 110% 认定为超载，低于 60% 认定为低载。

（2）计划部王兵将安排好的生产计划及供应计划进行产能检验，超过 110% 认定为超载，低于 60% 认定为低载，并按月为时间间隔检核各工作中心的产能负载情况。

18.3.4　实验指导

1. 粗能力计划检验。

（1）在“业务工作”选项卡，执行“生产制造”→“产能管理”命令，进入“生产制造系统——产能管理”模块。

（2）在产能管理模块，执行“基本资料”→“工艺路线转资源清单”命令，弹出“工艺路线转资源清单”对话框，设置“起始物料编码为 040201”，“结束物料编码为 040201”，如图 18－17 所示。单击“执行”按钮，系统弹出“处理成功”信息提示，单击“确定”按钮将工艺路线中的资源资料转化为资源清单。

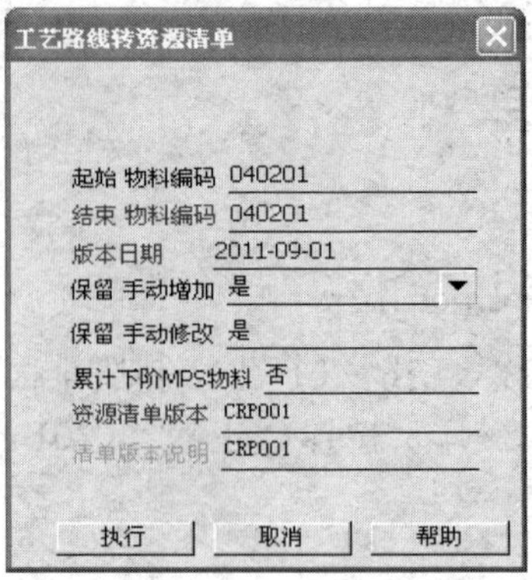

图 18 – 17　“工艺路线转资源清单”对话框

（3）执行“基本资料”→“产能管理参数设定”命令，弹出“产能管理参数设定”对话框，在“粗能力计划（RCCP）”中设置 MPS 计划代号为“0001”，时格代号为“02”，超载百分比为“110%”，低载百分比为“60%”，如图 18 – 18 所示。单击“确定”按钮。

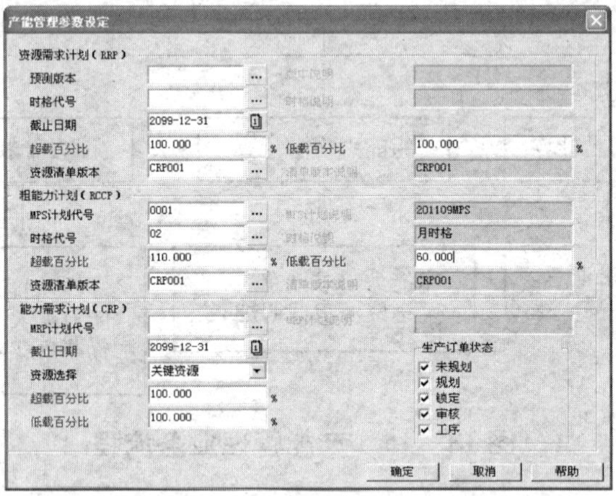

图 18 – 18　“产能管理参数设定—粗能力计划”对话框

（4）执行“粗能力需求计划”→“粗能力需求计算”命令，弹出“粗能力需求计算”对话框，如图 18 – 19 所示。单击“执行”按钮，系统提示“粗能力需求计算处理成功”，单击“确定”按钮完成粗能力计算。

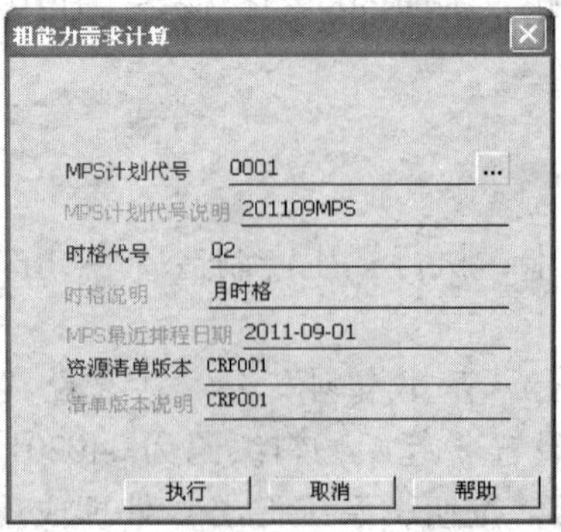

图 18 – 19　“粗能力需求计算”对话框

【提示】

- 在 MPS 运算后，可以进行粗能力需求，但不能进行细能力需求计划（即能力需求计划）。

（5）执行“粗能力需求计划”→“粗能力需求汇总表”命令，选择按“工作中心”查看，单击“过滤”按钮，打开“粗能力需求汇总表—工作中心”窗口，查看各工作中心的粗能力需求情况和资源负载情况，如图 18－20 所示。同理，也可按“资源代号”查看需求情况。

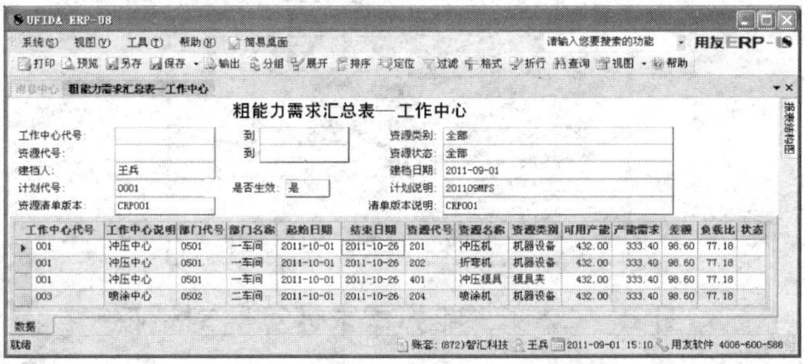

图 18－20　工作中心粗能力需求汇总表

（6）同上操作，执行“粗能力需求计划”→“关键资源负载明细表”命令，可按“工作中心”或“资源代号”查看各关键资源负载情况。

2. 能力需求计划 CRP 及产能问题检核。

（1）在产能管理模块，执行“基本资料”→“产能管理参数设定”命令，在“产能管理参数设定”对话框“能力需求计划（CRP）”中，设置 MRP 计划代号为“0002”，截止日期为“2011－10－31”，资源选择为“全部资源”，超载百分比为“110%”，低载百分比为“60%”，生产订单状态选择全部复选框，如图 18－21 所示。单击“确定”按钮。

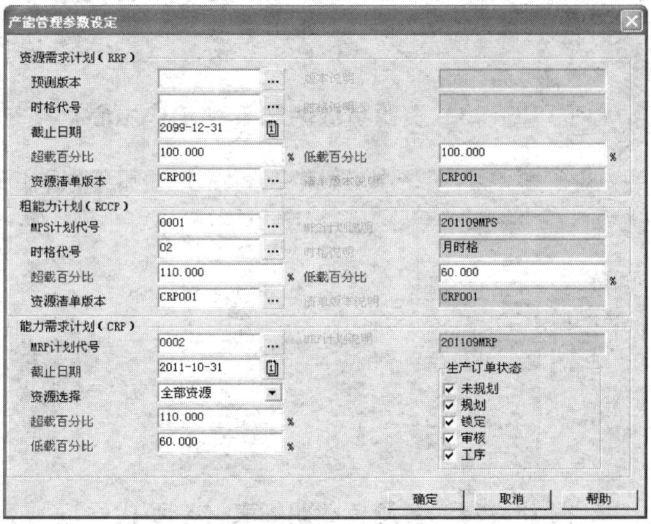

图 18－21　“产能管理参数设定—能力需求计划”对话框

（2）执行“能力需求计划”→“能力需求计算”命令，弹出“能力需求计算”对话框，如图 18－22 所示。单击“执行”按钮，系统提示“处理成功”表示完成能力需求计算，单击“确定”按钮。

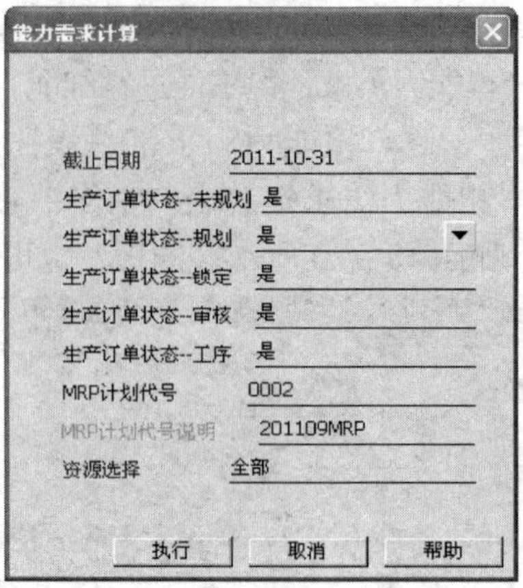

图 18 – 22 “能力需求计算”对话框

（3）执行“能力需求计划”→“资源负载明细表”命令，分别选择按“工作中心”和“资源代号”查看，在过滤条件选择对话框设置“时格代号”为“02”，单击“过滤”按钮，查看各资源的负载明细，如图 18 – 23 和图 18 – 24 所示。

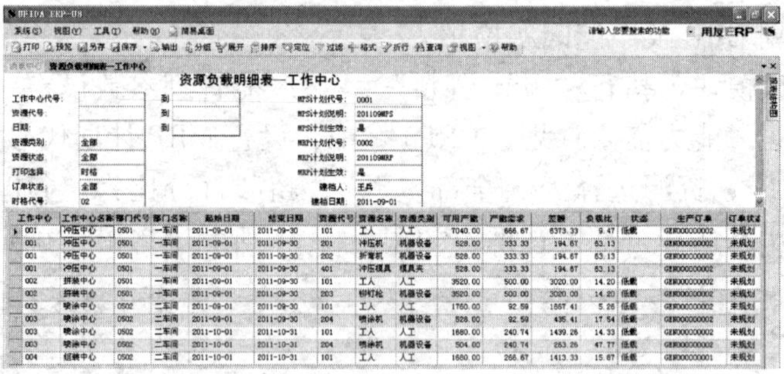

图 18 – 23 资源负载明细表（工作中心）

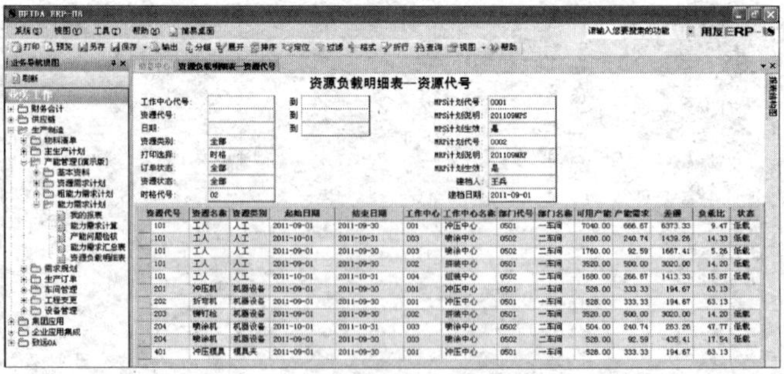

图 18 – 24 资源负载明细表（资源代号）

【提示】

● 执行能力需求计算之前，要先运算 MPS 和 MRP。根据产能及负载情况，了解资源是否能满足生产计划的要求，以便调整计划或调配资源，使生产计划得以顺利实现。

（4）执行“能力需求计划”→“产能问题检核”命令，打开“产能问题检核”窗口，时格代号选择“02”，单击工具栏“查询”按钮，查询资源的明细负载情况，如图 18－25 所示。

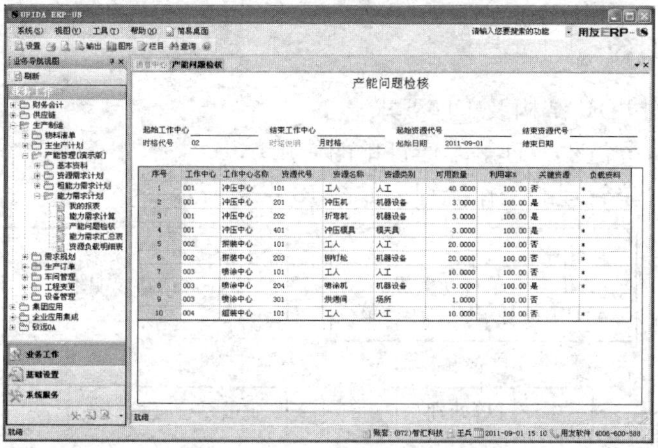

图 18－25　“产能问题检核”窗口

（5）在图 18－25“产能问题检核”窗口单击各工作中心，再单击工具栏“图形”按钮，则可通过“产能—负载图”查看不同时间段内该工作中心的产能和负载情况，如图 18－26所示为冲压中心的产能—负载情况。

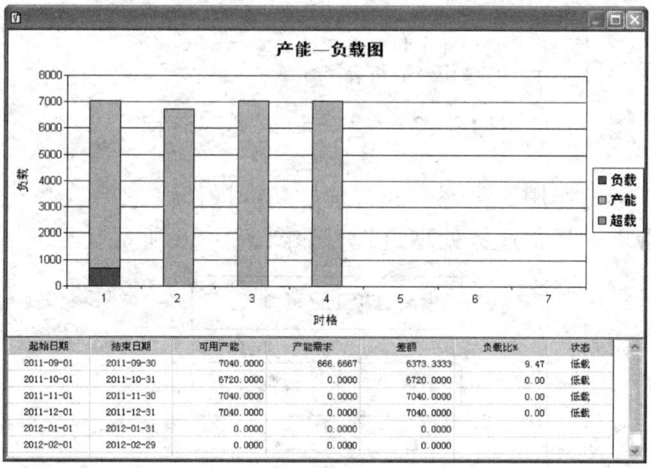

图 18－26　冲压中心产能—负载图

3. 账套备份。

在“D：\ 账套备份”下建立“（18－2）生产制造产能管理”文件夹，将账套输出至“D：\ 账套备份 \（18－2）生产制造产能管理”文件夹中。

18.4　实验三：车间生产业务

18.4.1　实验准备

（1）引入光盘中“实验账套 \（18－2）生产制造产能管理”文件夹中的备份数据。

（2）登录企业应用平台时，操作员选择“赵齐（0401）”，日期选择“2011－09－02”，账套名称选择“［872］智汇科技”。

18.4.2　实验目的

（1）掌握物品的 BOM 结构及工序要求。

（2）了解生产业务流程，理解生产订单的作用。

（3）掌握生产订单管理的操作流程，如图 18－27 所示。

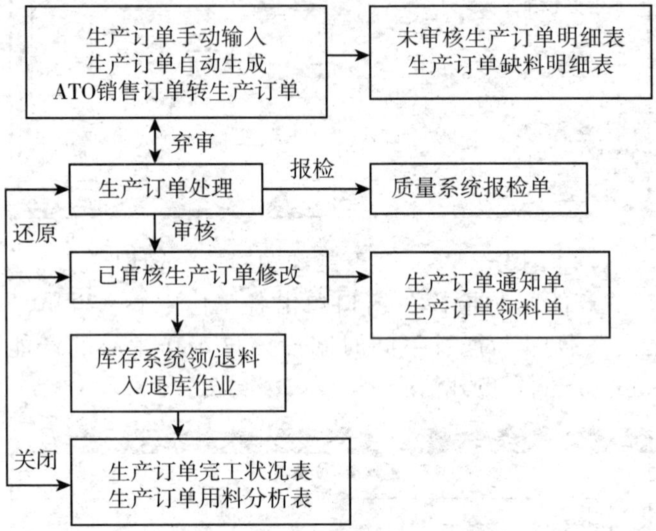

图 18－27　生产订单处理流程

（4）理解车间管理的作用，掌握车间管理的功能操作。

（5）了解车间管理的日常业务处理过程，如图 18－28 所示。

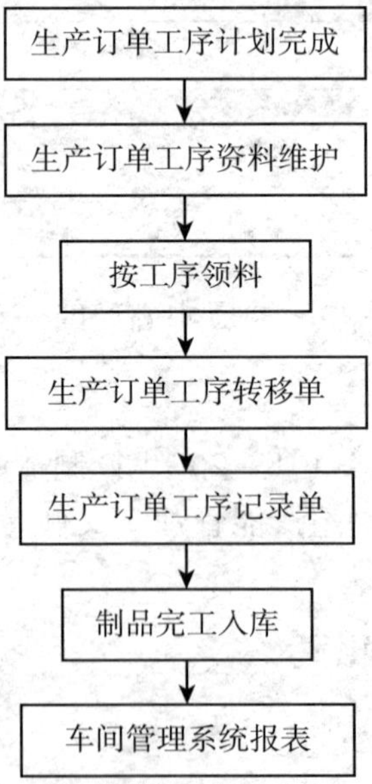

图 18－28　车间管理日常业务流程

18.4.3　实验资料

（1）2011 年 9 月 2 日生产部赵齐根据计划部王兵 2011 年 9 月 1 日安排的生产计划下达“箱体”生产订单，并对生成的生产订单进行审核。

（2）打印生产订单通知单及生产订单领料单。

（3）2011 年 9 月 5 日生产部罗梁根据赵齐 9 月 2 日下达的“箱体”生产订单安排工序计划。

（4）2011 年 9 月 6 日采购部李明根据 MRP 计划生成采购订单，并审核。

（5）2011 年 9 月 7 日采购部李明确认到货单并审核。仓库部雷磊根据采购到货单执行库存采购入库业务，之后仓储部根据“箱体”生产订单安排材料出库业务。

（6）2011 年 9 月 26 日“箱体”生产订单冲压工序全部完成，生产部罗梁安排转移到拼装工序加工。

（7）2011 年 9 月 30 日“箱体”生产订单拼装工序全部完成，生产部罗梁通知质检部进行检验，质检部何亮按预订方案检验后全部合格。检验合格的转移到喷涂工序进行加工。

（8）2011 年 10 月 19 日“箱体”生产订单喷涂工序全部完成且合格，查询工序在制状况。

（9）2011 年 10 月 19 日“箱体”生产订单的产品全部生产完成，仓储部雷磊安排人员将产品入库。

（10）2011 年 10 月 20 日生产部罗梁记录本月“箱体”产品加工工时。

18.4.4　实验指导

本实验是针对自制件的生产进行车间管理，自制件的生产要通过制订生产计划并核发可执行的生产订单，然后根据生产订单进行领料、加工生产、完工入库等。以“箱体”为例说明车间生产的操作流程，“面板”、“机箱”的车间管理操作同理。

1. 根据 MPS 和 MRP 规划的结果，生成并审核生产订单。

（1）在“业务工作”选项卡，执行“生产制造”→“生产订单”命令，进入“生产制造系统—生产订单”模块。

（2）在生产订单模块，执行“生产订单生成”→“生产订单自动生成”命令，在“过滤条件选择”窗口单击“过滤”按钮，打开“生产订单自动生成”窗口，系统自动显示出符合要求的订单资料，即生产订单明细资料列表。单击工具栏“修改”按钮，再双击“箱体”生产订单前“选择栏”，如图 18 - 29 所示。

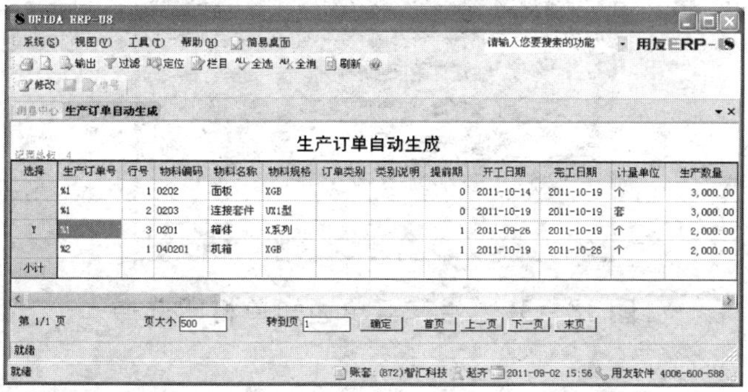

图 18 - 29　“生产订单自动生成”窗口

（3）单击工具栏上的“保存”按钮，即完成“箱体”生产订单的自动生成操作。单击“关闭”按钮，退出“生产订单自动生成”窗口。

【提示】

● 生产订单可根据 MRP 计划生成，然后传递给车间管理系统，供生产任务执行使用。

● 若要修改或删除经本作业自动生成而未审核的生产订单资料，可在“生产订单手动输入”作业进行删除或修改，删除后可以重新生成生产订单。

（4）执行“生产订单处理”→“生产订单整批处理”命令，弹出“过滤条件选择”对话框，单击“过滤”按钮，打开“生产订单整批处理”窗口，系统自动生成将要处理的生产订单明细列表，双击工具栏“全选”按钮，如图 18－30 所示。

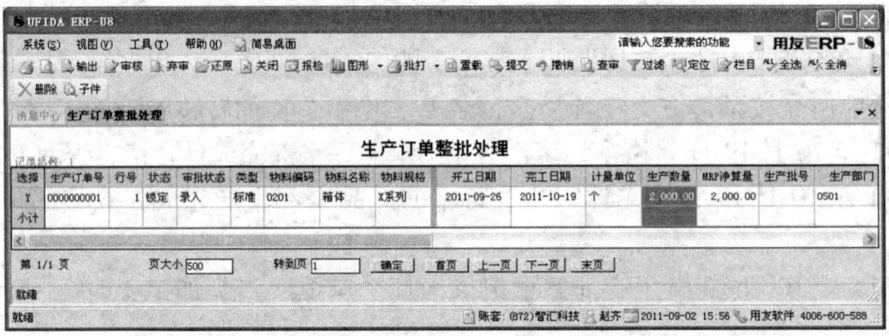

图 18－30　“生产订单整批处理”窗口

（5）单击工具栏“审核”按钮，“生产订单整批处理”窗口的记录行中将不再显示该物料的记录，表示该生产订单已审核完成。单击“关闭”按钮，退出生产订单整批处理。

【提示】

● 已审核的生产订单可以在“已审核生产订单修改”模块中修改订单内容。

2. 生产订单通知单及领料单打印。

（1）在生产订单模块，执行“报表”→“生产订单通知单”命令，弹出四种显示方式，如图 18－31 所示。生产订单通知单选择按“生产订单”方式打印，以便通知制造部门做生产准备，单击“确定”按钮，结果如图 18－32 所示。

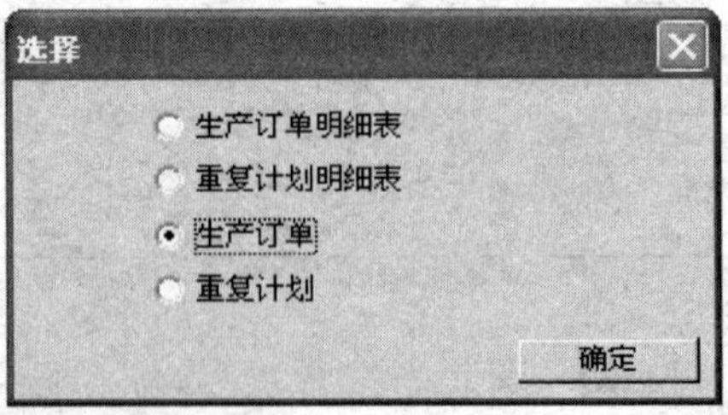

图 18－31　生产订单通知单打印选择

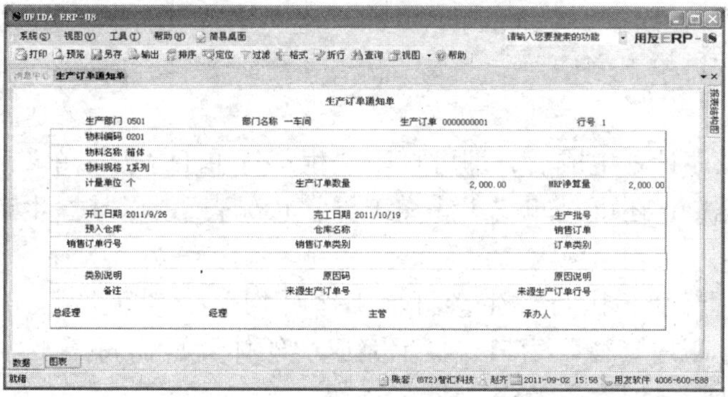

图 18－32　箱体生产订单通知单

（2）执行“报表”→“生产订单领料单”命令，弹出“选择”对话框，选择“生产订单”显示方式，在弹出的“过滤条件选择”对话框中，直接单击“过滤”按钮。若按生产订单分别领料，则在过滤条件中输入生产订单编号，即形成该生产订单的领料单。若对全部生产订单进行领料，则不必输入过滤条件。操作结果如图 18－33 所示，可见“箱体”物料由金属板、喷涂粉和铆钉三种原材料组成。

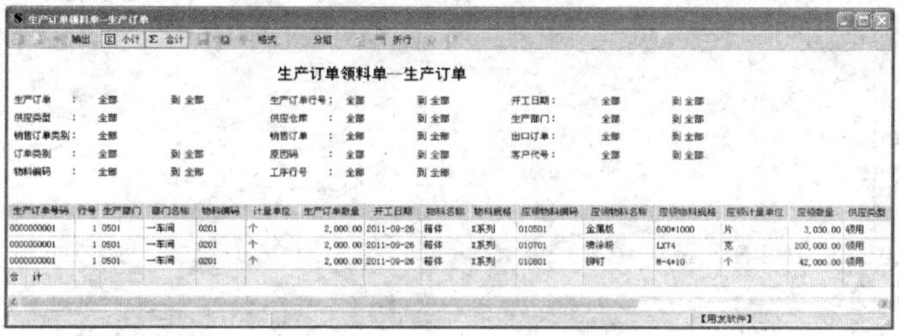

图 18－33　生产订单领料单

3. 在车间管理模块，生成生产订单工序计划。

（1）操作员选择“罗梁（0402）”，注册日期选择“2011－09－05”登录企业应用平台。在“业务工作”选项卡，执行“生产制造”→“车间管理”命令，进入“生产制造系统—车间管理”模块。

（2）在车间管理模块，执行“生产订单工序计划”→“生产订单工序计划生成”命令，在“条件过滤”窗口单击“过滤”按钮，打开“生产订单工序计划生成”窗口，表体显示物料的生产订单列表，在“选择”栏双击选中“箱体”生产订单，如图 18－34 所示。

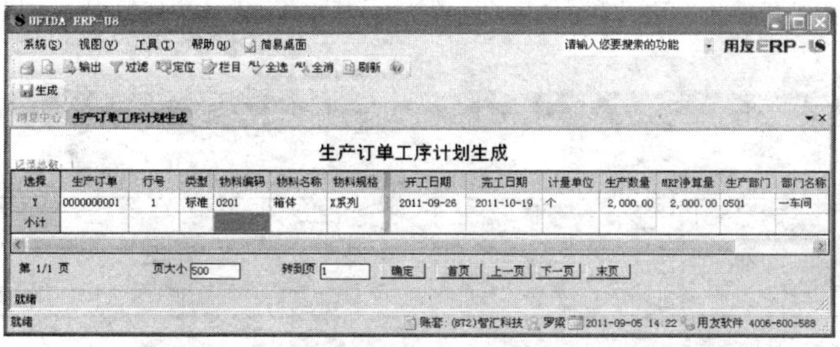

图 18－34　“生产订单工序计划生成”窗口

（3）单击工具栏“生成”按钮，系统提示“生产订单工序计划成功”信息，单击“确定”按钮，完成生产订单工序计划。

【提示】

● 在生产订单工序计划生成后，即可打印“生产订单工序派工单”，作为派工时交给现场加工单位执行的凭单；还可打印“工序完工异常状况表”，以掌握生产订单工序计划异常情况。

（4）在车间管理模块，执行“生产订单工序计划”→“生产订单工序资料维护”命令，打开“生产订单工序资料”窗口，显示完成“箱体”所需每道工序的“开工日期”与“完工日期”，如图 18－35 所示。

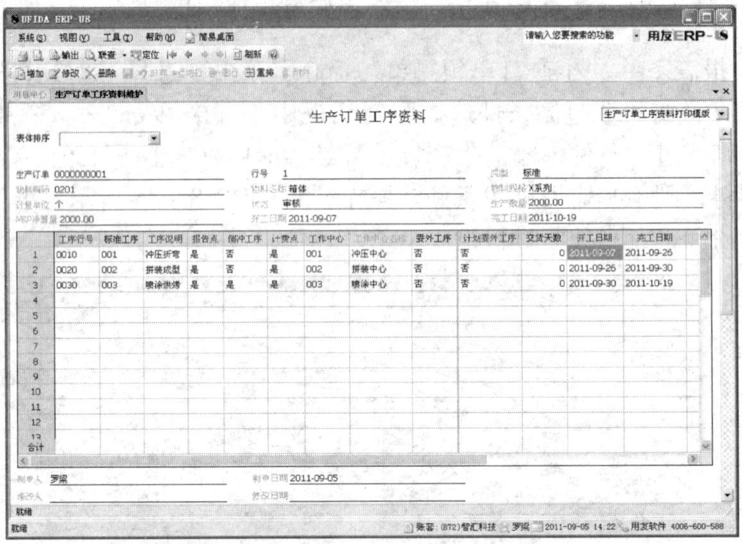

图 18－35　“生产订单工序资料”窗口

4. 根据 MRP 规划资料制作采购订单。

（1）操作员选择“李明（0501）”，注册日期选择“2011－09－06”登录企业应用平台。在采购管理模块，执行“采购订货”→“采购订单”命令，在“采购订单”窗口，单击工具栏“增加”按钮，生成一个新的采购订单单据号，然后在工具栏中单击选择“生单”→“MPS/MRP 计划”按钮。

（2）在“过滤条件选择”对话框中单击“过滤”按钮后，打开“拷贝并执行”窗口，单击工具栏“全选”按钮，表示选中根据 MRP 计划需要生成采购订单的所有物料，如图 18－36 所示。

图 18－36　采购订单拷贝 MRP 计划

（3）单击工具栏“OK 确定”按钮，所选物料的规划信息即被带入采购订单中，修改“计划到货日期”为“2011－09－07”，再分别单击工具栏“保存”和“审核”按钮，结果如图 18－37 所示。

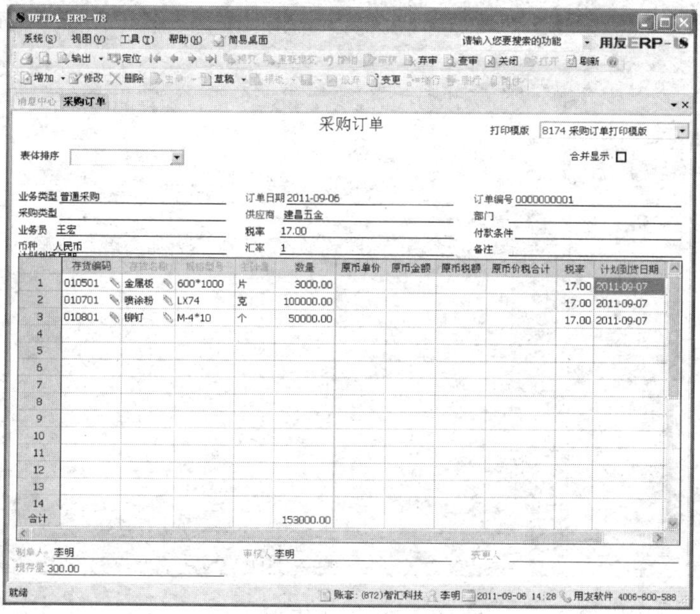

图 18－37 采购订单生成

【提示】

● 采购数量应根据各物料的最低供应量进行采购，不低于最低供应量。

● 系统自动根据现存量及 MRP 计划所需量多少进行计算，保证生产所需，同时也保证最低安全库存。

5. 采购部确认到货，并由仓储部验收入库，以及按生产订单工序进行材料入库。

（1）操作员仍选择“李明（0501）”，注册日期选择“2011－09－07”登录企业应用平台。在采购管理模块，执行“采购到货”→“到货单”命令，单击工具栏“增加”按钮，再单击选择“生单”→“采购订单”，在“拷贝并执行”窗口，双击选中“2011－09－06”采购订单，如图 18－38 所示。

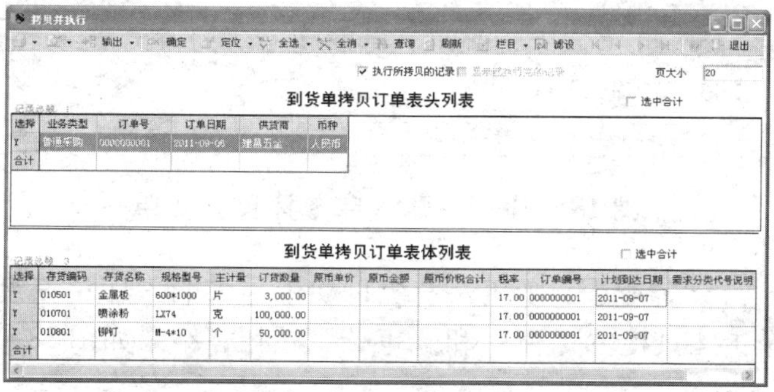

图 18－38 到货单拷贝采购订单

（2）单击工具栏“OK 确定”按钮，返回“到货单”窗口，补充表头信息部门选择“采购部”，再分别单击工具栏“保存”及“审核”按钮，结果如图 18－39 所示。

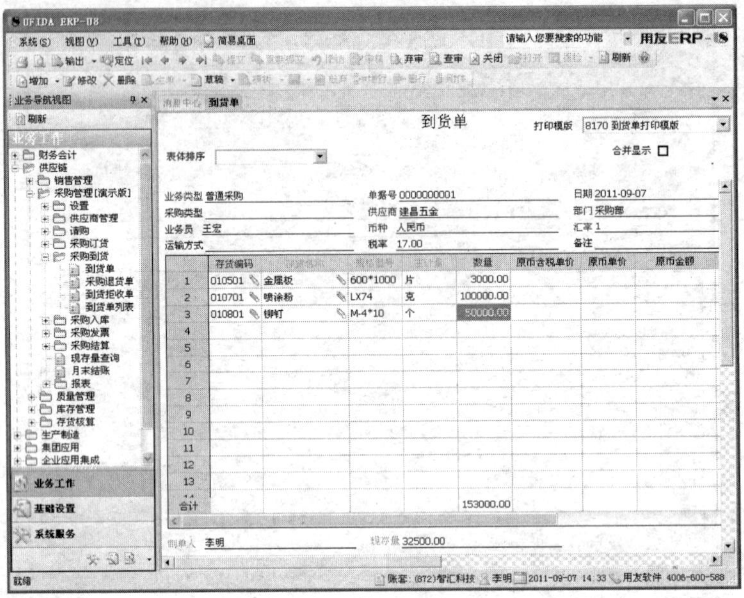

图 18－39 到货单生成

（3）更换操作员为仓储部“雷磊（0601）”，注册日期选择“2011－09－07”登录企业应用平台。在库存管理模块，执行“入库业务”→“采购入库单”命令，打开“采购入库单”窗口，单击选择工具栏“生单”→“采购到货单（蓝字）”按钮，在“过滤条件选择”对话框单击“过滤”按钮，打开“到货单生单列表”窗口，双击选中“2011－09－07”的到货单，表体自动显示相应到货单表体信息，如图 18－40 所示。

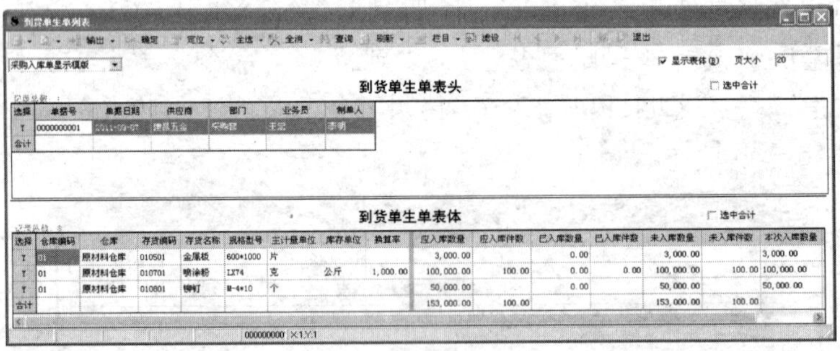

图 18－40 采购入库单拷贝到货单

（4）单击工具栏“OK 确定”按钮，系统自动带入采购入库单信息。返回“采购入库单”窗口，再分别单击工具栏“保存”和“审核”按钮，结果如图 18－41 所示。

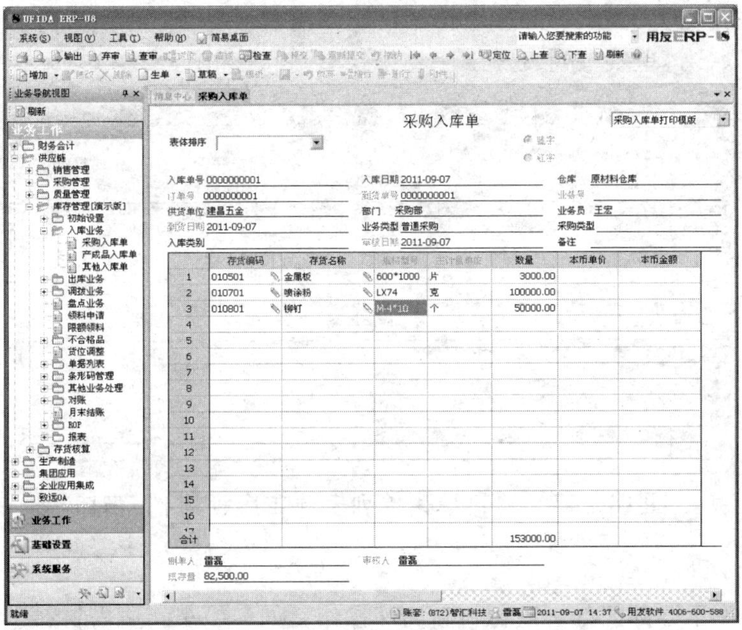

图18-41　采购入库单生成

【提示】

● 不管是采购管理入库单，还是库存管理采购入库单，只需点击表体中各物料存货信息，在窗口下方可实时显示“现存量”。

（5）仓储部按生产订单工序进行领料。在库存管理模块，执行“出库业务”→“材料出库单”命令，在“材料出库单”窗口中，单击工具栏“生单”下拉按钮，选择“工序领料（蓝字）”命令。在“过滤条件选择”对话框设置“材料名称”为“金属板”的选择条件，如图18-42所示。

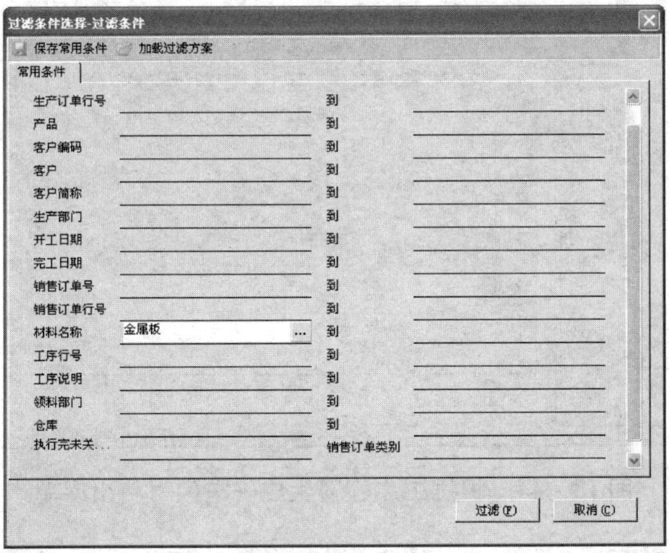

图18-42　设置“过滤条件选择—过滤条件”对话框

（6）单击“过滤”按钮，系统提示“只能同时选择领料仓库、部门相同的行”单击“确定”按钮进入“订单生单列表［工序领料］”窗口，如图18－43所示。

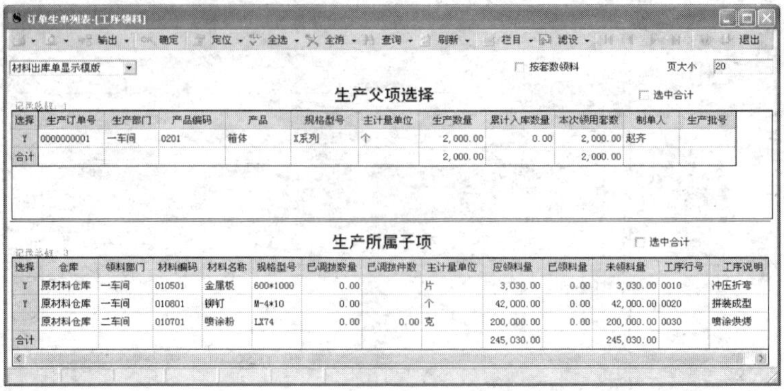

图18－43　“订单生单列表［工序领料］”窗口

【提示】

● 按不同仓库不同部门分别进行材料出库操作，如，一车间所需材料进行一次材料出库领料，二车间所需材料再进行一次材料出库领料。

（7）单击工具栏“OK确定”按钮，所选物料的信息即被带入材料出库单中，返回“材料出库单”窗口，单击工具栏“保存”按钮，完成该生产订单的生产领料，再单击工具栏上“审核”按钮，完成审核工作，结果如图18－44所示。

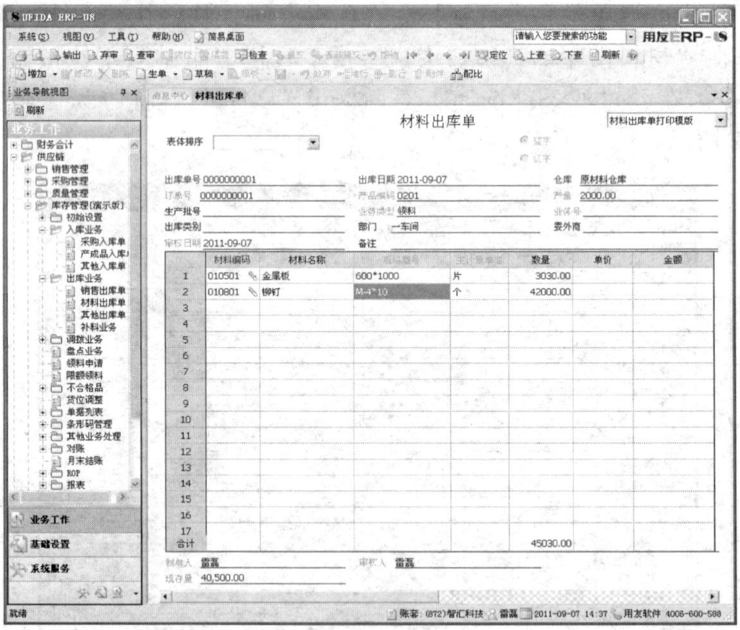

图18－44　根据工序领料生成一车间材料出库单

（8）同理，重复（5）、（6）、（7）步骤完成按生产订单对二车间所需物料“喷涂粉”的材料出库，“材料出库单”结果如图18－45所示。

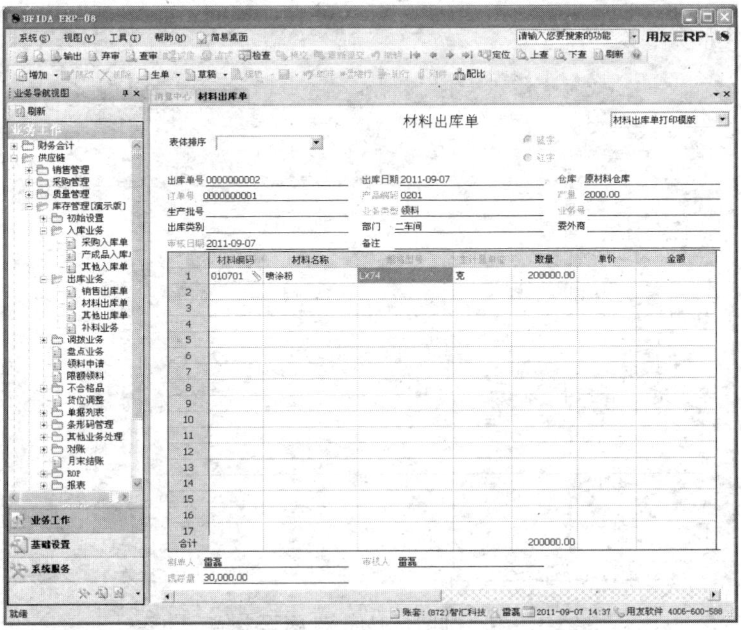

图 18－45　根据工序领料生成二车间材料出库单

【提示】

●库存管理系统在执行生产发料（材料出库单）、半成品/产成品入库（产成品入库单）前，应先生成生产订单。

●先完工的物料先开工、先生产，因而先领料。根据物料清单（BOM）结构，必须按照产品的加工生产顺序，经过“领料——完工入库，再领料——再完工入库”，逐级加工，直到生产出产成品。

●材料出库单可以手工增加，可以配比出库，可以参照“生产订单”的生产订单用料表生成，或根据限额领料单生成；材料出库单还可以在产成品入库单、采购入库单、生产订单工序转移单保存后由系统自动生成。

●若其中某物料需要由车间按工序进行加工生产，则该物料就不能按生产领料的方式进行领料生产了，应该在车间管理中对工序进行管理，并按工序领料加工生产及完工入库，那么，下道工序的物料生产时，才可以按照生产领料的方式，领取到该物料。

●若全部自制品都要使用车间管理由工序进行生产，则先在“生产订单”模块中生成生产订单，然后由“车间管理”模块按照生产订单生成工序计划，再按照工序进行领料、加工，直到完成最后一道工序，再在“库存管理”模块中进行产成品的入库。

6. 工序转移。

（1）冲压。操作员选择“罗梁（0402）”，注册日期选择“2011－09－26”登录企业应用平台。在车间管理模块，执行“交易处理”→“工序转移单（逐笔）”命令，打开“生产订单工序转移单”窗口，单击工具栏上的“增加”按钮，新增一张工序转移单，选择箱体生产订单，移出工序为“0010 冲压折弯”，填入生产订单中产品加工数量“2000”，单击工具栏“保存”按钮，完成生产订单工序转移，结果如图 18－46 所示。

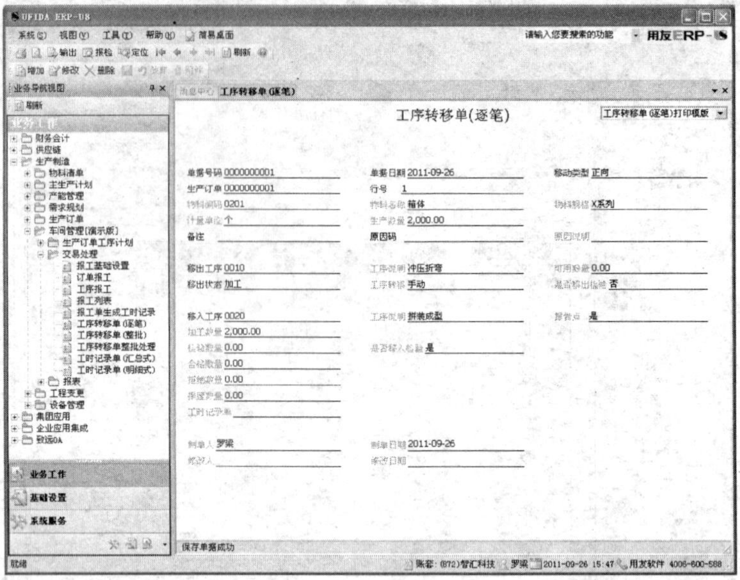

图 18－46　冲压工序转移至拼装工序

（2）拼装。同理，拼装工序完工转移至喷涂工序，操作步骤同上，重新注册登录企业应用平台，注册日期选择“2011－09－30”，在车间管理模块，填制一张生产订单工序转移单。修改信息如下：在车间管理模块“生产订单工序转移单”窗口中，选择生产产品为0201－箱体（X 系列）的生产订单，移出工序设置为“0020”，移入工序中“检验数量”填入“2000”，单击工具栏“保存”按钮，操作结果如图 18－47 所示。

（3）当工序全部完成，生产部罗梁通知质检部何亮进行检验。在图 18－47 中，单击工具栏“报检”按钮，系统提示“成功生成报检单”，并自动传递给质量管理系统。

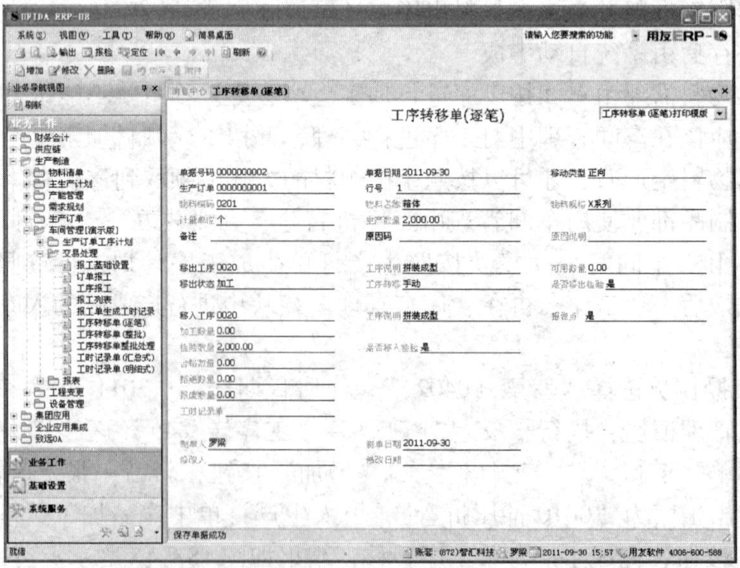

图 18－47　拼装工序转移至喷涂工序

【提示】

●完成工序转移后，系统自动完成工序倒冲，可到“库存管理”→“出库业务”→“材料出库单”中查询自动产生的材料出库单。

7. 质量检验。

（1）操作员选择“何亮（0701）”，注册日期选择“2011－09－30”重新注册企业应用平台。在“业务工作”选项卡，执行“供应链”→“质量管理”命令，进入“质量管理”模块。在质量管理模块，执行“工序检验”→“工序报检单”命令，打开“工序报检单”窗口，单击工具栏“末张”按钮系统自动显示一张由拼装工序完工后传递过来的报检单，单击工具栏“审核”按钮，如图 18－48 所示。

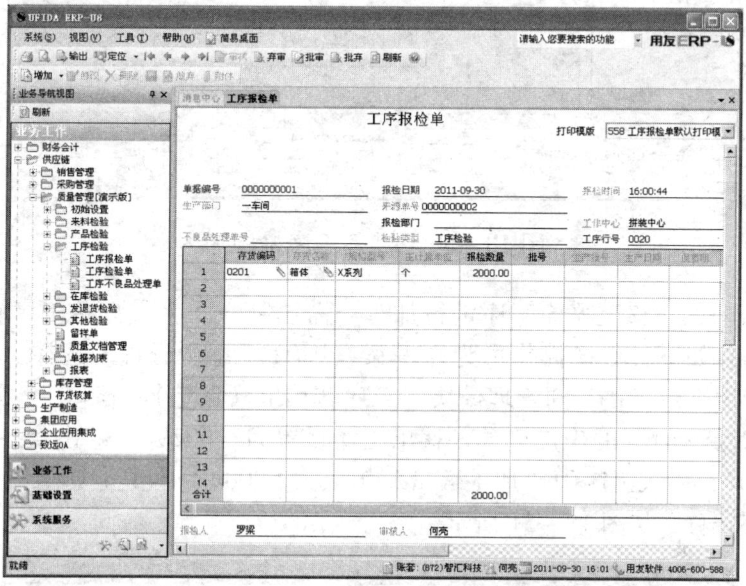

图 18－48　拼装工序报检单

（2）在质量管理模块，再执行“工序检验”→“工序检验单”命令，打开“工序检验单”窗口，单击工具栏上的“增加”按钮，在“过滤条件选择”对话框直接单击“过滤”按钮，打开“工序报检单参照”窗口，在“选择栏”双击选中“拼装中心”报检单，如图 18－49 所示。

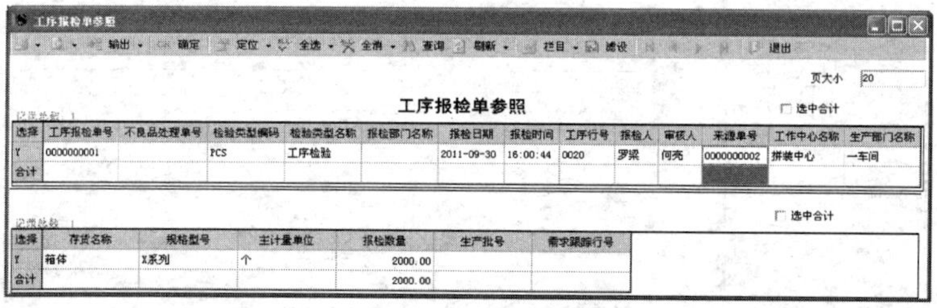

图 18－49　“工序报检单参照”窗口

（3）单击工具栏“OK 确定”按钮，返回“工序检验单”窗口，系统自动带入待检物料信息，在窗口表头中录入检验员“何亮”，在表尾“合格接受数量”中录入“2000”，分别单击工具栏上的“保存”和“审核”按钮，完成检验，结果如图 18 - 50 所示。

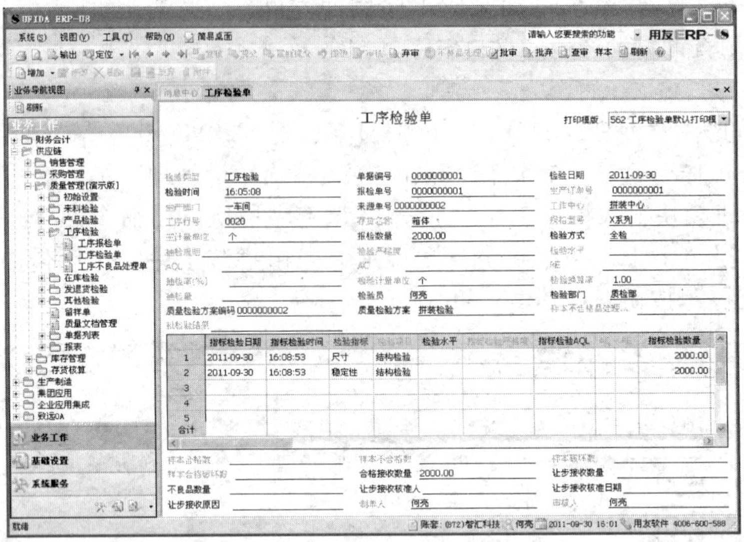

图 18 - 50　拼装工序检验单

（4）检验合格的转移至喷涂工序进行加工，需填制一张生产订单工序转移单，操作步骤同上。修改信息如下：更换操作员为“罗梁（0402）”，注册日期选择“2011 - 09 - 30”重新注册企业应用平台，在车间管理模块“工序转移单（逐笔）”窗口中，选择生产产品为“0201 - 箱体（X 系列）”的生产订单，移出工序设置为“0020”，移出状态为“检验”，移入工序为“0030”，移入工序中“加工数量”填入“2 000”，单击工具栏“保存”按钮，完成生产订单工序转移，如图 18 - 51 所示。

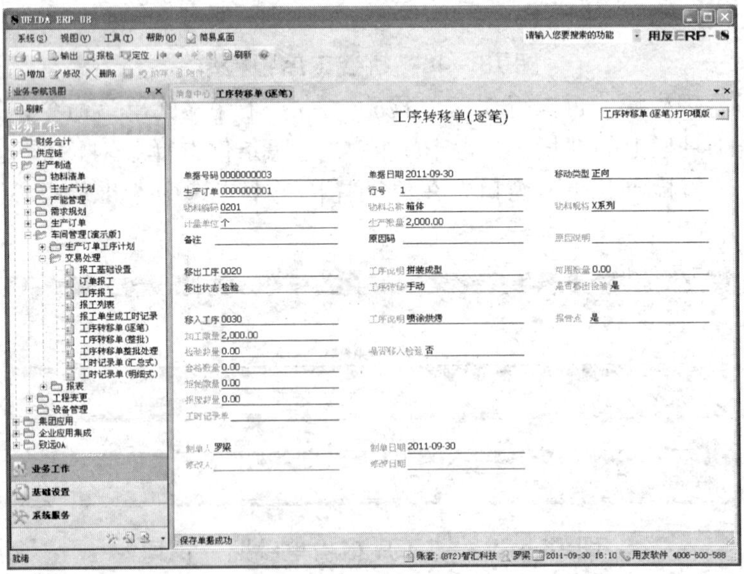

图 18 - 51　合格品转移至喷涂工序

8. “箱体”订单全部完成，查询工序在制状况。

（1）操作员选择“罗梁（0402）”，注册日期选择“2011－10－19”重新注册企业应用平台。在车间管理模块，执行“交易处理”→“工序转移单（逐笔）”命令，新增一张生产订单工序转移单，选择生产产品为“0201－箱体（X 系列）”的生产订单，移出工序设置为“0030”，移入工序仍为“0030”，移入工序中“合格数量”填入“2000”，单击工具栏“保存”按钮，完成生产订单最后一道工序合格数量的输入，如图 18－52 所示。

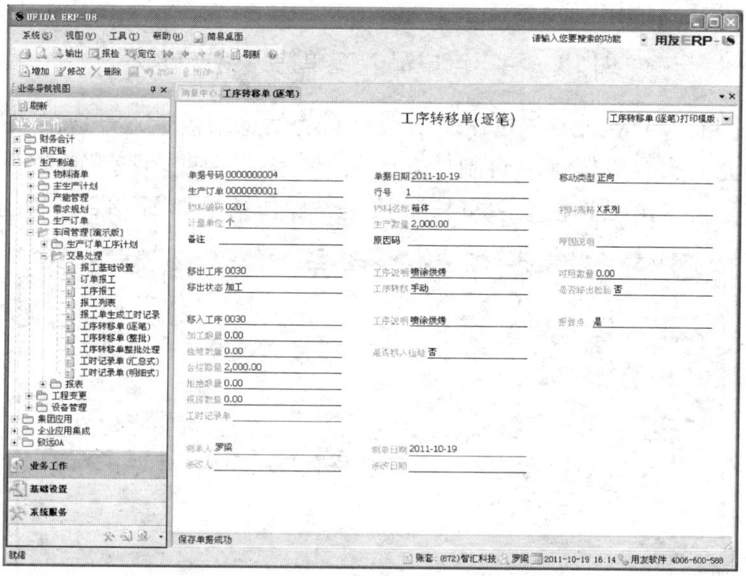

图 18－52　合格品最后一道工序转移单

（2）工序完成后，查询工序在制状况。在车间管理模块，执行“报表”→“工序在制状况表”命令，单击“过滤”按钮，打开“工序在制状况表”窗口，可查询三道工序的开工日期与完工日期等信息，如图 18－53 所示。

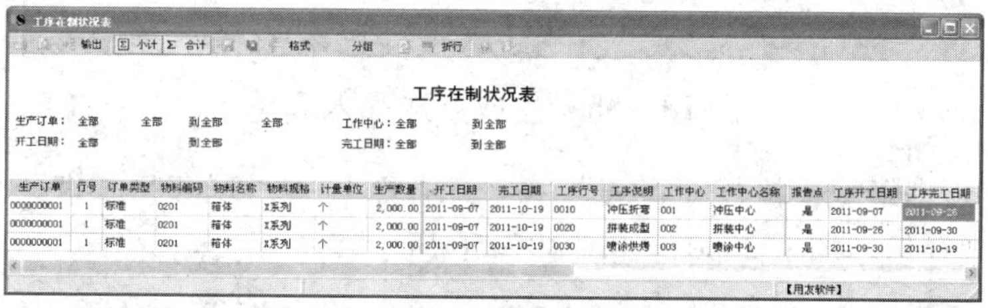

图 18－53　“工序在制状况表”窗口

9. 制品全部完工入库。

（1）操作员选择“雷磊（0601）”，注册日期选择“2011－10－19”重新注册企业应用平台。在库存管理模块，执行“入库业务”→“产成品入库单”命令，在“产成品入库单”窗口中，单击工具栏上的“生单”下拉按钮，选择“生产订单（蓝字）”命令，弹出过滤条件窗口并单击“过滤”按钮，进入“订单生单列表”窗口，选中要入库的“生产订单生单表头”和下方表体的产品，如图 18－54 所示。

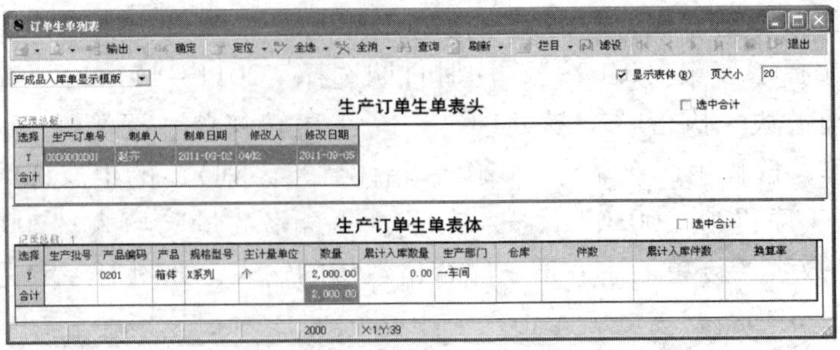

图 18 – 54　产成品入库单拷贝生产订单

（2）单击工具栏“OK 确定”按钮，所选物料的信息即被带入产成品入库单中，生成产成品入库单，补充表头仓库信息“自制件仓库”，单击工具栏“保存”按钮，即完成产品入库单的录入工作。再单击工具栏上“审核”按钮，操作结果如图 18 – 55 所示。

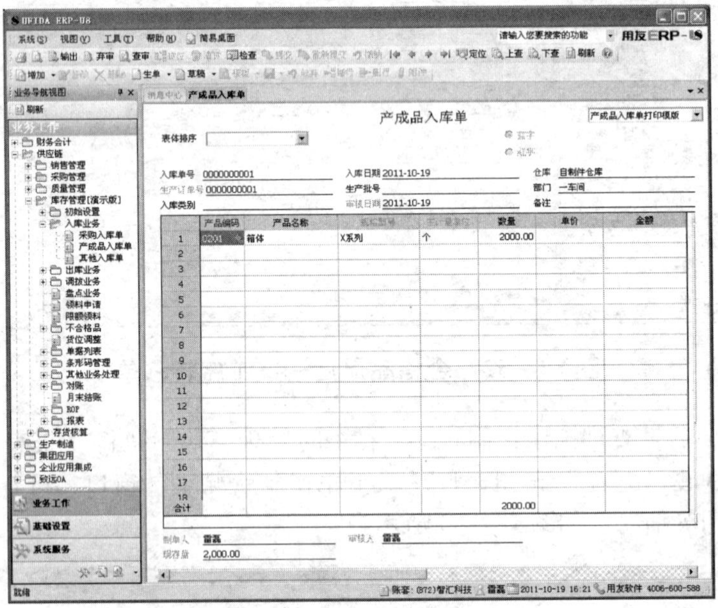

图 18 – 55　生成产成品入库单

（3）在库存管理模块，执行“报表”→“库存账”→“现存量查询”命令，可以查询“箱体”自制件现存量增加了 2000，如图 18 – 56 所示。

图 18 – 56　库存账现存量查询

【提示】

● 返回到“按生产订单进行领料”步骤，对物料清单（BOM）的各级自制料品，反复经由采购领料、加工生产、完工入库的环节进行处理，即可完成所有物料的加工生产工作，直至完成最终产成品的生产。

● 完成生产订单产品入库后，系统自动完成入库倒冲，可到“库存管理”→“出库业务”→“材料出库单”中查询自动产生的材料出库单。

10. 工时记录。

操作员选择车间管理人员“罗梁（0402）”，注册日期选择“2011－10－20”重新注册企业应用平台。在车间管理模块，执行“交易处理”→“工时记录单（汇总式）”命令，打开“工时记录单（汇总式）”窗口。单击工具栏“增加”按钮，表头“含已关闭生产订单”设置为“是”，“生产订单”参照选择箱体生产订单，在“带出工序资料”栏位选择“全部”后，表体即显示出各工序情况，输入合格数量“2000”后，单击工具栏“保存”按钮，即可计算出完工数量和所耗工时，如图 18－57 所示。

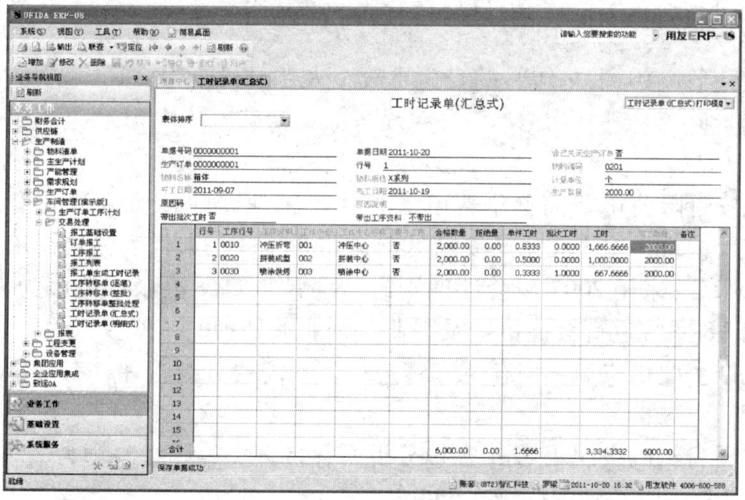

图 18－57　“工时记录单（汇总式）”窗口

11. 账套备份。

在“D：\ 账套备份”下建立“（18－3）车间生产业务”文件夹，将账套输出至“D：\ 账套备份\（18－3）车间生产业务”文件夹中。

附录[①]

财务业务一体化应用综合实训

实验一 系统管理

【实验要求】

（1）以系统管理员（admin）的身份完成增加操作员、企业建账、系统启用、设置操作员权限、输出/引入账套。

（2）以账套主管“01 张文佳”的身份更改个人登录口令为“1”。

【实验资料】

1. 企业相关信息。

北京华普电气有限公司（简称华普电气）属于工业企业，从事配电箱、户表箱、机柜等相关产品生产及销售，位于北京雄安新区前进路 8 号，法人代表为吴振东，企业纳税登记号 110105913765125。采用 2007 新会计准则进行会计核算，记账本位币为人民币，于 2017 年 9 月开始利用 U8 系统进行会计核算及企业日常业务处理。

企业只有几个主要供应商，但存货和客户很多，需要分类管理，有外币业务，业务流程均使用标准流程。

编码规则：科目编码级次 4222；客户分类、存货分类编码级次均为 222；部门、结算方式编码级次均为 1；收发类别编码级次 111。

2. 企业内部岗位分工（见附表 1）。

附表 1　　企业目前岗位分工及在 U8 中应赋予的权限

编号	姓名	所属角色	工作职责	U8 权限
01	张文佳	账套主管	负责系统日常运行管理，财务分析	账套主管
02	王贺雯		负责总账、报表、工资、往来管理、材料核算	总账、应收款管理、应付款管理、UFO 报表
03	任小慧		对收付款凭证进行核对、签字，管理现金日记账、银行日记账、资金日报和银行对账	出纳签字、出纳
04	孙怀庆		负责企业采购业务	采购管理

① 根据《用友 U8 财务业务一体化应用》（王新玲，殷云飞主编，人民邮电出版社，2016 年 9 月出版）改编。

续表

编号	姓名	所属角色	工作职责	U8 权限
05	蒋群		负责企业销售业务	销售管理
06	郭涛		负责管理材料收发、产品出入库	库存管理

3. 系统启用。

由系统管理员在建账完成后启用总账、采购管理、应付款管理、销售管理、应收款管理、库存管理、存货核算等系统，启用日期为“2017－09－01”。

4. 账套输出。

将账套数据输出到“系统管理”文件夹。

实验二　基础档案设置

【实验要求】

（1）引入“系统管理”账套数据。

（2）以账套主管“01 张文佳”的身份进行基础档案设置。

【实验资料】

1. 机构设置。

（1）部门档案（见附表 2）。

附表 2　　**部门档案**

部门编码	部门名称	负责人
1	总经办	
2	财务部	张文佳
3	采购部	
4	销售部	
5	生产部	
501	金工车间	
502	喷漆车间	
6	仓储部	

（2）人员类别（见附表 3）。

附表 3　　**人员类别**

人员类别编码	人员类别名称
1011	企业管理人员
1012	销售人员

续表

人员类别编码	人员类别名称
1013	车间管理人员
1014	生产人员

（3）人员档案（见附表4）。

附表 4　　人员档案

人员编码	人员姓名	性别	人员类别	行政部门	是否业务员	是否操作员
101	吴振东	男	企业管理人员	总经办	是	是
201	张文佳	女	企业管理人员	财务部	是	否
202	王贺雯	女	企业管理人员	财务部	是	否
203	任小慧	女	企业管理人员	财务部	是	否
301	孙怀庆	男	企业管理人员	采购部	是	否
401	蒋群	男	销售人员	销售部	是	否
50101	郭涛	男	车间管理人员	金工车间	是	否
50102	严鹏	男	生产人员	金工车间	否	否
50201	马东	男	车间管理人员	喷漆车间	是	否

2. 客商信息。

（1）客户分类（见附表5）。

附表 5　　客户分类

客户分类编码	客户分类名称
01	北方
02	南方

（2）客户档案（见附表6）。

附表 6　　客户档案

客户编码	客户名称	客户简称	所属分类码	税号	开户银行	账号
001	银川信和源商贸有限公司	信和源	01	0632654745791279	工行银川分行	11015987462
002	山东德胜绿化有限公司	德胜绿化	01	0568452975198568	工行山东分行	11103249879
003	福建元光电力有限公司	元光电力	02	0597128963548321	工行福建分行	11249865348

注：以上客户分管部门均为“销售部”，专管业务员均为“蒋群”。

（3）供应商档案（见附表7）。

附表7　　　　供应商档案

供应商编码	供应商名称	供应商简称	所属分类码	税号	开户银行	账号
001	北京华阳物资公司	华阳	00	1105472561123354	工行北京分行	01559652762
002	河北九辉五金批发部	九辉	00	0655521895415358	工行河北分行	10325224753

注：以上供应商分管部门均为“采购部”，专管业务员均为“孙怀庆”。

3. 财务。

（1）外币设置。本企业采用固定汇率核算外币，外币只涉及美元一种，美元币符假定为USD，2017年9月初汇率为6.65.

（2）会计科目根据本企业常用会计科目，在系统预置的一级科目基础上，需要增加的明细科目和需要增加辅助核算属性的科目如附表8所示。

附表8　　　　新增及修改的会计科目

科目编码及名称	辅助核算	方向	外币种类	备注
库存现金（1001）	日记账	借		修改
银行存款（1002）	日记账、银行账	借		修改
人民币户（100201）	日记账、银行账	借		新增
美元户（100202）	日记账、银行账	借	美元	新增
应收票据（1121）	客户往来	借		修改
应收账款（1122）	客户往来	借		修改
预付账款（1123）	供应商往来	借		修改
其他应收款（1221）		借		
备用金（122101）	部门核算	借		新增
应收个人款（122102）	个人往来	借		新增
原材料（1403）		借		
主要材料（140301）		借		新增
辅助材料（140302）		借		新增
外购半成品（140303）		借		新增
库存商品（1405）	项目核算	借		修改
待处理财产损溢（1901）		借		
待处理流动资产损溢（190101）		借		新增
待处理固定资产损溢（190102）		借		新增

续表

科目编码及名称	辅助核算	方向	外币种类	备注
应付票据（2201）	供应商往来	贷		修改
应付账款（2202）		贷		
应付材料款（220201）	供应商往来	贷		新增
暂估应付款（220202）		贷		新增
预收账款（2203）	客户往来	贷		修改
应付职工薪酬（2211）		贷		
应付工资（221101）		贷		新增
应付福利费（220202）		贷		新增
应交税费（2221）		贷		
应交增值税（222101）		贷		新增
进项税额（22210101）		贷		新增
转出未交增值税（22210103）		贷		新增
销项税额（22210105）		贷		新增
未交增值税（222102）		贷		新增
其他应付款（2241）		贷		
职工教育经费（224101）		贷		新增
工会经费（224102）		贷		新增
养老保险（224103）		贷		新增
医疗保险（224104）		贷		新增
失业保险（224105）		贷		新增
科目编码及名称	辅助核算	方向	外币种类	备注
住房公积金（224106）		贷		新增
利润分配（4104）		贷		
未分配利润（410415）		贷		新增
生产成本（5001）		借		
材料费（500101）	项目核算	借		新增
人工费（500102）		借		新增
制造费（500103）		借		新增
折旧费（500104）		借		新增
制造费用（5101）		借		
工资及福利（510101）		借		新增

续表

科目编码及名称	辅助核算	方向	外币种类	备注
折旧费（510102）		借		新增
水电费（510103）	部门核算	借		新增
主营业务收入（6001）	项目核算	贷		修改
主营业务成本（6401）	项目核算	借		修改
销售费用（6601）		借		
工资（660101）		借		新增
福利费（660102）		借		新增
差旅费（660103）		借		新增
折旧费（660104）		借		新增
招待费（660105）		借		新增
管理费用（6602）		借		
工资（660201）	部门核算	借		新增
福利费（660202）	部门核算	借		新增
差旅费（660203）	部门核算	借		新增
折旧费（660204）	部门核算	借		新增
招待费（660205）	部门核算	借		新增
维修费（660206）	部门核算	借		新增
工会经费（660207）	部门核算	借		新增
职工教育经费（660208）	部门核算	借		新增
其他（660210）		借		新增
财务费用（6603）		借		
利息支出（660301）		借		新增
手续费（660302）		借		新增

要求：

- 增加表中备注栏标注为“新增”的明细科目。
- 修改表中备注栏标注为“修改”的科目。
- 指定现金总账科目为“1001 库存现金”；银行总账科目为“1002 银行存款”；现金流量科目为“1001 库存现金”“100201 人民币户”“100202 美元户”和“1012 其他货币资金”。

（3）凭证类别（见附表9）。

附表 9 凭证类别

凭证分类	限制类型	限制科目
收款凭证	借方必有	1001，1002
付款凭证	贷方必有	1001，1002
转账凭证	凭证必无	1001，1002

（4）项目目录。

建立项目大类：产品（普通项目）

项目分类：1 配电箱、2 户表箱、3 机柜

核算科目：500101 材料费、1405 库存商品、6001 主营业务收入、6401 主营业务成本

项目目录（见附表 10）。

附表 10 项目目录

项目编码	项目名称	所属分类
01	高压柜	3
02	低压柜	3
03	单元箱	2

4. 收付结算（见附表 11）。

附表 11 收付结算方式

结算方式编码	结算方式名称	票据管理
1	现金结算	否
2	支票结算	否
201	现金支票	是
202	转账支票	是
3	电汇	否
4	商业汇票	否
401	商业承兑汇票	否
402	银行承兑汇票	否

5. 账套输出。

将账套数据输出到“基础设置”文件夹。

实验三　总账管理系统初始设置

【实验要求】

（1）引入“基础管理”账套数据。

（2）以账套主管“01 张文佳”的身份进行总账初始设置。

【实验资料】

1. 总账选项（见附表12）。

附表 12　　总账选项设置

选项卡	选项设置
凭证	制单序时控制 支票控制 赤字控制：资金及往来科目 赤字控制方式：提示 可以使用应收、应付、存货受控科目 取消“现金流量科目必录现金流量项目” 凭证编号方式采用系统编号
账簿	账簿打印位数按软件的标准设定 明细账打印按年排页
凭证打印	打印凭证的制单、出纳、审核、记账等人员姓名
预算控制	超出预算允许保存
权限	出纳凭证必须经由出纳签字 允许修改、作废他人填制的凭证 可查询他人凭证
会计日历	会计日历为9月1日至12月31日 数量小数位和单价小数位设为2位
其他	外币核算采用固定汇率 部门、个人、项目按编码方式排序

2. 期初余额。

（1）总账期初明细（见附表13）。

附表 13　　总账期初明细

库存现金（1001）	借	29861.55	
银行存款（1002）	借	5955973.84	
人民币户（100201）	借	5955973.84	
应收账款（1122）	借	130500.00	客户往来明细见（2）

续表

其他应收款（1221）	借		
应收个人款（122102）	借	5000.00	个人往来明细见（3）
原材料（1403）	借		
主要材料（140301）	借	40705.00	
辅助材料（140302）	借	5570.00	
外购半成品（140303）	借	10100.00	
库存商品（1405）	借	1454925.00	项目核算明细见（4）
固定资产（1601）	借	995764.00	
累计折旧（1602）	贷	558162.60	
短期借款（2001）	贷	368000.00	
应付账款（2202）	贷	49900.00	
应付材料款（220201）	贷	41700.00	供应商往来明细见（5）
暂估应付款（220202）	贷	8200.00	
应交税费（2221）	贷	26323.00	
未交增值税（222102）	贷	26323.00	
长期借款（2501）	贷	400000.00	
实收资本（4001）	贷	5000000.00	
资本公积（4002）	贷	1765000.00	
盈余公积（4101）	贷	346506.00	
利润分配（4104）	贷	114507.79	
未分配利润（410415）	贷	114507.79	

（2）应收账款期初明细（见附表 14）。

会计科目：1122 应收账款　　　　余额：借　130500 元

附表 14　　　　应收账款期初明细

日期	凭证号	客户	业务员	摘要	方向	金额
2017－06－30	转－168	信和源	蒋群	货款	借	28000.00
2017－08－16	转－115	德胜绿化	蒋群	货款	借	102500.00

（3）其他应收款期初明细（见附表 15）。

会计科目：122102 其他应收款/应收个人款　　　　余额：借　5000 元

附表 15　　其他应收款期初明细

日期	凭证号	部门	个人	摘要	方向	金额
2017－08－14	付－236	总经办	魏振东	出差借款	借	5000.00

（4）库存商品期初明细（见附表 16）。

会计科目：1405 库存商品　　余额：借　1454925 元

附表 16　　库存商品期初明细

项目名称	金额
高压柜	763800.00
低压柜	583000.00
单元箱	108125.00

（5）应付账款期初明细（见附表 17）。

会计科目：220201 应付账款/应收材料款　　余额：贷　41700 元

附表 17　　应付账款期初明细

日期	凭证号	供应商	业务员	摘要	方向	金额
2017－07－04	转－55	华阳	孙怀庆	期初	贷	41700.00

3. 账套输出。

将账套数据输出到"总账初始化"文件夹。

实验四　总账管理日常业务处理

【实验要求】

（1）引入"总账初始化"账套数据。

（2）以"02 王贺雯"的身份进行填制凭证，凭证查询操作。

（3）以"03 任小慧"的身份进行出纳签字，现金、银行存款日记账和资金日报表的查询，支票登记。

（4）以"01 张文佳"的身份进行审核、记账、账簿查询操作。

【实验资料】

1. 填制凭证。

（1）2017 年 9 月经济业务如下：

① 2 日，销售部蒋群报销招待费 1200 元，用现金支付。（餐饮发票 1 张）

借：销售费用/招待费（660105）　　1200

　　贷：库存现金（1001）　　1200

② 4 日，缴纳增值税 26323 元，以转账支票支付，票号 1701。

借：应交税费/未交增值税（222102）　　26323

贷：银行存款/人民币户（100201） 26323

③ 6 日，收到外商投资 80000 美元，汇率 1∶6.65。（转账支票 1771）

借：银行存款/美元户（100202） 532000

贷：实收资本（4001） 532000

④ 8 日，收到德胜绿化公司银行承兑汇票一张，金额 102500 元，用以偿还前欠货款。

借：应收票据（1121） 102500

贷：应收账款（1122） 102500

⑤ 10 日，采购部孙怀庆从北京华阳物资公司购入插座 100 个，无税单价 22 元，货税款暂欠，已验收入库。（适用税税率 17%）

借：原材料/主要材料（140301） 2200

应交税金/应交增值税/进项税额（22210101） 374

贷：应付账款/应付材料款（220201） 2574

⑥ 12 日，缴纳水电费 840 元。其中，管理部门 200 元；金工车间 380 元；喷漆车间 260 元，以现金支付。

借：管理费用/其他（660210） 200

制造费用/水电费（510103）——金工车间 380

制造费用/水电费（510103）——喷漆车间 260

贷：库存现金（1001） 840

⑦ 14 日，销售部蒋群出差广交会，借差旅费 5000 元。

借：其他应收款/应收个人款（122102） 5000

贷：库存现金（1001） 5000

⑧ 16 日，喷漆车间领用 10 个接触器，单价 410 元，用于生产高压柜。

借：生产成本/材料费（500101） 4100

贷：原材料/主要材料（140301） 4100

⑨ 18 日，总经办魏振东领用转账支票，支付总经办维修费 8000 元，支票号 1702。

借：管理费用/维修费（660206） 8000

贷：银行存款/人民币户（100201） 8000

（2）修改凭证。

① 经查，2 日蒋群报销招待费 1220 元，误录为 1200 元。

② 经查，10 日采购部系从供应商“九辉”购入的插座。

（3）删除凭证。经查，2 日蒋群报销的业务招待费属于个人消费行为，不允许报销，现金已追缴，业务上不再反映。将该凭证删除。

2. 出纳签字。

由出纳任小慧对所有涉及现金和银行科目的凭证签字。

3. 审核凭证。

由账套主管张文佳对凭证进行审核。

4. 记账。

（1）由账套主管张文佳对凭证进行记账。

（2）由账套主管测试系统提供的取消记账功能，然后重新记账。

5. 冲销凭证。

冲销“收－0001”号凭证。生成的冲销凭证不保存。

6. 查询凭证。

查询现金支出在5000元以上的凭证。

7. 账表查询。

（1）查询2017.09余额表并联查应收账款专项资料。

（2）查询“原材料/主要材料”明细账，并联查凭证。

（3）定义并查询管理费用多栏账。

（4）查询部门辅助账。查询2017.09总经办、财务部、采购部本期支出情况。

（5）查询个人辅助账。查询魏振东个人往来催款单。

（6）查询客户往来辅助账。进行客户往来账龄分析。

（7）查询项目账。查询“高压柜”项目明细账。进行“产品”项目大类的统计分析。

8. 出纳管理。

（1）查询现金日记账。

（2）查询2017年9月12日资金日报。

（3）支票登记簿。20日，采购部孙怀庆借转账支票一张采购门轴，票号1703，预计金额3000元。

9. 账套输出。

将账套数据输出到“总账日常业务”文件夹。

实验五　总账管理期末处理

【实验要求】

（1）引入“总账日常业务”账套数据。

（2）以“03任小慧”的身份进行银行对账操作。

（3）以“02王贺雯”的身份进行自动转账操作。

（4）以“01张文佳”的身份进行审核、记账、对账、结账操作。

【实验资料】

1. 银行对账。

（1）银行对账期初。华普电气银行账的启用日期为2017/09/01，工行人民币户企业日记账调整前余额为5955973.84元，银行对账单调整前余额为5998343.84，未达账项一笔，系2017年8月31日银行已收企业未收款42370元（结算方式：电汇）。

（2）银行对账单（见附表18）。

附表18　　2017年9月银行对账单

日期	结算方式	票号	借方金额	贷方金额
2017－09－04	202	1701		26323.00
2017－09－18	202	1702		
2017－09－30	3		12000.00	8000.00

（3）利用自动对账功能进行自动对账，再时进行手工对账。

（4）余额调节表的查询输出。

2. 自动转账定义。

（1）自定义结转。

① 计提短期借款利息（年利率 8%）

借：财务费用/利息支出（660301）　　JG（ ）取对方科目计算结果

　　贷：应付利息（2231）　　短期借款（2001）科目的贷方期余额 ×8%/12

② 结转制造费用。

借：生产成本/制造费用（500103）　　CE（ ）取借贷平衡差额

　　贷：制造费用/水电费（510103）　　制造费用期末余额

（2）对应结转。

结转本年利润至未分配利润。

（3）期间损益结转。设置本年利润科目为 4103；凭证类别“转账凭证”。

3. 自动转账生成。

（1）生成自定义凭证，并审核、记账。

（2）生成期间损益结转凭证，并审核、记账。

（3）生成对应结转凭证，并审核、记账。

4. 对账。

5. 结账。

6. 账套输出。

将账套数据输出到“总账期末业务”文件夹。

实验六　编制财务报表

【实验要求】

（1）引入“总账期末业务”账套数据。

（2）以账套主管“01 张文佳”的身份进行报表管理操作。

【实验资料】

1. 自定义报表—简易资产负债表。

（1）格式设计（见附表 19）。

附表 19　　**简易资产负债表**

编制单位：　　年　月　日　　单位：元

资产	期初数	负债和所有者权益	期末数
货币资金			
应收账款			
合计			

会计主管：　　制表人：

要求：

- 报表标题居中；报表各列等宽，宽度为40毫米；D8单元设置为字符型。

（2）生成2017年9月简易资产负债表。

要求：

- 增加2张表页；生成报表；报表审核。

（3）定义审核公式，检查资产合计是否等于负债和所有者权益合计，如果不等，提示“报表不平”提示信息。

2. 利用报表模板生成报表。

利用报表模板生成资产负债表、利润表和现金流量表。

实验七　供应链管理初始设置

【实验要求】

（1）引入“总账初始化”账套数据。

（2）以账套主管“01 张文佳”的身份进行供应链管理系统初始设置。

【实验资料】

1. 基础档案。

（1）存货分类（见附表20）。

附表20　存货分类

类别编码	类别名称
01	原材料
0101	接触器
0102	仪表
0103	其他
02	辅助材料
03	外购半成品
04	产成品
05	应税劳务

（2）计量单位组及计量单位（见附表21）。

附表21　计量单位组及计量单位

计量单位组编码	计量单位组名称	计量单位组类别	计量单位编号	计量单位名称
01	无换算关系	无换算率	01	只
			02	个
			03	桶
			04	千米

（3）存货档案（见附表22）。

附表22 存货档案

存货编码	存货名称	计量单位	所属分类	税率	存货属性	参考成本
1001	接触器	只	0101	17	外购、生产耗用	410
1002	电压表	只	0102	17	外购、生产耗用	80
1003	电流表	只	0102	17	外购、生产耗用	70
1004	插座	只	0103	17	外购、生产耗用	25
2001	漆	桶	02	17	外购、生产耗用	35
2002	锁	个	02	17	外购、生产耗用	40
3001	箱体	个	03	17	内销、外购、生产耗用	150
3002	面板	个	03	17	内销、外购、生产耗用	70
4001	高压柜	个	04	17	内销、自制	2680
4002	低压柜	个	04	17	内销、自制	2200
4003	单元箱	个	04	17	内销、自制	865
5001	运输费	千米	05	11	内销、外购、应税劳务	

（4）仓库档案（见附表23）。

附表23 仓库档案

仓库编码	仓库名称	计价方式
1	主材库	移动平均法
2	辅材库	移动平均法
3	半成品库	移动平均法
4	成品库	移动平均法

（5）收发类别（见附表24）。

附表24 收发类别

收发类别编码	收发类别名称	收发标志	收发类别编码	收发类别名称	收发标志
1	入库	收	2	出库	发
11	采购入库	收	21	销售出库	发
12	产成品入库	收	22	材料领用出库	发
13	退料入库	收	23	半成品出库	发
14	半成品入库	收	24	产品自用出库	发
15	其他入库	收	25	其他出库	发

（6）采购类型（见附表25）。

附表25　　采购类型

采购类型编码	采购类型名称	入库类别	是否默认值
01	普通采购	采购入库	是

（7）销售类型（见附表26）。

附表26　　销售类型

销售类型编码	销售类型名称	出库类别	是否默认值
01	普通销售	销售出库	是

（8）本单位开户银行信息

编码：01；名称：工商银行福建分行仓山支行；账号：82974675099。

2. 自动科目。

（1）存货科目（见附表27）。

附表27　　存货科目

仓库编码	仓库名称	存货科目编码	存货科目名称
1	主材库	140301	原材料/主要材料
2	辅材库	140302	原材料/辅助材料
3	半成品库	140303	原材料/外购半成品
4	成品库	1405	库存商品

（2）存货对方科目（见附表28）。

附表28　　存货对方科目

收发类别编码	收发类别名称	对方科目编码	对方科目名称	暂估科目编码	暂估科目名称
11	采购入库	1401	材料采购	20202	暂估应付款
12	产成品入库	500101	生产成本/材料费		
21	销售出库	6401	主营业务成本		
22	材料领用出库	500101	生产成本/材料费		

（3）应收款管理相关科目。

基本科目：应收科目为1122，预收科目为2203，销售收入科目6001，应交增值税科目22210105，销售退回科目6001，银行承兑科目为1121，票据利息科目为660301。

结算方式科目：现金结算对应1001，现金支票、转账支票、电汇对应100201。

（4）应付款管理相关科目

基本科目：应付科目为 220201，预付科目为 1123，采购科目为 1401，采购税金科目 22210101，商业承兑科目为 2201。

结算方式科目：现金结算对应 1001，现金支票、转账支票、电汇对应 100201。

3. 供应链期初数据。

（1）采购期初。2017 年 8 月 21 日，从北京华阳物资公司购入 20 个接触器，入主库，月底发票未到，暂估单价 410 元。

（2）库存期初（见附表 29）。

附表 29　　库存期初

仓库名称	存货编码	存货名称	数量	单价	金额
主材库	1001	接触器	44	410	18040
	1002	电压表	115	80	9200
	1003	电流表	112	70	7840
	1004	插座	225	25	5625
辅材库	2001	漆	62	35	2170
	2002	锁	85	40	3400
半成品库	3001	箱体	30	150	4500
	3002	面板	80	70	5600
成品库	4001	高压柜	285	2680	763800
	4002	低压柜	165	2200	583000
	4003	单元箱	125	865	108125

（3）应收款管理期初。

2017 年 7 月 12 日，向银行信和源出售了 10 个低压柜，单价 2800 元/个，开具普通销售发票，尚未收到货款。

2017 年 8 月 6 日，向德胜绿化公司出售了 80 个单元箱，单价 1200 元元/个；2 个高压柜，单价 3250 元/个，开具普通销售发票，尚未收到货款。

（4）应付款管理期初

2017 年 8 月 17 日，向北京华阳物资公司采购 100 个接触器，单价 410 元，20 桶漆，单价 35 元，收到对方开具的普通发票，货款未付。

4. 账套输出。

将账套数据输出到“供应链初始设置”文件夹。

实验八　采购管理

【实验要求】

（1）引入“供应链初始设置”账套数据。

（2）以账套主管“01 张文佳”的身份进行操作。

【实验资料】

2017 年 9 月采购业务如下：

1. 单货同行的普通采购业务处理。

（1）采购请购。1 日，采购部孙怀庆预采购 100 只电压表和 100 只电流表，向九辉五金批发询价。对方报价电压表 70 元/只，电流表 60 元/只，以上报价均不含税。业务员将询价结果填制采购请购单。建议订货日期为 2017－09－01；到货日期为 2017－09－03。

（2）采购订货。采购主管批准采购，采购员在 U8 系统中填制采购订单并审核。

（3）采购到货。3 日，收到所订 100 只电压表和 100 只电流表。

（4）采购发票。3 日，收到九辉开具的增值税专用发票。采购员将采购发票信息录入系统。

（5）采购入库。办理入库手续，入主材库。

（6）采购结算。根据入库单和采购发票结算本批物料的入库成本。

（7）审核发票，确认应付。应付会计在应付款管理系统中审核应付单据——发票，确认应付，生成应付凭证。

（8）登记存货明细账，生成入库凭证。材料会计在存货核算系统中将采购入库单记账，生成入库凭证。

（9）付款结算，核销应付。3 日，财务部门根据采购发票开出转账支票（票号 CZ1701）一张，付清采购货款。

应付会计在应付款管理系统中填制付款单，生成付款凭证，核销该供应商应付款。

2. 采购现付业务。

5 日，采购部向华阳物资公司购买 300 只插座，无税单价 20 元/只，验收入主材库。同时收到专用发票一张。财务部门立即以转账支票（票号 CZ1702）支付货款。

3. 采购运费处理。

8 日，收到物流公司开具的专用发票一张，运费无税金额 50 元，税率为 11%。为 9 月 1 日采购电压表和电流表发生。九辉公司已代垫运费。

录入专用运费发票，并将运费分摊到采购成本。

4. 暂估入库报销处理。

10 日，收到华阳公司提供的上月已验收入库的 20 只接触器的专用发票一张，发票不含税单价为 350 元。进行暂估报销处理，确定采购成本及应付账款。

5. 采购结算前退货。

9 月 12 日，收到九辉公司提供的锁 500 个，单价 35 元/个，验收入辅材库。

9 月 12 日，发现 20 个锁存在质量问题，要求退回给供应商。

9 月 12 日，收到九辉公司开具的专用发票，数量 480，单价 35 元，进行采购结算。

6. 采购结算后退货。

9 月 15 日，发现 9 月 12 日入库的锁有质量问题，退回 100 个，九辉公司开具红字专用发票一张。对采购入库单和红字专用发票进行结算处理。

7. 账套输出。

将账套数据输出到“采购管理”文件夹。

实验九 应付款管理

【实验要求】

（1）引入“采购管理”账套数据。

（2）以账套主管“01 张文佳”的身份完成全部应付款业务处理。

【实验资料】

华普电气 2017 年 9 月发生业务如下：

（1）15 日，开出转账支票一张，金额 50000 元，票号 CZ1705，用以支付华阳公司 2017 年 8 月 17 日货款 41700 元，余款 8300 元转为预付款。

（2）18 日，用华阳公司预付款冲抵其本月 10 日应付款 8190 元。

（3）18 日，向九辉公司签发并承兑的商业承兑汇票一张（No. P1701），面值为 10000 元，到期日为 2017 年 9 月 30 日。作为预购箱体的订金。

（4）20 日，将九辉公司红字专用发票与其应付款进行对冲。

（5）30 日，将 18 日向九辉公司签发并承兑的商业承兑汇票进行结算。

（6）查询供应商“九辉”的对账单。

（7）账套输出。将账套数据输出到“应付款管理”文件夹。

实验十 销售管理

【实验要求】

（1）引入“供应链初始设置”账套数据。

（2）以账套主管“01 张文佳”的身份进行操作。

【实验资料】

2017 年 9 月销售业务如下：

1. 先发货后开票普通销售业务。

（1）销售报价。8 日，银川信和源想订购高压柜 20 个，铅向销售部询价，含税报价 3500元/个。填制并审核报价单。

（2）销售订单。该客户了解情况后，同意订购 20 个高压柜，双方约定本月 10 日发货。同日填制并审核销售订单。

（3）销售发货。10 日，销售部从成品库向信和源发出其所订货物。填制并审核销售发货单。

（4）销售出库。10 日，仓管确认成品出库，登记存货台账。在库存管理中审核销售出库单。

（5）出库财务核算。材料会计在存货核算系统中对销售出库单记账并生成凭证。

（6）销售开票，确认应收。12 日，向信和源开具销售专用发票，财务部门据此确认应收。

（7）收款结算，核销应收。12 日，财务部收到信和源转账支票一张，票号 XZ1721，金额 100000 元，用于支付本笔货款及前欠货款，余款转为预收款。据此填制收款单并制单。

2. 开票直接发货业务。

15 日，销售部向元光电力公司出售 80 个低压柜，开具销售普通发票一张，无税单价 2500元/个，货物从成品库发出。按合同客户次月支付货款。

3. 销售现结业务。

18 日，销售部向德胜绿化公司出售了 50 个单元箱，无税单价 1000 元/个，货物从成品库发出。

同日，根据上述发货单开具专用发票一张，同时收到客户以转账支票所支付的全部货款，票据号 XZ1702。进行现结制单处理。

4. 代垫费用业务。

18 日，销售部在向德胜绿化公司销售商品过程中用现金代垫了一笔运费 60 元。客户尚未支付该笔款项。

5. 委托代销业务。

（1）2017 - 09 - 18，销售部委托信和源代为销售高压柜 50 个，含税单价 3600 元/个，货物从成品库发出。

（2）2017 - 09 - 25，收到信和源的委托代销清单一张，结算 15 个，售价 3500 元/个，立即开具销售专用发票给信和源。

（3）2017 - 09 - 25，业务部门将该业务所涉及的出库单及销售发票交给财务部门，财务部门据此结转收入及成本。

6. 账套输出。

将账套数据输出到“销售管理”文件夹。

实验十一　应收款管理

【实验要求】

（1）引入“销售管理”账套数据。

（2）以账套主管“01 张文佳”的身份完成全部应收款业务处理。

【实验资料】

华普电气 2017 年 9 月发生经济业务如下：

（1）25 日，收到德胜绿化转账支票一张，金额 100000 元，票号 XZ1731，用以偿还上月欠款。

（2）25 日，收到元光电力签发的银行承兑汇票一张，金额 234000 元，票号 H1712，到期日 2017 - 11 - 25。

（3）27 日，用信和源目前结余预收款冲抵其上月应收款 28000 元。

（4）27 日，确认德胜绿化期初应收欠款 2500 元无法收回，作为坏账处理。华普电气坏账处理方式“应收款余额百分比法”。坏账准备相关设置如附表 30 所示。

附表 30　坏账准备相关设置

控制参数	参数设置
提取比例	0.5%
坏账准备期初余额	0
坏账准备科目	1231 坏账准备
对方科目	6701 资产减值损失

（5）30 日，将远光电力 2017 年 11 月 25 日到期的应收票据贴现，贴现率 6%。

（6）30 日，计提坏账准备。

（7）设置账龄区间并进行应收账龄分析。账期内账龄区间和逾期账龄区间如附表 31 所示。

附表 31　账期内账龄区间和逾期账龄区间

序号	起止天数	总天数
01	1～30	30
02	31～60	60
03	61～90	90
04	91 以上	

（8）账套输出。将账套数据输出到"应收款管理"文件夹。

实验十二　库存管理

【实验要求】

（1）引入"供应链初始"账套数据。

（2）以账套主管"01 张文佳"的身份进行库存业务处理。

【实验资料】

2017 年 9 月库存业务如下：

1. 产成品入库业务。

3 日，成品库收到喷漆车间完工的 50 个高压柜，做产成品入库。

6 日，成品库收到喷漆车间完工的 60 个高压柜，做产成品入库。

随后收到财务部门提供的完工产品成本，其中高压柜的总成本 295000 元，立即做成本分配，记账生成凭证。

2. 材料出库业务。

8 日，喷漆车间领用电压表 100 只，电流表 100 只，用于生产高压柜。

3. 其他出库业务。

10 日，销售部向希望小学捐赠了 10 个低压柜，成本价 2200 元/个。

4. 调拨业务。

12 日，半成品库维修，将半成品库中的全部箱体转移到成品库。

5. 盘点业务。

30 日，对主材库中所有材料进行盘点，盘点结果如下：接触器 44 只、电压表 15 只、电流表 12 只、插座 220 个。插座的参考成本 25 元/个。

6. 账套输出。

将账套数据输出到“库存管理”文件夹。

实验十三　存货核算

【实验要求】

（1）引入“供应链初始”账套数据。

（2）以账套主管“01 张文佳”的身份进行存货核算业务处理。

【实验资料】

2017 年 9 月存货业务如下：

1. 入库及调整业务。

15 日，向九辉采购面板 100 个，将收到的货物验收入半成品库。同日收到专用发票，载明数量 100 个，无税单价 60 元/个，财务据此结算采购成本。

20 日，将 9 月 15 日发生的采购面板的入库成本减少 150 元。

2. 暂估入库业务。

20 日，收到从华阳公司采购的 20 桶漆，入辅材库。

30 日，发票仍未收到，暂估单价为 35 元/桶，并进行暂估计账处理。

3. 账套输出。

将账套数据输出到“存货核算”文件夹。

主要参考文献

［1］王新玲，杨宝刚，柯明．ERP 沙盘模拟高级指导教程［M］．北京：清华大学出版社，2009.

［2］韩景倜．ERP 综合实验［M］．北京：机械工业出版社，2010.

［3］王铄，李厚毅．ERP 系统应用实验教程［M］．上海：格致出版社，2011.

［4］郭秀闲．ERP 与 Axapta 系统［M］．北京：清华大学出版社，2006.

［5］赵建新，宋郁，周宏．新编用友 ERP 供应链管理系统实验教程［M］．北京：清华大学出版社，2009.

［6］张莉莉．新编用友 ERP 生产管理系统实验教程［M］．北京：清华大学出版社，2009.

［7］王新玲，汪刚．会计信息系统实验教程［M］．北京：清华大学出版社，2009.

［8］龚中华，何平．ERP－U8（8．61 版）培训教程——财务/供应链/生产制造［M］．北京：人民邮电出版社，2008.

［9］胡彬．ERP 项目管理与实施［M］．北京：电子工业出版社，2004.

［10］郑博文．导入 ERP 系统成功关键因素研究［D］．复旦大学硕士学位论文，2010.

［11］闪四清．ERP 系统原理和实施［M］．北京：清华大学出版社，2006.

［12］李健．企业资源计划（ERP）及其应用［M］．北京：电子工业出版社，2006.

［13］陈启申．ERP 从内部集成起步［M］．北京：电子工业出版社，2005.

［14］张世洵．ERP 精髓与实施［M］．北京：电子工业出版社，2005.

［15］苟娟琼，常丹，孟捷．ERP 原理与实践［M］．北京：清华大学出版社，2005.

［16］周玉清，刘伯莹，周强．ERP 理论、方法与实践［M］．北京：电子工业出版社，2006.

［17］郑宽明，何宁．企业资源计划——理论实践［M］．北京：科学出版社，2006.

［18］郑称德，陈曦．企业资源计划（ERP）［M］．北京：清华大学出版社，2011.

［19］崔晓阳．ERP123［M］．北京：清华大学出版社，2010.

［20］刘斌．企业运营管理实训［M］．北京：中国财政经济出版社，2008.

［21］王新玲，赵建新，杨笑．ERP 沙盘企业信息化综合实训［M］．北京：清华大学出版社，2009.

［22］房琳琳，王志文，张霞．用友 ERP 供应链管理系统实验教程［M］．北京：清华大学出版社，2009.

［23］何晓岚，金晖．商战实践平台指导教程［M］．北京：清华大学出版社，2012.